本书出版获

陕西师范大学优秀学术著作出版基金和历史文化学院重点学科建设经费资助

本书系教育部人文社科基金青年项目
"俄国专制君主制探源"（15XJC810007）的最终成果

陕西师范大学史学丛书

从城邦到帝国
俄国专制君主制探源

FROM CITY STATE
TO EMPIRE

THE ORIGINS OF
RUSSIAN AUTOCRACY

周厚琴　著

社会科学文献出版社
SOCIAL SCIENCES ACADEMIC PRESS (CHINA)

丛书总序

在高等院校，教学科研是一般教师关注的主要对象。教师们不仅关注自身的教学科研，也关注他人的教学科研，但学校和学院高度关注的则是学科，即我们通常讲的学科建设。所谓学科建设，一般包含学科平台建设、师资队伍建设、科学研究和人才培养四个方面。学科平台建设，主要指硕士学位授权点和博士学位授权点的设置和建设、博士后科学流动站的设置和建设，另外，包括教育部人文社会科学重点研究基地的设置和建设，以及其他各类研究平台的设置和建设。师资队伍建设，主要指师资队伍的规模、职称结构、学历结构、年龄结构、学缘结构等方面。科学研究，主要指师资队伍成员从事学术研究所产出并公开发表和出版的学术论文、著作以及研究报告等。人才培养，主要指硕士学位授权点和博士学位授权点所培养的硕士研究生和博士研究生的数量、质量及其在学术界的影响和社会各行业的影响。学科建设的四个方面相互依托，相互促进，相辅相成，共同构成了学科建设的有机整体。其中，学科平台是基础，有了学科平台，有利于引进人才和加强队伍建设；有了学科平台，才能招收研究生，进行人才培养。师资队伍是核心，拥有一支合理的师资队伍，才能支撑和维持学科平台，才能有进行科学研究和人才培养的主体。科学研究是关键，科学研究的成果体现学科平台的力量，也是培养人才的前提和基础；没有较强的科学研究能力，就不可能培养出合格的人才。人才培养是目标，人才培养必须依托学科平台，同时，人才培养不但必须要有师资队伍，而且必须要有具备科学研究能力的师资队伍，才能完成合格的人才培养。

与国内大多数高校一样，陕西师范大学的历史学科建设在 2012 年之前，主要进行的是学科的外延建设。所谓外延建设，就是指增加学科的数量和规模，如拥有几个一级博士学位授权点，几个国家重点学科以及几个教育部人文社会科学重点研究基地等。随着我国改革开放的深化和综合国力的增强，民众对高等教育有更高期待，党的十八大明确提出推动高等教育的内涵发展，走以质量提升为核心的内涵发展道路，高校学科建设进入了一个新的时期，学科建设的重点由外延建设转向内涵建设。外延建设主要强调量，而内涵建设则更加注重质，外延建设为内涵建设奠定了坚实的基础。也就是说，在已有学科平台的基础上，凝练高水平的队伍，产出高水平的成果，培养高质量的人才，将成为学科发展的关键所在，而统领这三方面的正是学科特色。凡大学都应该有自己的特色，大学的特色集中体现在学科特色上。所谓学科特色，主要指在某一学科的某一领域，凝练一支高水平的研究团队，产出一系列有影响的研究成果，同时培养出一批在学术界和相关行业有影响的人才。说学科特色是学科内涵建设的灵魂，原因有三：一是从人力资源配置看，很难有一个高校有能力支撑一个学科（一级学科）所包含的所有学科领域。二是从财物资源配置看，很难有一个高校有能力支持一个学科（一级学科）所包含的所有学科领域发展所需要的财力和物力。支持学科建设不仅必须要有研究团队，而且必须要为研究团队提供从事科学研究所必需的财力和物力，如从事历史学研究所必需的场所设施、网络环境和图书资料等，只有完成人、财、物的合理配置，才能进行科学研究。三是只有发展学科特色，实现资源配置才能成本最低、效率最高。如果学科领域广泛，需要配置的文献资源也必然广泛，相应的，如果学科领域相对集中，需要配置的文献资源也相对集中，成本低而利用率高。另外，发展学科特色，易于传承学术传统，易于形成内部合作，易于产出系列成果，易于培养团队人才，易于形成学术影响，也易于保持学术影响。

发展学科特色需要考虑诸多因素。作为历史学科建设，要充分考虑地方历史文化，形成自己的学科优势，这种优势既能更好地服务地方，也能充分彰显自己的学科特色。要注重已有学术传统，顺应国家长期发展的重大战略目标，着眼未来，长远规划学科特色。要充分考虑学校的实力地位，谋划学校能够实现的规划，因为学科建设规划只有在人财物的可持续投入基础上才能实现。

陕西师范大学的历史学科，依托地处周秦汉唐历史文化中心、考古资源丰富、出土文物规格高和数量大的特点，经过几代历史人 70 多年的不懈努力，逐步形成了以周秦汉唐历史为主要研究领域的学科特色，中国古代史国家重点学科的获批也是对这一学科特色的充分肯定。随着国家对历史学科精细化分类管理，原来既是门类也是一级学科的历史学一分为三，调整为中国史、世界史、考古学三个一级学科。根据学校地位的变化和学校对历史学科人、财、物的持续投入状况，面对三个一级学科的评估和建设，在国家一流大学和一流学科建设中，我们面临着前所未有的巨大挑战。在严峻的挑战面前，思路必须明确，决策必须正确，行动必须快捷。环顾国内外高等院校学科建设成功者，无不具有显著特色。我们在学科内涵建设中，特色发展是唯一选择。中国史作为一级学科，我校的中国古代史和历史地理学作为两个国家重点学科，是陕西师范大学的特色学科，也是陕西师范大学的优势学科。在国内学科建设的激烈竞争中，只有加大建设力度，才能保持优势地位；而要保持传统优势学科的地位，除了加大已有建设的力度，还必须不断探索新的学科增长点，才能进一步强化学科优势，彰显学科特色。中央提出的"一带一路"建设，为地处丝绸之路起点的陕西师范大学历史学科发展迎来了难得的发展机遇，学院"丝绸之路历史文化研究中心"的建立，不仅顺应了国家重大战略需求，也是历史学院探索新的学科增长点的体现。中国史升格为一级学科后，发展中国近现代史学科势在必行，而从时间和空间上看，中国近现代史学科的研究领域同样极为广泛，我们也必须选择某一领域，重点建设，特色发展。西北地区的近现代史研究是中国近现代史研究的重要组成部分，把西北地区的近现代史作为陕西师范大学中国近现代史学科的发展方向，同样具有明显的地域优势，也必将成为陕西师范大学的学科特色和新亮点。

此外，文物博物馆学也是学院谋求学科建设发展特色的一大发力点。2008年1月23日，中宣部、财政部、文化部和国家文物局联合下发《关于全国博物馆、纪念馆免费开放的通知》。根据该通知，全国各级文化文物部门归口管理的公共博物馆、纪念馆，全国爱国主义教育示范基地将全部实行免费开放，博物馆已成为国民素质教育的重要基地。在全国范围内，博物馆如雨后春笋，发展迅猛，但博物馆学的专业人才明显不足，这就为高等院校博物馆学人才培养提出了新的要求。陕西是考古大省、文物大省，更是博物馆大省，博物馆的人才需求也相对较大。基于地缘优势和省内学科建设差异化发展的思路，我校在考古学学科下重点发展博物馆学，经过十多年的发展，取得了一定成就，陕西省文物局与我校签订战略合作框架协议，国家文物局在陕西师范大学设立"国家文物局人才培训示范基地"，充分说明我校重点发展博物馆学符合陕西省和国家对博物馆人才培养的需求，特色建设博物馆学的思路得到了肯定和支持。我们将在国内博物馆学研究的基础上，学习、借鉴、吸收国外博物馆学的理论和方法，深入探索努力构建我国博物馆学的学科理论体系，彰显陕西师范大学博物馆学的学科特色。

彰显学科特色的要素很多，但产出颇具影响的系列研究成果尤为重要。为此，学院设计出版"陕西师范大学史学丛书"。丛书的内容广泛，涉及中国古代史、中国近现代史、俄国古代史、中西史学比较、中东历史与国际关系等。希望通过出版本套丛书，集中展现学院教师近年来学术关注的领域和成就。鉴于本丛书是在陕西师范大学大力推进一流学科建设的开启之年规划的，故以一流学科建设的思路代为本套丛书之总序。

何志龙

陕西师范大学长安校区文汇楼

2019 年 3 月

序

曹维安

2015 年退休至今近 5 年，除了校对《俄国史学史》的译稿外，我还更喜欢重读赫尔岑的《来自彼岸》和《往事与随想》之类的"闲"书。周厚琴在毕业 5 年后，打算出版她以博士论文为基础的教育部项目研究成果《从城邦到帝国：俄国专制君主制探源》，我为她的成长感到由衷欣喜。

治学俄国史 30 余年，我始终认为，俄罗斯史是一个非常有意思、有价值的国别史研究样本。俄罗斯位于东西方之间，横跨欧亚洲之上，向来特立独行。在面对东方时，俄罗斯人往往以西方文化和制度的代表自居，而面对西方时，却又总是强调自己的独特性。但俄罗斯的传统和独特性难以在彼得一世之后寻找到，而应深入彼得一世西化改革之前的基辅罗斯和莫斯科罗斯时期。9~17 世纪的俄国史，属于俄罗斯帝国前史，大致与西欧中世纪史同期。这一时期更多地保留了一些罗斯原有的、未为彼得一世强力实行西化改革而改变的历史文化传统。

俄国政治文化传统的核心，就是沙皇专制制度，即专制君主制。东西方都有过所谓的专制制度，俄国的专制君主制属于哪一种？或者原本就是特有的类型？显然，对其源头的探求需要深入俄国中世纪史。对于 9~18 世纪初的俄国政治制度，学术界通常划分为如下几个阶段：（1）基辅罗斯的"封建君主制"；（2）莫斯科罗斯的"等级代表君主制"；（3）彼得堡罗斯的"绝对君主制"或"贵族官僚君主制"。之所以加上引号，原因就在于这些概念都是建立在西方政治制度术语范式下的定义，始终说的是俄罗斯像谁，而非是谁。周厚琴选择专制君主制这个影响俄国历史发展的基本而重要的问题来做，需要些勇气。一则，此话题并不新鲜，关于俄国政治制度史的研究成果可谓汗牛充栋，特别是苏联时期关于俄国封建主义和"绝对君主制"的讨论，很多结论至今仍在中国学界占据着统治地位，要打破这种框架进行自成一体的创新研究，有一定难度；二则，追溯起源的问题必然涉及相当长时段的研究，如何把握问题意识、主线突出与史料庞杂之间的协调关系，需要下一番功夫。

周厚琴在书中梳理和辨析了俄语中非常重要的"самодержавие"概念。在此基础上，将"专制君主制"视为俄国一种深厚的、民族的、与众不同的独特历史现象。这是一种以沙皇为政治权力中心，以东正教和专制主义为官方意识形态，并以专制独裁为手段的君主制统治方式。它既不同于东方的"独裁君主制"，也不同于西方的"绝对君主制"，而有着自己独特的发展道路。书中围绕几个问题展开论述，提出了一些新的看法。

第一，俄国专制君主制是否古已有之？古罗斯国家是俄国历史上建立的第一个以基辅为中心、以东斯拉夫人为主体的国家。受苏联学者影响，国内学术界一般认为基辅罗斯政治制度是"封建君主制"，这是机械地套用五种社会形态理论的结果。通过利用古罗斯编年史等史料，研究王公职能和权力界限、亲兵队构成及作用以及维彻的性质，作者认为：9～10世纪的基辅罗斯是罗斯国家的形成时期；11～13世纪初，随着国家的发展和城市的壮大而形成诸多城邦，城邦制是古罗斯迈入文明世界的方式。基辅罗斯政治制度是多元化的非专制政治。

第二，从基辅罗斯到莫斯科罗斯的政治制度发生了怎样的变化？俄国专制君主制缘何产生？俄国学者与西方学者关于拜占庭和金帐汗国对罗斯的政治影响分歧甚大。通过对金帐汗国统治时期罗斯政治力量发展动态和政治生态环境的考察，作者认为莫斯科王公正是积极继承拜占庭遗产，巧借金帐汗国统治之力，从联合东北罗斯到逐渐统一整个罗斯，在伊凡三世时初步形成以莫斯科为中心的统一中央集权国家的，俄国专制君主制即起源于此。其外部因素来源于拜占庭的宗教遗产、金帐汗国的东方式独裁政治，而内部根源则在于莫斯科王公的个性选择，以及其居民和政治权力中心转移到东北罗斯。

第三，如何对莫斯科罗斯政治制度进行定性？中国学者普遍采用苏联学者提出的"等级代表君主制"。通过从横向和纵向两个方面考察莫斯科罗斯政治制度的权力架构，特别是利用俄国立法文件汇编史料对当时的波雅尔杜马、缙绅会议两个重要政治机构进行历史考察，阐释其与西欧的等级代表机构存在的差异。作者认为，莫斯科罗斯政治制度的特殊性就在于，沙皇的专制权力与等级代表机构不相冲突，等级代表机构并未最终成为限制君主权力的正规机构，而在很大程度上只是沙皇扩大统治基础的工具。伊凡四世残暴的"特辖制"不过是俄国沙皇将国家置于"紧急状态"所实施的一场对自己臣民的战争，是在历史条件不充分的情况下确立专制君主制的一次失败尝试。17世纪初大动乱后重建的政治制度可以称作准"等级代表君主制"，或者叫专制的"等级代表君主制"，其实质并未脱离专制君主制雏形的范畴。

第四，彼得一世在俄罗斯帝国确立了"绝对君主制"吗？中俄学界比较一致地认为，从17世纪下半叶开始俄国君主权力走向绝对化，并由彼得一世最终确立了"绝对君主制"。但是，通过对大动乱时期政治现象的梳理和对大动乱后俄国政治发展方向的考察，以及对彼得一世改革的思想来源与背景分析，作者认为，即使与欧洲最经典意义上的"绝对君主制"的代表国家法国的君权相比，俄国沙皇专制权力的历史渊源和权力范畴都是远超其上的。彼得一世不过是在欧化的背景下，使俄国传统的专制君主制披上了"正规化"的外衣。这种专制君主制与西欧"绝对君主制"的社会基础和实质皆有不同：俄国专制君主制形成于资本主义关系出现之前，并非贵族和资产阶级之间力量平衡的产物；国家在俄国具有相对巨大的独立性。从本质上讲，彼得一世改革正是使俄国历史上渊源久远的专制君主制得以成型。

总的来说，俄国专制君主制是金帐汗国的政治传统、拜占庭的宗教遗产、东北罗斯的地理环境、莫斯科王公的个性与选择等多方面因素合力的结果。它最初强调的是俄国君主权力的对外独立自主性，而后发展出君主权力的对内不受限制性，并在历史选择中呈现出很强的路径依赖性，逐渐成为俄国官方接受和民众认可的政治意识和政治制度。专制君主制从伊凡三世自称"专制君主"开始，历经16~17世纪的"等级代表君主制"和18世纪初彼得一世时期的"绝对君主制"两个阶段后才大致确立和定型。但是，俄国的"等级代表君主制"和"绝对君主制"虽有与西方相近的形式，却并没有与西方相同的实质。

上述认识可为深入理解俄国历史道路和现实选择作重要参考。人们对俄国历史的了解，往往熟悉彼得大帝开启的帝国时代，知晓莫斯科王公角逐的公国时代，却鲜有关注基辅罗斯的城邦时代。城邦时代的罗斯王公、波雅尔贵族与城市维彻等政治力量之间保持着微妙的平衡，这在苏联史学中被称为"封建分裂"，也长期被视为罗斯遭受蒙古两百余年统治的制度之弊，实际却意味着古罗斯文明发展的多种可能性。蒙古统治消除了这种政治力量的平衡，而反抗蒙古统治和继承拜占庭遗产给了罗斯王公新的历史机遇，这种历史机遇将历史发展道路的多种可能性整合为一种。蒙古统治后的俄国政治史经历了两次大的转折和过渡：15世纪选择了大一统，17世纪选择了帝国模式，两次都是以专制的方式达成目的的，由此专制君主制起源并最终形成。从城邦到帝国，一路走来，充分展现了俄罗斯迈入文明世界过程中的成长与突围。从专制政治意识的熏陶到专制君主制的形成，则是具体地域国家与特殊历史境遇相结合的产物。

研究世界史、国别史，就如放羊，刚开始时看着羊群彼此都很像，后来慢慢熟悉，才能逐渐辨认出各自特征。研究过程中，我们不可避免地要用西方的眼镜看，用西方的理论套，用西方的术语讲，但结合具体国家来探究其与众不同之处，发掘其历史演进的内在理路，剖析其发展变迁的深层原因和影响，方是历史研究之要义。欧洲俗语有言："剥开一个俄罗斯人，就会看见一个鞑靼人。"这话形象、生动，是西方人的视野。但作为东方人，我们去俄罗斯，若只看莫斯科和圣彼得堡的话，看到的就总是很像西方的俄罗斯。只有当深入苏兹达尔、弗拉基米尔、诺夫哥罗德或喀山，才或许更能感受到历史文化传统真正的俄罗斯味。

很高兴周厚琴有志继续耕耘俄国中世纪史的研究园地。目前她集中关注专制君主制变迁的重要转折期——17世纪，这是俄国从亡国危机到走向帝国的百年，是俄国历史上重要的选择时代。大动乱年代对后来俄国社会和政治发展道路产生了重大影响。为何在大动乱之后俄国依然继续走专制君主制道路？尽管在大动乱之中俄国也有其他选择的可能性，但通过缙绅会议选出的国家首脑竟然还是拥有无限权力的沙皇。这就是俄罗斯人民在经过大动乱之后所进行的选择，也是大动乱给予俄罗斯的经验教训：国家的权力应该是强大和独裁的，因此必须是专制的。随后，拥护专制君主制倾向的政治基础反倒在大动乱之后得到了加强。这样的选择经验在20世纪的俄国历史中也能看到循环性的缩影。从动乱到帝国的百年里，专制的政治思想与动乱的社会思想如何交融和互动，非常值得进一步探索。这一段，也是我《俄国史新论——影响俄国历史发展的基本问题》（中国社会科学出版社，2002）一书未论及之处。

仍记得2004年周厚琴因考研联系我的情景。一个四川小姑娘，高中学俄语，大学通过自学和旁听，考了三次终于考过俄语四级，希望报考我的研究生。研究俄国史，若有历史功底，又有俄语基础，我当然特别欢迎。转眼十五年过去，周厚琴以她的热情和坚持在俄国史研究方面取得了一定的成绩。硕士、博士研究生求学期间，她勤奋踏实，有强烈的求知欲和探索精神，善于从一个未知点去探寻史料，细致梳理以获更具历史延展性的认知。年轻人的阳光活力、灵巧聪慧和网络视域，也让我深感教学相长。在《俄国通史》（六卷本）第一卷的写作与探讨中，她总能提出一些自己的思考。毕业论文被评为2017年度陕西省优秀博士学位论文。相信勤恳坚持，周厚琴定会有自己更大的收获。

在当前的时代背景下，研究国别史尤其需要开阔的学术视野和深入的国际交流。掌握研究对象国的语言是基本能力要求，这种掌握应当不仅仅是学术文本的翻译，还需要深入的学术互动和对话，甚至需要类似人类学田野调查的感同身受。我想，这也是周厚琴辈年轻学者需要努力的方向和未来的优势。常有研究中俄关系史、苏联史的学者感叹，我们根本不了解俄罗斯。中俄关系无论如初恋情人般甜蜜，或是中年再婚般寡淡，还是如老年搭伴般依靠，如果不深入了解对方的过去，就始终都无法走入彼此内心和建立真正信任的。也许，这也是俄国中世纪史研究的必要性和价值所在。

如此，方能深刻揭示俄罗斯历史发展的独特性，认识到它是这一个，而不是简单属于哪一类。

2019 年 7 月 22 日

目　录

导　论

2018 年 5 月 7 日，普京以高票成功连任，开始其第 4 个总统任期。俄罗斯"二人转"政治再次引起国际社会关注，"强人治国""专制主义遗风""新帝国"的评价频出。普京被称为"新沙皇"，[①] 苏尔科夫提出"普京主义"政治模式，[②] 更是引发人们对俄罗斯民主之路将去向何方的普遍担忧。

回溯俄罗斯千年政治史，沙皇时代给人留下印象最深的要数 1917 年"二月革命"推翻的专制君主制。[③] 它历经法国大革命、1848 年欧洲革命浪潮而一直维持到 20 世纪初，表现出极强的制度生命力。无论尼古拉一世时代的"官方人民性"，[④] 叶卡特琳娜二世时代的"开明专制"，还是彼得一世时代的"绝对君主制"，都是沙皇专制君主制演变过程中的重要阶段，这些阶段都成

① 美国导演奥利弗·斯通拍摄了纪录片《普京访谈录》，2018 年俄罗斯大选前《莫斯科时报》对该片的评论标题称普京为"新沙皇"，见 "Putin: The New Tsar. A new documentary worth watching," Moscow Times, 2018 - 03 - 15, https://www.themoscowtimes.com/2018/03/15/putin-the-new-tsar-a60822，最终访问日期：2019 年 3 月 5 日。

② 2019 年 2 月 11 日，普京助理弗拉基米尔·苏尔科夫在《独立报》撰文《普京的长久帝国》，提出"普京主义"政治模式将是俄罗斯民族未来百年生存和发展的有效手段。见 Владислав Сурков: Долгое государство Путина. Независимая газета. http://www.ng.ru/ideas/2019-02-11/5_7503_surkov.html，最终访问日期：2019 年 3 月 5 日。

③ 学术界对"十月革命"前俄国的政治制度性质颇有争论。对俄国从 1905 年革命，到第一次世界大战，再到 1917 年革命的发展持乐观态度的学者强调，俄国最终脱离了专制，并向自由主义和政治自由进化；"二月革命"推翻的是罗曼诺夫王朝，而在此之前，1905 年革命后，随着俄国第一届杜马的召开、国家基本法的颁布，俄国已经开始了君主立宪时期。另一部分评论家则认为，这时的所谓"立宪"是假立宪。参见〔美〕尼古拉·梁赞诺夫斯基、马克·斯坦伯格《俄罗斯史》，杨烨等主译，第 374~434 页；王清和《从无限专制制度到改行君主立宪——试析一九〇五年以后俄国政体的演变》，《世界历史》1986 年第 5 期。

④ "官方人民性"（Теория официальной народности），也译为"官方民族性"，其理论内涵包括"东正教"（Православие）、"专制君主制"（Самодержавие）、"人民性"（Народность）三个层次，是 19 世纪 30 年代兴起于俄国的一种保守主义思潮。这一理论直到 1917 年都是俄罗斯帝国的官方意识形态基石。参见朱建刚《"官方民族性"与 19 世纪初俄国民族主义的崛起——以谢尔盖·乌瓦罗夫为例》，《俄罗斯学刊》2017 年第 1 期；许金秋《19 世纪至 20 世纪初俄国政治现代化理论与进程研究》，社会科学文献出版社，2018，第 285 页。

为学者研究的焦点。然而究其起源，却始终是难以说清的未解之谜。

新经济史学鼻祖、新制度主义代表人物道格拉斯·诺斯（或译"诺思"）说：历史表明，人们过去做出的选择，决定了其现在可能的选择。[①]自然地理环境、经济发展水平和社会文化状况等方面的初始条件，往往决定着政治制度的特定形态，而历史上的制度选择和传统意识决定着现有政治制度的可能发展路径。俄国专制君主制实际就孕育于彼得一世西化改革前的历史文化传统之中。如果说从彼得一世开始，最多从 17 世纪中期开始，俄国才走上工业化之路，那么此前的历史，就很难运用当代史学常用的现代化史观来看待。这样一个长时段的历史，应当如何厘清专制君主制形成的内在机制和发展进程？究竟是怎样的因素促成俄国专制君主制的产生，且赋予其如此强大的生命力？在历史转折时期，它又如何决定着俄国政治精英们在"可能发展路径"中做出选择？

众所周知，俄国居于东西方之间的特殊地理位置上，这使其政治发展所面临的可能性选择更加复杂。9~17 世纪的俄国历史进程不断受到来自东方或西方的影响，只是在不同阶段，两者的影响力不同。如何看待这些影响因素在俄国专制君主制起源与形成中的作用？事实上，俄国专制君主制的起源是俄国历史研究中最有争议的问题之一，这一争论已持续 400 余年，至今仍未达成一致观点。[②]从起源的时间上看，一部分研究者将俄国专制君主制的起源归到 17 世纪下半叶；一部分研究者则认为其开端是在 16 世纪或是 15 世纪末；还有部分研究者甚至认为专制君主制在古罗斯时代早已有之。从起源的原因来看，强调俄国受东方影响的学者们往往把专制君主制起源追溯到更早时期，其中一部分人认为金帐汗国的统治是俄国专制主义兴起的原因；一部分人则贬低金帐汗国的影响，认为俄国专制君主制是以拜占庭模式为参照的。强调俄国受西方影响的学者，则将专制君主制起源的时间后延，他们在俄国历史发展中找到与西方一致的等级代表君主制，认为之后随着资本主义的发展俄国才逐步建立了专制君主制。从俄国专制君主制的特性来看，一方面，许多西方的思想家、史学家、政治学家将其划入东方的类型，甚至连马克思也将其作为"东方专制主义"的一个典型例子；另一方面，苏联史学

[①] 参见〔美〕道格拉斯·C. 诺思《经济史中的结构与变迁》，陈郁、罗华平等译，上海三联书店、上海人民出版社，1994，第 1 页。诺斯的新制度主义理论还可参见〔美〕道格拉斯·C. 诺思《制度、制度变迁与经济绩效》，刘守英译，上海三联书店，1994。

[②] Альшиц Д. Н. Начало самодержавия в России: государство Ивана Грозного. Л., 1988. с. 3.

家则极力证明俄国专制君主制是西方类型的绝对君主制。观点如此迥异，这说明专制君主制这一历史现象的起源和特性问题，就像俄罗斯文化中根深蒂固的"斯芬克斯之谜"① 的子命题一样，始终困扰着学界。

这些不同看法实际还源于另一个问题。随着历史的积累和信息交流的频繁，用来表示"专制"的术语越来越丰富，② 而翻译为另一种语言时往往"译不达义"。长期以来，国内学术界对 абсолютизм（absolutism）、деспотизм（despotism）和 самодержавие（autocracy）三个术语，常常未加区分地译为"专制"、"专制制度"或"专制主义"。这种混同使用实际上抹杀了历史上各类专制制度现象的重要区别。近年来，部分学者注意到了前两个术语的不同，指出应将 абсолютизм（absolutism）译为"绝对主义"或"绝对君主制"，以表示西欧类型的专制，而 деспотизм（despotism）则专指"东方专制主义"。③ 但对 самодержавие（autocracy）的翻译未作区别。实际上，从翻译方法来说，从前两个术语的英俄文对照可见，它们显然是音译，而 самодержавие（autocracy）的英俄文对应只能算意译。④ 通常，音译是对外来词比较稳妥的翻译方法，而意译则必须在本国语言中寻找与他国语言完全相对应的词，这种对应往往存在一些"不对称"。самодержавие 在很大程度上是俄语中特有的词语，在俄国是比前两个音译的外来词更具悠久历史的术语，这一术语更能反映俄国政治制度的真实面貌，因此有必要在译名上加以区分。

再则，学术界关于专制制度的研究成果颇丰，研究方法各异，主要形成了三个基本学科流派：法学派（强调主权在君）、社会学派（强调专制制度是社会制度、政治制度和权力机制的体现）、历史学派（强调专制制度是社

① 作为一种文化意象，"斯芬克斯之谜"在俄罗斯文化中是根深蒂固的；作为对俄罗斯、俄罗斯民族、俄罗斯人性格和命运进行诠释的载体，它犹如一条"俄狄浦斯命运解读的曲线"，无孔不入地渗透到俄罗斯文化的方方面面。如赫尔岑所说：俄罗斯民族性格就好像是一个"斯芬克斯之谜"。参见乔占元《陀思妥耶夫斯基与他的"斯芬克斯之谜"》，《俄罗斯文艺》2004 年第 3 期。

② 能够翻译为"专制"的英文单词大致有 despotism、absolutism、autocracy、tyranny、authoritarianism、totalitarianism 等，在许多情况下人们不加区别地使用，但其内涵差别还是不容忽视的。参见王义保《"专制主义"概念溯源》，《学术论坛》2008 年第 6 期，第 36 页。

③ 从刘北成先生将佩里·安德森的著作译为《绝对主义国家的系谱》（刘北成、龚晓庄译，上海人民出版社，2001），并发表文章强调 absolutism 译为"绝对主义"开始，国内许多学者接受了这一看法。

④ 其实与英文 autocracy 一词在构词和含义上相对应的俄语词还有 автократия，但俄国学者较少使用它，特别是在史学著作中，经常用的是 самодержавие。

会和国家发展到特定阶段的产物)。[①] 诚然，把专制放在民主的对立面进行政治维度的比较，各种专制制度当然有其共同之处；但将不同的专制术语放在历史维度考察，就会更利于厘清各类专制制度形成和演变的历史谱系。目前对俄国专制君主制的历史认识依然模糊，特别是常常不加区别地套用西方"绝对君主制"的术语，正如俄国学者所言，实际上"这样避谈了与最发达的欧洲国家相比的众所周知的约落后 200 年的俄国历史"[②]。因此，有必要将专制君主制放入具体的俄国历史语境中考察。探寻俄国专制君主制的起源，其关键在于如何看待俄国的 самодержавие，即它是东方式的专制，还是西方型的绝对君主制，或者它原本就是其本民族的模式，哪一种认识更符合俄国过去的历史？

正是对这些问题的思考并尝试解答，笔者选择了这一课题，以制度变迁为视角，研究专制君主制在俄国历史文化传统中是如何形成和发展起来的，并分析其间是否存在选择的可能性。探究俄国历史上这一渊源久远的专制君主制现象，亦是以史为镜，有助于我们更深入理解当代俄罗斯民主之路的崎岖波折。

一 "专制君主制"新译及概念内涵

对问题的探讨，首先必须从概念的界定开始。研究历史，特别是研究政治史、描述国家政权组织形式，不得不使用一些政治学的术语。贴上借来的标签时，一定要特别注意术语的适用性：不仅要阐释其相似性，还要做更细致的历史考察以区别特性。

（一） самодержавие 与 деспотизм、абсолютизм 的译名问题

虽然 самодержавие 与 деспотизм、абсолютизм 这三个词都有"专制"之义，但从术语的渊源上来看，三者既有历史时代上的差异，也有适用范围上的区别。为避免在使用过程中指代不明而引起歧义，笔者在本书中尝试一种新的译法。

---

① 〔俄〕安·尼·梅杜舍夫斯基：《比较视角下的俄国专制制度》，张广翔译，《北方论丛》2009 年第 3 期，第 103 页。

② Мухин О. Н. Абсолютизм vs самодержавие: еще раз к дефиниции понятий. //Вестник ТГПУ. 2013. No. 2.

деспотизм（despotism），常译为"专制主义"。但从法国百科全书派学者爱尔维修（1715～1771）第一次明确使用"东方专制主义"（despotisme oriental）这个词组开始，① despotism 就明确与"东方"紧密相连；但自卡尔·A. 魏特夫著名的《东方专制主义：对于极权力量的比较研究》的中文译著流传开始，中国学者就常将 despotism 译为"东方专制主义"。② 该著遭到中国学者的批判，他们指出这是西方中心主义的术语，"东方专制主义"强化了术语的歧视色彩。③ 近年来，学者们对中国近代知识分子接受"专制"说的"自我东方化"进行梳理，④ 并反向地对东方的术语进行考察，实际上中文"专制"来自多个西文词语，是一个本土化概念；⑤ 而中国古籍中的"专制"一词，通常指权臣、贵戚等独断专行、得宠擅权；⑥ 表达君主的专制时则多使用"独断""独揽"⑦，严复在翻译孟德斯鸠的《法意》时也曾把 despotism 译为"独治"⑧。因此，笔者以为，从翻译更贴近中文术语本意的角度来说，可将其译为"独裁君主制"或"独裁主义"。

абсолютизм（absolutism）曾译为"专制君主制"或"专制主义"，但近年来，从刘北成先生在翻译佩里·安德森的《绝对主义国家的系谱》一书

---

① 转引自施治生、郭方《"东方专制主义"概念的历史考察》，《史学理论研究》1993 年第 3 期。

② 〔美〕卡尔·A. 魏特夫：《东方专制主义：对于极权力量的比较研究》，徐式谷等译，中国社会科学出版社，1989。

③ 参见李祖德、陈启能主编《评魏特夫的〈东方专制主义〉》，中国社会科学出版社，1997；常保国《西方文化语境中的专制主义、绝对主义与开明专制》，《政治学研究》2008 年第 3 期，第 113 页；徐勇《东方自由主义传统的发掘——兼评西方话语体系中的"东方专制主义"》，《史学月刊》2012 年第 4 期。不过，任剑涛先生认为，上述批判都是在时间轴线上建构的、各有偏重的学术话语，他认为，为了更准确地理解"东方专制主义"的种种言说，有必要将空间结构置于时间轴线之中，从而给"西方"学者相关论断的确当性以准评。参见任剑涛《时间轴线上的"东方专制主义"》，《中国文化》2018 年第 2 期。

④ 侯旭东：《中国古代专制说的知识考古》，《近代史研究》2008 年第 4 期；柳新元、杨蕾：《对"君主专制"概念源流之考察》，《理论月刊》2016 年第 3 期。

⑤ 阎步克：《政体类型学视角中的"中国专制主义"问题》，《北京大学学报》（哲学社会科学版）2012 年第 6 期。

⑥ 王义保：《"专制主义"概念溯源》，《学术论坛》，2008 年第 6 期。

⑦ 宋洪兵：《二十世纪中国学界对"专制"概念的理解与法家思想研究》，《清华大学学报》（哲学社会科学版）2009 年第 4 期；王文涛：《"专制"不是表述中国古代"君主专制"的词语》，《史学月刊》2012 年第 8 期。

⑧ 王栻主编《严复集》，中华书局，1986，第 1064～1065，转引自陆连超《西方没有专制体制——从绝对主义的中文误译问题谈起》，《贵州大学学报》（社会科学版）2011 年第 1 期，第 16 页。

时，提议将其译为"绝对君主制"或"绝对主义"开始，学者们纷纷响应。他们指出，在西方，这一术语一直是一个有特定含义和应用范围的概念。中世纪后期和近代早期，欧洲多数重要国家都先后建立起集权的君主制度，这种集权的君主制度在15世纪后期到16世纪初，首先出现于西欧的法国、英国和西班牙，接着出现于北欧的瑞典和东欧的奥地利，最后在17世纪出现于俄国、普鲁士。① 笔者赞同"绝对君主制"的译名，这一区分有助于我们更好地认识不同类型的专制制度。

самодержавие是俄国专有的历史术语，来源于самодержец，是古希腊语拜占庭皇帝封号αντοΧραωρ的斯拉夫语译名。② 权威的政治学词典《布莱克维尔政治学百科全书》（以下简称《布书》）指出，沙皇统治下的俄国是autocracy这种专制的一个典型例子。③ 中国学者也强调，"俄国沙皇专制的性质比较复杂。可以说，它兼有东方专制主义和欧洲绝对主义的特征"④。俄国专制君主"是一种介乎东西方两种文明、两种政治制度之间的政体，从某种意义上说，它既是俄国历史发展产生独特性的原因，又是其结果；它既非典型的'西方式'的，又非典型的'东方式'的，它只能是'东西方混合式'的，即'俄国式'的"。⑤ 可见，作为一种历史现象，俄国专制君主制与上述两种专制制度都有所不同，这种区别如何体现在中文表达上就显得特别重要。因其综合了东西方不同专制制度的特征，笔者尝试将其译为"专制君主制"。

当然，专制并不必然与君主制相联系，君主制也不必然导致专制。⑥ 但因本书探讨的专制制度均在君主制的范畴，故此，笔者以为，деспотизм、

---

① 参见北成《关于"专制君主制"的译名》，《史学理论研究》1996年第2期；王云龙、陈界《西方学术界关于欧洲绝对主义研究述要》，《史学理论研究》2004年第2期；陆连超《西方没有专制体制——从绝对主义的中文误译问题谈起》，《贵州大学学报》（社会科学版）2011年第1期；黄艳红《绝对主义：一个历史概念的名与实》，《世界近现代史研究》第15辑，社会科学文献出版社，2018。

② 〔俄〕瓦·奥·克柳切夫斯基：《俄国史教程》第二卷，贾宗谊等译，商务印书馆，2013，第130页。

③ 〔英〕戴维·米勒、韦农·波格丹诺编《布莱克维尔政治学百科全书》，中国问题研究所等组织翻译，中国政法大学出版社，1992，第48页。

④ 刘北成：《论近代欧洲绝对君主制》，《北京师范大学学报》（社会科学版）1997年第1期，第93页。

⑤ 朱剑利：《克柳切夫斯基论波雅尔杜马在国家政治体制发展史中的历史地位》，《中国社会科学院世界历史研究所学术文集》（4），江西人民出版社，2006，第365页。

⑥ 胡玉娟：《专制并不必然与君主制有联系》，《博览群书》2012年第9期。

абсолютизм、самодержавие 这三个词语可分别译为"独裁君主制"、"绝对君主制"和"专制君主制",以区别东方式、欧洲式、俄国式的专制制度。

(二) 专制君主制与独裁君主制、绝对君主制的历史渊源与内涵

从英文、俄文辞典和百科全书对这三个术语的历史渊源和词义的阐释中,我们会发现,三者在"专制"意义上有相似之处,但也可在产生背景和使用范围上分辨出彼此的差别。

"独裁君主制"(деспотизм)在俄国现代《大百科辞典》中被阐释为"不受限制的政权","恣意妄为,对权利、自由、独立的残酷镇压"。[①] 帝俄时期的百科辞典强调了 деспотизм 与 самодержавие 的区别,认为当时如中国、普鲁士、土耳其等国家的君主是独裁的,而俄国的"专制君主制比独裁君主制的进步之处,要么是将立法、行政和司法权都混合于一个或一些独裁统治机构中并由君主进行分工(康德)",要么是如俄罗斯帝国基本法第47条指出那样,君主统治的合法性:"是建立在出自专制权力的法律、制度和规章基础之上的"。[②]《布书》则强调,despotism 是"一种统治者与被统治者的关系是主奴关系的统治形式。但不能由此认为这样一种统治形式不合法"。despotism 起初是由希腊哲学家柏拉图和亚里士多德提出的。亚里士多德用这个词来描述如波斯帝国这样的东方君主国,他认为这是丑恶、腐败的一人统治形式。"在罗马文中这个词变形为 dominus(主人),与希腊文同样都是贬义词"。综观 despotism 一词的发展历程,其含义"几乎无一例外地带有侮辱的色彩,因其使用者具有欧洲中心主义的思想"[③]。可见,独裁君主制主要强调的是在法律规范缺乏的时代,君主权力的至高无上、不受限制、恣意妄为,以及这种统治下社会的落后和臣民的奴隶地位。

"绝对君主制"(абсолютизм)在俄语辞典中被定义为:"封建国家形式,其君主拥有至高无上的权力。绝对君主制国家达到最高程度的中央集权化阶段,创建复杂的官僚机构、常规军和警察机构;等级代表机构的活动停

---

① Большой энциклопедический словарь,词条"деспотизм",https://474.slovaronline.com/19001-деспотизм;词条"деспотия",https://474.slovaronline.com/19002-деспотия;最终访问日期:2018年5月4日。

② Энциклопедический словарь Брокгауза и Ефрона(简称 ЭСБЕ),该百科辞典于1890~1907年共计86卷在圣彼得堡出版,https://ru.wikisource.org/wiki/ЭСБЕ/Деспотизм,最终访问日期:2018年5月4日。

③ 〔英〕戴维·米勒、韦农·波格丹诺编《布莱克维尔政治学百科全书》,第194~196页。

止。17~18 世纪，绝对君主制在西欧繁荣，而俄国在 18~20 世纪初是绝对君主制。"[1]《布书》中的 absolutism 词条认为，这种统治"拥有绝对权力且不受法律限制和宪法控制，通常是君主制政府"。absolutism 在 1796 年前后首次出现于法文中，1830 年前后出现于英文和德文中。如同"开明专制"一样，"绝对君主制"也是"一个具有新含义的词语，是在它着意标明的现象消灭之后由历史学家杜撰出来的。在 19 世纪，其用法基本上是贬义的"。《布书》还强调，"该术语常常用于欧洲历史，但是适用于欧洲历史的哪个阶段，存在很大歧义；而且，它在政治实践中的作用与在政治理论中的评价之间的关系，也存在很大争议"。[2]"绝对君主制"这一术语自诞生以来就备受争论。近年来，学者们对绝对君主制不断提出质疑，甚至建议抛弃这一饱含分歧的概念。[3] 但到目前为止，很难给出一个新的术语来替代它描述欧洲历史上的这一过渡时期（从封建主义向资本主义的过渡时期）的政治制度形态。[4] 故此，本书继续沿用这一术语，但结合俄国历史实际情况，在具体运用时加以限定。由上可见，绝对君主制主要强调的是在资本主义萌芽和发展的时代背景下，君主在封建贵族阶级与资产阶级的对立平衡中寻求绝对权力，强调国家政权的中央集权化和官僚化。实际上，这种统治下的国家和社会具有法律规范，君主的绝对权力被法律赋予的同时也被法律限定。

现代俄国的《大百科辞典》对"专制君主制"（самодержавие）的定义非常简洁：一种"俄国的君主制统治形式"，16~17 世纪沙皇与波雅尔共同统治，18~20 世纪初演变为绝对君主制。[5] 帝俄时期的百科辞典则阐释得十分详细，指出这一术语与更早时期的编年史中常用的 самовластец 相似，在不同时期有不同的含义。самовластец 指的是王公虽然没有拥有不受限制的

---

① Большой энциклопедический словарь，词条"абсолютизм"，https：//474. slovaronline.com/4393-абсолютизм，最终访问日期：2018 年 5 月 4 日。

② 〔英〕戴维·米勒、韦农·波格丹诺编《布莱克维尔政治学百科全书》，第 1~3 页。

③ Мухин О. Н. Абсолютизм vs самодержавие: еще раз к дефиниции понятий//Вестник ТГПУ. 2013. №2；Хеншелл Н. Миф абсолютизма XVI-XVIII вв. СПб.：Алетейя，2003.

④ 西方学界关于绝对君主制的研究，经历了由"国家中心论"向"社会合作论"的转变。"国家中心论"强调绝对君主制对等级社会的改造与控制，凸显国家的能力；"社会合作论"则重视社会力量在国家建设过程中的介入与参与，绝对君主制的建立被认为是国家与社会的协调和妥协的产物。参见张弛《法国绝对君主制研究路径及其转向》，《历史研究》2018 年第 4 期。

⑤ Большой энциклопедический словарь，词条"самодержавие"https：//474. slovaronline. com/43132-самодержавие，最终访问日期：2018 年 5 月 4 日。

权力，但将所有的领区都聚合在自己手中。伊凡三世时期，官方第一次使用 самодержец 的封号，这一称谓指的是"大公的对外独立性"。从伊凡四世起就把它理解为"在内部事务上不受限制的权力"。用 M. M. 斯佩兰斯基①的话说，在国家法典汇编中，самодержавие 具有两种不同的含义，"既表示对外的独立性，也表示君主对内不受限制的权力"。帝俄时期则将它理解为君主在统治事务上的绝对权力，即绝对君主制。而表示国家对外独立时，使用"主权国家"的概念。②《布书》中 autocracy 词条解释为，"这是一种一个人的统治。他不向其任何追随者或下属负责"。其统治者"最基本的特征是完全不受（宪法的或法律的）限制，不能受到挑战，他体现着主权和国家权力"，这种统治"没有任何确定的范围，它是专横而无拘无束的"。作为一种政府或统治形式，它"只能够在特定的社会经济环境中得以生存。这些条件包括未受过教育和落后的人民。他们很少有或者根本不知道自然权利的概念，缺乏任何改善自己处境的共同政治意向，维持这些条件的继续存在，能够使统治者个人得以维护他们的个人既得利益"，沙皇俄国就是这样的例子。③ 可见，专制君主制首先强调的是君主权力在对内和对外两个维度上的独立自主性和不受约束性，同时还强调这种统治方式有一个变化的进程，在变化的进程中始终伴随着居民政治意识的落后性和人民与国家的协调一致性。

综合以上定义和阐释可以看出，政治学对专制制度的这几个术语的揭示仍存有很大争议。但从历史学的角度看，有一点毋庸置疑，那就是俄国专制君主制在类型上既不同于西方的也不同于东方的，有其历史发展的独特性。这一认识是本书将俄国专制君主制作为一种特殊的政治制度和历史现象来研究的基础。

二 专制君主制的学术史嬗变

（一）俄国学者视野中的专制君主制

俄国史学家对专制君主制起源的研究，是随着对"专制君主制"和

---

① M. M. 斯佩兰斯基（1772~1839），亚历山大统治时期的著名改革家，是亚历山大和后来的尼古拉一世的御前顾问，他有时被称为俄国自由主义之父。

② Энциклопедический словарь Брокгауза и Ефрона, https://rus - brokgauz - efron. slovaronline. com/109722-Самодержавие，最终访问日期：2018 年 5 月 4 日。

③ 〔英〕戴维·米勒、韦农·波格丹诺编《布莱克维尔政治学百科全书》，第 47~48 页。

"绝对君主制"这两个概念认识的不断丰富而逐渐加深的。总体来说，对俄国专制君主制的起源有三种代表性的观点：贵族史学家认为，源于古罗斯时代；国家学派认为，从伊凡四世时期开始；克柳切夫斯基则认为，始于伊凡三世时期。第一种观点已逐渐被历史学家抛弃，但后两种观点在不同历史时期始终各有其拥护者。同时，大部分史家认为，从 17 世纪下半叶开始，俄国专制君主制开始演变为绝对君主制，直到彼得一世时才得以确立；但也有学者认为，伊凡四世时就已确立绝对君主制；① 还有学者甚至认为，亚历山大二世才是俄国历史第一位绝对专制君主。②

18 世纪至 19 世纪上半叶，俄国史学家拒绝将西方的"绝对君主制"术语运用于俄国历史中。贵族史学家 B. H. 塔季谢夫（1686～1750）和 H. M. 卡拉姆津（1766～1826）认为，专制君主制在罗斯古已有之；他们拥护俄国专制君主，为专制君主制辩护，还认为俄国因"英明的专制君主制而得救"③。卡拉姆津强调，"专制君主制使俄国得以建立和复兴：如果专制君主制不复存在，俄国定会走向灭亡"，"专制君主制是俄国的守护神"。④ 这一时期的官方律法和文件也从未使用"绝对君主制"这一术语。由彼得一世时代的著名政论家 Ф. 普罗科波维奇编写并于 1721 年 1 月 25 日取得法律效力的教会章程强调："君主的权力是专制（самодержавный）权力，他只凭良心听从于上帝。"⑤ 甚至到 1892 年《国家根本法》的颁布，依然直接规定："全俄罗斯皇帝"是专制的、不受限制的君主。⑥

斯拉夫派和西方派首先发起了对俄国专制君主制的讨论。斯拉夫派的代表人物为 A. C. 霍米亚科夫（1804～1860）、И. B. 基列耶夫斯基（1806～1856）和 K. C. 阿克萨科夫（1817～1860），在使用"专制君主制"时，他

---

① Любавский М. К. Лекции по древней русской истории до конца XVI века. 5 - е изд. стер. СПБ. ：Издательство Лань. 2002. с. 366-377.

② Чернов К. С. Абсолютизм в России. //Вопросы истории. 2014. №. 1. с. 128-135.

③ 〔俄〕H. П. 巴甫洛夫-西利万斯基：《俄国封建主义》，吕和声等译，商务印书馆，1998，第 5 页。

④ Карамзин Н. М. Записка о древней и новой России в ее политическом и гражданском отношениях. М., 1991. с. 105.

⑤ ПСЗ. I. T. VI. N 4870（法律全书），转引自 Сорокин Ю. А. О понятии 《абсолютизм》 // Исторический ежегодник. Омск. 1996. с. 6.

⑥ 《国家根本法》第 1 条，转引自 Сорокин Ю. А. О понятии 《абсолютизм》 // Исторический ежегодник. Омск. 1996. с. 6. 同时参见许金秋《19 世纪至 20 世纪初俄国政治现代化理论与进程研究》，社会科学文献出版社，2018，第 285 页。

们只用它最基本的词义，即"独立地掌权"，不含有任何独裁、霸道之意。他们永远把专制君主制与横行霸道的独裁体制（即独裁君主制）和暴政对立起来。斯拉夫派把专制君主制看成是超阶层的、代表所有阶层人民利益的一种现象，认为不应该以宪法形式来限制专制政权，而东正教和民族性因素才是限制专制政权的力量，具体表现就是人民代表会议，即 16~17 世纪的缙绅会议。因此，恢复缙绅会议成为斯拉夫派在 19 世纪 50 年代的政治理想。[①] К. С. 阿克萨科夫反对君主立宪，主张专制君主制。"外部的真理属于国家，内部的真理属于土地；无限的权力属于沙皇，生活和精神的完全自由属于人民；行动和立法的自由属于沙皇，发表意见和讲话的自由属于人民。"[②] 显然，斯拉夫派的"专制君主制"概念是一种理想化的、具有独特"民主君主主义"色彩的制度，它与俄国现实的君主专制统治及官僚体制并不相符。

西方派的代表人物为 К. Я. 卡维林（1818~1885）、В. Н. 齐切林（1828~1904）；西方派也被称为国家学派，他们从法学的角度提出"国家普遍奴役说"，否认 16~17 世纪的俄国存在真正意义上的等级。他们谈论的专制君主制，是从伊凡四世时开始的。[③] 他们充分强调国家在等级制度形成过程中的主导作用，指出彼得一世时期以前的俄国是服役国家，而专制制度在传统社会发展过程中，总体上扮演积极的角色。[④]

事实上，只有当"绝对君主制"这一西方术语进入俄国史学家和法学家的视野时，学术意义上的争论才真正开始。革命前的自由主义史学家和法学家 П. Н. 米留科夫（1859~1943）和 М. М. 科瓦列夫斯基（1851~1916）等，开始关注绝对君主制。他们将其理解为欧洲国家演进中的一个具体历史阶段，处于封建国家与资产阶级国家之间的过渡阶段。这些学者严格区分专制君主制和绝对君主制。第一，专制君主制在俄国的确立，早于绝对君主制。第二，二者的本质区别在于欧洲理论认为君主权力并非神授，而是来自公共利益和自然法；但他们承认欧洲式的绝对君主制在俄国也存在，开始于

---

①　白晓红：《俄国斯拉夫派的政治思想》，《世界历史》2001 年第 5 期。

②　李景云：《试论俄国历史上的西欧派和斯拉夫派之争》，《南开学报》（哲学社会科学版）1995 年第 2 期。

③　Зуляр. Ю. А. Генезис русского самодержавия и дискуссия о его особенностях: Учеб. Пособие. Электронный вариант. Иркутск: Иркутский университет，2006. с. 12.

④　〔俄〕安·尼·梅杜舍夫斯基：《比较视角下的俄国专制制度》，张广翔译，《北方论丛》2009 年第 3 期。

彼得一世的统治时期。[1]

而持君主主义立场的学者们（大多是斯拉夫派的支持者）热衷于研究专制君主制。如 И. 阿克萨科夫（1823～1886）认为，俄国的专制君主制，既非德国式的绝对君主制，亦非亚洲式的独裁君主制。[2] Н. И. 切尔尼亚耶夫（1853～1910）于 1895 年发表的《论俄国专制君主制》和 1904 年发表的《俄国专制君主制的神秘主义信仰、理念和诗学》，阐释了俄国专制君主制的宗教基础、世界历史意义、政治必然性等。[3] 他强调俄国历史是特殊的，缺乏稳固的法律关系，君主地位的历史依据比法律依据更为深厚。П. Е. 卡赞斯基（1866～1947）坚决反对把俄国的专制君主制等同于欧洲的绝对君主制。他认为，"俄国法律词汇中没有与西方'绝对君主制'和东方独裁君主制相一致的概念和表达"。[4] Л. А. 季霍米罗夫（1852～1923）激烈批判"绝对主义国家"理论，认为君主的最高权力在于人民为了利益而让渡自己的最高权力给君主。[5] И. Л. 索洛涅维奇（1891～1953）认为，俄国专制君主制的不同之处就在于其人民性，他称之为"人民君主制"。[6] Н. А. 罗日科夫（1868～1927）和 Д. А. 霍米亚科夫（1841～1919）亦对之有论述。[7] 可见，君主主义史学家所强调的专制君主制与绝对君主制的区别，蕴含着为俄国专制君主制进行辩护的同时对欧洲绝对君主制进行批判的意味。

克柳切夫斯基在其教程的附注中表明，俄国专制君主制始于伊凡三世时期。[8] 他认为，俄国的等级代表机构不同于西方，其本质不是限制沙皇权力，而是巩固沙皇政权。他也并未使用西方"绝对君主制"的术语，而是用俄国"专制君主制"的术语来描述俄国政治制度，指出其"世袭领地国家"的本

① Сорокин Ю. А. О понятии 《абсолютизм》// Исторический ежегодник. Омск. 1996. с. 6.

② Иван Аксаков. Русское самодержавие-не немецкий абсолютизм и не азиатский деспотизм. Научно-популярная и образовательная литература. 1886. http://dugward.ru/library/aksakovy/iaksakov_russkoe_samoderjavie.html，最终访问日期：2018 年 5 月 4 日。

③ Черняев Н. И. Необходимость самодержавия для России. Харьков, 1901. с. 1；也见于后来的文集 Черняев Н. И. Русское самодержавие. М.：Институт русской цивилизации，2011. с. 5-19。

④ Казанский П. Е. Власть всероссийского императора. Одесса. 1913. с. 523-557.

⑤ ТихомировЛ. А. Монархическая государственность. СПБ. 1993. с. 95-96.

⑥ Солоневич И. Л. Народная монархия. М.：Институт русской цивилизации，2010.

⑦ Рожков Н. А. Происхождение самодержавия в России. М.，1906；Хомяков Д. А. Православие, самодержавие, народность. М.：Институт русской цивилизации，2011.

⑧ Зуляр. Ю. А. Генезис русского самодержавия и дискуссия о его особенностях: Учеб. Пособие. Электронный вариант. Иркутск: Иркутский университет，2006. с. 11.

质，强调君主的"世袭领地"观念在俄国政治制度变迁中的作用。这在一定程度上代表了克柳切夫斯基对俄国专制君主制的基本认识。

"十月革命"后直至20世纪40年代，苏联史学鲜有研究专制君主制的。1940年，苏联科学院历史所就如何定义彼得一世时的绝对君主制之前的国家制度进行了讨论。1951年，莫斯科大学历史系对绝对君主制问题进行了讨论。这个问题成为苏联各种学术中心所召开的学术会议的主题，参与讨论的不仅有史学家，还有很多社会学家和法学家。他们提出了新的看法，当然，这些讨论都是在马克思主义史观的基础上进行的。

多数法学家、社会学家倾向于不区分专制君主制和绝对君主制。例如，权威学者、法学家 C. B. 尤什科夫教授（1888~1952）于1950年在《历史问题》杂志上发表文章，在阐释这两个概念时，直接视为一样。他站在封建主义发展的视角上，提出了"等级代表君主制"的术语，认为伊凡四世时建立的并非绝对君主制，而是等级代表君主制。[①] 这一概念得到广泛认同和使用，在苏联史学中占据了统治地位。可以看出，模糊专制君主制和绝对君主制之间的区别，有利于给俄国历史嵌入等级代表君主制时期这样一个与西方相同的历史阶段，以便使俄国的历史发展阶段与西欧同步，有利于用政治制度从等级代表君主制向绝对君主制的演化，匹配俄国经济从封建主义向资本主义发展过渡的历史规律。

历史学家则认为有必要区分这两个概念，并强调在俄国历史的不同时期对"专制君主制"一词有不同的理解，并认为伊凡三世是俄国第一位专制君主。部分学者如 K. B. 巴基列维奇、Л. B. 切列普宁和 A. A. 济明认为，缙绅会议不仅没有从实际上或法律上限制伊凡四世，而且还巩固了沙皇不受限制的权力体制，俄国的等级代表君主制难以与西欧的相提并论。Л. B. 切列普宁折中地提出，"特辖制"时期同时存在两种国家体制形式：非直辖区的等级代表君主制和特辖区不受限制的权力体制。[②] 但这一观点没有得到其他苏

---

①　Юшков С. В. К вопросу о политических формах русского феодального государства до XIX века // Вопросы истории. 1950. No. 1.

②　Черепнин Л. В. К вопросу о складывании абсолютной монархии в России（ХVII-ХVIII вв.）// Черепнин Л. В. Вопросы методологии исторического исследования. М., 1981. с. 182.

联史家的支持。后来的学者走得更远，如 А. Л. 尤尔加诺夫和 В. Б. 科布林认为，中世纪罗斯建立的专制君主制是东方式独裁君主制的变体。① 如此，他们提出了一种鲜明的观点，即不受限制的权力体制（即东方独裁类型的专制君主制）在俄国的形成比绝对君主制要早得多。В. В. 马夫罗金也认为，俄国专制政体起源于伊凡三世时期。②

20 世纪 60 年代中期，随着对封建主义问题讨论的深入，绝对君主制研究进入新的阶段。从 1968 年至 1971 年，关于俄国绝对君主制的讨论文章集中发表在《苏联历史》杂志上。③ 1968 年，А. Я. 阿维尔赫在《俄国绝对君主制及其在俄国资本主义确立中的作用》一文中指出，绝对君主制是一种封建君主制，其内部结构有能力演化为资产阶级君主制。这一结论引起了许多历史大家的激烈反对。一些学者为证明资本主义在俄国的发展，机械运用马克思主义学说，在 18 世纪初的俄国找出了绝对君主制；一些学者则认为，俄国绝对君主制的实际形成早于封建主义解体，也早于资本主义生产关系的大量出现。А. Н. 奇斯塔兹瓦诺夫倡导对包括俄国在内的欧洲国家的绝对君主制起源进行总体研究。这场关于"绝对君主制"术语的讨论最终陷入死胡同，并未得出多少观点一致的成果，但归纳出了绝对君主制的几个典型特征，这些特征成为后来学者的立论出发点。它们是：（1）立法、司法、行政权集中在世袭君主手中；（2）君主有权安排税制和财政（专制制度特有的征

---

① Юрганов А. Л. Кобрин В. Б. Становление деспотического самодержавия в средневековой Руси（к постановке проблемы）// История СССР. 1991№ 4. с. 54–64.

② 〔苏〕В. В. 马夫罗金：《俄罗斯统一国家的形成》，余大钧译，商务印书馆，1994，第 355 页。该书译自 1951 年的俄文版，В. В. Мавродин. Образование единого русского государства. изд. Ленинградского университета. Л. 1951。

③ Аврех А. Я. Русский абсолютизм и его роль в утверждении капитализма в России // История СССР. 1968. №2；Чистозвонов А. Н. Некоторые аспекты генезиса абсолютизма // История СССР. 1968. №3；Павлова-сильванская М. П. К вопросу об особенностях абсолютизма в России. //История СССР. 1968. № 4；Шапиро А. Л. Об абсолютизме в России // История СССР. 1968. №5；Давидович А. М., Покровский С. А. О классовой сущности и этапах развития русского абсолютизма // История СССР. 1969. №1；Троицкий С. М. О некоторых спорных вопросах истории абсолютизма в России // История СССР. 1969. №3；Волков М. Я. О становлении абсолютизма в России // История СССР. 1970. №1；Павленко Н. И. К вопросу об особенностях абсолютизма в России // История СССР. 1970. №4；Сахаров А. Н. Исторические факторы образования русского абсолютизма // История СССР. 1971. №1；Аврех А. Я. Утраченное равновесие // История СССР. 1971. №4；Аврех А. Я. К дискуссии об абсолютизме в России // История СССР. 1971. №3.

税制度统一化）；（3）国家存在繁复的官僚机构，以君主的名义发挥行政、司法、财政及其他功能；（4）国内实行集权和统一的国家与地方管理制度，制定统一的法律；（5）有常备军和警察；（6）所有的服役类型和阶级地位由法律明确规定；（7）教会附属于国家。M. 阿基什顿整理了这场讨论，认为学者们基本一致地将绝对君主制理解为俄国专制君主制发展的特殊阶段，这一时期封建生产方式占统治地位，但不排除有部分资本主义生产因素。① 随后，一系列研究专制君主制和绝对君主制起源与形成的专著、文集也纷纷问世。② 其中 1973 年苏联历史学家 C. O. 施密特的著作《俄国专制君主制的建立：伊凡雷帝时代社会政治史研究》影响较大，1993 年又更名为《俄国绝对君主制的起源：伊凡雷帝时代社会政治史研究》再版。③ 他关于伊凡四世时建立了俄国专制君主制的观点广为苏联学者所接受。

　　定义“绝对君主制”概念的尝试并未就此结束，但对绝对君主制的争论并不局限于纯粹定义的讨论。比如，有学者注意到，俄国绝对君主制的社会基础与西欧的并不相同。那个时代被视为经典的马克思关于“绝对君主制”的定义“依靠贵族和资产阶级的平衡的政权”，这完全是就西欧社会而言的。因此，弄清绝对君主制的性质和特点，对确定俄国专制君主制的历史形态及其起源有着极其重要的意义。

　　苏联解体后，解除了意识形态束缚的俄罗斯史学对专制制度的研究更加丰富和深入。为与西方史学话语体系对接，学者们依然沿用苏联时代频繁使用的“绝对君主制”的术语。但研究视野有所拓宽，不仅着眼于专制制度的

---

① Агиштон М. Русский абсолютизм XVII – первой половины XVIII вв. в советской исторической науке. Л. , 1989. С. 9

② Абсолютизм в России（XVII – XVIII вв. ）：Сборник статей к семидесятилетию со дня рождения и сорокапятилетию научной и педагогической деятельности Б. Б. Кафенгауза. М. ： Наука, 1964；Черепнин Л. В. К вопросу о складывании абсолютной монархии в России（XVI – XVIII вв. ）. М. , 1968；Шмидт С. О. Становление российского самодержавства：Исследование социально-политической истории времени Ивана Грозного. М. , 1973；Троицкий С. М. Русский абсолютизм и дворянство в XVIII в. Формирование бюрократии. М. , 1974；Давидович А. М. Самодержавие в эпоху империализма：（Классовая сущность и эволюция абсолютизма в России）М. , 1975；Демидова Н. Ф. Служилая бюрократия в России XVII в. и ее роль в формировании абсолютизма. М. 1987；Альшиц Д. Н. Начало самодержавия в России：государство Ивана Грозного. Л. , 1988.

③ Шмидт С. О. У истоков российского абсолютизма：Исследование социально-политической истории времени Ивана Грозного. М. , 1996.

细化研究，探讨专制制度与教会、执政精英、官僚机构的关系，而且尝试将俄国专制制度放入现代化进程中进行历史比较研究。[①] 如 A. H. 梅杜舍夫斯基《俄国绝对君主制的确立：历史比较研究》，将彼得一世统治时期的俄国分别与东欧国家和西欧国家做对比，研究政权与所有制相关的立法文件。通过对统治精英、阶级构成、新型官僚的分析，他指出了俄国绝对君主制的特点。这一研究成果至今仍有其重要的学术意义。Г. В. 塔琳娜《选择的道路：17 世纪下半叶～18 世纪第一个 25 年的专制君主制》，则从政权的来源、最高国家管理机关、国家管理、国家职务、武装力量、国家与教会关系等方面，细致分析 17 世纪下半叶开始的俄国专制君主制如何演变为绝对君主制的历史进程，同时作者强调了这一历史进程中俄国统治者和政治精英的选择。

值得一提的是，近年来以俄罗斯文明为主题，重新出版了革命前学者关于专制君主制的主要著作。[②] 该书系由俄罗斯文明研究院（2003 年成立，其前身是《俄罗斯文明百科全书》学术研究和出版中心，1997～2003）策划，旨在研究俄罗斯民族的思想观念。把俄国专制君主制作为俄罗斯文明意识形态的一部分，这不得不说是新时代赋予这一历史现象的新意义。

（二）英美学者视野中的专制君主制

在西方学者的文章和著作里，只要谈及俄国专制君主制，无论关于 16～17 世纪，还是 18～19 世纪，几乎完全一致地使用 autocracy （词义基本与

---

① Медушевский А. Н. Утверждение абсолютизма в России. Сравнительное историческое исследование . М. 1994; Колобков В. А. Митрополит Филипп и становление московского самодержавия: Опричнина Ивана Грозного. СПБ: Алетейя, 2004; Родионова И. В. Становление самодержавия. Правление Ивана IV ГрозногоМ., 2005; Ерошкин Н. П. Российское самодержавие: к 75-летию Ист. -арх. ин-та. М., 2006; Скрипкина. Е. В. Самодержавие и церковный раскол в России во второй половине XVII в.: царь Алексей Михайлович и протопоп Аввакум. М., 2009. Талина Г. В. Выбор пути: Русское самодержавие второй половины XVII -первой четверти XVIII века. М., 2010.

② Солоневич И. Л. Народная монархия. М. : Институт русской цивилизации, 2010; Тихомиров Л. А. Монархическая государственность. М., 2010; Кошелев А. И. . Самодержавие и Земская дума. М. : Институт русской цивилизации, 2011; Хомяков Д. А. Православие, самодержавие, народность. М. : Институт русской цивилизации, 2011; Черняев. Н. И. Русское самодержавие. М. : Институт русской цивилизации, 2011.

самодержавие 相对应）一词。① 阐释术语 самодержавие 时，甚至常用与斯拉夫字母对应的拉丁字母拼写出 samoderzhavie 加以备注②，强调此为俄国君主统治的专有术语。而在论述特定历史时期的欧洲国家形态时，常使用 absolutism（"绝对君主制"）。③ 对二者有区别地使用，充分说明西方学者眼中的俄国"专制君主制"和欧洲"绝对君主制"并非相同的概念。

对俄国专制君主制的起源研究，不得不提及俄裔美籍学者亚历山大·亚诺夫（1930 年生）于 1981 年出版的《专制君主制的起源：俄国历史上的伊凡雷帝》④。不过，他研究专制君主制的目的在于强调俄国的欧化传统，这在其后来的三卷本《俄国与欧洲（1462~1921）》中有集中体现。他认为，俄国的专制君主制的建立早于欧洲同类型的绝对君主制，称为伊凡四世"伟大的专制革命"。⑤ 专制君主制"奇怪地反复无常"，在独裁君主制和绝对君主制之间摇摆。⑥ 同时强调伊凡雷帝统治前俄国发展道路与欧洲国家的一致性，将 1480~1560 年称为俄国的"欧洲世纪"。他反对以专制君主制为特点将莫斯科公国与欧洲国家区别开来，认为摆脱蒙古人桎梏后的莫斯科公国只是一个普通的"受限制的"（有限的）君主制的北欧国家，伊凡三世在俄国社会展开了对教会无限权力的广泛批判，以致出现了禁欲派运动；创建了确保国

---

① 如 Brenda Meehan-Waters, "Autocracy and Aristocracy: The Russian Service Elite of 1730," New Brunswick, New Jersey: Rutgers University Press, 1982; Thomas S. Pearson, *Russian officialdom in Crisis: Autocracy and lLocal Self-Government*, 1861 - 1900, New York: Cambridge University Press, 1989; Andrew M. Verner, *The crisis of Russian Autocracy: Nicholas II and the* 1905 *Revolution*, Princeton: Princeton University Press, 1990。

② SOLDAT Cornelia, "The Limits of Muscovite Autocracy: The Relations Between the Grand Prince and the Boyars in the Light of Iosif Volotskii's Prosvetitel," *Cahiers du monde russe*, 2005/1. Vol. 46, pp. 266-267.

③ 如 Nicholas Henshall, *The Myth of Absolutism: Change and Continuity in Early Modern European Monarchy*, London and New York: Longman, 1992; Miller, John (ed.), *Absolutism in Seventeenth-Century Europe*, New York: Palgrave Macmillan, 1990; Wilson, Peter H., *Absolutism in Central Europe*, New York: Routledge, 2000; Subtelny Orest, *Domination of Eastern Europe: Native Nobilities and Foreign Absolutism*, 1500-1715, Kingston and Montreal: McGill-Queen's University Press, 1986.

④ Alexander Yanov, *The Origins of Autocracy: Ivan the Terrible In Russian History*, Berkeley: University of California Press, 1981.

⑤ Великая самодержавная революция Ивана IV. // Фрагмент книги Александра Янова《Россия и Европа. 1462-1921》. https://www.ng.ru/ng_exlibris/2006-11-23/4_ivan4.html，最终访问日期：2018 年 5 月 4 日。

⑥ Янов А. Россия: у истоков трагедии. 1462 - 1584. Заметки о природе и происхождении русской государственности. М.: Прогресс-Традиция, 2001. с. 286.

家欧化基础的社会机构缙绅会议以及以地方农民自治代替地方行政长官的"食邑制"（кормление，也译作"供养制"，第三章详述）。亚诺夫对比俄国专制中的欧亚传统和其原本就有的欧化传统，认为正是伊凡四世中断了俄国的欧化发展道路，而这一道路到彼得一世时才重新继续。[①]

与他的观点不同，许多美国学者认为俄国的专制君主制起源于伊凡三世时。美国学者古斯塔夫·阿勒夫（1922~1996）于 1986 年出版了《莫斯科专制君主制的起源：伊凡三世时代》[②]，从书名即可看出作者的观点。俄裔美籍学者梁赞诺夫斯基也指出，"'莫斯科和全罗斯'的统治者们的权势日增，到大约伊凡三世的时候，他们已经开始了沙皇专制的新纪元。……封建割据时代的罗斯最终滑向了专制主义"[③]。英国学者佩里·安德森则将俄国作为绝对君主制国家放在西欧、东欧各绝对主义国家的比较视野下，认为"伊凡三世开创了'领地制'，从而奠定了俄国绝对主义的最初基础"；"伊凡四世的事业既是继续向建立沙皇专制迈出的决定性的一步"；"1682 年，沙皇费多尔……开辟了从根本上重建俄国绝对主义的整个政治秩序的阶段"。[④]

当然，还有一些不同的观点，如保罗·杜克斯将罗曼诺夫王朝的建立作为俄国绝对君主制形成研究的起点。[⑤]西方学者也注重研究政治精英与专制政权建立之间的关系。[⑥] 近年来比较重要的文章有《仁慈的天父，冷酷的国度：比较视野下的俄国专制君主制》《16 世纪的莫斯科君主制：民族的、大众的还是民主的?》《沙皇俄国的社会阶层、市民社会与专制君主制》《莫斯

---

① Россия и Европа. В 3 книгах. Книга 1. Европейское столетие России. 1480-1560；М.：Новый Хронограф，2008. Книга 2. Загадка николаевской России. 1825-1855；М.：Новый хронограф，2007. Книга 3. Драма патриотизма в России. 1855-1921；М.：Новый хронограф，2009；这一套书在俄国引起较大反响，召开了数次讨论会议，如卡内基国际和平研究院 2010 年 4 月 19 日的讨论会，《自由弥赛亚》基金会 2010 年的讨论会（后出版了 Европейский выбор или снова 《особый путь》? ／ под общ. ред. И. М. Клямкина. Москва：Фонд 《Либеральная миссия》，2010. c4-99）。

② Gustave Alef, *The Origins of Muscovite Autocracy：The Age of Ivan III*, Harrassowitz, 1986.

③ 〔美〕尼古拉·梁赞诺夫斯基、马克·斯坦伯格：《俄罗斯史》，杨烨等主译，第 107~108 页。

④ 〔英〕佩里·安德森：《绝对主义国家的系谱》，刘北成、龚晓庄译，第 356、350~351、352、360 页。

⑤ Paul Dukes, *The Making of Russian Absolutism*, 1613-1801, London：Routledge, 1986.

⑥ Valerie A. Kivelson, *Autocracy in the Provinces：The Muscovite Gentry and Political Culture in the Seventeenth Century*, Stanford, Calif.：Stanford University Press, 1996；Le Donne, John P., *Absolutism and Ruling Class：The Formation of the Russian Political Order*, 1700-1825, New York and Oxford：Oxford University Press, 1991.

科专制君主制的局限性》等。[①]

（三）　中国学者视野中的专制君主制

近年来无论政治学、哲学还是史学领域，中国学者不断加深对专制、专制主义、专制制度的研究。学者们逐渐强调 деспотизм（despotism）与 абсолютизм（absolutism）的不同，首先从概念上、术语的历史渊源上对二者做了梳理，基本一致地认为前者是东方式的专制主义（独裁），后者是西欧式的绝对主义。[②] 而对俄国的 самодержавие，中国学者一直笼统地翻译为"俄国专制制度"或"沙皇专制制度"。中国学者基本一致认为，彼得一世的统治在俄国建立起了专制制度。[③] 值得一提的是张广翔先生翻译俄国著名学者 A. H. 梅杜舍夫斯基的《比较视角下的俄国专制制度》[④] 一文，不仅梳理了

[①]　Valerie Kiveson, "Merciful Father, Impersonal State: Russisan Autocracy in Comparative Perspective," *Modern Asian Studies*, 31, 3（1997）, pp. 635 - 663; PERRIE Maureen, "The Muscovite Monarchy in the Sixteenth Century:'national','popular'or'democratic'?" *Cahiers du monde russe*, 2005/1 Vol 46, pp. 233 - 242; Joseph Bradley, "Societies, Civil Society, and Autocracy in Tsarist Russia," *The American Historical Review*, Vol. 107, No. 4（October 2002）, pp. 1094 - 1123; SOLDAT Cornelia, "The Limits of Muscovite Autocracy: The Relations Between the Grand Prince and the Boyars in the Light of Iosif Volotskii's Prosvetitel," *Cahiers du monde russe*, 2005/1 Vol 46, pp. 265 - 276.

[②]　施治生、郭方：《"东方专制主义"概念的历史考察》，《史学理论研究》1993 年第 3 期；刘北成：《论近代欧洲绝对君主制》，《北京师范大学学报》（社会科学版）1997 年第 1 期；王云龙、陈界：《西方学术界关于欧洲绝对主义研究述要》《史学理论研究》2004 年第 2 期；王海明：《论专制主义（上）——专制主义概念》，《吉首大学学报》（社会科学版）2007 年第 1 期；王海明：《专制主义概念辨难》，《山东大学学报》（哲学社会科学版）2007 年第 2 期；常保国：《西方文化语境中的专制主义、绝对主义与开明专制》，《政治学研究》2008 年第 3 期；王义保：《"专制主义"概念溯源》，《学术论坛》2008 年第 6 期；常保国：《西方历史语境中的"东方专制主义"》，《政治学研究》2009 年第 5 期；陆连超：《西方没有专制体制——从绝对主义的中文误译问题谈起》，《贵州大学学报》（社会科学版）2011 年第 1 期。

[③]　宫朴：《彼得一世的改革与俄国专制制度的建立》，《东北师大学报》（哲学社会科学版）1987 年第 2 期；宫朴：《沙皇专制制度与国家杜马》，《东北师大学报》（哲学社会科学版）1992 年第 3 期；赵振英：《沙皇专制制度与一八六一年农民改革》，《辽宁师范大学学报》（社会科学版）1985 年第 4 期；杭聪：《绝对主义或专制主义：试析俄国君主制的性质》，《太原城市职业技术学院学报》2004 年第 6 期；田粉红：《俄国专制主义的文化认同与现实选择》，《西安文理学院学报》（社会科学版）2005 年第 1 期；张德敬：《论农奴制改革后俄国专制制度的演变》，《南昌大学学报》（人文社会科学版）2004 年 5 月；李春隆、姜喆：《20 世纪初俄国政治制度透析——根据六部制宪文件》，《东北亚论坛》2008 年第 6 期；许金秋：《亚历山大一世与改革：专制主义与立宪主义》，《边疆经济与文化》2008 年第 4 期；杜立克：《论俄皇彼得一世改革的"欧化"与"专制化"》，《内蒙古大学学报》（哲学社会科学版）2009 年第 4 期。

[④]　根据其英文摘要可以看出，实际是指绝对君主制。——笔者注

"绝对君主制"的理论概念，而且为中国学者提供了一种全新的视角，将俄国绝对君主制放入历史上各种类型的专制制度中做比较研究。[①] 马克垚先生也对古代东西方社会的专制制度做了比较研究。[②] 与对彼得一世时代绝对君主制一样，国内学者也特别关注叶卡特琳娜二世的开明专制研究。[③]

真正涉及俄国专制君主制起源的研究，多散见于对俄国政治制度演变的梳理中，总体来看，有如下三种代表性的观点。

第一，俄国专制君主制形成于伊凡三世时期。如赵克毅先生指出，"伊凡三世奠定了君主专制政体的基础"，而伊凡四世"强化了君主专制政体"；缙绅会议的召开，俄国进入等级君主制时期，到彼得一世时，"沙皇专制制度臻于成熟，等级君主制完成了向绝对君主制的转变"[④]。姚海先生认为，"伊凡三世时，中央集权国家开始建立，专制制度初步形成。这是一种以拜占庭的皇权神授观念为精神依据、金帐汗的无限权力为仿效对象的制度"[⑤]。

第二，俄国专制君主制形成于伊凡四世时代。赵士国先生指出，俄国专制君主制形成于伊凡四世时期，而彼得一世时建立了专制君主制。[⑥] 赵振英先生则强调从伊凡四世的统治开始，"以沙皇为中心的专制制度逐渐形成"；"17世纪下半期，俄国的等级代表君主制开始向绝对君主制过渡"。[⑦] 这两位学者的观点基本一致，区别在于"专制君主制"与"绝对君主制"术语翻译问题。

第三，俄国专制君主制确立于彼得一世时期。曹维安先生指出，沙皇专

---

① 〔俄〕安·尼·梅杜舍夫斯基：《比较视角下的俄国专制制度》，张广翔译，《北方论丛》2009年第3期，第109页。

② 马克垚：《古代专制制度考察》，北京大学出版社，2017，第152~170页。

③ 计秋枫：《"开明专制"辨析》，《世界历史》1999年第3期；崔树菊：《论"开明专制"》，《天津师大学报》（社会科学版）1986年第5期；赵士国、丁笃本：《开明专制论》，《史学月刊》1988年第1期；高岱：《试论"开明专制"在俄国产生的历史背景及其影响》，《学术界》1991年第5期；陈利今：《叶卡特琳娜二世的开明专制异议》，《湖南师范大学社会科学学报》1992年第2期；肖步升：《关于叶卡特琳娜二世"开明专制"的几个问题》，《兰州大学学报》（社会科学版）1993年第1期；高照明、王志林：《论18世纪的开明专制》，《河南大学学报》（哲学社会科学版）1996年第5期；王云龙：《开明专制的文本解析——叶卡特琳娜二世〈指导书〉评述》，《史学集刊》2001年第4期；谭建华：《叶卡特琳娜二世的"开明专制"新论》，《浙江师大学报》（社会科学版）2000年第4期；齐者：《浅析叶卡捷琳娜二世的"开明专制"》，《安徽文学》2012年第4期；杨薇：《论叶卡特琳娜二世的开明专制》，硕士学位论文，吉林大学，2007。

④ 赵克毅：《俄国封建君主制的演变》，《史学月刊》1986年第6期。

⑤ 姚海：《俄罗斯文化》，上海社会科学院出版社，2013，第58页。

⑥ 赵士国：《俄国政体与官制史》，湖南师范大学出版社，1998，第40、75页。

⑦ 赵振英：《俄国政治制度史》，辽宁师范大学出版社，2000，第19、48页。

制制度是俄罗斯国家政治制度的集中体现。他认为，1547 年伊凡四世的
"特辖制"不过是奢望建立不受波雅尔贵族（即世袭大贵族）控制的沙皇专
制制度的失败尝试。到彼得一世时，沙皇专制制度才最终确立。"沙皇专制
制度不同于西欧的绝对君主制，而接近于亚洲的专制君主制（即本书所译的
"独裁君主制"——笔者注）"。①

当然，中国也有学者持俄国专制君主制"古已有之"的观点，比如，张
建华先生认为，俄国专制制度"起源于 10 世纪的拜占庭的中央集权体制和神
权专制制度"；② 黄秋迪先生认为，早在蒙古入侵以前，罗斯的专制制度就已
萌芽。③ 朱达秋先生则提出将俄国专制制度作为一种文化现象来研究。④ 综观
近年来中国学者对俄国专制君主制的研究，他们大多尝试厘清俄国专制君主制
的发展脉络，但观点难达成一致。其原因在于如下两个方面。其一，缺乏对俄
国专制君主制所涉及的两个历史术语的准确定义。其二，并未细致分析俄国专
制君主制形成的原因、特点及其在俄国历史发展中的作用。笔者认为，刘祖
熙先生从文明史观的角度对俄国专制君主制的阐释颇为深刻："专制制度是
俄国社会生活的基本特征和俄罗斯文明的政治核心。从 16 世纪到 20 世纪
初，专制制度经历了从等级君主制到绝对（专制）君主制并向资产阶级君主
立宪制的演变过程，但作为整体、文化传统和基本原则，却是长期的、稳定
的和很少变化的社会状态。"⑤ 也就是说，"专制制度不只是俄国的政治制
度，而且也是俄罗斯民族文化的特征"。⑥ 如此看来，如要更加深入理解俄罗
斯文明发展之路，就有必要全方位研究俄国专制君主制这一历史现象。

（四）关于专制制度起源与形成的一般理论

历史上的政治家、思想家对专制制度的研究由来已久，从亚里士多德的
政体分类对"独裁统治"类型专制制度的探讨开始，到 18 世纪末又加入了
关于绝对君主制的争论，再到现代学者从经济学、社会学等角度对其的阐释

---

① 曹维安：《俄国史新论——影响俄国历史发展的基本问题》，中国社会科学出版社，2002，
第 18 页。
② 张建华：《俄国现代化道路研究》，北京师范大学出版社，2002，第 18 页。
③ 黄秋迪：《金帐汗国统治时期蒙古文化对俄罗斯文化影响之我见》，《西伯利亚研究》2006 年
第 2 期。
④ 朱达秋：《俄罗斯文化论》，重庆出版社，2004，第 102~150 页。
⑤ 刘祖熙：《试论俄罗斯文明》，《俄罗斯中亚东欧研究》2005 年第 4 期。
⑥ 刘祖熙：《俄罗斯政治文化与波兰政治文化比较研究》，《史学集刊》2014 年第 1 期。

和发掘，形成了一些关于各类专制制度起源原因的基本理论，总结这些理论成果，对本书探讨俄国专制君主制的起源与形成具有很好的参考价值。

（1）传统西方政治家、哲学家关于独裁君主制起源原因的阐释。中国学者施治生、郭方对传统西方学者关于独裁君主制的研究做了详尽的历史考察；从中可以看到，从古希腊到近代，在论述独裁君主制起源原因方面资料得到不断丰富和充实，形成了比较全面的阐释。① 古希腊哲学家亚里士多德（公元前384～公元前322）在其三种正宗政体和三种变态政体的经典划分中强调，变态政体的当权者都"以主人对待奴隶的方式"实行独裁（деспотическая）统治。② 他第一次抛出了被统治者的奴性是独裁统治的根源的观点。16世纪的法国政治学家博丹（1530～1596）继承了他的观点，并强调自然地理环境对被统治者的奴性的形成有很大作用，他同时指出了独裁权力的新来源，即通过正义战争，以武力征服获得的权力。③ 英国学者霍布斯（1588～1679）发展了独裁权力起源于征服、主奴关系的看法，④ 而洛克（1632～1704）则否定了这种看法，认为征服或战争不能使独裁权力取得合法性，独裁权力与自然法则和市民社会是不能相容的。⑤ 法国启蒙思想先驱、哲学家比埃尔·培尔（1646～1706）为"独裁"第一次加上了理论意义的后缀"-ism"而首创了"独裁主义"（即独裁君主制）一词，并指出这种统治方式意味着臣民在政治上丧失自由，经济上丧失财产权而处于奴隶状态。⑥ 法国著名启蒙思想家孟德斯鸠（1689～1755）也抨击了法国的绝对君主制。他将政体分为共和制、君主制、独裁制三类，认为前两类政体只存在于欧洲，而独裁政体则是亚洲各国的特点，并将之概括为"亚洲的奴役"和"欧洲的自由"。⑦ 他认为，亚洲形成独裁政体的原因有如下两个方面：其

---

① 这一部分综述在很大程度上参考了施治生和郭方先生的论文，此篇论文对笔者理解"独裁君主制"术语启发很大。具体引用时为保持与本书话语体系一致，将"东方专制主义"改为了"独裁君主制"。参见施治生、郭方《"东方专制主义"概念的历史考察》，《史学理论研究》1993年第3期。

② 〔古希腊〕亚里士多德：《政治学》，吴寿彭译，商务印书馆，1981，第133～134页。同时参见 Аристотель. Политика // Аристотель. Сочинения: В 4 т. М. : 《Мысль》, Перевод с древне-греч. С. Жебелева. 1983. Т. 4. с. 457.

③ 施治生、郭方：《"东方专制主义"概念的历史考察》，《史学理论研究》1993年第3期。

④ 〔英〕霍布斯：《利维坦》，黎思复、黎廷弼译，商务印书馆，1985，第156～159页。

⑤ 〔英〕洛克：《政府论》（下篇），瞿菊农、叶启芳译，商务印书馆，1983，第106～120页。

⑥ 施治生、郭方：《"东方专制主义"概念的历史考察》，《史学理论研究》1993年第3期。

⑦ 〔法〕孟德斯鸠：《论法的精神》，张雁深译，商务印书馆，1987，第278～279页。

一，地理、气候和环境起了决定作用。其二，受自然因素影响的宗教、风俗习惯、礼仪、法律对独裁政体的形成与延续起着重大作用。百科全书派的爱尔维修（1715~1771）首次使用了"东方独裁君主制"的词组。他认为，亚洲之所以有强大的独裁制度，并非因为地理环境的不同，而是因为其历史发展早于欧洲的缘故。独裁主义是人民委托选举的领袖逐步利用权力篡夺公共财产而形成的，君主的权力欲必然随着文明和财富的发展而膨胀。① 德国哲学家黑格尔（1770~1831）发展了孟德斯鸠的地理环境理论，认为亚洲有着被河流灌溉的大平原，这限制了人们思想行动的发展。② 英国政治经济学家们则从经济学角度对东方独裁主义进行了剖析。亚当·斯密（1723~1790）首先明确提出了水利灌溉工程对亚洲独裁统治的重要性；詹姆斯·密尔（1773~1836）则指出，村社是亚洲独裁主义的基本因素。约翰·密尔（也译约翰·穆勒）（1806~1873）认为，欧洲的绝对君主制与亚洲的独裁制度是不同的，因为在欧洲的法律习惯和社会组织一直有着保护个人与私有财产不受政府侵害的力量。③ 理查德·琼斯（1790~1855）分析了亚洲独裁统治得以长期存在的几个原因：君主是全国土地的唯一所有者；村社的存在；只有一个强大的君主统治着直接生产者而没有经过中间阶层。④

施治生、郭方总结了以上西方具有代表性学者的观点，指出独裁君主制起源和形成的主要原因有如下方面：受到地理环境和由此产生的民族特性与传统习俗的影响；人民所推举的领袖权力膨胀的结果；来源于征服者在战争中获胜而取得的权力；起源于早期历史的神权政治；独裁君主是全国土地的唯一所有者，人民的生活手段依赖于君主。⑤

（2）马克思、恩格斯关于独裁君主制起源的经典理论。与传统西欧学者所持的欧洲中心视角不同，马克思、恩格斯站在世界历史和人类文明发展的高度来看待东西方迥然相异的历史道路。"统一体或是由部落中一个家庭的首领来代表，或是由各个家长彼此间发生联系。与此相应，这种共同体的形式就或是较为专制的，或是较为民主的。"⑥ 其中，前一种统一体即东方社会

① 施治生、郭方：《"东方专制主义"概念的历史考察》，《史学理论研究》1993年第3期。
② 〔德〕黑格尔：《历史哲学》，王造时译，商务印书馆，1963，第132~147页。
③ 施治生、郭方：《"东方专制主义"概念的历史考察》，《史学理论研究》1993年第3期。
④ 许苏民：《"专制"问题讨论中的一个理论误区——论如何看待西方学者的"东方专制主义"理论》，《天津社会科学》2010年第6期。
⑤ 施治生、郭方：《"东方专制主义"概念的历史考察》，《史学理论研究》1993年第3期。
⑥ 《马克思恩格斯全集》第46卷上册，人民出版社，1979，第474页。

的独裁统治，其形成原因就在如下方面。第一，血缘关系以及由此形成的宗法制度。"就像皇帝通常被尊为全国的君父一样，皇帝的每一个官吏也都在他所管辖的地区内被看作是这种父权的代表"①。第二，土地国有制。在这样的财产形式下，"单个的人从来不能成为所有者，而只不过是占有者，实质上他本身就是作为公社统一体的体现者的那个人的财产，即奴隶"②。第三，村社制度。"这些田园风味的农村公社不管初看起来怎样无害于人，却始终是东方专制制度的牢固基础"③。第四，气候、土壤等地理条件的制约。

（3）现当代学者对专制制度起源的新探讨。如卡尔·A. 魏特夫将亚当·斯密提出的独裁君主制起源的水利灌溉因素发挥到极致，从而提出了著名的"治水社会"理论。④ 他系统论证了水利灌溉和治水农业是东方独裁君主制产生的主要原因。其逻辑是，古代东方国家的独裁主义是从大江流域的农业文明中产生的，农业文明需要水利灌溉，而大型水利灌溉工程的修建与管理需要中央集权，集权就导致了独裁主义的产生。巴林顿·摩尔从现代化转型的视角探讨了议会民主制与"法西斯右翼专政和共产主义左翼专政"的社会起源，从其英文书名中的 dictatorship 这一术语很容易看出，他关注的专制是不同于古典专制政治的现代极权政治。⑤ 达龙·阿塞莫格鲁则梳理了20世纪民主化过程中的关于各个国家政治发展走向民主和非民主政治的经济起源研究著作，作者强调这些研究者虽然使用 dictatorship 这一术语，但更准确的表达是"非民主"。⑥ 弗朗西斯·福山从史前时代到法国大革命，从中东到拉美，从东亚到西欧的广阔视域下，建立了一个理解政治制度演化的宏大框架，探讨了现代民主制和东方专制主义的历史起源。⑦ 美国学者布莱恩·唐宁则从军事革命与政治变革的视角，对欧洲民主与专制政府起源进行了长

---

① 《马克思恩格斯选集》第 2 卷，人民出版社，1995，第 204 页。
② 《马克思恩格斯全集》第 46 卷上册，人民出版社，1979，第 493 页。
③ 《马克思恩格斯选集》第 2 卷，人民出版社，1995，第 101 页。
④ 〔美〕卡尔·A. 魏特夫：《东方专制主义：对于极权力量的比较研究》，徐式谷等译，中国社会科学出版社，1989。
⑤ 〔美〕巴林顿·摩尔著：《民主和专制的社会起源》，拓夫、张东东等译，华夏出版社，1987。英文书名为：*Social Origins of Dictatorship and Democracy*。
⑥ 〔美〕达龙·阿塞莫格鲁、詹姆士·A. 罗宾逊：《政治发展的经济分析——专制和民主的经济起源》，马春文等译，上海财经大学出版社，2008。英文书名为：*Economic Origins of Dictatorship and Democracy*。
⑦ 〔美〕弗朗西斯·福山：《政治秩序的起源：从前人类时代到法国大革命》，毛俊杰译，广西师范大学出版社，2012。英文书名为：*The Origins of Political Order：From Prehuman Times to the French Revolution*。

时段研究。[①] 这些探讨对我们深化认识俄国专制君主制多有裨益。

三　新制度主义理论下的俄国专制君主制

专制君主制是俄国政治文明的核心，也是理解俄国各阶段历史进程的一把钥匙。从政治学的维度看，作为一种政治制度，其遵循政治制度发展变迁的一般规律。由于专制君主制的起源和形成问题更多涉及"非现代化"的阶段，因此，本书采用政治学理论中继"现代化理论"之后的新制度主义作为理论视角。

（一）俄国专制君主制：作为一种政治制度的研究范畴

新制度主义是随着 20 世纪 70 年代西方经济学界、法学界、政治学界乃至历史学界从事的制度研究热潮而兴起的。西方对制度研究兴趣的勃发首先始于经济学界。著名的经济学家道格拉斯·诺斯先后于 1973 年发表《西方世界的兴起》和 1981 年发表《经济史中的结构与变迁》等重要著作，由此建构起了新制度经济学的制度变迁理论。后来许多学者将这一经济学理论应用于政治学、历史学研究，更好地阐释了历史上的制度变迁现象。西方的政治发展理论由此获得新的语境和内容，形成了新制度主义理论。这一理论主要包括四个方面的内容：第一，政治发展的原因来自制度变迁的需求；第二，政治发展的过程是一个制度均衡—不均衡—均衡的过程；第三，政治发展的类型有诱致性制度变迁和强制性制度变迁；第四，落后国家政治发展缓慢的原因是制度变迁中存在着恶性的"路径依赖"现象。[②]

政治学者彼得·霍尔和罗斯玛丽·泰勒将新制度主义划分为理性选择制度主义、历史制度主义和社会学制度主义三个流派。这三个流派针对制度的生成、维系、变迁均有其各自理论体系的阐释，如历史制度主义倾向于在相对广泛的意义上界定制度与个体的关系，重视制度运行和制度产生过程中权力的非对称性，强调制度发展过程中的路径依赖和意外后果，关注制度分析

[①] 〔美〕布莱恩·唐宁：《军事革命与政治变革：近代早期欧洲的民主与专制之起源》，赵信敏译，复旦大学出版社，2015。英文书名为：*The Military Revolution and Political Change: Origins of Democracy and Autocracy in Early Modern Europe*。

[②] 陈文新：《从"现代化"到"制度变迁"——当代西方政治发展理论的语境转换》，《云南行政学院学报》2005 年第 1 期。

同包括观念在内的能够产生某种政治后果的其他因素的整合。① 可见，在新制度主义的语境下，制度不再单纯是一种组织，而是组织（包括组织化的个体）的规则、程序与规范；制度不仅是宪政秩序、法律等正式制度，而且是习俗、文化、信仰与惯例等非正式制度；制度不仅是宏观层面的国家制度，而且是选举规则、党团关系、部门关系等国家与社会的中观层面制度。更为重要的是，制度不仅是一个组织形态，而且是影响甚至决定政治行为及其后果的结构、规则与机制。②

由此，政治制度的要素应包括政治主体、政治规则、政治机构及政治设备，还特别包括非制度化的政治思想观念。笔者以为，探讨俄国专制君主制，不仅要涉及君主权力的范畴、国家中央权力机构的组成及职能、参政主体及政治精英的社会构成，还要研究政治观念（包括官方意识形态和人民对政权的认知）、地方管理体系（中央与地方关系）、国家与社会关系（如国家与教会关系，国家与各阶层的关系，特别是国家与农民的关系）；此外，在分析专制君主制起源和形成原因时，还必须涉及土地所有制基础、地缘政治环境和对外关系等。

（二）俄国专制君主制：作为一种历史现象的发展阶段

上述是政治学维度下的观点，从历史学的维度看，俄国专制君主制还是一种深厚的、民族的、与众不同的独特历史现象。它是以沙皇为政治权力中心，以东正教和专制主义为官方意识形态，并以专制独裁为手段的君主制统治方式。也就是说，专制君主制是一个长时期的历史现象。从伊凡三世统治时专制君主制起源开始，到彼得一世改革时专制君主制在俄国完全确立，这样一个长时段的历史是其起源和形成的过程。在政治制度变迁的视野下，这一过程可分为以下几个阶段。

（1）起源与雏形：伊凡三世至伊凡四世时代。俄罗斯中央集权制统一国家的形成中，大公（沙皇）独立自主，是专制君主制的雏形。这是俄国专制君主制生成的初始选择。重臣拉达的改革为了俄国"等级代表制"的发展创造了可能，但伊凡四世推行"特辖制"，摧毁了专制君主制，沙皇专制权力绝对化的尝试失败。不过，所留下的缙绅会议这一谘议性机构，为新王朝的

---

① 马雪松：《政治世界的制度逻辑——新制度主义政治学理论研究》，光明日报出版社，2013，第42~57页。

② 石凯、胡伟：《新制度主义"新"在哪里》，《教学与研究》2006年第5期。

建立提供了政权合法性。这是俄国专制君主制维系过程中一次失败的自我强化。

（2）恢复与重建：17世纪上半叶。大动乱年代，缙绅会议选举沙皇、限制专制权力的尝试使俄国呈现确立等级代表君主制的可能性，但动乱后俄国依然走上了专制君主制的道路，这充分体现了俄国专制君主制维系过程中强烈的路径依赖性，这种依赖性最终导致沙皇专制权力走向绝对化。

（3）强化与成型：17世纪下半叶至18世纪初。彼得一世以"正规化国家"为目标的改革，确立了与西方表面相似而实质不同的绝对君主制，使俄国专制君主制得以定型。这是俄国专制君主制的强制变迁和激进变迁的结果，也是一次成功的自我强化。

由于俄国政治史更多地采用西方的术语来分期（如流行的划分是早期"封建君主制""等级代表君主制""绝对君主制"），往往使我们对俄国专制君主制的认识模糊不清，且有前述术语翻译上的误解，因此可以看到，实际上中国学者讨论较多的是西方话语体系下的俄国绝对君主制的形成，即讨论彼得一世时期专制君主制的确立问题。相比之下，俄国学者对专制君主制的讨论则要全面得多，他们将绝对君主制看作俄国专制君主制的成型阶段，而专制君主制本身则可以涵括沙皇专制制度的任何时期。因此，俄国专制君主制的探源，实际包含了两个层次的问题，即俄国专制君主制的起源问题和专制君主制的形成问题。

综合政治学和历史学两个维度对俄国专制君主制所进行的考察，有必要对俄国政治史进行简单的分期。综观俄国历史，政治权力中心地带的转移能够较为直观地反映政治制度的变迁。综合俄国历史学和政治学的教材，[①] 本书对俄国政治史进行如下划分。

（1）基辅罗斯时期（9世纪至13世纪30年代）。基辅罗斯是古罗斯国家起源和建立时期。由9~10世纪以基辅为中心的超级部落联盟其发展成

---

① 笔者参考并综合了克柳切夫斯基《俄国史教程》、莫斯科大学莫谢利科夫教授（Е. Н. Мощелков）主编的2012年版的《俄国政治史》，以及哈林（Е. С. Харин）主编的教材《俄国与外国政治史》的分期方法。参见〔俄〕瓦·奥·克柳切夫斯基《俄国史教程》第一卷，张草纫等译，商务印书馆，2013；Мощелков Е. Н. Политическая история России. Программа учебного курса для студентов отделения《Стратегическое управление и экономическая политика》. МГУ. 2012；Харин Е. С. Политическая история России：Конспект лекций по курсу《Политическая история России и зарубежных стран》для студентов 1 курса（бакалавриат）направления《Политология》, часть 1/Ижевск：УдГУ. 2011。

11~13 世纪初以大城市为中心的诸多城邦。各城邦都有自己的王公，城市则具有较强的独立性，政治制度各有特殊性，但基本形成王公-波雅尔-维彻势均力敌的多元平衡关系。各城邦均由唯一的王公家族统治而松散地联系在一起。

（2）蒙古人统治的封邑罗斯时期（13 世纪 30 年代至 15 世纪下半叶）。13 世纪 30 年代蒙古人入侵，罗斯国家尊蒙古大汗为最高政治权力，各封邑王公形成以王公政权为核心的割据公国。西南罗斯逐步被并入天主教的波兰-立陶宛，而以莫斯科公国为中心的东北罗斯逐渐崛起，以共和制著称的诺夫哥罗德共和国走向衰落。封邑罗斯公国与基辅罗斯城邦的最大的政治变化在于王公常驻封邑公国，王公在地方的权力得到加强，城市维彻的力量被削弱。

（3）莫斯科罗斯时期（15 世纪末至 17 世纪下半叶）。1480 年摆脱蒙古统治后，建立了以莫斯科君主政权为中心的大俄罗斯统一国家。最高统治者开始自称"沙皇""专制君主"以示独立，并以各种手段（包括组建波雅尔杜马和召开缙绅会议等）不断强化中央集权，开启了沙皇俄国的专制统治，是为莫斯科罗斯时期。

（4）彼得堡罗斯时期（18 世纪初至 20 世纪初）。以彼得一世改革为前提，以 1721 年迁都圣彼得堡为标志，形成了俄罗斯帝国。其后的俄国历史虽并非一直以彼得堡为首都和权力中心，但自此进入工业化时代，并开启俄国现代化进程，为与传统历史时期相区别，故笼统地称之为彼得堡罗斯时期。

当然，需要特别强调，任何历史分期都是相对的。历史的传承性决定了下一个历史时期的核心因素往往酝酿于上一个历史时期。

（三）俄国专制君主制：研究方法与基本思路

对俄国专制君主制的研究，长期以来淹没在现当代政治学的民主与专制二元对立的简单批判中；实际上，对这一历史现象的起源及其原因、形成过程、性质和特点仍然缺乏科学的研究。进行科学研究的前提是要有正确和有效的研究方法。本书在借鉴前人成果的基础上，论从史出，史论结合，既用横向的历史比较方法，也用纵向的政治学制度变迁理论，同时注重微观的社会学考察方法，以期对俄国专制君主制得出全方位的立体认知。

（1）历史比较研究方法。每个国家的历史，每个社会，都是具体的、独特的，普遍性寓于特殊性之中。历史比较法并不在于取消事物的普遍性，而在于将有一定关联的历史现象和概念进行比较对照，判断异同、分析缘由，从而把握历史发展进程的共同规律和特殊规律，认识历史现象的性质和特点。本书将俄国专制君主制视为一种特殊的历史现象和政治制度来研究，需要运用历史比较法。俄国专制君主制既不同于东方的独裁君主制，也与西欧的绝对君主制有很大差异，将三者进行横向比较，有助于我们深刻理解俄国专制君主制起源的原因以及发展变迁的过程，从而更全面认识和把握俄国专制君主制的特点。

（2）政治学研究方法。政治学研究方法对认识和判断各国历史上不同政治思想体系和政治制度非常重要。研究俄国专制君主制，首先需要运用政治学中纷繁复杂的政体分类对其准确的定位。其次，本书选择运用政治学的新制度主义理论，分析俄国专制君主制生成、维系、变迁的历史过程，把握俄国专制君主制起源的客观条件和主观选择的多维原因，其维系过程中的自我强化，以及变迁过程的路径依赖，故而从纵向更好地阐释俄国专制君主制自身发展的特殊性。

（3）社会学研究方法。社会学研究方法就是从社会整体出发，通过社会关系和社会行为来研究社会的结构、功能、发展规律。因政治制度的生成、选择与变迁，与政治精英的活动有着密切的关系。因此，用社会学的研究方法，从微观上分析和考察各个历史时期俄国政治精英阶层结构的变化，有助于更全面认识俄国专制君主制起源的不同阶段所呈现的政治现象，也能更准确地判断这些政治现象的本质特征。

综合运用上述研究方法，本书以详尽的史料为研究基础，以政治文明和政治制度变迁为视角，尝试跳出学术界使用"早期封建君主制"、"等级代表君主制"和"绝对君主制"等西方术语研究俄国政治制度演变的套路，梳理专制君主制作为俄国独特历史现象在一个长时期内的起源、雏形及定型的历史过程和发展脉络，真正解决俄国政治制度"是谁"而非"像谁"的本质问题，指出其历史发展符合政治制度变迁的一般逻辑。从俄国自身的地缘政治和不同的历史际遇出发，分析专制君主制起源的多维原因，从而既能更准确把握俄罗斯民族独有的专制君主制的特点及其历史作用，也能为深入理解俄国政治史和现实政治趋向提供新的参考。

第一章　基辅罗斯：专制君主制
古已有之？

关于俄国专制君主制起源问题的争论长达 400 余年；其中，最早也最为激进的是伊凡四世提出的专制君主制"古已有之"的观点。1564～1579 年，他在与叛逃王公库尔布斯基的通信①中表达了自己的政治思想："我们的君主专制统治（самодержавство）始于圣弗拉基米尔。我们在自己的土地上建立和发展王国，而非从他人手中掠夺。罗斯的专制君主（самодержец）从一开始就亲自治理王国，而不是由大贵族显贵们治理的。"② 基辅罗斯果真如伊凡四世所说，其王公是"专制君主"，其政治制度是专制君主制吗？

第一节　俄国史学界对基辅罗斯
政治制度的争论

基辅罗斯政治制度是俄国史学界长期争论的问题之一，存在多种说法。革命前，史学家对基辅罗斯的认识形成了两种对立的观点：第一种观点把基辅罗斯看成一个公国，起初是统一的，后来分裂为许多小公国；第二种观点认为，基辅罗斯乃东斯拉夫部落或城市的联合。

第一种观点源自 18 世纪贵族史学家（B. H. 塔季谢夫、M. B. 罗蒙诺索

---

① 大贵族王公库尔布斯基与沙皇伊凡四世同岁，曾经是喀山战役和立沃尼亚战役的英雄。1564 年秋，他率领莫斯科军团在立沃尼亚前线作战，战败后由于害怕沙皇惩罚而抛妻弃子投奔波兰国王。叛逃后，他从立陶宛给伊凡四世写信，谴责其对大贵族的手段太残酷。伊凡四世则以"善于言辞的辩才"回复这位大贵族，并在其中阐述专制统治的政治思想。次年 1 月，伊凡四世便开始在国内实施"特辖制"恐怖政策。1564～1579 年，两人共通信 6 封，其中伊凡四世写了 2 封。

② Ключевский В. О. Русская история：Полный курс лекций. Т. 1. М. 2002. с. 519. 参见〔俄〕瓦·奥·克柳切夫斯基《俄国史教程》第二卷，贾宗谊等译，第 178 页，译文有所改动。

夫、H. M. 卡拉姆津、C. M. 索洛维约夫）的著作，在 19 世纪前半期占主导地位。H. M. 卡拉姆津特地把俄国历史当作专制制度的发展史来书写。"俄罗斯是以多次的胜利和个人专权建立起来的，后因权力分散而死亡，继而再由英明的君主专制而得救"。① 他认为，罗斯国家产生于 862 年留里克坐镇诺夫哥罗德之时，罗斯国土成为大公的个人财产，因而他能够把城乡按其意愿进行分配。1054 年智者雅罗斯拉夫死后，罗斯分裂为许多封邑公国，导致了早期的"内讧"（усобицы）。弗拉基米尔·莫诺马赫及其儿子姆斯季斯拉夫暂时成功地把罗斯土地连接到一起并控制住其他王公，但在 1132 年姆斯季斯拉夫死后，罗斯最终分裂为许多小公国。C. M. 索洛维约夫与其前辈一样，认为罗斯是一个公国，但国家的业主不是王公一人，而是整个王公氏族。② 总之，在 18 世纪至 19 世纪初的史学研究中，俄国历史被归结为君主制的历史：从形成（从留里克兄弟死后）到分裂（从智者雅罗斯拉夫或姆斯季斯拉夫死后），再到在莫斯科时期在大公领导下重新联合建立罗斯统一国家③。这样的观点经久不衰。国家学派的描述本质上也未跳出这一模式。

第二种观点在 19 世纪后半期传播开来，其支持者有 H. И. 科斯托马罗夫、B. O. 克柳切夫斯基、C. Ф. 普拉托诺夫、A. E. 普列斯尼亚科夫、Ф. И. 列奥托维奇、В. И. 谢尔盖耶维奇、М. Ф. 弗拉基米尔斯基-布达诺夫等。其中，H. И. 科斯托马罗夫认为，每一支东斯拉夫部落从远古起就组成独特的政治形成物——领区，王公们管理这些土地，但最高权力属于维彻的全民会议。受邀来统治公国的瓦良格人没有改变原来的制度，也没有注入任何新鲜的血液。他强调，基辅罗斯政治制度的重大改变是在鞑靼-蒙古人入侵之后。④ B. O. 克柳切夫斯基的阐释稍有不同，他认为 9 世纪中叶罗斯形成了最初的地方政体——城市领区；与此同时有些地方出现了另一种地方性政体——瓦良格公国；后来，瓦良格诸公国和保持独立的城市领区联合起来，形成罗斯的第三种政治形态——基辅大公国，这是罗斯国家的雏形。11 世纪中叶，雅罗斯拉夫死后形成了以顺序制为核心的独特的王公统治制。随着王公氏族的扩大，统治罗斯的王公宗族逐渐分散成支，谱系上越离越远；12 世

---

① 〔俄〕H. П. 巴甫洛夫-西利万斯基：《俄国封建主义》，吕和声等译，第 5 页。

② Соловьев С. М. История России с древнейших времен. Т. 2. М. 2001. с. 407.

③ Пузанов В. В. Княжеское и государственное хозяйство на Руси X – XII в. в отечественной историографии XIII-начала XX в. Ижевск, 1995. с. 8-9, 58-59.

④ Костомаров Н. И. Начало единодержавия в Древней Руси. М. 2004. с. 7, 15-17, 48-50.

纪的罗斯国家重新分裂成一些城市领区，政治上彼此越来越不相统属。城市力量的增长，使每一个地区都有两个互相竞争的权力：维彻和王公，王公们逐渐在政治上或有或无，而权力落到了城市维彻手中。[①] 由此，蒙古人统治前的古罗斯开始被描述为长邑城市领导下的城市领区与附属城乡的联盟，即"国家"（земля），这种古老的国家是"维彻国家"（вечевое государство）。[②] 但是这一学术趋向在"十月革命"后并未发展起来。

苏联时期多数史学家对古罗斯国家政治制度的描述，都相当接近 H. M. 卡拉姆津的模式，尽管他们称他是专制制度的辩护士并否认他的观点。他们站在五种社会形态理论的基础上阐释古罗斯国家政治制度，得出的结论实际上与卡拉姆津一样，也是"君主制"，只不过在前边加上了"封建"的定语。Б. Д. 格列科夫是最具权威性的苏联历史学家之一，他从 882 年奥列格进军基辅开始书写古罗斯的历史。他指出，古罗斯国家是一个大的早期封建国家，其是诺夫哥罗德罗斯与基辅罗斯联合的结果。[③] 古罗斯统一国家的解体开始于弗拉基米尔·斯维亚托斯拉维奇执政末年（11 世纪初）。格列科夫坚持社会经济因素是国家演变的主导因素，封建分裂是封建制度发展的主要规律，他把国家结构中各阶层的独立性增长视作国家解体的直接原因。他不否认在封建分裂时期城市政治作用的加强，也谈到城市维彻会议所具有的重要影响，但这并不影响他把古罗斯国家政治制度总体上看作"封建君主制"。

不过，苏联史学界在这方面并没有达成完全一致。格列科夫对古罗斯社会的观点虽然载入高校和中等学校的教科书中，但在学术界维持的时间并不长。20 世纪 50 年代初，出现了解释罗斯封建关系产生原因的另一派别。科学院院士 Л. В. 切列普宁在 20 世纪 50~70 年代的著作中提出了"国家封建主义"的概念。他指出，封建关系在基辅罗斯的产生中与国家上层（王公）对土地的占有有关，此种封建关系在 10~11 世纪上半叶占据优势（王公"巡行索贡"），他将此称为"国家封建主义"。而世袭领地占有制——这是苏联史学界理解封建制度的基础——只是从 11 世纪下半期才发展起来的

---

① 〔俄〕瓦·奥·克柳切夫斯基：《俄国史教程》第一卷，张草纫等译，第 147、149~150、156~157、161、178、192、213~214 页。

② Владимирский-Буданов М. Ф. Обзор истории русского права. СПб Киев. 1907. с. 11-13；转引自 Фроянов И. Я. Дворниченко А. Ю. Города-государства Древней Руси. Л. ：Издательство Ленинградского университета. 1988. с. 11-12。

③ Греков Б. Д. Киевская Русь. М. 2004，с. 381-382。

（以《罗斯法典》颁布为标志）。① 这种观点在 20 世纪 60~80 年代得到许多研究者的支持。沿着这一路径，近年来莫斯科大学历史系教授 A. A. 戈尔斯基仍继续发挥 Л. B. 切列普宁关于"国家封建主义"的观点。他认为蒙古以前时期，罗斯的社会制度基本可以确定是"封建主义的"，但条件是不能把封建主义理解为一种独占统治地位的私人大土地占有制度，而应理解为一种军事-服役集团实行统治的制度。②

从 20 世纪 60 年代开始，部分学者也开始尝试探索另一种新的方法。70~80 年代，И. Я. 弗罗亚诺夫的著作则使革命前形成的第二种观点重新得到发展。③ 他回归到了城市领区在罗斯占统治地位的思想。摆脱了苏联史学五种社会形态的教条主义方法，他首次使用文明史观的方法，提出部落联盟打破后，11~13 世纪在罗斯南部、西南、西北和东北地区形成了许多以农业为基础、以城市公社为核心的"城邦"（Города-государства）的观点。④ 认为，在超级部落联盟阶段，出现了国家制度的两种因素——公共权力和贡赋形式的征税。而"随着氏族部落制度的打破，公共权力脱掉了部落的外衣，……在两种国家制度因素之上增加第三种也是最后一种因素——在地域基础上安置居民。这意味着，罗斯形成了国家的三个最主要特征"，并最终以城邦的形式"完成"。⑤ 由此，古罗斯国家制度发展的过程就变得清楚起来，按弗罗亚诺夫的看法，即部落联盟—超级部落联盟—全东斯拉夫部落超级联盟—城邦。同时，他批驳苏联史学中占统治地位的观点——12~13 世纪罗斯政治分裂是封建性质的——认为此段时间封建主义时代根本还未到来。"12 世纪罗斯分裂的主要原因在于城邦的形成"。⑥ 在他看来，罗斯的政治权力结构与古希腊的城邦相似。"这一时期的城市领区，不是'君主制-公国'

① Черепнин Л. В. Общественно-политические отношения Древней Руси и Русская Правда. // Новосельцев А. П., Пашуто В. Т., Черепнин Л. В. Древнерусское государство и его международное значение. М. 1965.

② История России с древнейших времен до конца XVIII в. / Под ред. Б. Н. Флори. М. : Издательство Московского университета. 2010. с. 56.

③ Фроянов И. Я. Киевская Русь. Очерки социально-экономической истории. Л. 1974；Фроянов И. Я. . Киевская Русь. Очерки социально-политической истории. Л. 1980；Фроянов И. Я. Дворниченко Ю. Города-государства Древней Руси. Л. 1988.

④ Фроянов. И. Я. Дворниченко. Ю. Города-государства Древней Руси. Л. 1988. с. 41-223.

⑤ Фроянов И. Я. К истории зарождения русского государства // Из истории Византии и визатиноведения. Л., 1991. с. 61-93, 83-84, 92-93.

⑥ Фроянов И. Я. Киевская Русь. Очерки социально-политической истории. Л. 1980. с. 236.

（княжество-монархия）而是城邦形式的共和国。"他强调，"11~13世纪初，罗斯城邦的社会政治发展处在同一轨道中"。与此同时，他也指出不能忽视地方的特殊性和社会政治组织形成阶段的差别，但"整体上，直到拔都入侵时，古罗斯城邦表现出的历史命运在原则上相同的"①。

　　苏联解体后，史学家们大多抛弃了苏联时期关于古罗斯国家的形成具有阶级必然性的观念，越来越多的学者认为，相比于国家，9~10世纪的罗斯是更近似超级部落联盟的前国家组织。为此，基辅考古学家 А. П. 莫茨亚引入了西方政治人类学的"酋邦"（вождество）理论②，关注北欧和东欧的早期国家组织类型学的 Е. А. 梅利尼科娃，则提出"亲兵国家"（дружинное государство）的术语，它基本等同于"军事民主制国家"。③ 有些学者把罗斯国家建立的时间更加延后，如 В. М. 雷奇卡认为"基辅罗斯作为国家而存在开始于奥莉加（945~969）统治基辅时"，而弗拉基米尔时接受基督教"最终巩固了这一国家制度的合法性"。④ 不过，无论"酋邦"还是"亲兵国家"，都实际上只是史学家将人类学已有的理论范式机械地嫁接到俄国土壤的结果。与此相反的另一个极端是，部分学者对10~11世纪甚至12~13世纪的基辅罗斯使用了"帝国"的概念。⑤ Я. Н. 夏波夫指出，帝国的"典型标志"是多民族性，"即同时并存着数量众多的政治的、经济的，通过不同途径纳入其中的由民族组成的民族共同体"。⑥ 不过，将古罗斯视为帝国的观点遭到了 А. А. 戈尔斯基的有力批判。他认为，"将基辅罗斯看作帝国类型的国家是没有确切论据的。从类型学上讲，它并不近似于拜占庭帝国和加洛

---

① Фроянов И. Я. Дворниченко Ю. Города-государства Древней Руси. Л. 1988. с. 265-266.

② Пузанов В. В. Древнерусская государственность: генезис, этнокультурная среда, идеологические конструкты. Ижевск, 2007. с. 10.

③ Мельникова Е. А. К типологии предгосударственных и раннегосударственных образований в северной и северо-восточной Европе（Постановка проблемы）./Древнейшие государства Восточной Европы. Материалы и исследования. М. 1995, с. 22.

④ 转引自 Пузанов В. В. Древнерусская государственность: генезис, этнокультурная среда, идеологические конструкты. Ижевск, 2007. с. 12-13。

⑤ Даркевич В. П. Происхождение и развитие городов Древней Руси//Вопросы истории. 1994. №10；Перхавко В. Б. Этнические, политические и конфессиональные особенности империи Рюриковичей/У источника: Сборник статей в честь Сергея Михайловича Каштанова. М., 2005. с. 205-207.

⑥ Щапов Я. Н. Очерки русской истории, источниковедения, археографии. М. 2004. с. 122.

林王朝帝国，而是更近似于中世纪欧洲单一民族的国家"。①

　　在当前俄国史学界，伴随着对古罗斯国家形态认识的加深，弗罗亚诺夫的学说相比苏联时期逐渐有了更多的支持者，甚至形成了一个弗罗亚诺夫学派。② 同时，史学界重新对苏联时期历史学的五种社会形态理论进行了梳理与反思，但认为基辅罗斯是"封建君主制"的观念仍然得到广泛传播。如今较多学者更为关注古罗斯文明社会的发展历程，而较少关注国家政治制度的传统课题，只有 Н. Ф. 科特利亚尔、И. Н. 达尼列夫斯基、В. В. 普扎诺夫、А. Н. 波利亚科夫等人的论著在不同程度上对此有所涉及。乌克兰史学家 Н. Ф. 科特利亚尔认为，"古罗斯国家进入封邑分裂时期并不意味着它的解体"，改变的仅仅是国家政权的结构和形式。③ 他坚决否认古罗斯的城邦形态。与此相反，И. Н. 达尼列夫斯基总体上赞同弗罗亚诺夫的观点，他将基辅罗斯的政治力量划分为三种——王公、亲兵队（按他的理解是波雅尔阶层）和城市维彻，但实际权力归王公，王公则依靠亲兵队；并认为在依靠亲兵队的"王公权力"与"以市民军事组织为后盾的维彻权力"之间"或多或少"地存在稳固的力量平衡。④ В. В. 普扎诺夫则完全追随弗罗亚诺夫的观点，并重点完善了弗罗亚诺夫对超级部落联盟向独立城邦形态演变时期的政治形态研究的薄弱之处。⑤

　　当代俄罗斯学者 А. Н. 波利亚科夫则以文明史观的方法，批判地发展弗罗亚诺夫的观点。⑥ 他认为基辅罗斯的国家形态是城邦，但并非城邦共和制，而是"城邦君主制"或"维彻君主制"：古罗斯国家"在政权的组织形式上是君主制，在内容上是王公权力受到维彻的制约"。如果整体上考察基辅罗斯的地位，那么比较准确的说法是："对外，古罗斯国家是基辅帝国，这是欧洲的一个大国，它富足繁荣，有着许多带有耀眼的金色圆顶建筑物的城

---

① Горский А. А. Русь：От славянского Расселения до Московского царства. М. 2004. с. 115 – 120.

② 该学派的网站为 http：//froyanov. csu. ru/。

③ Котляр Н. Ф. Древнерусская государственность. СПб. 1998，с. 7，10，340.

④ Данилевский И. Н. Древняя Русь глазами современников и потомков（IX-XII вв.）. М.：Аспект Пресс. 1998，с. 142.

⑤ Пузанов В. В. Главные черты политического строя Киевской Руси X-XI вв. /Исследования по русской истории. Сборник статей к 65 – летию профессора И. Я. Фроянова. СПб. Ижевск. 2001，с. 20-21，38.

⑥ 其核心观点已结集成书，参见 Поляков А. Н. Киевская Русь как цивилизация. Оренбург：ОГУ. 2010。

市，还有珍视自由、热爱欢乐、信仰新旧上帝的人民；对内，这是一个由一些半独立区域组成的政治形成物，它由同一个家族的王公们进行管理，而真正的权力属于首都的城市公社。"①

　　总体看来，俄罗斯史学家对古罗斯国家形态和政治制度的研究走入了一种循环之中。革命前俄国学者从把基辅罗斯看作专制君主制并认为王公权力有限的观点，走向承认城市领区是古罗斯国家制度的主要形式的观点。苏联史学界则一方面囿于教条主义的意识形态，另一方面又竭力摆脱革命前的遗产，无论将基辅罗斯定义为"早期封建君主国"还是共和制城邦，甚至"留里克帝国"，都实际上只是重复了革命前的老路。这种长期争论，其实是陷入了对史料中那些难以并存的历史事实的认识困境之结果。当代的俄国史学家综合运用社会学、文化人类学、考古学、政治学等多学科交叉的研究方法，开启了新的研究，但无论如何，都必须在继承革命前史学和苏联史学共同遗产的同时，还必须克服这种"原地踏步"的现象。

　　事实上，不同时期的不同学者对基辅罗斯政治制度有不同的看法，其原因主要在于他们对文献史料的不同选择及不同的理论认识。受苏联学者影响，我国早期研究者也视基辅罗斯为早期封建国家，其政权性质是"以大公为首的贵族政治"。②梁赞诺夫斯基等人强调，"基辅罗斯的政治制度之所以值得研究，不仅是因为其自身的价值，更是由于它们对后来的俄罗斯历史的影响"，有必要"反复关注王公、杜马和维彻在不断变化的环境中，在曾经属于基辅公国的不同地区的不同演变轨迹"。③因此，探究基辅罗斯的政治制度，必须从史料出发，首先，关注浩繁的编年史④对基辅罗斯政治生活的记

---

①　Поляков А. Н. Древнерусская цивилизация：основы политического строя //Вопросы истории. 2007. №3. с. 68.

②　王松亭：《基辅罗斯政治制度考略》，《社会科学战线》1994年第3期。

③　〔美〕尼古拉·梁赞诺夫斯基、马克·斯坦伯格：《俄罗斯史》，杨烨等主译，第45页。

④　Полное собрание русских летописей，通常简称为ПСРЛ，截至2004年，《罗斯编年史全集》已出版43卷。其中古罗斯时期较为著名的编年史有第1卷《拉夫连季编年史》（Лаврентьевская летопись），第2卷《伊帕季编年史》（Ипатьевская летопись），第3、4卷《诺夫哥罗德编年史》（Новгородские летописи）。中国翻译的《往年纪事》（Повесть временных лет）（通常简称为ПВЛ）均采用较为经典的1950年苏联科学院版本，即按照1377年成书的《拉夫连季编年史》版本印刷，并由俄罗斯国学大师Д. С. 利哈乔夫和Б. А. 罗曼诺夫把古俄语译成现代俄语，并做了详细注释。中国目前有三个译本：王钺《往年纪事译注》，甘肃民族出版社，1994；《古史纪年》，王松亭译，商务印书馆，2010（该版本译自古俄语版本）；《往年纪事》，朱寰、胡敦伟译，商务印书馆，2011。《往年纪事》只记载到1117年弗拉基米尔·莫诺马赫执政时期。

载；其次，应注意将史料放入古罗斯文明发展的大背景下以发展变迁的眼光来考察。

第二节 王公及其职能

学者们对基辅罗斯的研究集中于王公是完全有理由的。综观古罗斯编年史，其叙事的中心人物就是王公。我们可以从以下几个方面来了解王公在基辅罗斯政治制度中的角色：王公是谁，王公之间是怎样的继位制度，王公的职能有哪些？

一 "外来的"瓦良格王公

编年史中著名的"海外邀请王公的传说"首次提及了东斯拉夫人的政权机构情况："859 年，来自海外的瓦良格人向楚德人、斯洛维涅人、麦里亚人和所有克里维奇人征收贡物……862 年，（人们）将瓦良格人驱逐到海外，不向他们纳贡，自己管理内部事务。由此便没有了公正，导致内乱不断。最终人们决定，还得为自己找一个王公来负责管理并主持公道。于是便去找海外的瓦良格人，找罗斯人。那些瓦良格人被称为罗斯人。……由楚德人、斯洛维涅人和克里维奇人等组成的使团对瓦良格人说：'我们的土地辽阔富饶，却漫无秩序。请到那里作王公和管理我们吧。'接受了这一邀请后，瓦良格人中的三兄弟便率其所有罗斯亲族出发了。其中长兄留里克前往诺夫哥罗德，二哥西涅乌斯坐镇白湖，三弟特鲁沃坐镇伊兹博尔斯克。正是由于这些瓦良格人而被称为'罗斯国家'（Русская земля）。……瓦良格人在这些城市是外来者（находники），而诺夫哥罗德的土著居民（коренное население）是斯洛维涅人……留里克掌管着诺夫哥罗德的大权"。[①] 但对这一传说的解读却历来分歧严重，它也就成为俄国历史上关于国家起源的"诺

---

① Повесть временных лет. Пер. с древнерусского Д. С. Лихачева, О. В. Творогова. СПб. : Вита Нова，2012. c. 17–18. 译文参见〔俄〕拉夫连季《往年纪事》，朱寰、胡敦伟译，第 14～15 页；王钺：《往年纪事译注》，第 43～45 页。

曼说"与"反诺曼说"漫长之争的出发点。①

　　不管争论的结果如何，都至少可以从编年史中看出：第一，在邀请瓦良格人王公之前东斯拉夫社会已经形成，并有自己的议事方式；第二，瓦良格人的到来不只是为了统治国内的，还是"作为居民和国境的保卫者被邀前来保护当地居民和抵御外敌的"；第三，"自由的诺夫哥罗德城市领区变成了瓦良格公国"。正如克柳切夫斯基所说，关于海外王公应邀到来的传说所叙述的事件其实并没有什么特别的，并不是只有罗斯才发生的不寻常之事。这在当时的西欧是相当普遍的。② 王公正是来自斯堪的纳维亚的海盗。

　　考察编年史中最初几位罗斯王公（奥列格、伊戈尔、奥莉加、斯维雅托斯拉夫）的活动，就可以明显看出他们身上的海盗习性。《往年纪事》在945年条下记载了伊戈尔在"巡行索贡"过程中被打死的事件。这一年，亲兵队对伊戈尔说："王公，带领我们去征收贡赋吧，你和我们大家都会有所收获。"于是，伊戈尔就到德列夫利安人那里收贡，他和亲兵队在那里横征暴敛。但收完贡后伊戈尔又返回来，随后德列夫利安人听说伊戈尔又要来了，他们便同自己的王公马尔商议道："狼如果经常到羊群里来，要不杀死它，狼就会拖走所有的羊。这个人也是一样：我们不杀死他，他就要毁灭我们所有的人。"于是德列夫利安人杀死了伊戈尔和他的亲兵队。③ 仔细分析这一历史悲剧，很有启示：亲兵队邀请王公去收贡，准确地说是去抢劫；王公向自己的臣属收取超过的定额和规矩的所有贡物；"民众"把自己的"合法君主"视作凶恶的狼，认为他养成了祸害羊群的习惯；最终"民众"把杀死王公当作摆脱"政府行为"的唯一手段。这一记载展示了多神教时代基辅王公与依附于他的诸部落之间的关系，同时也形象生动地说明了早期王公及其亲兵队外出抢劫成性，这正是诺曼海盗"亦商亦盗"本性的流露。

　　可见，早期基辅王公往往把自己当作征服者而不是罗斯国家的统治者，他们只是以武力的方式实现了罗斯的机械联合。无论在9世纪前半期于第聂伯河中游产生的叫作"罗斯"的政治形成物，还是留里克为王公时的诺夫哥

---

① 这一争论持续250年之久，至今仍无定论。详细参见曹维安《俄国史学界关于古罗斯国家起源问题的争论》，《世界历史》2008年第1期；齐嘉《"罗斯"名称的起源与古罗斯国家的形成》，博士学位论文，陕西师范大学，2012，第13～46页。

② 〔俄〕瓦·奥·克柳切夫斯基：《俄国史教程》第一卷，张草纫等译，第152～153页。

③ Повесть временных лет. Пер. с древнерусского Д. С. Лихачева, О. В. Творогова. СПб.：Вита Нова，2012. c. 37-38. 译文参见〔俄〕拉夫连季《往年纪事》，朱寰、胡敦伟译，第43～44页；王钺《往年纪事译注》，第111～112页。

罗德，抑或是9世纪末奥列格将诺夫哥罗德和基辅在一个统一政权之下的联合，都不意味着国家形成的完成。[1] 因此，9世纪至10世纪末只能看作以基辅为中心的罗斯国家的形成期（附录：地图1）。[2] 10世纪末，王公弗拉基米尔将全东斯拉夫地域的管理模式变成王公-地方行政长官的模式且从基辅直接管理，并为国家躯体注入灵魂——接受基督教[3]，此时的罗斯国家才真正得以建立和形成。

其实，"王公"（князь）一词是东斯拉夫人从古日耳曼人或哥特人语言中借用而来的，近似于 конунг（酋长）、king（国王）。[4] 907年，奥列格在打赢希腊人后，将所收到的贡物分配给各个城市，"因为这些城市的大公们（великие князья）臣属于奥列格"。[5] 虽然在912年奥列格就作为"罗斯大公"（великая князь русская）与拜占庭签订合约，但在条约中，其属下王公同时也被称为"大公"（великая князь）[6]；可见编年史中早期基辅罗斯的"大公"并非独一无二的尊号。Д. С. 利哈乔夫对这个问题做了特别说明："10世纪罗斯有很多王公。……在和希腊人的条约中'大公'一词的意义并不太清楚，后期的莫斯科编年史（尼康编年史等）从后往前追溯（'倒填日期'）把这一称号扩大到从留里克开始的所有基辅王公头上。但是在最古老的编年史抄本中，这一称号只是从12世纪后半期才开始使用的。条约中的

---

① История России с древнейших времен до конца XVIII в./Под ред. Б. Н. Флори. М.：Издательство Московского университета. 2010. с. 42.

② 参见附录地图1《公元880—1054年的基辅罗斯》，转引自〔英〕马丁·吉尔伯特《俄国历史地图》，王玉菡译，中国青年出版社，2009，第13页。

③ 接受基督教实际上是一个时代现象，这将使罗斯进入欧洲国家集团。10世纪下半叶至11世纪初是中欧、北欧和东欧许多民族的基督教化时代。10世纪下半叶成为基督教国家的有波兰、匈牙利、丹麦、瑞典和挪威。参见 История России с древнейших времен до конца XVIII в./Под ред. Б. Н. Флори. М.：Издательство Московского университета. 2010. с. 49。

④ Представительная власть в России：История и современость./Под общ. Ред. Л. К. Слиски М.：2004，с. 9.

⑤ 原句表述为"ибо по этим городам сидят великие князья, подвластные Олегу"。Повесть временных лет. Пер. с древнерусского Д. С. Лихачева, О. В. Творогова. СПб.：Вита Нова, 2012. с. 24.

⑥ 这句话原文为："посланные от Олега, великого князя русского, и от всех, кто подрукою его—светлых и великих князей, и его великих бояр"。严格照字面意思应当译为："受罗斯大公奥列格及其属下的所有高贵的大公们和波雅尔的派遣。"直接把属下的"大公们"译为"王公们"，实际掩盖了当时"大公"称号的普遍意义。详见 Повесть временных лет. Пер. с древнерусского Д. С. Лихачева, О. В. Творогова. СПб.：Вита Нова, 2012. с. 25；同时参见〔俄〕拉夫连季《往年纪事》，朱寰、胡敦伟译，第25页。

'大'字具有的只是一般尊号的意义，即'英明'之义，没有更多的意思。"① 克柳切夫斯基也认为"大公"这一历史术语后来才成为罗斯最高统治者的称谓，但他认为是从 11 世纪中叶开始的，即基辅在位的王公被称为"大公"。"大"（великий）是"长序"（старший）之义，用这一形容词将基辅王公与比他小的兄弟——领区王公区别开来。② 不过，无论利哈乔夫还是克柳切夫斯基的说法，都至少说明两个问题：第一，从王公称谓来看，早期基辅罗斯本质上是部落联盟的性质，实际上这一时期各城市领区的王公还并非出自同一部落和家族；第二，即使自 11 世纪中叶起"大公"开始作为独一无二的尊号，但它的指代者也只是平等王公中的一个，即家族王公中的长者。

二 "流动的"王公继位顺序制

随着王公家族的扩大，长幼顺序的排辈问题愈发复杂起来。编年史中频繁记述的王公内讧，恰恰说明了王公有"候鸟"般的流动性。即使早已"斯拉夫化"的王公们，也很难真正融入城市领区的当地生活中，他们对于市民而言依然是"外来者"。其根源就在于基辅罗斯王公的继位存在十分特别的"顺序制"（очередной порядок）。

王公继位顺序制产生于雅罗斯拉夫死后。从编年史来看，在此之前并没有十分明确的继位制度。有时政权仿佛按照长幼次序传承，如留里克的继承者并不是他的年轻的儿子伊戈尔，而是他的亲属奥列格（传说中的侄儿）；在罗斯没有成年王公的情况下，有时整个国土似乎由一个王公代为统治（常用的术语是"один владеть"），如奥莉加摄政，他出巡各地，出访希腊国家；有时则内讧不断，雅罗波尔克杀死弟弟奥列格，吓跑弗拉基米尔，而"独自一人"掌管罗斯国家，后来弗拉基米尔又杀死哥哥雅罗波尔克而登上基辅大公位，并派自己的舅舅镇守诺夫哥罗德。③ 而 1054 年雅罗斯拉夫死后，其后裔中没有一人掌握"罗斯的全部政权"，因为雅罗斯拉夫氏族子孙

---

① 详见〔俄〕拉夫连季《往年纪事》，朱寰、胡敦伟，第 339~340 页注 [226]；王钺：《往年纪事译注》，第 71 页注 6。

② Ключевский В. О. Терминология русской истории. /Сочинения：В 9 т. Т. VI. Специальные курсы. М.：Мысль. 1989, с. 101.

③ 〔俄〕拉夫连季：《往年纪事》，朱寰、胡敦伟译，第 16、43~49、63~66 页。

越来越多，罗斯国家在成长起来的王公们之间一分再分。据编年史记载，雅罗斯拉夫死时，他的子孙共 6 人，其中 5 个儿子和 1 个孙子。他立下"遗嘱"，将他们分配到各地任王公，要求他们和睦相处。越年长的王公分得的地区越好，如长子所得的基辅正是 11 世纪罗斯的商业中心，也是罗斯最富有的城市。同时，雅罗斯拉夫在遗嘱中教导儿子们要善待他们的长兄："你们要听他的话，如同听我的话一样，就让他来接替我吧。"同时也对长子提出要求："如果谁要欺负自己的兄弟，你就帮助那个被欺负者。"① 克柳切夫斯基认为，自此，按长幼次序（先兄弟后子侄）继位的顺序制之雏形基本形成。王族现有成员每发生一次变动，其地位就往上递升一步，随着年长的亲族的死亡，年幼的亲族从一个领地迁往另一个领地，从低的王位升到高的王位。② 事实上，雅罗斯拉夫的"遗嘱"正是对早期王公不确定的继位方式进行经验总结并加以明确，要求其子孙执行，这在基辅罗斯历史上具有一定的政治意义。

这一制度真正践行起来后，就仿佛开动一个大轮盘，王公家族成员是罗斯国家轮盘上流动的统治者。雅罗斯拉夫的第一代和第二代子孙基本都严格遵循了这一制度。这样的继承制度，也逐渐使一种政治意识得以树立，即整个雅罗斯拉夫王公家族，应当不分割地，依次地领有父兄和祖先的遗产。这种政治意识是王公家族子孙的共识。如《往年纪事》中写道，1093 年弗拉基米尔·莫诺马赫（三弟之子）在安葬自己的父亲弗谢沃洛德后开始考虑："如果我去继承自己父亲的王位，势必会同斯维亚托波尔克（长兄之子）兵戎相见，因为这个王位原先是属于他父亲（长兄伊兹雅斯拉夫）的。"③ 克柳切夫斯基认为，从这时起，"罗斯王公开始具有了王朝王公的意义，即只有圣弗拉基米尔的子孙才能得到王公的称谓"，而王公中辈分最长的那一个才能成为基辅大公，是弟弟们名义上的父亲；领地管辖、亲属评判、遗孤照料和整个国土保护都是大公的职务。与此同时，遇到比较重大的事情也并非大公一人裁决，而是召集王公会议进行商定。④

然而，这种看似稳定有序的继位制度，随着王公氏族的扩大，逐渐产生一个最为核心的问题：王公中同年代而不同辈分的人之间如何确定谁居长位，是

① 〔俄〕拉夫连季：《往年纪事》，朱寰、胡敦伟译，第 139~140 页。
② 〔俄〕瓦·奥·克柳切夫斯基：《俄国史教程》第一卷，张草纫等译，第 191 页。
③ 〔俄〕拉夫连季：《往年纪事》，朱寰、胡敦伟译，第 192 页。
④ 〔俄〕瓦·奥·克柳切夫斯基：《俄国史教程》第一卷，张草纫等译，第 191~193 页。

年纪小的叔父，还是年纪大的侄子？以前"兄终弟及，父死子继"的简单模式已完全无法适用于雅罗斯拉夫的第三代、第四代子孙。于是王公家族现有成员中一有变动，必然产生关于"长幼次序"（очередь старшинство，辈分的尊卑和出生的先后）和"领地次序"的争执。在不断争执中，罗斯王公们形成了两种解决问题的办法：一是和平地召开王公会议进行"协定"（ряды）；二是内讧，即依靠武力进行决斗，等待"神意裁决"（суд божий）。①

当然，召开王公会议和平协商的毕竟是少数，编年史提及的有以下几次：1096 年基辅会议"签订关于罗斯国土的条约，以便保卫罗斯土地不受蛮族的侵犯"；1097 年柳别奇会议中的"结盟，商议订立合约"，"各自分管好自己的世袭领地"；1100 年乌维季奇会议再次调和王公；1101 年佐洛季恰聚会，处理罗斯与波洛伏齐人的关系；1103 多洛比斯克会盟，组织进攻波洛伏齐人。② 其中最著名的一次是 1097 年的柳别奇会议。雅罗斯拉夫的孙子们齐聚柳别奇，商议订立合约。他们说："让我们从现在起，精诚团结，共同保卫罗斯土地，让我们各自分管好自己的世袭领地（отчина）：斯维亚托波尔克管理伊兹雅斯拉夫的基辅；弗拉基米尔管理弗谢沃洛德的世袭领地；达维德、奥列格和雅罗斯拉夫管理斯维亚托斯拉夫的领地……"大家就此吻十字架起誓。③ 由此可以看出，王公们分配管理的都是其父亲曾分管的城市，他们尝试用和平协定的方式跳出"长幼次序"的争执，而继承父辈的"领地次序"。克柳切夫斯基认为，从这时起"отчина"一词开始取得疆土方面的意义，它更便于规定王公之间的统治权：世袭地位的意义在这次王公会议中得到了肯定。④ 然而，王公会议终究没有一劳永逸地结束王公间的争斗。从编年史中可以看出，柳别奇会议后接着发生的就是"谣言""诽谤""杀死兄弟""弄瞎眼睛""报复""大砍大杀"等。⑤

编年史中最常见的政治现象是王公内讧。内讧从 10 世纪就开始出现了，在 11 世纪和 12 世纪尤为频繁，主要发生在年长的侄子和年轻的叔父之间。索洛维约夫统计后认为："如果我们计算 1055～1228 年发生内讧的年份和未发生内讧的年份，那么前一种情况有 80 年，后种情况有 93 年"，即"内讧

---

① Ключевский В. О. Русская история：Полный курс лекций. Т. 1. М. 2002. с. 172.

② 〔俄〕拉夫连季：《往年纪事》，朱寰、胡敦伟译，第 201、230、246、247、249 页。

③ 〔俄〕拉夫连季：《往年纪事》，朱寰、胡敦伟译，第 230 页。

④ 〔俄〕瓦·奥·克柳切夫斯基：《俄国史教程》第一卷，张草纫等译，第 201 页。

⑤ 〔俄〕拉夫连季：《往年纪事》，朱寰、胡敦伟译，第 230～245 页。

几乎隔年就发生"，而且其中有些内证持续 12 年和 17 年。① 从总体来看，王公内证主要目的是：一则争夺基辅大公位；二则占据和扩张更多的领区。其中，争夺基辅大公位的内证，主要为了解决王公长序问题。但有意思的是，诉诸"神意裁决"内证的结局常常只是解决了王公的长序问题，却难以涉及基辅大公王位，因为基辅大公王位的继承往往还依赖于基辅市民的意志。例如，1023 年，姆斯季斯拉夫出兵攻打雅罗斯拉夫。次年，当姆斯季斯拉夫在后者缺席的情况下"来到基辅时，市民并不接受他。他就去了切尔尼戈夫称公，因为雅罗斯拉夫这时在诺夫哥罗德"。这是编年史中城市公社第一次以强硬的方式拒绝了王公，以致后来二人交战（利斯特文战役）中胜出的姆斯季斯拉夫，不得不派人去见雅罗斯拉夫说："你还是坐镇你的基辅吧，你是兄长，而把这边（第聂伯河左岸）归我就可以了。"② 显然，"神意裁决"的结果本来应当是姆斯季斯拉夫继承基辅大公之位，但基辅人不待见他，而他自己也知道这只能是瞎折腾一番。可见，在王公内证的进程中，特别是争夺基辅大公之位时，基辅人往往决定性地影响着结局。或者可以说，在对大公之位的内证中，如果没有城市公社的参与就根本难以进行。争夺领区的王公内证发生在 11 世纪末，特别集中在 12 世纪上半叶。柳别奇会议对"世袭领地"的分配结果显然证明了这一点。这些争夺一直伴随着无休止的"神意裁决"，否则王公们就不可能厘清谁年长谁年轻；而基辅却总能及时地认可或招来一个王公。

通过上述王公内证可以看出，"神意裁决"实际上把确定王公长序从难题变成了现实：任何王公都可能成为长者，只要他有足够实力（武力），他的年龄或辈分或其他方面是否年长都并不重要。换句话说，王公长序的最主要条件变成了王公的军事实力和个人权威，它们要强大到足以使其长序地位得到其他王公和基辅城市公社的认可。这样，基辅人对争夺者的好恶开始在基辅大公位的夺取中发挥最大的作用。同样，争夺领区的斗争，则往往使城市公社的好恶发挥作用。③ 不过，在顺序制实施的过程中，无论协定还是内证，其目的都在于恢复顺序制的作用，而并未确立一种新的制度来代替它。④ 在这一继承制度的作用下，王公具有高度的流动性，而作为本地势力的城市

① Соловьев С. М. Об истории древней России. М. : Просвещение. 1992. с. 148.

② 〔俄〕拉夫连季：《往年纪事》，朱寰、胡敦伟译，第 129~130 页。

③ Поляков А. Н. Древнерусская цивилизация: вехи развития//Вопросы истории. 2008. №9.

④ 〔俄〕瓦·奥·克柳切夫斯基：《俄国史教程》第一卷，张草纫等译，第 200 页。

公社的作用则不断增强。这也在一定程度上反映出基辅罗斯政治制度发展的趋势，在"长幼次序"与"领地次序"原则交织发挥作用的过程中，氏族关系的"家族长者"逐渐开始让位于政治关系的"实力强者"，世袭领地在王公们的观念中开始占据越来越重要的地位。

三 王公的权力范围

无论王公是"家族长者"还是"实力强者"，总之古罗斯各个城市都离不开王公。王公是罗斯国家政权的必要组成部分。从与其他领地王公兄弟的关系来看，每位王公都是独立的，相互间用或战争或和平的方式来解决他们的纠纷。如果说9~10世纪的王公职能中一定程度上还保留了许多氏族部落时代的特点的话，那么在军事行动中，王公在形象上就更多显示出了旧时代的领袖或部落酋长的特征。988年弗拉基米尔执政的罗斯在"受洗"之后，斯拉夫化的王公在编年史中的角色形象逐渐丰富起来，在罗斯内部政治生活中的作用也凸显出来。对外，王公扮演着远征国外和保卫领土不受外敌侵犯的组织者角色；对内，主要任务则是保证内部和平与秩序稳定，以及一定程度的对社会的宗教管理。

王公的对外职能。其一，组织远征和保卫领土。征服东斯拉夫部落，驱赶入境侵袭的佩切涅格人等草原游牧民族，以及对拜占庭发动征战贸易等一系列活动，是文献对罗斯王公记载的主要内容。首都基辅本身就位于草原地带的边界上，时常遭到攻击。基辅王公不仅要保卫自己的首都，还要构建起整个边境防卫体系。编年史中，王公们亲自参加战斗，并在战斗前夕发表激动人心的演讲。他们经常备战、出征、缔结和约，有时是与罗斯敌人的对外战争，有时则是争夺大公之位的内战。例如，弗拉基米尔·莫诺马赫在《训诫书》中历数自己功绩之时，占首位的便是领导和参与军事行动中的各种战绩。[1]

其二，征收并分配贡赋。史料中王公征战通常与征收贡赋相联系。实际上，早期的征税很难以对内或对外的职能来明确划分。比如，早期的罗斯王公从被征服的部落和斯美尔德（农民）那里征收贡赋，这既是征服的过程也是征服后的结果。收贡有两种方法：一是由从属部落把贡税运往基辅，二是由王公本人到各个部落索取。前者称为"运送贡税"（повоз），后者称为

---

[1] 〔俄〕拉夫连季：《往年纪事》，朱寰、胡敦伟译，第213~219页。

"出巡索贡"（полюдье，通常译为"巡行索贡"①）。② 王公和他的亲兵队在巡行索贡时期，并不是纵向和横向绕行自己治下的全部领土，而是只在确定的被命名为"宿营地"的居民点之间旅行。队伍 400～500 人，在每个"宿营地"停留几天或几周。③ 根据《往年纪事》的记载，先知奥列格取得对希腊人的胜利后，将一部分贡物分配给自己的士兵，即远征的参加者，然后把另一部分贡物分给罗斯各城市，因为这些城市的王公臣属于奥列格。伊戈尔向德列夫利安人收取贡赋是为了自己和亲兵队，同时也是为了基辅城市公社。奥莉加征收德列夫利安人的贡物后，将其中的三分之二运往基辅，三分之一则运往维什哥罗德。④ 由此可以看出，所征集的这些贡赋不仅满足王公个人之需，也不仅是满足其统治之下城市的日常运转的需要，还是满足城市公社成员们的生活所需。

其三，获取海外市场并保卫商路。每年春天，王公及其亲兵队、罗斯商人将冬天索取的贡物在基辅集中起来。货物⑤装上船后，大商队便在强大的军事卫队保护下沿第聂伯河起航，顺着著名的"瓦希商路（瓦良格人通往希腊人境地之路）"而下，目的地是罗斯主要的贸易对象拜占庭之帝都君士坦丁堡。军事卫队是由王公亲兵队和武装起来的商队所组成。这种保护必不可少，军事卫队使商队免受草原游牧民族的进攻。"瓦希商路"上最危险的地方是著名的第聂伯河石滩。船只到这里后必须减轻负载，并通过"连水陆路"搬移货物以绕过石滩。⑥ 除了有军事保护外，基辅王公还必须对罗斯商业进行外交保护。怀着这一目的王公与拜占庭政府缔结商约，这一商约规定

① 所谓"巡行"是王公或他的代表对各地的出巡（通常冬季出发），"索贡"即索要金钱，但更多的是索要实物，特别是毛皮。每年 11 月，罗斯王公们就带领自己的亲兵，从基辅出发到小城市去，到各个向罗斯纳贡的斯拉夫部落去，在那里吃喝上整个冬天。到次年 4 月第聂伯河的冰融化后才返回基辅。参见 Пушкарев С. Г. Обзор русской истории. М.：Наука，1991. с. 24-25。

② Ключевский В. О. Русская история：Полный курс лекций. Т. 1. М. 2002. с. 144. 译为参见〔俄〕瓦·奥·克柳切夫斯基《俄国史教程》第一卷，张草纫等译，第 168 页。

③ 鲁扬：《17 世纪俄国的直接税制度》，硕士学位论文，陕西师范大学，2014，第 5 页。

④ 〔俄〕拉夫连季：《往年纪事》，朱寰、胡敦伟译，第 24、43、48 页。

⑤ 主要是传统的罗斯商品，如毛皮、蜂蜜和蜂蜡，还有一种活的商品，即男女奴隶（为转卖而买来的，或者对相邻民族进行军事征服时抓获的俘虏）。

⑥ 《帝国行政论》第九章"从罗斯乘船到君士坦丁堡的罗斯人"对这一艰辛路程有详细记述。Под ред. Мельниковой. Е. А. Древняя Русь в свете зарубежных источников. М.：《Логос》. 2003. с. 97-98；译文参见齐嘉《"罗斯"名称的起源与古罗斯国家的形成》，博士学位论文，陕西师范大学，2012，第 66～68 页。

希腊人应当保障罗斯商业的正常运行，以及罗斯商人的利益和权利。① 可见，作为执政者的基辅王公所收的贡税，成了他经商的物资，在他成了罗斯大公后，依然和瓦良格人一样，是武装的商人。

尽管编年史对罗斯王公的对内职能的具体描述不多，各项职能往往相互交叉，但总体来看，罗斯王公的对内职能主要表现为以下几个方面。

一是司法职能。条约资料、文学作品和编年史等各种不同类型史料，对王公的司法实践均有记载。其中最典型的就是王公法庭。王公法庭是公开的和辩论式的法庭；参加法庭的人有王公本人、民众代表、见证人、原告和被告。② 王公法庭保留了某种古风，王公宫廷作为王公法庭，是一贯的诉讼地点，居民常常要求自己的王公亲自参与审判，他们只要遵照习惯法进行审判就是公正审判。但随着社会政治、经济的发展，特别是基督教会的出现，为罗斯带来了当地所不知的教会法和拜占庭法，也带来了对罗斯来说是新的法律观念和法律关系，而这一切不可能不动摇当地的古法律习惯。社会的复杂化也使得开庭审判次数越来越多，王公无力再承担频繁的司法审判，这就"引起一种需要，用文字阐明现行的司法制度"③，建立使社会广为认可且具备法律效力的法令条文——成文法。于是这种需要衍生出了王公的立法活动。

二是立法职能。王公们创立法规的事件在文献中有所记载，这作为史实是毫无疑问的。克柳切夫斯基指出，"立法是君主的天职，社会生活可以乃至必须由当权者的意志来调节的思想是随基督教一起到我们这儿来的，是教会灌输给我们的"。④ 从编年史中可以看出，正是在 11~12 世纪，罗斯创建了《雅罗斯拉夫法典》和《雅罗斯拉维奇法典》、《莫诺马赫法规》，⑤ 以及教会法规等。11~12 世纪的王公与早期王公职能的最大区别就在于拥有立法

---

① "罗斯人与希腊人条约"，参见〔俄〕拉夫连季《往年纪事》，朱寰、胡敦伟译，第 25~33、37~43 页。

② Фроянов И. Я. Начала Русской истории. Избранное. М.，2001. с. 508.

③ 〔俄〕瓦·奥·克柳切夫斯基：《俄国史教程》第一卷，张草纫等译，第 237 页。

④ 〔俄〕瓦·奥·克柳切夫斯基：《俄国史教程》第一卷，张草纫等译，第 245 页。

⑤ 这三部法典又统称《罗斯法典》（Правда Русская）。苏联时期，格列科夫院士主持编纂的科学院抄本《罗斯法典》是公认的权威性文本，分为简编《罗斯法典》（Краткая Правда Русская）和详编《罗斯法典》（Пространная Правда Русская）两大部分。简编包括《雅罗斯拉夫法典》（Правда Ярослава），即"最古老的法典"（Древнейшая Правда），以及《雅罗斯拉维奇法典》（Правда Ярославичей），即雅罗斯拉夫儿子们的法典；详编则包括五十二条法令及《莫诺马赫法规》（Устав Мономаха）。参见王钺《罗斯法典译注》，兰州大学出版社，1987，前言。

权。《罗斯法典》的出现，实际上是王公们竭力摆脱王公法庭的日常司法事务，而把其委派给专门执行法律的下属来处理的结果。为使下属公正合理地执行法律，他们便创建了建立在习惯法和王公法庭实践基础上的成文法典。当然，王公的立法活动并不仅仅是王公的个人行为，所有立法文件都是王公与城市公社的代表共同创建、制定的，且毫无例外均由维彻审议通过，例如，普斯科夫和诺夫哥罗德的司法文书。[①] 但立法制定的法律文书都只与社会生活中直接涉及的王公司法权力的一个方面相关，王公立法活动的范围局限于罗斯生活中的重大事件，很少涉及民众的日常生活。日常生活往往是由习惯法调节的，甚至王公法庭本身就是一种习惯法方式。因此，随着成文法典的出现，王公与维彻共同分享着立法权。

三是行政职能。古罗斯王公的行政职能与立法职能是交织在一起的。莫诺马赫在告诫书中劝告年轻王公，要在一切治国方面行善，不能只关心私人的经济活动，还应时时以基督教普世的精神关心照顾城市中的孤寡贫幼。[②] 这本身证明了王公在社会日常生活范围内应当发挥的作用。但假若将王公活动放入现代行政管理中的明确权力分割体系下来认识的话，则所谓的王公行政功能不具有太大意义。

四是宗教职能。"王公"（князь）在西斯拉夫人语言中，如斯洛伐克语中为 Knaz 和波兰语为 ksiadz，也就是还有"神父"之义。И. Н. 达尼列夫斯基据此判断，最初王公不仅担负着世俗职能，而且还包括多神教的宗教领袖职能。在古墓群中的多神教徒王公墓葬中发现的一些相关资料也间接地证明了这一点。这表明，当时的王公不仅领导着军队，而且还担负着最高祭司的职责，从而确保其在社会中的崇高地位。[③] 实际上，最初接受基督教的罗斯，依然保持着多神教信仰。但是，很难论证王公在国家社会管理中的宗教职能，因为在多神教的罗斯，一直是祭司在履行这项职能。在王公和祭司之间的确存在一些交叉的权力，但这些共同权力并没有将他们合二为一，也没有使他们在日常事务管理中相互协调。

从总体上看，罗斯王公对外则四处征战贸易，对内则仿佛一个"多余的人"。在制定和通过法律方面，王公与城市公社代表共同分享权力。在司法

---

① Фроянов И. Я. Начала Русской истории. Избранное. М.，2001. с. 519-520.

② 〔俄〕拉夫连季：《往年纪事》，朱寰、胡敦伟译，第 211 页。

③ Представительная власть в России: История и современость. /Подобщ. Ред. Л. К. Слиски М.：2004，с. 9.

方面，除看起来本应是王公特有职能的王公法庭外，还存在行政长官法庭、千人长法庭和主教法庭。在军事指挥、征收贡物方面，王公则经常征询亲兵队意见并受到贪财亲兵队的制约。可见，罗斯社会的日常运转完全可以绕过王公，在任何活动领域王公都沦为配角，仅起到标志作用。① 众所周知，古罗斯所有城市都需要王公，在没有王公之时，都会寻找或邀请留里克家族血缘谱系下的王公。

那么，在实际政治生活中王公权力究竟有多大？这是争论最多的问题，也是认识基辅罗斯国家政治制度性质的关键所在。"君主论"学派的历史学家大体倾向抬高王公的力量和权力，而"维彻学派"则极力降低王公的作用。但问题不仅在于研究者的主观性和自觉或不自觉维护其学派的逻辑性，还在于史料本身展现的矛盾性：史料中的王公有时是以一种面目出现，有时又以另一种面目出现。② 例如，有些王公的确拥有很强的力量，基辅王公斯维亚托波尔克·伊兹亚斯拉维奇宣称他拥有 700 人组成的少年卫队，即作战奴仆。这是王公私人的"近卫军"，完全忠实于他。但编年史中也有不少软弱的王公例子，如智者雅罗斯拉夫当时不得不宽恕诺夫哥罗德市民杀死显贵的行为，只要他们帮助他夺取基辅。③ 1146 年，失去同盟者且得不到基辅人支持的伊戈尔王公的命运相当悲惨：战败后他陷入沼泽被俘，备受牢狱之苦；后来剃度为僧，但还是被基辅人打得半死，奄奄一息；并被游街示众，到了王公府邸后，他被拽下衣襟，遭粗暴凌辱，最后成了血淋淋的尸体。④在 12 世纪，赶走和邀请王公几乎变成通行的做法。

在 12 世纪的古罗斯国家，王公只有在对市民宣誓后才能行使自己的权力。例如，1150 年基辅人对伊兹亚斯拉夫·姆斯季斯拉维奇说："你作为我们的王公要去圣索菲亚那里（宣誓），（才能）坐在自己父亲的王位上。"⑤这种宣誓是双方的。王公与城市公社任何一方对誓词的违反都将导致协议的破坏。这在王公与诺夫哥罗德的协议中体现最明显。维彻要求王公遵守诺夫

---

① Поляков А. Н. Древнерусская цивилизация: основы политического строя //Вопросы истории. 2007. №3. с. 58.

② Поляков А. Н. Древнерусская цивилизация: основы политического строя //Вопросы истории. 2007. №3. с. 59.

③ 〔俄〕拉夫连季：《往年纪事》，朱寰、胡敦伟译，第 193、115 页。

④ Поляков А. Н. Киевская Русь как цивилизация. Оренбург: ОГУ. 2010. с. 152.

⑤ Полное собрание русских летописей. Т. 1. Лаврентьевская летопись. Ленинград, 1926 - 1928. стб. 326-330.

哥罗德的古风，即习惯法，王公的权力和职责只有通过诺夫哥罗德市民的同意才能确定。① 不过，这类协议不同于中世纪欧洲封建制度下领主与附庸之间的契约。封建制度的根基就在于封土封臣权利与义务之间的关系，而罗斯王公与城市公社之间的关系则是建立在平等的基础之上的。协议的结果也并非分配土地，而是分配不同土地所有者之间的权力。②

由于具体史料的缺乏，王公的权力范围依然存有很大争议，但以上事实足以得出一个结论——基辅罗斯王公的权力远非不受限制的。作为"军事专家"来到城市领区的王公不能与维彻通过的市民全体决议相对立，王公内讧往往也有赖于城市公社的武力支持和后勤支援。王公只有在城市公社认可自己是"首领"时方才拥有自由行动的权力。

第三节　亲兵与波雅尔

作为"军事专家"应邀而来的古罗斯王公，从来不是一个人行动，长期跟随他一起行军收税、征战贸易、处理政务的，是一支整体上被称为"亲兵"（дружина）的队伍。要判断这支队伍在罗斯政治生活中的作用，首先就必须弄清楚他们的由来和构成。

一　亲兵的由来及王公亲兵的构成

亲兵的身份在史料中很难看清。首先在《往年纪事》中可以看到"亲兵"一词被广泛使用，且往往指的是王公的军队和士兵。如944年记载，伊戈尔率大批军队进犯希腊，对方求和，于是伊戈尔召集亲兵商议是否同意停战；945年，伊戈尔在其亲兵的动员下率队出发向德列夫利安人征收贡赋；伊戈尔被打死后，其妻奥莉加带上少数亲兵，轻装出发到自己丈夫的墓前哭泣为他祭悼。③ 在战斗中，亲兵与王公保持着十分紧密的关系。

但史料中也提到了被基辅王公征服的德列夫利安人的亲兵。945年，德

---

① Фроянов И. Я. Начала Русской истории. Избранное. М. 2001. с. 522.

② Поляков А. Н. Древнерусская цивилизация: основы политического строя //Вопросы истории. 2007. №3.

③ 〔俄〕拉夫连季：《往年纪事》，朱寰、胡敦伟译，第36~37、43、46页。

列夫利安人把前来巡行索贡的基辅王公伊戈尔打死后，选出了自己管理各地的"最优秀的官员"（лучших мужей）去请其遗孀奥莉加嫁给自己的王公马尔，奥莉加将这些人烧死后来到伊戈尔死去的城市设宴，德列夫利安人对派去接她的人怎么没有一起回来而感到疑惑，于是问道："我们派去接你的亲兵（дружина）在哪里？"① 也就是说，德列夫利安人把这些管理各地的官员也称作"亲兵"。

史料中还有一些指代不明的"亲兵"，他们显然与王公的亲兵无关，其身份成谜。例如，前文已经提到过的关于1068年基辅召开维彻后起义的叙述，就提到了两种不同的亲兵。基辅人说："走，咱们去把自己的亲兵队（дружина своя）从监狱里解救出来！"于是兵分两路，一路人去监狱，另一路人来到王公宅邸。这时伊兹雅斯拉夫正坐在前廊上同自己的"亲兵队"（дружина своя）议事。② 从上述文本我们看到，除王公的亲兵队外，还提到了基辅人"自己的亲兵队"。

可见，"亲兵"这一术语是有多重含义的，尽管大多数人的历史意识中已将"亲兵"一词牢固地定义为王公亲兵。这种观念就是完全否定了亲兵成为反对王公的地方组织力量的可能性。A. A. 戈尔斯基强调，我们"无法接受亲兵是氏族部落贵族手中工具的观点"。他认为，王公亲兵作为一个特殊的社会阶层之所以分化出来，是由于氏族关系的瓦解。氏族关系开始解体，促使氏族制度之外的亲兵阶层产生，加强了亲兵首领——王公的作用。③ 事实上，把自己身边的人称为亲兵的不仅是王公，还有王公夫人、贵族和普通市民。所以，分化出来的亲兵阶层，其社会构成并不是想象的那么简单。

当然，随罗斯王公一起战斗的王公亲兵在罗斯政治生活中的作用更为突出，他们作为王公的助手而在编年史中被频繁提到。根据史料记载，王公亲兵队人数不多，通常由700~800人组成。④ 按照一般意义来理解，这些人是一些强壮、勇敢、训练有素的职业战士，通过服务和效忠于王公的个人契约

① Повесть временных лет. Пер. с древнерусского Д. С. Лихачева, О. В. Творогова. СПб.：Вита Нова，2012. c. 39. 译文参见〔俄〕拉夫连季《往年纪事》，朱寰、胡敦伟译，第46页。

② Повесть временных лет. Пер. с древнерусского Д. С. Лихачева, О. В. Творогова. СПб.：Вита Нова，2012. c. 114. 译文参见〔俄〕拉夫连季《往年纪事》，朱寰、胡敦伟译，第151页。

③ Горский А. А. Древнерусская дружина. М.，1989. c. 25.

④ 《往年纪事》中提到基辅王公斯维亚托波尔克说自己有700名少年卫队（отроки），按克柳切夫斯基的说法，少年卫队属于低级亲兵。参见〔俄〕拉夫连季《往年纪事》，朱寰、胡敦伟译，第193页。

与王公联系在一起。亲兵之间组成忠实可靠的伙伴、兄弟结盟关系，王公依靠他们得到随时的安全保障。他们是和王公一起分担管理和保卫国土的社会上层阶级，不仅是王公的战时伙伴、个人侍从，在管理和司法方面也是王公的顾问和助手。

到底哪些人是王公亲兵？史料中偶尔能看清王公亲兵的大致组成。如987年关于"选择信仰"的记载中，弗拉基米尔召集"波雅尔"（бояре）和"城市长官"（старцы градские），一起讨论如何选择罗斯的信仰：是保加利亚人的、德意志人的、犹太人的，还是希腊人的？波雅尔和城市长官们说："大公……你身边不是有勇士（мужи）吗？你就派他们出去，广泛了解一下……"于是王公选拔出十名精明强干的勇士去各国考察。之后弗拉基米尔大公召集波雅尔和城市长官们说："我们派去的勇士们回来了，让我们听听他们的全部见闻吧。"于是他又对使臣们说："你们在亲兵们面前谈谈吧。"很明显，这里的"亲兵"一词指代的是波雅尔和城市长官。996年，弗拉基米尔决定每个礼拜日设宴款待自己人：波雅尔、"侍卫"（гридь）、"百人长"（сотские）、"十人长"（десятские）、"绅士名流"（лучшие мужи）。这些人在宴会上喝得醉醺醺时，就开始抱怨大公说："我们这些人太不幸了：弗拉基米尔让我们用木勺吃饭而不是银勺。"弗拉基米尔听说后便吩咐锻造银勺，他说："用金子和银子我是无法为自己得到亲兵队（дружина）的，而有亲兵队就能得到金银，正像我祖父和父亲那样带领亲兵队寻找到金银。"可见，参加宴会的人一律被视为王公亲兵的成员。[1]

从以上例子可以看出，王公亲兵极可能不仅仅是王公的私人军队，还是城市长官，他们与王公一起共同管理国家。按克柳切夫斯基的理解，最初亲兵和王公都出身于大城市的武装商人阶层，在11世纪，他们与商人阶层无论在政治上还是经济上都没有显著区别。王公的亲兵构成军人阶层，是古罗斯军队的核心和主干；而且选出来的指挥官则是城市及其所属领区军事管理机构的行政长官，他们在编年史中被称作"城市长官"。[2] 古罗斯城市的百人制是很著名的现象。[3] 千人长、百人长和十人长都是这一制度下相应编制

---

① Повесть временных лет. Пер. с древнерусского Д. С. Лихачева, О. В. Творогова. СПб. : Вита Нова, 2012. с. 72–73，86–87；译文参见〔俄〕拉夫连季《往年纪事》，朱寰、胡敦伟译，第87～88、101～102页。

② 〔俄〕瓦·奥·克柳切夫斯基：《俄国史教程》第一卷，张草纫等译，第179～180页。

③ Фроянов И. Я. Дворниченко А. Ю. Города-государства Древней Руси. Л. . 1988. с. 69.

的头领；战时是军事首领，和平时期则能够履行其他的特别是司法的职能。很有可能他们中的大多数人被统称为城市长官或"首领"（люди старейшие）。① "亲兵"一词源自"朋友"（друг），最初的意思是军队，在词义上与"同志""战友"最为接近。② 对王公而言，他周围最亲近的人、他的伙伴圈子即是城市长官、首领类人物，当然也包括军人。

王公亲兵按其年龄、资历、贡献和职务可划分为高级亲兵（也称年长亲兵）和低级亲兵（也称年轻亲兵）。高级亲兵称为"王公勇士"（княжи муж）或波雅尔。低级亲兵称为侍卫、"少年卫队"（отроки）、"子弟卫队"（детские）。③ 高级亲兵作为王公议事会成员，在宫廷和地方管理中占据主要职务，在主要城市担任季翁、饲马总管、侍卫、地方行政长官等；在军队中，他们被任命为重要的千人长职务——地方军团的军政长官，是古罗斯军队的核心和主干。低级亲兵则属于王公的贴身侍从，他们通常不直接参与战斗，人数不多，常常履行王公的各种委托，打探情报，或充当勤杂人员，并作为王公的代表处理一些日常性事务。少年卫队在王公宫廷中担任低等职务，对于少年卫队而言，担任军政职务是他们晋升为高级亲兵的途径。④

显然，王公和亲兵们保持着极其亲密的关系，亲兵们首先享有较大的经济利益。最初亲兵由王公宫廷来供养，并从居民的贡赋和战利品中取得一份作为额外的奖赏。后来的亲兵们，特别是其中的高级阶层波雅尔，开始拥有土地并购置家产。史料中随处可见王公与亲兵之间的紧密的权利和义务关系，即王公有义务公正地分配自己与亲兵们共同获得的财物，而亲兵们自然也应极力支持和保护自己的王公。如奥列格收到希腊人的贡赋后，立即分配给自己的士兵；亲兵们可以享受王公举办的盛宴，甚至可以酒后尽情抒发自己的不满，上文中所举弗拉基米尔关于亲兵与金银的说法，即是王公与亲兵关系的最好证明。⑤ 亲兵们在战斗中对王公以命相护的例子，更是不胜枚举。

① Поляков А. Н. Древнерусская цивилизация: основы политического строя //Вопросы истории. 2007. № 3. с. 63.

② Представительная власть в России: История и современость. /Под общ. Ред. Л. К. Слиски М.: 2004. с. 9–10.

③ Ключевский В. О. Терминология русской истории. /Сочинения: В9т. Т. VI. Специальные курсы. М.: Мысль. 1989, с. 108, 110. 同时参见 Ключевский В. О. Русская история: Полный курс лекций. Т. 1. М. 2002. с. 154。

④ Павлов-Сильванский Н. П. Государевы служилые люди. Москва: Крафт, 2000. с. 9.

⑤ 〔俄〕拉夫连季：《往年纪事》，朱寰、胡敦伟译，第 24、101～102 页。

在王公政权结构中，亲兵们享有很高的政治地位，当然这主要是指波雅尔和城市长官。王公在做出某些重大的决定之时，常常听取他们的意见，如战争与和平、信仰选择、缔结条约等。因为这些决定得依靠后者去具体落实和实施。如944年伊戈尔与亲兵商议是否接受希腊人议和的请求时，最后就听取了亲兵的意见。① 王公亲兵的法律地位也相对较高。在史料中，高级亲兵也常常总体上被称作"王公勇士"，《罗斯法典》中"王公勇士"作为王公的人若被杀害，其命金为80格里夫纳，要比一般人高出一倍。当然低级亲兵如侍从就与商人等一般人地位相同。②

受史料限制，对古罗斯亲兵的研究远未结束。正如 A. A. 戈尔斯基指出的，仍存争议的问题有很多，如亲兵制度产生的时间，亲兵与封建土地所有制形成过程的关系，亲兵的世袭领地出现的时间，亲兵和非服役显贵在封建主义产生过程中的作用及其相互关系，术语"波雅尔"的扩展，低级亲兵内部不同类型人群的比例关系等。③ 但以上的初步研究基本表明，亲兵是古罗斯不可忽视的一支政治力量。④

二 波雅尔阶层

这里要特别关注俄国历史术语"波雅尔"（бояре），它因后来著名的国家机构"波雅尔杜马"（боярская дума）而知名。⑤ 波雅尔作为王公的高级亲兵在古罗斯史料中出现得十分频繁，并且出现时总是排在王公之后和其他人之前。⑥

"波雅尔"一词的词源并不完全清楚，对之说法不一。它可能来自两个

---

① 〔俄〕拉夫连季：《往年纪事》，朱寰、胡敦伟译，第37页。

② Ключевский В. О. Терминология русской истории. ／Сочинения：В9т. T. VI. Специальные курсы. М.：Мысль. 1989, c. 108；同时参见详编《罗斯法典》第一条。王钺：《罗斯法典译注》，第43页。

③ Горский А. А. Древнерусская дружина. М., 1989. c. 13.

④ 中国对古罗斯亲兵制度的最新研究可参见李巧《古代罗斯亲兵制度研究》，硕士学位论文，华中师范大学，2016。

⑤ 许多前辈学者将这两个术语翻译为"大贵族"和"大贵族杜马"。鉴于在俄国很长的历史时期中"бояре"作为渊源久远的世袭贵族，一直不同于后来才出现的非世袭的"дворянство"，为免混淆，笔者在本书中一律将"бояре"译为波雅尔，"Боярская Дума"译为波雅尔杜马；将"дворянство"译为服役贵族。

⑥ 如编年史中关于签约、宴会等正式场合的相关记述。〔俄〕拉夫连季：《往年纪事》，朱寰、胡敦伟译，第25、101页。

斯拉夫语词根 бой（将领）和 болий（大的）；也可能出自突厥语 bajar（达官显贵、富人、老爷）；还可能来自冰岛语 boearmen（贵族）。波雅尔不同于其他一般亲兵之处就在于，他们不只是军人，还是王公的谋士和杜马成员。① 波雅尔一般是指大贵族、大臣或世袭贵族。

波雅尔组成王公的杜马，编年史提到这种情况："弗拉基米尔非常喜欢他的亲兵，常常同亲兵们商讨国家制度、战争和法律。"② 克柳切夫斯基在《古罗斯波雅尔杜马》一书中详尽梳理了 17 世纪以前波雅尔杜马的形成与演变过程，认为 11～13 世纪基辅罗斯的波雅尔杜马应该区别于当时的其他两种社会阶层政治活动形式：王公与所有亲兵的会议（совещание）和城市的市民大会维彻（вече）。波雅尔杜马是第三种形式，由最高的亲兵阶层——波雅尔组成，它是个常设机构，每天都召开。特殊情况下，邀请僧侣代表、地方大主教甚至神甫参加。这一时期的波雅尔杜马，在社会上享有很高声望，同时代人认为"它是一个好大公进行管理所需的必要条件"；"好的杜马可以使王公登上最高的王位，而坏的杜马会使王公连小的王位也保不住"。③ 朱剑利先生也指出，"作为王公的主要助手、社会主要军事、警察力量的波雅尔贵族及其杜马在政府机构的设置中占据极为重要的位置，具有极大的政治影响"。④ 但基辅罗斯时期的波雅尔杜马是否可以被视作一种国家政治机构？И. Н. 达尼列夫斯基不赞成这种看法。他指出，"有些学者常常将在 17 世纪才闻名遐迩的俄罗斯国家制度中最重要的机关的出现提前到更早时期，这是错误的。当然，自古以来在俄国每个王公或君主政权中均存在有参议性质的机构（和其他中世纪的国家一样）。但直到 15 世纪中期，作为多个世纪以来传统的波雅尔杜马制度，才在俄国形成了固定的工作程序。"⑤ 笔者以为，很难说基辅罗斯时期的波雅尔杜马就已经成为一种正式的国家政治机构在发挥作用，但波雅尔作为一支社会阶层的政治和经济力量是不言而喻的。在俄国后来的历史发展中，波雅尔对王公和君主的统治都发挥了重要的影响作用，

---

① Ключевский В. О. Терминология русской истории. /Сочинения：В9т. Т. VI. Специальные курсы. М.：Мысль. 1989，с. 109；同时参见王钺《罗斯法典译注》，第 58 页。

② 〔俄〕拉夫连季：《往年纪事》，朱寰、胡敦伟译，第 102 页。

③ Ключевский В. О. Боярская дума Древней Руси. М. 1902. с. 70-72.

④ 朱剑利：《克柳切夫斯基论波雅尔杜马在国家政治体制发展史中的历史地位》，《中国社会科学院世界历史研究所学术文集》（4），第 354 页。

⑤ Представительная власть в России：История и современость. /Под общ. Ред. Л. К. Слиски М.：2004. с. 37.

其阶层本身也随着国家的成长而发生演变。

波雅尔阶层，由两类人构成。第一类是"地方波雅尔"①，由基辅罗斯国家形成前的地方贵族组成；其中一部分是部落时代氏族族长和部落王公的后裔；另一部分是军事-商业贵族，即大商业城市武装起来的商人，他们组织起来并与王公亲兵一起主要保卫"瓦希商路"（大水路）上的对外贸易。第二类是为王公服务的波雅尔，包括王族人和王公亲兵队中的高层。这个阶层最初是由许多斯堪的纳维亚-瓦良格人以及其他为王公服务的外来人——由芬兰人、匈牙利人、南部游牧民族，甚至北高加索的亚斯人（阿兰人）组成。王公波雅尔和地方波雅尔不仅出身不同，他们的社会地位也有所不同。城镇显贵拥有稳定的定居地，他们与居民有着密切的联系；而来自瓦良格的勇士们是流动的，他们最初不占有土地，他们依靠军事掠夺和王公的赏赐生活。②

但在11世纪王公亲兵和波雅尔就已斯拉夫化，曾在其中发挥显著作用的瓦良格因素消退。在11~12世纪，逐渐出现地方波雅尔与王公波雅尔的接近和部分融合。一方面，地方显贵逐渐聚集在王公周围以加强自己的物质财富实力和社会-政治影响力，并部分进入王公的亲兵队；另一方面，王族人由于是王族的一些分支，定居在某些著名地区而逐渐进入当地生活，拥有领地而成为地方上的大土地所有者。结果，所有波雅尔阶层逐渐都转入大土地所有者阶层；居住着波雅尔的乡镇，多半居住着他们的"切良津"——不自由的和半自由的居民，这些人在波雅尔的土地上耕作并在波雅尔庄园里服役。这时，波雅尔在行军时有自己私有的亲兵队伴随，其人数有时还相当多。③

波雅尔世袭领地的出现，标志着古罗斯大土地所有制的形成。详编《罗斯法典》第14条第一次提到了波雅尔并强调其经济利益（与其内容相近的简编《罗斯法典》第25条并未提及）。这充分说明至少在雅罗斯拉夫死后波雅尔在土地方面的利益才显现出来；也就是说，古罗斯的大土地所有制是从11世纪下半叶才开始发展起来的。④ 这就从根本上否定了苏联学者关于古罗

① "地方波雅尔"，即地方贵族，这一术语只在史学著作中被学者们提及和讨论，史料中并未出现过。部分学者质疑这一类人的存在。
② Павлов-Сильванский Н. П. Государевы служилые люди. Москва：Крафт, 2000. с. 3-5.
③ Пушкарев С. Г. Обзор русской истории. М.：Наука, 1991. с. 57-58.
④ 王钺：《罗斯法典译注》，第57~58、26页。

斯是早期封建国家的观点，因为大土地所有制是他们理解封建制度的基础，他们普遍把俄国封建主义的产生放在较早的时期。正如克柳切夫斯基分析的，古罗斯的土地所有权观念是从奴隶占有中得出来的，即"这块地是我的，因为是我的人在耕种这块地"。王公亲兵和波雅尔获得土地，成为享有特权的土地所有者，这才产生了古罗斯"波雅尔世袭领地"（боярская вотчина）。①

与"外来"王公一样，波雅尔也表现出很强的流动性。这意味着他们享有在各城市和各王公之间的自由迁徙权。他们迁徙的目标很清楚，是乡和村庄。与得胜的王公一起迁徙的波雅尔，得以掌管某些乡并且可能拥有新的村庄，但与被打败的王公一起离开时，波雅尔便自然失去了自己的财产。总的来说，大部分波雅尔都从自己的城市去过其他的城市，或是为了"捞取良机和官级"，或是为了表示与自己亲爱的王公的团结一致。② 难怪克柳切夫斯基将波雅尔和亲兵队称为古罗斯的"迁徙的候鸟"。

总之，亲兵和波雅尔作为古罗斯社会的上层，在王公政权中发挥着重要作用。王公政务活动中常常依靠其高级亲兵、"王公勇士"的帮助，并听取他们的劝告，与他们协商或"思考"重要事务（他们有时被称为王公的"智囊"）。亲兵个人是自由人，只是通过双方互相信任和敬重的个人契约与王公联系在一起，王公与他们保持友好关系，和睦相处，尊重他们的利益。波雅尔杜马虽然还未成为国家常规的政治机构，但波雅尔已经逐渐成长为一支不可忽视的政治力量，他们拥有世袭领地，享有很高的法律地位。

第四节　城市公社与维彻

与"外来的"王公及其亲兵不同，"维彻"（вече）即市民大会，是基辅罗斯政治制度的重要根基。如前所提到，《往年纪事》862年条下记载的诺夫哥罗德居民在商议后到海外邀请瓦良格王公来建立秩序一事，就说明了早在9世纪罗斯地区出现第一批公国前，斯拉夫人原始的行政管理制度——某个集体性质会议就已经存在，正是这一会议缔造了王公政权。正如俄国历

---

① 〔俄〕瓦·奥·克柳切夫斯基：《俄国史教程》第一卷，张草纫等译，第302~303页。

② Поляков А. Н. Древнерусская цивилизация: вопросы социальной мобильности//Вопросы истории. 2009. №9.

史学家 C. M. 普拉托诺夫所说："维彻比王公更古老。"① 维彻作为罗斯市民的重要议事方式，在城市公社这个舞台上发挥政治作用。

一 城市公社的形成

城市是文明产生的重要标志之一。一直以来，史学家对古罗斯城市出现的时间和原因都颇有争议。一部分学者认为，城市主要是从所谓"部落中心"——斯拉夫人的前国家共同体的中心发展起来的。如 B. O. 克柳切夫斯基指出，罗斯最古老商业城市的产生，是"8 世纪斯拉夫人的东方贸易顺利发展的结果"。虽然编年史没有记载基辅、斯摩棱斯克、柳别奇、诺夫哥罗德等城市的兴起时间，但显然在 862 年之前，这些地方大多已成了重要的居民区。它们最初是乡村猎人和养蜂者聚集交易的集合点，称作"集市"（погост），后来在商贾往来频繁的商路上扩展为较大的市场，成为当地手艺人和外国市场的中介，然后发展为商业城市。这些城市大多在"瓦希商路"上，沿第聂伯河-沃尔霍夫河而建。随着哈扎尔政权的衰落，罗斯各主要商业城市开始自己承担保护商业和通商道路的任务，开始修建城墙、加设军事设施、驻扎士兵，于是工业中心和货物仓库就变成了设防的、武装的掩蔽所。②

克柳切夫斯基的观点遭到苏联学者的反对。M. H. 季霍米罗夫指出，"商业贸易并未直接导致城市的产生，但它创造了强大而富有者从中分化的条件"。他认为，使罗斯城市出现的真正动力是经济领域农业和手工业的发展以及社会关系领域中的封建主义的产生。③ B. Л. 亚宁等人认为，古罗斯城市的发展"并非因为王公城堡或商业-手工业居民，而是因为收税集中地乡村周围的维彻行政中心"。④ 而 И. Я. 弗罗亚诺夫则认为，9 世纪末至 10 世纪的罗斯城市建立在氏族部落基础上。⑤ 城市的出现是作为协调和安排其活动

---

① 转引自曹维安、师建军《俄国大改革前的地方自治传统》，《陕西师范大学学报》（哲学社会科学版）2010 年第 5 期，第 83 页。

② 〔俄〕瓦·奥·克柳切夫斯基：《俄国史教程》第一卷，张草纫等译，第 137~138 页。

③ Тихомиров М. Н. Древнерусские города. М. 1956. с. 63~64.

④ Янин В. Л. Алешковский М. Х. Происхождение Новгорода（к постановке проблемы）// История СССР. 1971. № 2. с. 61.

⑤ Фроянов И. Я. Начала русской истории. М. с. 707.

的必要组织——部落联盟形成的结果。① 值得注意的是，苏联时期对古罗斯城市进行了系统的考古研究。学者们认为，城市产生的首要条件是农业与手工业的分离。城市存在的间接证明是城市工商区的出现。古罗斯城市的考古学标志有：宅邸（显然有别于氏族居民点，编年史中第一次提到王公宅邸 двор 是在 945 年②）、公共的街道工程（表明地域的文明化）、教堂、行政管理遗迹（印刷和蜡封）、城堡和器物铭文、宏伟建筑、奢侈品等。这些标志产生的时间表明，东斯拉夫人城市及其文明的建立主要是在 10 世纪。③ 考古学发现，实际上许多"部落中心"在没有转变为城市以前就已经不存在了，罗斯多数大城市都是在国家形成时代产生的。④

当代俄罗斯学者 A. H. 波利亚科夫认为，成熟的古罗斯城市是"城邦公社"（полисная община，也称城市公社）——土地所有者公社。城市公社的出现理论上有两种途径：一种是不同部落氏族公社的联合；另一种是诸多部落集中到一个部落中心地。在罗斯编年史中，能看出首批城市公社是怎样形成的。《往年纪事》中关于 882 年奥列格一路攻下斯摩棱斯克、柳别奇、基辅的记载表明，基辅公社的出现是不同部落氏族代表联合的结果。同时，综合考古学资料可知，基辅城市公社在 10 世纪初形成，之后的一个世纪里它吸收了所有东斯拉夫人部落。为了确保基辅人的统治地位，他们开始修建城堡，迁居不同斯拉夫人部落的代表，于是出现了新一批的城市公社，如拉多加、诺夫哥罗德、波洛茨克和切尔尼戈夫等。自此基辅罗斯进入飞速发展阶段，而后繁荣起来。⑤ 在 A. H. 波利亚科夫的话语体系下，"城市公社"（городская община）是一种相对于原始公社而言的文明公社——城邦。文明公社（城邦）与原始（氏族和乡邻的）公社的区别在于，它不仅仅是农

---

① Фроянов И. Я. Дворниченко А. Ю. Города-государства в Древней Руси//Становление и развитие раннеклассовых обществ: город и государство. Под ред. Г. Л. Курбатова и др. Л. 1986. с. 217.

② Повесть временных лет. Пер. с древнерусского Д. С. Лихачева, О. В. Творогова. СПб. : Вита Нова, 2012. с. 38；译文参见〔俄〕拉夫连季《往年纪事》，朱寰、胡敦伟译，第 44～45 页；王钺《往年纪事译注》，第 113 页。

③ Поляков А. Н. Образование древнерусской цивилизации//Вопросы истории. 2005. №3. с. 73-75.

④ История России с древнейших времен до конца XVIII в. /Под ред. Б. Н. Флори. М. : Издательство Московского университета. 2010. с. 51.

⑤ Поляков А. Н. Древнейшие русские города и начало цивилизации//Вестник ОГУ. 2007. №4. с. 27.

民的联合，还是土地所有者的联合。如果说原始公社是农民的公社，那么城邦就是土地所有者的公社。① 由此，城邦制正是东斯拉夫人从原始社会迈入文明社会的方式。

如英国学者杰弗里·帕克所言，城邦从来就不仅仅指一个城市，从一开始它就意味着城市与其周边地区的共生。城邦的城市部分是城区，而其周边领土是城郊，它是城市-乡村系统组成的整体，其中，城市是商业与手工业的中心，而周边的乡村为它提供农产品和原材料。② 同样的，罗斯城市的存在也依赖于周边的乡村，乡村的社会组织即农村公社。基辅罗斯时期的农村公社叫维尔福，它可能是在斯拉夫人在氏族公社解体的基础上形成的。留里克家族建立统治后，维尔福继续存在下来并成为基层行政组织。维尔福通行于罗斯南部，罗斯北部的农村公社称作米尔。③ 罗斯许多城市的基层行政单位的终端都是由农村公社组成的，它们有自己的成员大会。④ 而且，农业的发展也是城市文明产生的前提。根据考古发掘的资料，东斯拉夫人农业的变化开始于 9 世纪，这与黑麦的种植（秋种黑麦）有关。农作物中黑麦种植的变化正好与古罗斯文明发展进程相吻合，这更多是一个相互依赖的进程。黑麦的种植，使罗斯有了稳定的农业收成，与此同时，城市的数量也在增加，这意味着一部分人从农业劳动中解放出来，迁居城市的农民逐步变成了土地所有者。秋种黑麦使得土地不仅能养活农民和土地所有者，而且能养活手工业者、艺术家、建筑师、形形色色的仆人、流浪艺人等，这些人使土地所有者的生活更加精彩和美好。从某种程度上可以说，古罗斯城市文明是靠黑麦成长起来的：黑麦-母亲养活了罗斯-母亲。⑤

将简编与详编《罗斯法典》进行对比，也可以间接证明城市合并乡村的这一变化过程。简编第 13 条（《雅罗斯拉夫法典》）规定："如果某人盗窃了他人的马匹、武器，或者服装。失主在自己的米尔境内找到了失物，有权取回它们。盗窃者因不法行为支付三格里夫纳。"详编第 34 条（《雅罗斯拉

---

① Поляков А. Н. Община как форма социальной организации//Вестник ОГУ. 2004. №6. с. 19-20.

② 〔英〕杰弗里·帕克：《城邦——从古希腊到当代》，石衡潭译，山东画报出版社，2007，第14~15 页。

③ 曹维安：《俄国史新论——影响俄国历史发展的基本问题》，第 205 页。

④ 曹维安、师建军：《俄国大改革前的地方自治传统》，《陕西师范大学学报》（哲学社会科学版）2010 年第 5 期，第 83 页。

⑤ Поляков А. Н. Образование древнерусской цивилизации//Вопросы истории. 2005. №3. с. 87.

夫法典》）则写道："如果某人丢失马匹、武器或服装，且已在市场上声明，如在本城市找到了失物，可以取回。他（盗窃者）因不法行为支付三格里夫纳。"这两条律法内容几乎完全一致，但重要的不同就在于从"米尔"到"城市"的变化。王钺先生认为，这一变化反映了古罗斯国家社会和经济的发展，城市的产生是王公政治权力得以加强的标志，也是商业经济发展的产物。① 据此至少可以推断，古罗斯城市的范畴是大于且包含乡村的。

随着经济的发展与商业贸易的繁荣，乡村罗斯与城市罗斯形成紧密的共生关系。据克柳切夫斯基的研究，"城市领区"（городовая область）早在"邀请王公"前就已形成。9 世纪下半叶，由 8 个东斯拉夫部落②在主要通商河道——第聂伯河、沃尔霍夫河和道格瓦河沿岸形成了 6 个独立的城市领区。③"成为领区行政中心的设防大城市，正是产生在对外通商最发达的部落中"。④ 萨哈罗夫也认为，东斯拉夫人的城市在统一的罗斯国家出现之前就已存在。但最初这些城市要么是部落公国的中心，要么是多神教诸神及其寺庙的所在地。⑤ 而早期来到罗斯的那些瓦良格人，其目的本是前往富庶的拜占庭，但他们到达这些商业城市时，遇到社会地位与他们接近而且需要他们的居民阶层，于是加入军人-工商阶层，开始驻留在城市里，或与当地居民通商，或被用重金雇去护送罗斯商队。

需要特别指出的是，882 年奥列格坐镇基辅后说道："让本城成为罗斯诸城之母（мать городов русских）。"⑥ 对这句话的传统理解是"基辅是罗斯的首都"。但实际上对编年史家的词语应该逐字理解，即其余所有的城市是它的孩子，意思是罗斯的所有城市都是建立在基辅城的基础之上的。这一说法可能是希腊语"宗主城邦"（метрополия）的仿造词。也就是说，基辅是第一个东斯拉夫人的城市公社，是罗斯文明的起源。⑦ 事实上，《往年纪事》中所提的"罗斯国家"（Русская Земля），远非今天意义上的"领土国

① 王钺：《罗斯法典译注》，第 14、71~72 页。
② 即德列戈维奇人、拉季米奇人、维亚季奇人、德列夫利安人、伊尔门湖的斯洛维涅人、克里维奇人、塞维利安人和波利安人。
③ 即诺夫哥罗德区、波洛茨克区、斯摩棱斯克区、切尔尼戈夫区、佩列亚斯拉夫区和基辅区。
④ 〔俄〕瓦·奥·克柳切夫斯基：《俄国史教程》第一卷，张草纫等译，第 147~149 页。
⑤ Истории России. В2т. Т. 1. С древнейших времен до конца XVⅢ в./Под ред. А. Н. Сахарова. М.: АСТ: Астрель; Владимир: ВСТ, 2009. с. 125-126.
⑥ 〔俄〕拉夫连季：《往年纪事》，朱寰、胡敦伟译，第 14~15 页。
⑦ Поляков А. Н. Древнейшие русские города и начало цивилизации.//Вестник ОГУ. 2007. №4. с. 21.

家"（государство）或"民族国家"（страна）。И. Н. 达尼列夫斯基认为，基辅罗斯至少不符合马克思关于国家的经典定义。直到 19 世纪，基辅罗斯能否被称为国家依然是个有争议的问题。В. И. 谢尔盖耶维奇写道："我们的古代并没有一个俄罗斯国家（государство Российское），它只是同时存在的许多不大的国家的集合。这些不大的国家被称为乡（волости）、国土（земель）、公国（княжества）、封邑（удела）、王公领地（отчины князей）、县（уезда）"①。也有学者对"基辅罗斯"这一称呼本身就提出质疑，"众所周知，称为'基辅罗斯'的国家从未存在过……基辅罗斯不过是学者和文本的概念"，②"在中世纪，对罗斯而言，并不存在'基辅的'这一定语"。③ 与此同时，基辅的首都地位也受到质疑。有学者指出，俄国史中创造了特殊的史学神话——基辅不可能不是古罗斯国家首都，如果否定基辅的首都地位，那国家如何存在？④ 实际上，这一切可以得到解释。作为"罗斯诸城之母"的基辅，是罗斯国家的"宗主城邦"，其他的城邦在王公家族统治下存在，但都保持着各自的独立性。也就是说，实际上根本不存在一个以基辅为中心的领土国家，而只是存在以诸多城市公社为中心的城邦，这是最宽泛意义上的一种国家形式。

这一叙事与考古发掘的结果并不矛盾。如果说克柳切夫斯基所说的那些斯拉夫人的城市领区还算不上真正的城市文明的话，那么自 9 世纪末开始，罗斯的城市文明就真正诞生了。其实质在于，城市领区的政治核心——城市公社形成。由于海外的瓦良格商人与当地的斯拉夫人共同组成的军人-工商阶层聚集在城市中生活，以及"外来的"王公在城市中建立政治统治，在这样的经济和政治双重作用下，城市公社逐渐形成。城市公社成为政治舞台开始于 10 世纪。城市公社中包括王公、波雅尔（大贵族）、小波雅尔（小贵族）、城市显贵（良民与市民）和农村人（斯美尔德），其中也有各种不同

① Данилевский И. Н. Древняя Русь глазами современников и потомков（IX-XII вв.）. М.: Аспект Пресс. 1998，с. 164-165.

② Толочко А. П. Князь в древней Руси: Власть, собственность, идеология. Киев: Наукова думка，1992. с. 185.

③ История России с древнейших времен до конца XVIII в./Под ред. Б. Н. Флори. М.: Издательство Московского университета. 2010. с. 50.

④ Котышев Д. М. 《Се буди матерь градомъ русьскымъ》: проблема столичного статуса Киева середины XI- начала XII века. / Русские древности. Сборник научных трудов. К 75 - летию профессора И. Я. Фроянова. СПб. 2011. с. 154.

的经济集团和职业的人，如管家、亲兵、商人、手艺人、债农、仆从等，当这些人不能完成自己的社会职责时，他们中的任何人还可能变成"失去原有身份的人"——"游民"（изгой）；除此之外，还存在各种不同的奴隶居民。但在古罗斯国家真正发挥政治作用的是由王公、波雅尔、小波雅尔和部分显贵所组成的社会核心阶层。[①] 他们在城市公社中进行政治生活的重要方式就是维彻会议。

二　维彻的性质、社会构成及职能

维彻制度是古罗斯时期最著名也是最令人费解的谜团之一。俄国学者对维彻的研究非常深入，但如果涉及该术语在古罗斯史料中的实际含义的话，那么学者们就在一系列原则性问题上均有分歧。如作为一种政治制度之手段的维彻是何时产生，如何定性？维彻会议参加者的社会构成？维彻的职能范围？维彻在罗斯的作用是否存在地域性？

（1）维彻的性质。关于维彻的性质，基本上有两种认识。第一种观点认为，维彻是人民会议，参加会议的是古罗斯城市的各个阶层的人，甚至包括城市的周围地区的人。在这一话语体系下维彻被看作原始时期的遗产，并常常与王公或者国家政权相对立。不同程度上赞同这一概念的有 М. Н. 波克罗夫斯基、Б. Д. 格列科夫、М. Н. 季霍米罗夫、И. Я. 弗罗亚诺夫等人。М. Н. 波克罗夫斯基把古罗斯的维彻称作"权力无限的大军"，参加维彻的是可以携带武器的所有成年男子。他写道，"在我们面前是一座武装起来的城市：民兵拥有最高立法会议的权力"。[②] 第二种观点认为，维彻是大土地所有者的会议，是"封建民主"机构，不代表全体人民的意愿。持类似看法的有 В. Т. 帕舒托、П. П. 托洛奇科、В. Л. 亚宁等人。П. П. 托洛奇科指出，基辅的维彻是地方性的波雅尔机构。[③] В. Л. 亚宁认为"诺夫哥罗德的城市维彻乃由各地来的代表所组成的机构，其参加者只是土地所有者，首先是波雅尔"。[④]

---

① Поляков А. Н. Древнерусская цивилизация：вопросы социальной мобильности. // Вопросы истории. 2009. №9.

② Покровский М. Н. Русская история. СПб. 2002，т. 1，с. 70–72.

③ Толочко П. П. Древнерусский феодальный город. Киев. 1989，с. 170.

④ Янин В. Л. Новгородская феодальная вотчина. М. 1981，с. 279.

第三种观点则持中间立场。如 C. B. 尤什科夫则认为城市维彻是群众性会议，但同时他强调维彻是城市领导阶层手中的工具，"引导维彻活动方向的主要社会力量，是城市的封建主集团，而不是由广大商人和手工业者组成的城市民主势力"。[①]

上述观点是在把维彻定性为特定的政权机关的基础上形成的，这样狭隘的定义往往会忽略掉编年史中的许多记载。在古罗斯文献中，维彻常表示为城市或市民，也常被"全诺夫哥罗德""全部基辅人"等说法所替代。[②] 的确，对于任何一个希望自己决定命运的集体来说，古老的集会商议是唯一可行的方式，但并不能把这些集会认定为固定的政治机构。

如果将维彻看作一种决议的方式，我们就可以从史料中找出许多相关的记载。维彻会议首先隐藏于"思考"（сдумать）一词中。如《拉夫连季编年史》1176 年条下记载，属城弗拉基米尔与长城罗斯托夫和苏兹达尔斗争，于是在弗拉基米尔召集三城的维彻举行联合大会，以决定在信神的安德烈死后谁应做罗斯大公的问题。"起初（изначала），诺夫哥罗德人、斯摩棱斯克人、基辅人、波洛茨克人以及所有当局都召开维彻，就像召开杜马一样；维彻会议上长城议决（сдумать）属城通用……"[③] 弗罗亚诺夫认为，针对以上这些话，无疑可以做出如下解释："该维彻会议就像是杜马会议，而'сдумать'的意思就是通过维彻作出决议。"[④] 克柳切夫斯基认为，从词源上说"维彻"（вече）一词来源于古代教会斯拉夫语中的 вет，有劝告、建议之义。其本意非常接近"杜马"（дума），二者只有细微的差别：前者指广泛意义上的建议，而后者是给王公的建议；前者是为约定某事而集会，后者则包含了讨论和解决之义。[⑤] 同样，维彻还隐藏在这样的表述中，如"自行决定""邀请""赶走""不接受""号召""宣誓"等。编年史中这类提法

---

① Поляков А. Н. Древнерусская цивилизация: основы политического строя //Вопросы истории. 2007. №3. с. 64.

② Поляков А. Н. Древнерусская цивилизация: основы политического строя //Вопросы истории. 2007. №3. с. 63.

③ Полное собрание русских летописей. Т. 1. Лаврентьевская летопись. Ленинград, 1926 - 1928. Стб. 375-379. 同时参见 Сергеевич В. И. Древности русского права: в 3т. Т. 2. Вече и князь. Советники князя. М., 2007. с. 4。

④ Фроянов И. Я. Киевская Русь: Очерки социально-политической истории. Л. 1980. с. 159.

⑤ Ключевский В. О. Терминология русской истории. /Сочинения: В9т. Т. VI. Специальные курсы. М. : Мысль. 1989. с. 144.

非常多，按 A. H. 波利亚科夫的计算，在三大编年史①中可以找到 205 个表示维彻集会的词。从维彻存在的地域上看，举行维彻会议的地方，以城市的名义称呼的有诺夫哥罗德、基辅、斯摩棱斯克、切尔尼戈夫、加利奇、苏兹达尔、兹维尼哥罗德、维什哥罗德、波洛茨克等，这实际上基本涵盖了整个罗斯。② 这充分说明了维彻在古罗斯城市中普遍存在。从维彻存在的时间上看，上述编年史中的"起初"一词也反映了维彻作为议事方式的古老起源。10~12 世纪的编年史中，时常可见对维彻会议的记载。除 997 年别尔哥罗德召开市民大会的记录外，《往年纪事》1015 年条下就有一次召集维彻的确凿史料：智者雅罗斯拉夫在与占据基辅的斯维亚托波尔克开战前，与诺夫哥罗德人达成了相互谅解，他在市民会议上擦着眼泪对市民说："我的父亲驾崩了，而斯维亚托波尔克在基辅即位，他残杀自己的兄弟。"诺夫哥罗德人则说："大公，虽然我们很多弟兄全被你杀害，但我们还是能够为你而战！"③ 同样，1068 年、1069 年的维彻是作为城市权力执行机构而出现的。1097 年，柳别奇会议后王公继续内讧，达维德在弗拉基米尔城闭门不出，瓦西里科就包围该城，要求市民交出挑唆达维德发动内讧的那些人，弗拉基米尔市民召集维彻会议，让达维德交出那些人，达维德被迫同意。④ 可见，维彻活动十分活跃，其决议甚至连王公都不可能违背，即使后者明显不喜欢这一决定。

综上，从 997 年第一次提及维彻直到蒙古入侵，罗斯编年史中不断出现在城市中举行维彻的记录。维彻作为一种集体决议方式自古就存在，城市维彻会议在 10 世纪、11 世纪和 12 世纪一直都存在。作为原始民主机构遗产的维彻，从基辅到诺夫哥罗德，从沃伦到罗斯托夫-苏兹达尔，其在整个罗斯国家的生活中都发挥着重要的有时甚至是决定性的作用。只是在不同时期和区域，维彻发挥作用的方式和程度有所不同。

（2）维彻的社会构成。关于维彻性质的两种基本认识，其实反映了学者们对维彻参加者社会构成的不同意见。参加维彻的人究竟是城市的各个阶层人甚至包括农民，还是只有土地所有者比如波雅尔？

持维彻是大土地所有者的会议观点的学者，认为只有土地所有者才能参

---

① 即《诺夫哥罗德初始编年史》、《伊帕季编年史》和《拉夫连季编年史》。
② Поляков А. Н. Древнерусская цивилизация: основы политического строя //Вопросы истории. 2007. №3.
③ 〔俄〕拉夫连季：《往年纪事》，朱寰、胡敦伟译，第 115 页。
④ 〔俄〕拉夫连季：《往年纪事》，朱寰、胡敦伟译，第 150、154、239~244 页。

加维彻。如 М. Б. 斯维尔德洛夫就指出了维彻的贵族政治性。在 9~10 世纪，普通的自由居民已被剥夺了参加国家政治管理的权利；而部落民众会议或维彻作为一种民众参加国家管理的政治制度之手段已经消失。这表明，古罗斯国家的政权已被统治阶级所占据。部落维彻的职能已被王公的高级特权阶层——王公和统治阶级的官员所取代，而部落长老会议则由高级亲兵和国家行政机关的上层所替代。[①] 这些看法接近格列科夫的观点，但他并未提及宗教代表在维彻会议中的作用。

而持维彻是民众会议观点的学者则认为，维彻的参加者不仅有宗教僧侣，而且还可能包括农民。Н. А. 罗日科夫就曾对农业自由居民参加维彻的可能性问题做过研究。[②] 他指出，维彻会议与远古的民众大会相似，没有部落贵族的参与就无法召集。基辅罗斯时期的维彻，固定成员包括王公、宗教僧侣、波雅尔和富商等，而这些人也是维彻会议的领导者。不过，我们也应该注意到，在各个时期的维彻会议中占据领导、支配地位的人员之社会构成，并非一成不变。因此维彻会议中领导制度的存在，并不意味着维彻成员就难以进行自由意愿的表达，古罗斯贵族们明显缺乏使维彻服从自己的社会手段，因而他们无法轻视维彻所作出的决定。由此，弗罗亚诺夫得出结论："有一种错误的认识，即认为维彻中的民众似乎只是任由贵族摆布的温顺羔羊。事实正相反，民众在维彻中的呼声强大而响亮并具有一定的权威性，经常迫使王公和其他一些权贵们作出让步"。[③]

当然，理论上的推断并不能确切认识维彻参加者的社会构成，通过考察会议运行方式及与会者人数来研究或许更为科学。依照通常的思维模式，人们常常把维彻想象成一种类似于无政府状态下的特殊集会，会议上的决议都是经过与会者叫喊声的大小来作出的。据学者 В. И. 达利考证，"维彻"一词与 вещать（说）存在词源上的联系，在普斯科夫方言中 вечать 有"喊"的意思，这就让人联想到维彻大会上解决问题的方式。[④] 但事实上，据史料反映的维彻具有明确的组织形式和秩序，它就像是一场经过精心导演和编排的话剧。《拉夫连季编年史》描述了 1147 年在圣索菲亚教堂附近召集维彻会

---

① Свердлов М. Б. Генезис и структура феодального общества в Древней Руси. Л., 1983. с. 56.

② Представительная власть в России: История и современость. /Под общ. Ред. Л. К. Слиски М.: 2004. с. 18.

③ Фроянов И. Я. Киевская Русь. Очерки социально-политической истории. Л. 1980. с. 176.

④ Представительная власть в России: История и современость. /Под общ. Ред. Л. К. Слиски М.: 2004. с. 9.

议的场景：弗拉基米尔去见都主教，他们一起召集基辅人。许多基辅人坐在广场上，聚集在圣索菲亚大教堂前。多布伦卡和拉季拉（基辅勇士）面向人们和王公弗拉基米尔，说："你的兄弟吻你，向都主教致敬，并吻拉扎里（千人长）和所有基辅人。"基辅人说："王公派你们来干什么？"他们回答道："王公这样说：切尔尼戈夫的王公曾向我发誓……"基辅人于是决定："为此我们将和子弟与你同去，就像先前答应的那样。"① И. Я. 弗罗亚诺夫指出："我们眼前所看到的维彻绝不是一片混乱的以各种语调叫喊着的人群，整个会议活动进行非常有秩序，完全是一个严格遵守相关会议制度的会议场面。汇集到索菲亚的基辅人有秩序地就座，慢慢等待维彻会议开始。会议由王公、都主教和千人长领导。遵照相应的礼仪，出席会议的使节们依次向都主教、千人长和王公致意。之后，基辅人才对他们说道：'王公派你们来干什么？'所有这些细节的刻画表明，12世纪的罗斯可能或多或少已形成了维彻的运作制度。М. Н. 季霍米洛夫甚至认为当时完全可能有维彻会议的决议记录。"②

许多学者认为，维彻会议召集的广场上理应有供人们坐的椅子。为了精确计算大诺夫哥罗德维彻会议的座位，В. Л. 亚宁做了这样一个试验：在维彻广场上放一些椅子，然后让诺夫哥罗德考古学者和当地的大学生们去坐。诺夫哥罗德维彻广场面积不大，如此统计下来，该广场仅能容纳300~500人。这一试验间接地证明了诺夫哥罗德被300条"金腰带"（золотых поясов）统治着。В. Л. 亚宁认为，当时城市范围内的所有大庄园实际上都属于这300个波雅尔家庭所有（据统计，每个庄园面积达2000平方米）。因此，诺夫哥罗德的城市维彻乃由各地来的代表所组成的机构，其参加者首先是作为土地所有者的波雅尔。③ 但值得强调的是，维彻的标志是维彻大钟，钟声向全体市民通知维彻会议的召集。与由波雅尔组成的小范围集会相比，这种通知方式更适宜民众集会。④ 公众可以自愿地参加维彻的集会，在维彻广场上聚集的诺夫哥罗德人，有机会通过赞成和不赞成的呼喊声影响集会的

① Полное собрание русских летописей. Т. 1. Лаврентьевская летопись. Ленинград, 1926 – 1928. ст6. 316.
② Фроянов И. Я. Киевская Русь. Очерки социально-политической истории. Л. 1980. с. 174.
③ Янин В. Л. Новгородская феодальная вотчина. М. 1981, с. 153, 279.
④ Скрынников Р. Г. История российская. IX–XVII вв. СПбГУ. 2006. с. 131.

进行。这种政治生活的参与意识无疑是中世纪诺夫哥罗德人智慧的重要组成部分。[①]

当然，因史料极其有限，关于古罗斯维彻的社会构成问题的探讨仍在继续，现在就盖棺定论还为时尚早。总体来看，维彻是通过共同协商来解决城市中最重大问题的一种方式，通常由城市公社中的土地所有者、富裕阶层的市民及商人来组织和参与，王公偶尔也作为维彻成员来参加。维彻会议进行的程序较为简单，维彻广场位于城市固定的中心区域，其中央位置有一处讲台供人进行演讲，有一座维彻大钟以召唤市民，还有供与会者坐下的长凳。维彻会议就是在这样的场合下，按照一定程式来对重大问题进行商议的。

（3）维彻的职权范围。维彻会议作为一种协商方式，并没有任何法律来确定和限制维彻的职权范围。从史料记载的城市维彻会议来看，维彻会议涉及的职权范围相当广泛，几乎能商讨和决定城市的任何问题。

10世纪乃至11世纪初，基辅罗斯城市居民就充分显示出其自主性和独立的精神，特别是王公不在时。如968年基辅居民在面临佩切涅格人入侵的危险时，派使者去见自己在外征战的王公斯维亚托斯拉夫，要求他立即返回和帮助守卫基辅免受外敌入侵。在1015~1019年，由于圣弗拉基米尔去世，诺夫哥罗德人积极并忘我地帮助雅罗斯拉夫战胜他有罪的兄弟斯维亚托波尔克。[②]

11~12世纪，维彻会议涉及的问题非常广泛，其中的第一类问题就是邀请、接受或赶走不合心意的王公。这类史实不胜枚举，如1068年基辅人迫使自己的王公伊兹雅斯拉夫从基辅逃跑，把波洛茨克王公弗谢斯拉夫从监禁中解救出来并立他为基辅王公。1113年，由于斯维亚托波尔克·伊兹雅斯拉维奇去世，基辅人召开维彻会议，派人去对弗拉基米尔·莫诺马赫说："王公啊，请您来继承你父亲和祖父的王位吧。"过了一段时间，基辅人第二次派使者去见弗拉基米尔·莫诺马赫，坚持邀请他登上基辅王位以防止人民内乱。[③] 由此可见，民众常常积极参与王位的更替，而且邀请、接纳或变换王公，这不仅源于现实力量的政治事实，还源于居民、王公及其亲兵共同认可的法律事实。总之，人们可以邀请或接受他们喜欢的王公，赶走不喜欢的王

---

① *The Cambridge History of Russia*, Vol. I: *From Early Rus' to 1689*, Cambridge University Press, 2006. c. 207-208.

② 〔俄〕拉夫连季:《往年纪事》，朱寰、胡敦伟译，第56、102~103、115~123页。

③ 〔俄〕拉夫连季:《往年纪事》，朱寰、胡敦伟译，第150~151、263~264页。

公，这是 11~12 世纪当时罗斯国家广大地域上的普遍现象。

维彻会议涉及的第二类问题也特别重要，就是战争与和平。有时民众自己主动请战，有时则拒绝参与由王公发起的战争。战争中当王公需要自己的亲兵和民众中志愿队伍的帮助时，不需得到维彻的同意，但若征召民兵时，则必须有维彻的同意。有时市民要求更坚决的军事行动，有时则要求终止战争。如1093 年，面对波洛夫齐人的侵扰而准备出兵反击时，王公召集自己的亲兵商议，讨论军事形势，弗拉基米尔·莫诺马赫建议缔结和约，"但基辅人不愿接受这个建议，他们说'我们要打，要渡过河去'"，最终王公顺从了基辅人的决定。1097 年，弗拉基米尔市民逼迫王公达维德交出三个造谣、挑唆的内乱者，王公不得不照办。[①] 1149 年，当伊兹雅斯拉夫又一次要发起对尤里和奥列格维奇的战争时，"基辅人不愿意，他们说道，讲和吧，王公，我们不去"。[②] 这些史实充分反映了市民在军事活动中的力量和主动性。

维彻会议涉及的第三类问题，就是常常与当选的王公订立"协议"（ряд）。这一方式在诺夫哥罗德发展得最为充分，一定程度上反映了维彻的立法、司法职能，也使诺夫哥罗德成为古罗斯国家中最具民主特色的城市。史料中保存的条约，记载着当选的王公应承担的义务，以及他在地方管理中所应发挥的作用。王公需吻十字架宣誓认可条约。条约内容中首要的就是要"保持古风"，即按城市旧的习俗进行管理，尊重诺夫哥罗德的自由。现存最早的条约文本虽为 13 世纪后半叶写成的，但显然反映此前这样的制度就已存在。条约详细规定三个方面的内容：王公同城市的司法行政关系；城市同王公的财务关系；王公同城市的商务关系。[③]

维彻会议的作用在 12 世纪有了明显的增长，同时也出现了一些新的特点和职能。它开始负责对国家财政和土地资源进行管理，控制和支配斯美尔德，监督国际协议的签订，等等。例如，一份诺夫哥罗德与（德意志）哥达市沿岸城市和其他城市所签署的协议显示：王公雅罗斯拉夫·弗拉基米洛维奇签署了该协议，但此协议"是在经过与各方（包括所有诺夫哥罗德人在内）协商的基础上"签订的。对此 И. Я. 弗罗亚诺夫指出，雅罗斯拉夫"曾

---

① 〔俄〕拉夫连季：《往年纪事》，朱寰、胡敦伟译，第 193~194、239 页。

② Полное собрание русских летописей. Т. 1. Лаврентьевская летопись. Ленинград，1926 – 1928. стб. 320 – 326；同时参见 Пушкарев С. Г. Обзор русской истории. М.：Наука，1991. с. 56。

③ 〔俄〕瓦·奥·克柳切夫斯基：《俄国史教程》第二卷，贾宗谊等译，第 62~71 页。

向所有诺夫哥罗德人"承诺，不会通过私人酒会商议的形式，而是通过维彻会议来考虑上述国际协议问题。[1]

（4）维彻与王公政权的关系。维彻的职能如此广泛，那它与王公政权究竟是怎样的关系？A. E. 普列斯尼亚科夫认为，古罗斯"王公既有赖于维彻，但行动能力微弱的维彻又不能没有王公"。维彻的作用只在非常情况下才会表现出来，这时它将干预王公的管理，但并不自己承担管理职能。"维彻将审判和惩罚自己不称心的人们。这种干预有时是由维彻主动发起的，有时则因王公在处理王公间关系和王公政策中的不妥之处而导致的。"不过，除了诺夫哥罗德和普斯科夫的城市维彻是作为一种经常性的、机制性的政府组织活动而存在以外，其他维彻政治生活的表现形式并非随处可见。在日常生活中，维彻的作用并不大，政权"或由分散的、地方公社掌握，或……由王公行政把持"。[2] 显然，从史料中也可以看出，维彻并未取代王公政权来管理国家。

维彻在古罗斯国家的存在具有一定的地域性，它一般存在于大城市。从史料中很容易发现这样一个现象，如前面所举的史料就大多与诺夫哥罗德有关。这一地区发展的特点在于，维彻总是作为主要的政权制度而发挥着决定性作用。但诺夫哥罗德并非我们所发现的由维彻发挥着政权职能的唯一的古罗斯城市。在997~1097年的100年间，《往年纪事》中直接提及维彻的一共有6次；其中提及别尔哥罗德（997）和诺夫哥罗德（1015）的维彻，各1次；基辅（1068、1069）维彻，2次；弗拉基米尔-沃伦（1097），2次。不过，这些城市的维彻只是在非常情况（如战争或暴乱）下才召集的。《往年纪事》中提及的这些维彻均与大城市有关，即"首城"维彻决议，"属城"执行，而对乡村地区的维彻和维彻在早期罗斯国家发展中的社会、政治和司法职能等内容根本没有涉及。

维彻对王公政权的影响力也因地区和时期不同而有所不同。到稍晚的时期，"维彻"这一术语的内容，因在东欧不同地区的史料中而发生变化，这也一定程度上反映了各地区政治力量的不均衡状态。在12世纪的诺夫哥罗德史料和东北罗斯编年史中根本未使用"维彻"一词；但被收入《伊帕季编年史》的12世纪基辅编年史则共有9次提到维彻，其中4次与诺夫哥罗德有关，如1140年和1167年的维彻反映的是诺夫哥罗德人反对自己的王

---

① Фроянов И. Я. Киевская Русь. Очерки социально-политической истории. Л. 1980. с. 166.

② Пресняков А. Е. Княжое правод в Древней Руси: Лекции по русской истории. Киевская Русь. М., 1993. с. 428，404.

公；1169 年的一次宫廷维彻即密谋；1148 年的维彻是指王公为了组织远征而召集诺夫哥罗德人和普斯科夫人集会。此外，对兹维尼哥罗德·加利奇、波洛茨克和斯摩棱斯克城市的维彻，则各提到 1 次。而真正被南方编年史家称作维彻的民众会议则只有 2 次，即 1146 年和 1147 年在基辅召集的会议。在《伊帕季编年史》中所保存的 13 世纪南部和西南罗斯的加利奇-沃伦编年史中，有 2 次（1229 年和 1231 年）提到维彻，但这 2 次会议都不是民众集会。① 由此可以看出，虽然编年史中"维彻"一词使用得比较广泛，但很少是真正作为城市自治机关而召开的民众会议，以致一些历史学家得出结论认为，这些地区的维彻已不复存在。照此逻辑，如果 12 世纪的诺夫哥罗德编年史没有使用"维彻"一词，就能轻易得出维彻在诺夫哥罗德的不存在结论，这显然是不符合史实的。编年史家没有提及维彻会议，未必就可断定在蒙古人入侵前，维彻在古罗斯地区的政治生活中也不再发挥作用，而只能说维彻作为政治力量和政治机构在各地区发挥作用的大小有所不同。

目前，学者们普遍认同的观点是，基辅罗斯的所有领区都普遍存在维彻组织，维彻是 11 世纪下半叶至 13 世纪初古罗斯城市的重要政治机构，市民们（甚至包括更广泛的民众在内）依靠它对政治生活施加影响，使国家朝着自己期望的方向发展。

第五节　11～13 世纪初基辅罗斯城邦的非专制政治

综观古罗斯历史，笔者认为，11～13 世纪初的古罗斯国家，是由一些大大小小的城邦组成的（附录地图 2）。② 相比 14 世纪、15 世纪以王公力量为

---

① Пушкарев С. Г. Обзор русской истории. М. : Наука，1991. c. 56.

② 到 12 世纪，罗斯境内至少形成了十几个城邦。其中规模最大的当数基辅城邦，中心城市在基辅。另外南部罗斯和西南罗斯有切尔尼戈夫城邦和诺夫哥罗德-谢韦尔斯克城邦、佩列亚斯拉夫尔城邦、加利奇城邦、沃伦城邦和图罗夫城邦；西北罗斯有诺夫哥罗德城邦、波洛茨克城邦、斯摩棱斯克城邦；东北罗斯有弗拉基米尔-苏兹达尔城邦、穆罗姆-梁赞城邦等。其中，每个城邦都占有广阔的土地，其中心地区不仅包括历史上古老部落的中心土地，而且还包括新获得的领土以及近几十年来在这些土地上兴起的新城市。参见附录地图 2《1054—1238 年基辅罗斯的分裂》，转引自〔英〕马丁·吉尔伯特《俄国历史地图》，王玉菡译，第 17 页。

主导的公国，强调城市力量的城邦应该更符合这一时期的历史实际。这些城邦分布在第聂伯河沿岸，以城市公社为中心，以乡村维尔福组织为政治管理终端，内部存在王公、波雅尔（亲兵）、城市维彻三种主要的政治力量。那么，在这些政治力量的共同努力或博弈下，罗斯国家究竟有些怎样的政治制度呢？

仅观照维彻这一政治机构在罗斯各城邦的不同命运就会发现，基辅罗斯政治制度并非铁板一块，而是呈现一种未定型状态。换句话说，古罗斯国家政治制度是多元的，存在朝各方向发展的可能性。在不同城邦中，由于地理环境和历史传统的差异，维彻会议的命运各不相同。从 12 世纪下半期起，西北罗斯的维彻经历了独特的繁荣期后发展成了国家政权的主要机关。在东北罗斯，到 12 世纪末维彻就可能已经不存在。在西南罗斯，维彻会议是不定期举行的，但每次召开都在社会发展的关键时刻。这实际上是三种政治力量在不同城邦中博弈的结果，也预示着这些城邦政治发展的大体趋向。

一　西南罗斯的波雅尔贵族政治

12 世纪开始，基辅虽然已不再是整个罗斯国家的政治中心，但作为"罗斯诸城之母"，它依然是罗斯的宗主城邦和教会中心。基辅城邦位于罗斯土地中最肥沃的地区。第聂伯河依旧是东斯拉夫人最大的水上交通要道，虽然它如今已不再具有"欧洲交通线"的意义。[①] 基辅依旧常常成为其他城邦王公争夺的目标，因为一旦占有了基辅王位便在形式上拥有罗斯大公的权力。西南罗斯典型的城邦是基辅城邦和加利奇-沃伦城邦。

在基辅城邦，王公政权依靠亲兵的支持而力量强大，但随后衰落。11～12 世纪上半叶，亲兵在王公政权中的作用突出，基辅王公与自己的亲兵们在很多问题上都采取协商的方式。据史料记载，1015 年基辅王公亲兵队首次进行了直接、独立解决基辅王位人选问题的尝试。在父王弗拉基米尔·斯维亚托斯拉维奇去世之后，已故大公的亲兵队对其小儿子鲍里斯说："你拥有你父王的亲兵队和军队，你就应发兵去基辅继承父亲的王位。"但鲍里斯拒绝说："我不能对自己的哥哥动手。"亲兵们立刻离他而去。很显然，亲兵们的

---

①　Истории России. В2т. Т. 1. С древнейших времен до конца XVIII в./Под ред. А. Н. Сахарова. М.：АСТ：Астрель；Владимир：ВСТ, 2009. с. 174-175.

这一意愿违反了王公按血统内顺序制继承的传统，他们无法固执己见。1093年，王公斯维亚托波尔克、弗拉基米尔和罗斯季斯拉夫在开始发动战事之前，都曾与自己的"谋士们"商议，讨论是向波洛伏齐人发动进攻还是与之签署和约，哪个更为有利。在1103年和1111年的王公会议期间，他还与亲兵们讨论了关于进攻波洛伏齐人的期限问题。① 在此期间，王公无疑起着决定性的作用，但他必须首先使亲兵们相信其所作决定的正确性。有时，在危急情况下，如果王公由于某种原因未履行自己的职责，城市维彻会将其权力收归己有。信神的安德烈（1157~1174）坐上大公之位，将自己的宫廷迁往苏兹达尔以前的城郊——弗拉基米尔后，他于1169年亲率罗斯联军向基辅发动进攻，并将之洗劫一空；此后，基辅作为罗斯南部宗主城邦的地位迅速衰落。1203年，基辅再次遭到了留里克·罗斯季斯拉夫维奇、奥列格维奇和波洛茨克人的联合进攻。1240年蒙古军队对基辅的入侵，不过是为其衰落画上了一个终结的句号。

加利奇-沃伦城邦所在地区的地理位置和自然条件，特别有利于其发展经济、贸易和与周边世界进行政治交往。从这里出发可以很方便地抵达匈牙利、保加利亚，并经多瑙河到欧洲中部进行贸易；从加利奇-沃伦城邦出发，也可以直接前往巴尔干诸国和拜占庭。加利奇-沃伦城邦北面、东北面和东面都被基辅城邦环抱。不过，当基辅逐渐丧失以往的强大力量之后，不但无法再对加利奇-沃伦城邦实施控制，而且还作为一道屏障为其提供了保护，使其不致受强大的东北的罗斯托夫-苏兹达尔王公们的威胁。② 最初，加利奇城邦常常在波雅尔的争权夺利和外国干涉下内乱不止。根据前述的1097年柳别奇王公会议，加利奇的北部交给了孤儿王公（"失去原有身份的人"）③沃洛达里和瓦西里科。1199年，加利奇王公家族消散后，沃伦王公罗曼·姆斯季斯拉维奇掌控了加利奇城邦，并把沃伦和加利奇统一在自己的政权之下，在西南罗斯建立了一个强大加利奇-沃伦城邦。1205年罗曼死后，他年幼的儿子达尼尔继承统治，由于波雅尔各种富裕、有影响力的集团间因阴谋和争夺权力，开始斗争内乱，外部的干涉则使局势更加复杂化。

---

① 〔俄〕拉夫连季：《往年纪事》，朱寰、胡敦伟译，第106、193~194、249、257页。
② Истории России. В2т. Т. 1. С древнейших времен до конца XⅧ в. /Под ред. А. Н. Сахарова. М. : АСТ: Астрель; Владимир: ВСТ, 2009. с. 180.
③ 在基辅罗斯，一些王公被称作"失去原有身份的人"（изгой），他们的父亲在其祖父还活着时便死了，因此这些人就再也没有可能登上基辅大公位。

加利奇波雅尔的政治野心，是在与邻国匈牙利和波兰的强大封建贵族的经常交往中产生的。索洛维约夫曾指出，"12 世纪 70 年代在这个边界上的罗斯公国出现了一种现象，类似的现象在罗斯其他地区我们都没有见到过，这就是波雅尔的重要作用，面对波雅尔，王公没有任何作用"。由于"不信仰上帝的加利奇波雅尔的叛乱"（《伊帕季编年史》，1230 年条），在罗斯世界这个遥远的西部边区，波雅尔执行寡头政治，力求把政权控制在自己手中，把王公政权变为自己的听话工具。用编年史家的话说，"加利奇波雅尔让达尼尔给他们当王公，但他们自己掌控全国"（《伊帕季编年史》，1240 年条）。经过 25 年的斗争，达尼尔最后才成功地坐稳了其父亲在加利奇的王位。① 这一地区波雅尔，其实力强大到甚至出现过一个最不寻常的事件：一位叫弗拉季斯拉夫的贵族，竟然在 1210 年短暂地获得了加利奇王公的宝座，这是古罗斯由非王公家族成员获取王位的唯一特例。梁赞诺夫斯基认为，与贵族们的权力相比，加利奇和沃伦的王公权力是一种"姗姗来迟的、更表面的且受到严重限制的现象"。②

西南罗斯作为基辅罗斯文明最直接的承载者，其政治制度最大程度上反映了古罗斯政治的整体情况。这里的统治者走着与欧洲其他国家一样的道路：依靠不断成长的城市以及在土地方面依附于自己的小土地所有者们。正是这一阶层为中西欧洲和稍后的罗斯出现的贵族打下了基础，这些贵族成了中央集权的社会支柱。不过，如果说西欧这一进程走的是一条自然进化的道路的话，那么罗斯则一开始就被毁灭一切的蒙古-鞑靼人的入侵打断了。③

二　西北罗斯的维彻民主政治

西北罗斯城邦以诺夫哥罗德为代表。诺夫哥罗德靠近斯堪的纳维亚半岛和波罗的海。它位于主要国际贸易道路的交叉点上，这是沃尔霍夫河从伊尔门湖流出的地方，是瓦希商路——南北交往的主要通道；横贯着伏尔加河-波罗的海的水上要道——东西交通的生命线；其商业十分发达。诺夫哥罗德可以说是古罗斯各城邦中最接近古希腊经典意义上的"城邦"（полис），是

① Пушкарев С. Г. Обзор русской истории. М. : Наука，1991. с. 88–89.
② 〔美〕尼古拉·梁赞诺夫斯基、马克·斯坦伯格：《俄罗斯史》，杨烨等主译，第 82 页。
③ Истории России. В 2 т. Т. 1. С древнейших времен до конца XVⅢ в./Под ред. А. Н. Сахарова. М. : АСТ : Астрель；Владимир：ВСТ，2009. с. 183.

中世纪十分著名的"城市国家"（город-государство）。

10~11世纪，诺夫哥罗德基本处于基辅罗斯王公家族的统治之下，大公在这里安置着自己的地方行政长官（通常是儿子中的一个），诺夫哥罗德通过地方行政长官与其他地区一样向基辅交纳贡赋。11~12世纪，王公家族内的纷争和内讧，使诺夫哥罗德有了展示其独立性的可能。这一时期发生的许多变化，标志着当地波雅尔权力的增强和王公权力的衰弱。1088~1094年，诺夫哥罗德的王公是姆斯季斯拉夫，他是弗拉基米尔·莫诺马赫大公的小儿子。基辅大公曾派达维德到诺夫哥罗德代替姆斯季斯拉夫，但是被诺夫哥罗德市民驱逐了。市民要求姆斯季斯拉夫复位。① 诺夫哥罗德的波雅尔援引邀请留里克的先例，强调要"自由选择自己的王公"，这个事件是对这一原则的清晰演示，这一原则成为后来诺夫哥罗德的章程。

1102年，斯维亚托波尔克又准备安排自己的儿子到诺夫哥罗德，但诺夫哥罗德的使者来到基辅向斯维亚托波尔克表示坚决反对："我们既不想要斯维亚托波尔克，也不想要他的儿子；如果你的儿子有两个脑袋，那就派他来吧。"② 这场仅限于诺夫哥罗德使者与基辅大公间吵架是"不流血的革命"，其本质意味着基辅大公对诺夫哥罗德的统治权可能终结。诺夫哥罗德人全力支持姆斯季斯拉夫，并使姆斯季斯拉夫在统治内设置了几个非常重要的波雅尔政治组织，其中之一就是"市政官职务"（посадничество）。如果先前的"地方行政长官"（посадник）用来指基辅派来的管理人员，那么现在"市政官"（帕萨德尼克）③ 则用来指由维彻选举出来的与王公一起管理诺夫哥罗德的波雅尔。④ 后来由于王公更换频繁，从1130年开始，城市自主选择市政官的惯例就牢固地确立起来。⑤ 也就是在这时，第二个限制王公权力的主要政策被确定下来，即被邀请的王公禁止在任何属于诺夫哥罗德的领土上以私人财产的名义占有土地；只有得到诺夫哥罗德人的授权才有占有土地的权力。

① 〔俄〕拉夫连季：《往年纪事》，朱寰、胡敦伟译，第201~202页。

② 〔俄〕拉夫连季：《往年纪事》，朱寰、胡敦伟译，第248页。

③ 因"帕萨德尼克"这一职务后来在诺夫哥罗德是民选产生（即使不是民选产生，也是城市自主决定的）而非大公指定的，具有特殊的政治作用，本书将诺夫哥罗德的这一职务译为"市政官"以示区别，其他罗斯城市的依旧译为"地方行政长官"。

④ Янин В. Л. Новгородские посадники М.：1962. с. 54 – 62；转引自 The CambridgeHistory of Russia，Vol. I：From Early Rus' to 1689，с. 194。

⑤ 张雪：《诺夫哥罗德政治体制探究》，硕士学位论文，陕西师范大学，2012，第39~40页。

1117 年，姆斯季斯拉夫·弗拉基米诺维奇的儿子——弗谢沃洛德来继任诺夫哥罗德王公。在弗谢沃洛德统治期内，诺夫哥罗德的波雅尔又提出了一条限制王公权力的措施。原先王公在诺夫哥罗德拥有最高的裁决权，但现在设置了一个由王公和波雅尔首领组成的"联合审判法庭"（сместный суд）来行使审判权。王公表面上保留有最终裁判权（他用印章来批准决定），但是没有波雅尔首领的认可，王公没有权力做最终判决。①

1136 年的所谓"诺夫哥罗德革命"，使波雅尔获得了对王公的完全胜利，作为独立政治力量的王公政权就受到重重限制。② 由于这场起义，弗谢沃洛德王公被赶出了诺夫哥罗德，斯维亚托斯拉夫·奥列格维奇被从切尔尼戈夫邀请来代替弗谢沃洛德。当然，这个转变意味着王公及其侍从的物质报酬问题得到了解决，但分配给王公的只是一些不富饶的土地。从此，诺夫哥罗德在全部罗斯王公为自己挑选所喜欢的王公的权利，成为无可争议和世所公认的权利。在《诺夫哥罗德初始编年史》1196 年条下可以读到："诺夫哥罗德有列出所有王公的自由：无论他在哪里也无论他在哪里当王公，都可给自己弄一个王公。"③ 1221 年，诺夫哥罗德人与新来的王公雅罗斯拉夫签署的条约规定：王公平时可只管自己的"世袭领地"，只有在战争需要时才来诺夫哥罗德。④ 这样，王公的作用就日益归结到军事领域，他在诺夫哥罗德的出现只是满足战争时期的需要。

12 世纪末，还发生一件里程碑式的事件，即具有共和性质的千人长制度的设立，这使得诺夫哥罗德原先百人长制的管辖权转移到了波雅尔共和政体

---

① 在 1998 年的考古挖掘过程中，考古学家发现了这个联合审判的议事厅。它建于 12 世纪 20 年代中期，发挥了五六十年的功能。在那发现了 100 多张桦树皮文献，里面记载了许多不同类型的审判争论。参见 Янин В. Л. У истоков новгородской государственности. Новгород. 2001. с. 6-30。

② 当然，也有学者（以亚宁学派为代表）认为 1136 年的对王公的驱逐不那么具有革命性，也对 1136 年诺夫哥罗德民主共和国的建立持有不同见解。参见张雪《诺夫哥罗德政治体制探究》，第 28 页。但亚宁在参与编写《剑桥俄国史》（2006）时，还是强调了"1136 年的一场大范围的反对王公的起义，使波雅尔获得了对王公的完全胜利。波雅尔重新组建了政体，结果把王公变为波雅尔共和政体下的一名官员"。从此可以看出，亚宁倾向于认为诺夫哥罗德不是纯粹意义上的民主共和国，而是贵族共和国。*The Cambridge History of Russia*, Vol. I: *From Early Rus' to 1689*, с. 195.

③ Пушкарев С. Г. Обзор русской истории. М.：Наука，1991. с. 66.

④ Скрынников Р. Г. История российская. IX-XVII вв. СПбГУ. 2006. с. 129

的管辖范围内。[①] 与基辅和弗拉基米尔的千人长不同，诺夫哥罗德的千人长由维彻选举产生，其主要职能是向居民征税。作为军事组织的城市，诺夫哥罗德实际上已取缔千人长。[②]

由此，诺夫哥罗德人确定了通过维彻大会选举产生诺夫哥罗德王公的制度，该职位类似于诺夫哥罗德通过维彻选举的其他所有国家职务，如市政官、千人长、商业法庭的领导人、主教等。王公的职能仅限于军事领域，如在战时统率军队，与自己的亲兵一起保卫国土以防内外敌人的侵犯。市政官负责维护城内的法律秩序，在两届维彻大会期间，国家所有权力归诺夫哥罗德市政官和主教（从 1165 年起为大主教）掌握。复杂而重大的问题可以由联合法庭来处理，其成员包括诺夫哥罗德所有权力机构的代表。维彻成为诺夫哥罗德的最高权力机关。诺夫哥罗德人及属城居民都可以参加维彻。如前所述，诺夫哥罗德维彻的职权范围很广。

最初被认为是大诺夫哥罗德属城的普斯科夫，也早早地显露出自己独立的志向。早在 1137 年，普斯科夫人就邀请王公弗谢沃洛德·姆斯季斯拉维奇到自己这里为王公，该王公刚刚被诺夫哥罗德驱逐，"脱离了"诺夫哥罗德人。13 世纪普斯科夫人不止一次为自己挑选并邀请王公。1347 年，诺夫哥罗德正式承认自己的"小兄弟"普斯科夫的独立地位，并承诺不给那里任命自己的地方行政长官，也不"召唤"普斯科夫人参与自己的事务。[③] 从外在形式看，普斯科夫的政治制度类似于诺夫哥罗德的。克柳切夫斯基将普斯科夫政治制度评价为"温和的、中庸的贵族政治"制度，而诺夫哥罗德的则更像是"虚伪的、徒有其名的民主"[④] 政治。梁赞诺夫斯基认为，由于远比诺夫哥罗德小，普斯科夫的社会差别和矛盾也就更少，它的内部政治生活一直被认为比它的"老大哥"更团结、更民主、更平和。[⑤] 但到 1511 年时，普斯科夫被莫斯科公国吞并。

可以说，西北罗斯的诺夫哥罗德城邦是基辅罗斯最开放、最具民主色彩的城邦。没有一个留里克王朝的分支在这个城市国家长期立足。王公权力逐

① Янин В. Л. Новгородские посадники М. 1962；转引自 *The Cambridge History of Russia*，Vol. I：*From Early Rus' to 1689*，c. 197。

② Скрынников Р. Г. История российская. IX–XVII вв. СПбГУ. 2006. c. 131.

③ Пушкарев С. Г. Обзор русской истории. М.：Наука，1991. c. 81–82.

④ 〔俄〕瓦·奥·克柳切夫斯基：《俄国史教程》第二卷，贾宗谊等译，第 102 页。

⑤ 〔美〕尼古拉·梁赞诺夫斯基、马克·斯坦伯格：《俄罗斯史》，杨烨等主译，第 79 页。

渐受到极大的限制；代表民意的维彻掌握着关系城市发展的重要权力；而城市的主教（1165 年后称为大主教）在城市政治生活中也扮演重要角色，甚至可以代表城市出使、指挥军队。诺夫哥罗德的存在是基辅罗斯政治制度不同于后来的莫斯科罗斯政治制度的重要证明。

三　东北罗斯的君主政治

与上述地区不同，当时东北罗斯城邦完全是另一种类型。东北罗斯在数个世纪里都一直是东斯拉夫人土地上最荒僻的角落，东斯拉夫人迁居至东北罗斯的时间相对较晚。11 世纪，东北罗斯才兴起一些大的中心城市——罗斯托夫、苏兹达尔、雅罗斯拉夫尔、穆罗姆和梁赞。因而这里的维彻传统的根基比较薄弱。然而即便如此，在一定时期内这里的政治管理也是以城市维彻（如罗斯托夫和苏兹达尔城邦的维彻会议便发挥着主导作用）和由基辅任命的王公的相互作用为基础的；但 12 世纪中叶后，开始有了新的变化。

弗拉基米尔·莫诺马赫统治基辅时期，他曾派自己一个小儿子——尤里·弗拉基米罗维奇来东北罗斯作王公。尤里作为莫诺马赫的幼子，既无法与自己的其他兄长进行竞争，也无法与自己的叔叔和切尔尼戈夫的奥里格维奇们相对抗。长大后，他具有极强的权力欲和才干，始终致力于争夺罗斯大公之位。巨大的东北罗斯在经济、政治和文化方面的孤立地位，促使尤里更极力地按照自己的意愿生活。经过毕生努力，到 12 世纪 50 年代末，长寿的尤里终于做了基辅大公，但不久就于 1157 年死在了基辅。

1157 年，作为地道的北方王公，尤里的儿子即"信神的"安德烈，做了基辅大公，但他违背传统拒不前往基辅就职。他在北方居住了 30 多年，对"诸城之母"的基辅根本不感兴趣。安德烈第一个把长系辈分同领地分开来：他强迫大家承认他是整个罗斯国家的大公，但他又不离开自己的苏兹达尔领地，不到基辅承继祖先公位。克柳切夫斯基指出，他的这种做法使得苏兹达尔地区失去了宗室财产的意义而成了王公固定的私人财产，其企图就是要变革罗斯国家的政治体制。[1] 1162 年，他从罗斯托夫-苏兹达尔地区驱逐了自己的三个兄弟、两个外甥和自己的继母，以及父亲原来的亲兵，试图为自己弗拉基米尔王公奠定不受限制的专制政权的基础（编年史上使用的是

---

[1] 〔俄〕瓦·奥·克柳切夫斯基：《俄国史教程》第一卷，张草纫等译，第 353～354 页。

самовластья 一词）。与此同时，安德烈接受了"沙皇和大公"的尊号，还将首都迁至苏兹达尔城邦以前的城郊——弗拉基米尔市。[①] 在他心目中，最重要的任务就是建立一个与基辅一样的政治、经济、宗教、文化中心——弗拉基米尔，甚至在其他方面还要超过基辅。[②] 但是为了这种出乎寻常的政治意图，安德烈付出了生命的代价，1174 年他死于其严酷行为所导致的一次阴谋之中。有学者认为，这次事件是"侍从杀害王公——这是密谋，宫廷政变，证明了逐渐加强的王公权力第一次具有了独裁的特点"。以前城市居民对王公不满时只是赶走他，而不会杀害他。这是"王公—亲兵"关系被"君主—臣仆"关系所取代的信号。[③]

安德烈对待其他王公的态度也反映出一些政治关系的新变化。安德烈对待不服从的宗室子弟态度严厉，在其一再逼迫下，一个王公子弟"勇敢的姆斯季斯拉夫"，就把安德烈派来的使臣的胡须、头发全部剃光，并放他回去告诉安德烈："在此以前，我们一直把你当作我们慈爱的父亲，但你如果派人来讲那种话，就根本不像对待王公而像是对待藩臣（подручик）或老百姓，那你想怎么办就怎么办吧，等上帝给我们评个是非。"克柳切夫斯基认为，"藩臣"这一新的政治术语的出现，让王公按长幼顺序形成的不太确定的宗族关系，变成幼系必须服从长系、幼系和老百姓一样是臣民的政治关系。[④]

此外，还发生一个新的变化，即伏尔加河上游的苏兹达尔城邦在罗斯国家取得了绝对优势。这是安德烈的弟弟弗谢沃洛德（即"大窝"弗谢沃洛德三世）继任当政的成果。他史无前例地使用了新手段——不顾任何顺序以武力吞并了别人统治的全部地区。1207 年，他因查明几个梁赞王公意欲欺骗他，便把他们抓起来，并封自己的儿子为梁赞王公，而梁赞市民不服从时，便下令把梁赞市民连同家属以及主教全抓起来，分送到各城市，把梁赞城放火烧掉，而领土归入弗拉基米尔大公国。[⑤]

---

① Представительная власть в России: История и современость. / Под общ. Ред. Л. К. Слиски M. 2004. c. 31.

② *The Cambridge History of Russia*, Vol. I; *From Early Rus' to 1689*, c. 110.

③ Кобрин В. Б., Юрганов А. Л. Становление деспотического самодержавия в средневековой Руси (к постановке проблемы) // История СССР, 1991, № 4. c. 57.

④ Ключевский В. О. Русская история: Полный курс лекций. Т. 1. М. 2002. c. 309 – 310. 参见 〔俄〕瓦·奥·克柳切夫斯基《俄国史教程》第一卷，张草纫等译，第 353 页。

⑤ 〔俄〕瓦·奥·克柳切夫斯基：《俄国史教程》第一卷，张草纫等译，第 364~365 页。

1212 年，弗谢沃洛德三世身染重病，立下遗嘱将王位传给当时正担任罗斯托夫地方行政长官的长子康斯坦丁，但康斯坦丁要求将首都从弗拉基米尔迁至罗斯托夫。于是又传位给次子尤里，命令其只能留在弗拉基米尔控制整个东北罗斯。弗谢沃洛德三世死后其继承人尤里起初并没能够立刻控制住自己的长兄，经过一场持续 6 年的内讧，到了 1218 年时，尤里才最终登上了弗拉基米尔的王位。但此举也正式破坏了传统的长幼顺序继承制。从此，大公-独裁者的意志也变得比以往的"老一辈罗斯大公"更为强大。[①]

强大的王公政权成为东北罗斯苏兹达尔城邦政治的最重要的特点之一。这里王公的种种行为，不断突破基辅罗斯国家的旧有秩序；与其他城邦相比，他们更容易积蓄力量而变得强大。同时，一些新的政治理念、政治关系、政治手段在这里出现并完善起来，这些都被后来的莫斯科公国所继承。不过，虽然从 12 世纪下半叶开始，在东北罗斯王公中出现了某些专制权力的先驱，但毕竟还缺乏专制的基础。[②] 显然，这一阶段君主政治还无法在整个罗斯占据统治地位。

事实上，部分学者注意到了 11~13 世纪罗斯国家政治的多元化发展趋势。如 И. Н. 达尼列夫斯基指出，在南部罗斯的基辅、加利奇和沃伦保留了先前的政治组织，即早期封建君主制；而西北罗斯的诺夫哥罗德则是封建共和制，是波雅尔和贵族的共和国；在东北罗斯的弗拉基米尔-苏兹达尔，则是独裁君主制。[③] 而 М. Б. 斯维尔德洛夫后来也表达了类似看法，他认为，12 世纪第二个 30 年至 13 世纪前 30 年的社会政治，有三种主要类型：（1）东北、东南、西部的罗斯公国为王公君主政权；（2）选举市政官和与王公签订契约关系的诺夫哥罗德，则是波雅尔共和国；（3）西南和南部的罗斯公国，则是王公政权、城市居民和地方显贵-波雅尔对政治进程平等地发挥影响。[④] 美籍学者梁赞诺夫斯基指出，王公政权、波雅尔杜马、城市维彻这三种主要的政治机构，分别对应着基辅罗斯的专制或君

---

① Истории России. В2т. Т. 1. С древнейших времен до конца XVIII в. /Под ред. А. Н. Сахарова. М. : АСТ: Астрель; Владимир: ВСТ, 2009, с. 196-197.

② Кривошеев Ю. В. Русь и монголы: исследование по истории Северо-Восточной Руси XII - XIV вв. СПб., 2015. с. 363.

③ Представительная власть в России: История и современость. /Под общ. Ред. Л. К. Слиски М. : 2004. с. 27-32.

④ Свердлов М. Б. Домонгольская Русь: Князь и княжеская власть на Руси VI-первой трети XIII в. СПб., 2003. с. 659-660.

主政治、贵族政治以及民主政治。① A. 阿赫耶泽尔则在基辅罗斯与莫斯科罗斯之间看到了三种政治发展类型：诺夫哥罗德城邦的单极维彻型、西南罗斯加利奇-沃伦公国的王公-波雅尔型和东北罗斯弗拉基米尔-苏兹达尔公国的单极王公型。② 它们的不同之处就在于对同一区域政治力量对比结果的不同认识。各地区各城邦都没有强大到足以将自己的政治制度推广到整个基辅罗斯，因此，这些不同看法中的任何一种，都不能完全代表整个基辅罗斯的政治面貌。

近年来莫斯科大学《俄国史》教材也从文明史观出发，强调 12 世纪中期至 13 世纪前 30 年罗斯各地区的政治生活取决于三种力量，这三种力量的利益并不总能融合在一起。这就是王公政权、波雅尔阶层和城市维彻。每一种力量的影响在罗斯不同地区都不一样，并随着时间的流逝而变化。它们取决于自己力量中的经济潜力，取决于其内部团结的程度，取决于政治传统和区域的地理特点，并最终取决于政治斗争的结果。没有一种力量能取得对其他力量的绝对优势，因此许多事情都必须依赖于它们自己结盟的能力或相互发挥影响的能力。在每一个地区，它们都形成了自己的政治力量对比关系，其结果就是在罗斯各地区形成的政治制度具有多样化的特点。③ 显然，古罗斯城邦政治制度是多元化的，非专制政治的。④ 按理说，罗斯国家此后完全可以按照上述中的任何一种路径继续发展，然而 13 世纪 30 年代蒙古军队对罗斯的入侵，打破了这一政治多元化的平衡，从根本上改变了国家的政治形势，罗斯各城邦在被动接受与主动选择中向其固有的发展方向偏离，且越走越远，差异也就越来越大，各地区走上了不同的历史道路。

---

① 〔美〕尼古拉·梁赞诺夫斯基、马克·斯坦伯格：《俄罗斯史》，杨烨等主译，第 44 页。

② Ахиезер А., Клямкин И., Яковенко И. История России: конец или новое начало? М.: Новое издательство. 2005. с. 106-114.

③ История России с древнейших времен до конца XVIII в./Под ред. Б. Н. Флори. М.: Издательство Московского университета. 2010. с. 80.

④ 此处使用了易建平先生"非专制政治"的术语。如他所说，为便于研究，"把不是一个人掌握国家社会或者前国家社会决策权力的制度，统统称为非专制制度为好，而把其中某些特殊的制度，即理论上由全体正式成员或者至少多数正式成员合法地直接间接来进行决策的这样一种制度，如古典雅典城邦的制度、早期美索不达米亚一些城邦的制度、古代印度某些共和国的制度，称作非专制制度中的民主制度"。参见易建平《论古代民主与专制的定义问题》，《史学理论研究》2003 年第 2 期，第 64 页。

本章小结

9～13 世纪初的古罗斯，总体来说，是"第聂伯河的、城市的和商业的罗斯"①。9 世纪下半叶，在"外来的"留里克家族王公的统合下，这些沿第聂伯河分布的商业城市逐渐联合成以基辅为中心的部落联盟。10 世纪末，在弗拉基米尔统治下组成了统一的国家领土和统一的王朝，并接受基督教，罗斯国家正式形成。但由于王公家族王位继承的"顺序制"的混乱，王公经常被调动统治区域，故而维彻在城市的作用不断彰显；实际上，位于中心的城市公社联合周边乡村，形成了大大小小的城邦。对基辅这一宗主城邦而言，其他城邦或多或少地保持着自己本身的独立性。各城邦内部都有王公政权、波雅尔亲兵、城市维彻三支基本的政治力量，但由于地理环境和历史传统的不同，罗斯不同地域的城邦里，这三支政治力量的对比关系不尽相同，因而呈现三种政治发展趋势。西南罗斯是波雅尔势力较强的贵族政治，西北罗斯是城市维彻占主导的民主政治，而东北罗斯是王公政权占优势的君主政治。就整个基辅罗斯而言，其政治是多元化的非专制政治。如斯科雷尼科夫所言，要在古罗斯历史中寻找亚洲独裁君主制的根源，无疑是徒劳的。古罗斯理应看作一个欧洲国家，其发展也是按照欧洲国家的体系在进行。②

客观对待史料和史实就必须承认，基辅罗斯王公们不仅不像伊凡四世和 18 世纪的历史学家所说的那样是专制君主，而且还难以把他们称为真正的君主。无论个别王公权力是强大的还是软弱的，都无法回避一个事实：王公权力远不是无限的。王公不是一个人统治着罗斯，他之所以拥有权力，只因他本身属于王公家族。他不仅要与自己家族的代表分权，要与自己的亲兵分权，而且在为全体事务作决定时还受到维彻的限制。王公在维彻中只是所有参加者中的一员，他与公社上层的其他代表一起领导会议进程，但他在那里并不能单独决定任何事。基辅大公也不是完全真正意义上的君主，而只是"家族中的长者"。

事实上，《往年纪事》中描述基辅罗斯王公时，从未使用过 самодержец 这一术语。该词仅出现过一次，是在"罗斯人与希腊人条约"中用来指代

---

① 〔俄〕瓦·奥·克柳切夫斯基：《俄国史教程》第一卷，张草纫等译，第 31 页。
② Скрынников Р. Г. История российская. IX–XVII вв. СПбГУ. 2006. с. 511.

"受上帝庇护的专制大君主、希腊皇帝立奥（六世）、亚历山大（二世）和君士坦丁（七世）"。《往年纪事》倒是使用过一次 самовластец，但用它来讲述的是智者雅罗斯拉夫接管了因病而亡的姆斯季斯拉夫的全部领地后"成为罗斯国家的专制君主"。[①] 而在讲述基辅罗斯国家一人统治的状况时，编年史家频繁使用的词组是 один владеть，用以强调这个王公没有与其他王公一起治理国家。由此可以看出，古罗斯王公，从称谓上来讲，并非伊凡四世后来所说"专制君主"。

从文明发展的角度看，古罗斯国家并没有所谓统一与分裂的明显界限。即使要说分裂，这种分裂也不过是诸多城邦的形成。留里克家族的王朝关系并没有把王公固定在他统治的地域，对地方来讲，他们更像是政治上的偶然事件。因此，市民自然也就转向坐定不动的地方势力，即各个城市的维彻。城市维彻逐渐成为罗斯各城邦的领导力量。这种领导力量本身具有一股离心的倾向，使各城邦政治上越来越特殊化，结构上也逐渐复杂化，由此给人一种罗斯起初统一而随后分裂的印象。这其实更像一位历史学家所说的：基辅"亲手抚育和养大了其他罗斯王公们，而如今后者就像独立的孩子一样，要远走高飞了"[②]。事实上，城邦制正是古罗斯迈入文明世界的方式。政治制度的多元性和不确定性，恰恰展示了罗斯文明在童年期所具有的各种发展的可能性。它的文化是如此丰富而繁荣，这一时期的建筑和文学成就，即是明证。[③] 如果从这一角度来看，就很容易发现，直到蒙古入侵之前，古罗斯社会并未经历长时期的衰落。[④] 古罗斯文明的发展恰恰说明，在中世纪，一个国家政治的统一，是一定历史条件的产物；政治的分裂也是文明成长的一种方式，在一定条件下也会造成经济和文化发展的竞争情势。

不过，政治上不统一，使古罗斯各城邦难以集中人力、物力来对付来自南俄草原上的游牧民族的不断侵袭，如先是佩切涅格人，然后是波洛伏齐人，最后是蒙古人；最终，大部分东斯拉夫人落入金帐汗国的统治之下。

---

① Повесть временных лет. Пер. с древнерусского Д. С. Лихачева，О. В. Творогова. СПб.：Вита Нова，2012. с. 25，103；译文参见〔俄〕拉夫连季《往年纪事》，朱寰、胡敦伟译，第25、131页；王钺《往年纪事译注》，第70、263页。

② 转引自 Истории России. В2т. Т. 1. С древнейших времен до конца XVIII в. /Под ред. А. Н. Сахарова. М.：АСТ：Астрель；Владимир：ВСТ，2009. с. 172。

③ 如基辅的索菲亚大教堂、《往年纪事》、涅夫利的波克罗夫教堂、弗拉基米尔的德米特里大教堂上的白石雕刻、《伊戈尔远征记》等，都是11~13世纪罗斯最闪耀的标志。

④ Поляков А. Н. Древнерусская цивилизация：вехи развития//Вопросы истории. 2008. №9. с. 71.

第二章 "蒙古桎梏"下的选择：
俄国专制君主制的起源

蒙古入侵是俄国历史发展中的重大事件。金帐汗国对罗斯的统治大约延续了 240 年（1240~1480），是俄罗斯文明从基辅罗斯到莫斯科罗斯的过渡时期。俄国历史学家习惯将其称为"鞑靼桎梏"①，着重强调罗斯的被动色彩并往往避谈所受的影响；而西方学者则强调蒙古统治使俄国走上了专制政治的道路。实际上，如何评价蒙古统治对罗斯政治的影响，正是探究俄国专制君主制起源原因的关键所在。不过，蒙古的政治影响绝非俄国专制君主制起源的唯一要素。导致俄国专制君主制起源的因素究竟有哪些？这是本章也是本书要解决的重点问题。

第一节 13~15 世纪蒙古统治
时期的封邑罗斯

许多俄国史学家往往将蒙古入侵归咎于罗斯的"分裂"，如克柳切夫斯基就一再强调，"基辅罗斯并没有建立起足以抵御外来打击的政治制度"②。似乎罗斯王公们如果没有发生内讧，罗斯就能够抗衡拔都所统率的蒙古大军。这种看法并没有多少说服力。众所周知，成吉思汗及其继承者的"游牧

---

① 许多蒙古部落都参与了对欧洲的征服行动，其中之一便是鞑靼部落。罗斯人用"鞑靼人"这一称谓来泛指作为金帐汗国政权支柱的所有蒙古人及外来部落人。但随着蒙古国家的扩张，俄文史料中的"鞑靼人"无论从语言上还是从民族意义上，都更多地指突厥人而非蒙古人。故本书在非直接引用俄文史料时，尽可能使用"蒙古人"一词；"鞑靼桎梏"即"蒙古桎梏"。参见 Скрынников Р. Г. История российская. IX-XVII вв. СПбГУ. 2006. с. 518；同时参见〔美〕尼古拉·梁赞诺夫斯基、马克·斯坦伯格《俄罗斯史》，杨烨等主译，第 62 页。

② 〔俄〕瓦·奥·克柳切夫斯基：《俄国史教程》第一卷，张草纫等译，第 223 页。

帝国"成功征服了包括中国在内的许多处于不同社会发展阶段的部落和国家。游牧民族对农业民族所具有的军事优势，使欧亚大陆的大部分地区都屈服于蒙古骑兵的铁蹄之下。[①] 通过上一章对基辅罗斯政治的考察可知，很显然，蒙古入侵前的基辅罗斯文明并未衰落，但其文明无论发展到何种程度都难以抵御蒙古铁骑的强劲入侵。

蒙古统治时期的罗斯，政治上更加分裂。因为外来统治更加有利于地方王公发挥作用，所以在基辅罗斯各城邦的基础上形成了诸多公国。正如克柳切夫斯基所说，这一时期的政治上"已经不是分成以城市为中心的各个领区，而是分成各个王公的封邑（удел）"。[②] 各封邑公国以自己的方式与金帐汗国应对和交往，其对后者的态度往往决定了它们未来的命运。

一 金帐汗国的"桎梏"：打破罗斯政治平衡

在 1237~1238 年的两年时间里，成吉思汗的孙子拔都征服了全部东北罗斯。1238 年北部罗斯诺夫哥罗德则侥幸逃过这一劫。1239~1240 年，拔都先征服了西南罗斯，占领并毁灭了切尔尼戈夫，然后是南方的佩列亚斯拉夫利，最后是古老的基辅。在征服了西南和南方罗斯国家后，蒙古军队在 1241~1242 年进军匈牙利、波兰、摩拉维亚和西里西亚，但后来退回。于是，沃伦和加利奇成为他们占领地最西边的疆域。大量蒙古军队在东欧平原的东南角驻扎下来，1242 年在这里建立了金帐汗国，其首都是位于伏尔加河下游的萨莱城（附录地图 3）[③]。

金帐汗国在成立初期承认蒙古大汗的权力，但随着蒙古帝国的衰落和解体，金帐汗国与蒙古帝国的联系逐渐松弛，其可汗便成为独立的君主。所有黑海沿岸地区、乌拉尔附近地区、部分西西伯利亚草原，以及全部罗斯土地，都处于金帐汗国的统治之下。"鞑靼桎梏"下，侵略者并没有直接占领罗斯土地，没有在罗斯各地常驻军，也没有向罗斯各地迁移鞑靼居民。罗斯各公国依然由其王公治理，保留了原有的留里克王朝世系。从这个意义上

---

① 曹维安：《俄国史新论——影响俄国历史发展的基本问题》，第 56 页。

② Ключевский В. О. Русская история：Полный курс лекций. Т. 1. М. 2002. с. 28.〔俄〕瓦·奥·克柳切夫斯基：《俄国史教程》第一卷，张草纫等译，第 31 页。

③ 参见附录地图 3《1219—1241 年蒙古人对罗斯的征服》，转引自〔英〕马丁·吉尔伯特《俄国历史地图》，王玉菡译，第 22 页。

说，罗斯诸公国仍拥有一定的自治权力，即各自处理其内部事务的权力，但这种自治权是极其有限的。

首先，鞑靼汗（罗斯编年史家称其为"沙皇"，就像他们从前称呼拜占庭皇帝那样）间接控制着罗斯王公政权，要求在世的罗斯王公应当承认汗的最高权力，并从他们那里取得领地权的批准。1244 年，按照罗斯编年史的说法，罗斯王公们同自己的"勇士们""就有关自己的世袭领地之事前往蒙古人那里去见拔都；在向拔都表示应有的致敬后入内觐见，由他评判决定每一个王公的世袭领地，最后这些王公都怀着敬意回到自己的土地"①。关于对蒙古人如何表达"敬意"的说法，各不相同，但罗斯王公对自己土地上的居民的权力不仅被保留了下来，而且还有所加强，因为现在其政权有鞑靼"沙皇"这一巨大的外部力量的支持。

其次，所有被征服的罗斯居民都要被课以沉重的赋役（除了教会）。1257 年蒙古大汗派出官员到罗斯进行户口调查，在罗斯建立"八思哈"（Баскак）制度。八思哈作为金帐汗的全权代理人在罗斯各城市发号施令，他们的主要任务是征收赋税，并对罗斯王公进行监督。八思哈是一种军事政治组织，由蒙古军官统领的十人长、百人长、千人长和万人长组成；其主要官职均由蒙古人充任。征集贡赋的事务要么直接交给蒙古人的官员八思哈，要么由包税商承包。不过，沉重的贡赋以及包税商的勒索、欺压和暴力很快引起苏兹达尔地方居民的愤怒，他们公开地起义。此后一些罗斯城市和地区的居民也曾多次举行反对压迫者的起义。例如，在编年史的 1289 年条下就有："是年，罗斯托夫的许多鞑靼人被维彻（聚众暴乱的人们）赶走，并抢劫了他们。"1327 年，在特维尔发生了反对鞑靼人的大暴乱，杀了许多鞑靼人。②

最后，蒙古人在罗斯人不顺从自己的统治时，会实施恐怖政策和大规模的惩罚行动：实施劫掠、焚毁并将其人口掳为俘虏。蒙古人对罗斯的入侵并不是一次性的行动，而是一个连续性的长期过程。正如阿拉伯史学家艾洛马里（卒于 1348 年或 1349 年）描绘的那样，罗斯人"对于他（汗）犹如臣民对待皇帝一般，虽然他们各有其主。如果他们向他交纳税赋、赠送礼品、敬献贡物，他就让他们安生；否则就会向他们进行掠夺性的侵袭，围攻他

---

① Пушкарев С. Г. Обзор русской истории. М. : Наука，1991. с. 91.

② Пушкарев С. Г. Обзор русской истории. М. : Наука，1991. с. 92.

们；他多次杀死他们的男子，掳走他们的妻子儿女，并把他们带到各国去当奴隶"。① 同时，为转移这种矛盾，13 世纪末，鞑靼汗找到了在罗斯收取贡赋更方便和有利的方式——停止使用自己的官员和包税商收取贡赋，而将这一权力转交给罗斯大公。14 世纪初，废除了八思哈制度。

罗斯王公们特别是东北罗斯的王公，以各种方式争夺大公"封诰"，扮演代理人的角色。金帐汗经常离间罗斯王公，挑起其内部的政治纷争并干预其中，支持那些出于各种原因而忠于金帐汗的王公；罗斯王公们也不时请求汗国帮助，甚至不顾体面地利用蒙古军队对付竞争对手。1327 年，莫斯科王公伊凡·卡利达协助金帐汗国军队镇压特维尔大起义后，取得了弗拉基米尔及全罗斯大公的"封诰"。莫斯科大公则负责从罗斯其他所有王公那里征收贡赋并按时将其运往汗国。贡赋往往数额不定，金帐汗时常利用罗斯王公竞争"封诰"而扩大贡赋数量，同时还从竞争获胜者那里获得丰厚的礼品。②

鞑靼浩劫之后，13 世纪末至 14 世纪初，罗斯生活开始出现了复兴的迹象。这主要集中在那些自然条件相当优越的地区。一些过去的罗斯政治中心逐渐衰落，一批新的政治中心开始登上罗斯政治舞台。罗斯西部和中部地区崛起了一些新的政治势力，如波洛茨克公国和斯摩棱斯克公国等，这些地区并没有经历鞑靼-蒙古人的侵略及其后续的惩罚性掳掠，没有遭受过鞑靼人的祸害和金帐汗国的统治。另一些新政治中心集中在奥卡河-伏尔加河中间地带，主要是一些刚刚分离出来的公国，如特维尔公国和莫斯科公国等，这些公国都是在毁灭一切的鞑靼-蒙古入侵过后才开始发展起来的。上述这些新政治中心迅速地成了吸引全民族各方力量的中心。这些公国的规模都不太大，但能够充分利用自己的地理优势——它们均位于陆路和水路贸易枢纽上，而鞑靼军队则较少来到这些地区，其经常劫掠的对象主要是弗拉基米尔、苏兹达尔、梁赞和下诺夫哥罗德等地区。除了上述新的政治中心外，还有一个政治中心，那就是大诺夫哥罗德。这里虽然对金帐汗国有所依附，必须承担纳税的职责，但诺夫哥罗德对金帐汗国的依附性比东北罗斯公国要小。在德意志人和瑞典人的武力面前，诺夫哥罗德始终坚守自己的独立性，维护自己对罗斯西北部、北部和东北部诸地区的统治。另外，诺夫哥罗德从未中断与北欧国家和

---

① 转引自〔苏〕Л. B. 切列普宁《鞑靼-蒙古人在罗斯（续）》，《蒙古学资料与情报》1991 年第 3 期，第 18 页。

② 曹维安：《俄国史新论——影响俄国历史发展的基本问题》，第 57 页。

德意志诸城市的商贸联系，从而加强了自己的经济实力。①

　　总体来看，面对突如其来的敌人，罗斯各公国的应对和最终的命运不尽相同。西南罗斯在蒙古入侵后与西面的波兰文化圈更加靠近，最后被纳入贵族政体的波兰-立陶宛大公国；而北部地区的大诺夫哥罗德，有幸逃开了蒙古的铁蹄而得以维护事实上的独立性并自由发展和繁荣起来，但其政治上的共和性质逐渐减弱，转而变成贵族寡头统治；东北罗斯则走出了一条完全不同的道路，在金帐汗国的统治下，莫斯科王公们积极配合并借用蒙古之力成长壮大起来，不断加强中央集权和提升王公权力，君主政治的趋势愈加明显。上述这些地区以不同的政治制度在蒙古统治的大背景下继续竞争，谁赢谁输？

二　立陶宛-罗斯公国：贵族政治的歧路

　　当 1240 年基辅被彻底终结昔日的繁荣和中心地位时，达尼尔统治的加利奇-沃伦公国也遭遇了可怕的鞑靼人侵灾难。罗斯南部和西南部的基辅、切尔尼戈夫和加利奇、沃伦等不仅经常遭到金帐汗国的劫掠，而且还遭受强大邻国如立陶宛、波兰和匈牙利的压力。当达尼尔在世时，罗斯南部地区尚能够抵御敌人的威胁。达尼尔一度长期回避金帐汗对其政权的认可，也不去金帐汗国，但在 1250 年他被迫服从金帐汗的直接传唤而来到汗国，并承认自己是汗的臣属；汗接受了他的"致敬"。罗斯编年史家由此痛苦地感叹道："啊，向鞑靼人致敬比鞑靼人入侵的灾难更甚啊！"②

　　回到加利奇后，达尼尔便着手为自己的公国建设居民点。达尼尔极力加强统治，恢复经济，巩固城市以及与西部国家的联系。他建立了一些新的城市并吸引新的移民（商人和手工业者）；到这些城市来的人，不仅有罗斯人，还有日耳曼人、波兰人、亚美尼亚人、犹太人。其中利沃夫城在某种程度上取代了基辅成为东西贸易的中心。在某种意义上，罗斯与西方的良好关系在他统治时期达到了顶点。③

　　与此同时，他并未放弃与鞑靼人斗争并推翻鞑靼统治的想法。怀着在西

---

① Истории России. В2т. Т. 1. С древнейших времен до конца XVIII в./Под ред. А. Н. Сахарова. М. : АСТ：Астрель；Владимир：ВСТ，2009. с. 253–254.

② Пушкарев С. Г. Обзор русской истории. М. : Наука，1991. с. 88.

③ 〔美〕尼古拉·梁赞诺夫斯基、马克·斯坦伯格：《俄罗斯史》，杨烨等主译，第 82 页。

方帮助下建立针对鞑靼人的十字军的目的，他与教皇英诺森四世取得联系，并谈及教会合并的可能，教皇则表示给予达尼尔"国王"的头衔。[①] 1253年，达尼尔接受了教皇赐予的皇冠，这在罗斯历史上是仅有的一次，[②] 但是在反对鞑靼人方面，他并没有得到来自西方的实际帮助。1264 年达尼尔去世，继任者是他儿子列奥，此后与蒙古人关系更加不和。加利奇和沃伦开始走下坡路，波雅尔之间的倾轧以及王公的纷争、内讧和混乱重新开始。这种状况持续了将近一个世纪，加利奇-沃伦公国最终被邻国吞并。14 世纪中叶，立陶宛夺取了沃伦，而波兰则占据了加利奇。此外，立陶宛和波兰还占领了基辅和切尔尼戈夫两个公国。这样，整个罗斯南部和西南部实际上已与罗斯其他部分脱离。自 14 世纪起，这些地区开始被称作"小罗斯或小俄罗斯"（малая русь或Малороссия）。[③]

立陶宛大公国在奥里格尔德的领导下将许多罗斯土地纳入旗下，[④] 包括沃伦、基辅、切尔尼戈夫和斯摩棱斯克的大部分（附录地图 4）。[⑤] 在此进程中，他还挫败了波兰人夺取沃伦的企图，并成功阻击了蒙古的侵略。1363年，奥里格尔德在"蓝水河"（на Синей Воде）战役中摧毁了鞑靼-蒙古联军。这是自拔都入侵罗斯以来当地人对侵略者首次取得的最大规模的军事胜利，它证明了金帐汗国并非不可战胜。这一胜利不仅提高了立陶宛-罗斯国家的声望，而且也促使莫斯科统治者开始认真思考一个问题：今后将如何处理与金帐汗国的关系。[⑥] 某种程度上可以说，西部罗斯大部分领土已从蒙古人统治下解放，但蒙古人对东北罗斯的控制又延续了一个多世纪。[⑦] 奥里格

---

① Пушкарев С. Г. Обзор русской истории. М.：Наука，1991. c. 89.

② 〔美〕尼古拉·梁赞诺夫斯基、马克·斯坦伯格：《俄罗斯史》，杨烨等主译，第 82 页。

③ Истории России. В2т. Т. 1. С древнейших времен до конца ⅩⅧ в./Под ред. А. Н. Сахарова. М.：АСТ：Астрель；Владимир：ВСТ，2009. c. 253.

④ 立陶宛大公国，是在条顿骑士团的压力下，由一些明多夫格领导并统一的立陶宛部落所组成的国家。明多夫格（1240~1263 年在位）接受了基督教，并从教皇英诺森四世那里接受了王冠。他被暗杀后，国家陷入内乱，维坚（1295~1316 年在位）试图再次统一立陶宛，但立陶宛国家的真正建立者是维坚的弟弟格底敏（1316~1341 年在位），他完成了立陶宛诸部落的统一而使之成为真正的政治实体，首都在维尔诺（维尔纽斯）。奥里格尔德（1341~1377 年在位）是格底敏的儿子和继任者。

⑤ 参见附录地图 4《1240—1462 年立陶宛的对外征服》，转引自〔英〕马丁·吉尔伯特《俄国历史地图》，王玉菡译，第 23 页。

⑥ Истории России. В2т. Т. 1. С древнейших времен до конца ⅩⅧ в./Под ред. А. Н. Сахарова. М.：АСТ：Астрель；Владимир：ВСТ，2009. c. 266.

⑦ 崔健：《金帐汗国的兴亡及其对俄国的影响》，硕士学位论文，陕西师范大学，2011，第 20 页。

尔德甚至还试图统治全部罗斯，14 世纪 60~70 年代立陶宛公国联合特维尔对莫斯科实施了一系列决定性的打击：曾三次进攻莫斯科公国，两次包围莫斯科城但未攻下。这些战争想要解决的问题就是究竟是莫斯科公国还是立陶宛大公国能够统一整个罗斯？经过一番较量之后，立陶宛大公国不得不与正在崛起的莫斯科公国妥协。两国停战协定的签署表明奥里格尔德已承认了莫斯科王公德米特里·伊万诺维奇（顿斯科伊）的罗斯大公地位。①

到 14 世纪末，立陶宛大公国成为一个从波罗的海一直延伸到黑海的地域辽阔的大国。其中西部的罗斯土地占这个国家整个领土的十分之九，并且大多数居民是罗斯人。立陶宛大公为何能以如此惊人的速度并如此轻松地取得这些成就？普斯卡廖夫认为：首先，西部罗斯地区乐意认可立陶宛的政权，希望摆脱鞑靼人的统治；在合并到立陶宛时，西部罗斯既没有遭受任何程度的民族和宗教压迫，也未被迫改变生活制度和习俗。其次，在多数西部罗斯地区最初保留了原来的王公——留里克的后代，这些王公也承认立陶宛大公的最高权力；少数地区原来的王公被立陶宛王公——格底敏的后代所代替，但除此之外，没有发生其他任何大的变化。总之，立陶宛大公国国家制度的重要特点在于它的联邦性质（与莫斯科公国的集权制相对立）。② 如M. K. 柳巴夫斯基指出的，立陶宛-罗斯国家在 14 世纪实际上是一些土地和世袭领地的混合体，这些联合起来的土地和世袭领地只是服从大公的权力，仍是相互独立存在的，并没有紧密结合为一个统一的政治整体。③

苏联史学著作往往把立陶宛看作俄罗斯统一过程的反对者，不认为立陶宛也具有同样的目的，这种看法并不公允。立陶宛封建关系按欧洲附庸类型发展，国家以联盟方式建立，这接近西欧国家制度的传统。④ 与 M. K. 柳巴夫斯基一样，许多历史学家坚信这一时期确实存在一个立陶宛-罗斯国家。立陶宛进攻时的破坏力与残忍性远不及蒙古人或条顿骑士团的入侵，在某种意义上不能把它对罗斯的统治视为外族统治。这种统治带来的社会变动很小。维尔纳茨基也认为，当立陶宛大公们占领更多罗斯领土时，他们完整地保留了传统的罗斯社会和政治体制。俄语和罗斯人的信仰没有中断。相反，

---

① Истории России. В2т. Т. 1. С древнейших времен до конца XVIII в./Под ред. А. Н. Сахарова. М.：АСТ：Астрель；Владимир：ВСТ，2009. с. 268.

② Пушкарев С. Г. Обзор русской истории. М.：Наука，1991. с. 116-117.

③ Любавский М. К. Очерк истории Литовско-Русского государства до Люблинской унии включительно；转引自 Пушкарев С. Г. Обзор русской истории. М.：Наука，1991. с. 117。

④ 曹维安：《俄国史新论——影响俄国历史发展的基本问题》，第 65 页。

罗斯文明的影响则扩展到立陶宛。① 由此，普拉托诺夫这样评价："在处理与不同民族的关系时，可以说奥里格尔德的所有同情心与注意力都在罗斯民族身上。根据他的观点、习惯及亲属关系，不妨说他属于罗斯民族并且是罗斯民族在立陶宛的代言人。"这样一来，人们将立陶宛国家看作基辅罗斯的继承人而非强加于罗斯的外国实体，也就毫不奇怪了。②

然而立陶宛-罗斯的继承者身份的合法性，在其与波兰的亲密交往中受到质疑。1385 年 8 月 14 日，波兰和立陶宛大公国在克列沃城堡订立条约并结盟，1386 年奥里格尔德的儿子和继承人亚盖诺迎娶波兰女王雅德维佳。亚盖诺成为两个国家的合法君主，并放弃东正教而皈依罗马天主教。此后，波兰对立陶宛的影响越来越大，这意味着立陶宛-罗斯国家开始波兰化，立陶宛的上层特别是贵族的生活迅速波兰化。不过 1392 年亚盖诺不得不承认他的堂兄弟维托夫特（1392~1430）为立陶宛大公，虽然是以封臣的名义承认的，但实际上后者是独立的。③ 维托夫特在统治立陶宛-罗斯期间进行了大规模扩张，再度与莫斯科公国开启了争夺俄罗斯平原的霸权战争。然而在 1399 年他在与蒙古人的一场大战中遭到失败，最终丧失了与莫斯科公国竞争的可能性。

有学者着重强调西南罗斯分离的被动性，认为正是金帐汗国对西南罗斯特别是基辅地区的保护不力，才使得这部分土地从整个罗斯分离出去。④ 梁赞诺夫斯基认为，这种观点与那些强调罗斯对立陶宛文化影响的俄罗斯历史学家一样，往往低估了中世纪晚期和文艺复兴时期灿烂的波兰文化的强大吸引力。强调贵族独立性和荣誉的波兰，其语言、习俗与思维方式在立陶宛朝廷和上层社会中逐渐占据了支配地位。⑤ 最终，1569 年的"卢布林合并"（Люблинская уния）⑥ 使立陶宛-罗斯投入了波兰的怀抱，变成了波兰的一

---

① George Vernadsky, *The Mongols and Russia*, vol. 3: *A History of Russia*, New Haven, London: Yale University Press, 1953, p. 238.

② 〔美〕尼古拉·梁赞诺夫斯基、马克·斯坦伯格：《俄罗斯史》，杨烨等主译，第 123 页。

③ 〔美〕尼古拉·梁赞诺夫斯基、马克·斯坦伯格：《俄罗斯史》，杨烨等主译，第 124 页。

④ 如维尔纳茨基认为，东西俄国的政治分裂，部分原因是蒙古可汗未能给予西部充分保护以抵御波兰和立陶宛的入侵。参见 George Vernadsky, *The Mongols and Russia*, vol. 3: *A History of Russia*, p. 233。

⑤ 〔美〕尼古拉·梁赞诺夫斯基、马克·斯坦伯格：《俄罗斯史》，杨烨等主译，第 125 页。

⑥ 也称卢布林联盟。该联盟规定波兰和立陶宛两国共有一个君主和一个国会，但保留各自的法律、行政体系、财政机构甚至军队。虽然该联盟明确承认两国的平等并给予立陶宛人以广泛的自治，但它仍然意味着波兰的决定性胜利。

个小伙伴而非基辅继承权的有力竞争者。

三 大诺夫哥罗德共和国：民主政治的衰微

13世纪对诺夫哥罗德来说，是一个多灾多难的时期。13世纪一开始，其西部边境就面临着定居在波罗的海沿岸的条顿骑士团的长期军事威胁。在西北边境，更大的威胁是瑞典人的进攻。1240年，诺夫哥罗德王公亚历山大，在涅瓦河战役中击败了瑞典人，这使他获得了"涅夫斯基"的称号。1242年，亚历山大又在楚德湖的冰面上，战败了条顿骑士团的一支军队，但这场胜利并非决定性的。1269年，经过拉科沃尔的一场血战后，诺夫哥罗德才在西部边境建立了真正的和平（附录地图5）。①

金帐汗国的军事力量从1238年开始就侵入诺夫哥罗德的领土。拔都的军队把诺夫哥罗德的一个城镇托尔若克围攻了一个月之久，该城镇的所有的英勇抵抗者都被歼灭了。但是托尔若克的抵抗则拯救了诺夫哥罗德。当年3月，拔都虽然征服了托尔若克，但就在这时，其蒙古骑兵的饲料供应枯竭了，鞑靼人感到恐慌，他们害怕出现真正的危险：失去作为重要军事、交通工具的马匹。结果，在距离诺夫哥罗德城只有一百公里时，鞑靼军队撤回了他们的南方草原。②

鞑靼政权在征服了全罗斯后，自然不可能让诺夫哥罗德保持独立。在拔都两次召唤下，③ 1246年亚历山大·涅夫斯基才到鞑靼人那里并承认鞑靼汗

---

① 参见附录地图5《997—1478年的诺夫哥罗德共和国》，转引自〔英〕马丁·吉尔伯特《俄国历史地图》，王玉菡译，第18页。

② *The Cambridge History of Russia*, Vol. I：*From Early Rus' to 1689*, p. 198；关于鞑靼人未继续进攻诺夫哥罗德的原因，学者们还提出了其他看法。他们认为可能有如下几种原因：一是夺取西北部罗斯的首都并不在鞑靼人此次远征的计划之列；二是他们害怕春季即将来临，结冰的河面将解冻；三是经过在东北罗斯的一系列征战之后，其力量已被严重消耗，拔都担心自己的军队无法攻克拥有强大军队和民兵武装且城防坚固的诺夫哥罗德；四是诺夫哥罗德人及其王公没有参与1238年抗击蒙古的战役。总之，蒙古-鞑靼人为何在有可能的情况下却没有进攻诺夫哥罗德，成了历史上至今未解的一个谜团。参见 Истории России. В2т. Т. 1. С древнейших времен до конца XVIII в./Под ред. А. Н. Сахарова. М.：АСТ：Астрель；Владимир：ВСТ, 2009. с. 229。

③ 拔都在上谕中对亚历山大说："现在只有你一人不愿意顺从我。如果你还想保全自己的领地，那么就快快到我这来，你将看到我对你的恩典。"参见 Истории России. В2т. Т. 1. С древнейших времен до конца XVIII в./Под ред. А. Н. Сахарова. М.：АСТ：Астрель；Владимир：ВСТ, 2009. с. 241。

的权力。他亲自制定了与蒙古人合作的政策，博得可汗的信任，并因此从1252年到1263年去世之前，一直身居罗斯大公之职。① 习于民主生活的诺夫哥罗德市民，依然表现出对蒙古政权的反抗意识。1257~1259年金帐汗国对所征服的罗斯地区进行全面人口登记，以为金帐汗征收贡赋。当人口登记员来到诺夫哥罗德后，诺夫哥罗德人并不接受将成为蒙古纳贡人的事实，他们拒绝登记，赶走蒙古人的使者。后来，蒙古人把罗斯土地的贡赋交由弗拉基米尔大公和莫斯科大公来征收。诺夫哥罗德人在交纳规定的贡赋后，蒙古政权就既不干预诺夫哥罗德的内部事务，也不干预其与罗斯王公及西方邻居的关系了。

尽管享有一定程度的自主权，但蒙古入侵还是对诺夫哥罗德造成了重大冲击，破坏了其与遭受战争蹂躏的罗斯诸公国的传统贸易与文化联系。诺夫哥罗德的波雅尔与王公之间的关系也发生了重要变化。先前，"自由选择王公"的原则是在波雅尔和王公的特殊关系基础上建立起来的，但现在诺夫哥罗德人则需要把金帐汗国批准的全罗斯大公认作自己的王公。不过大公们主要活动地域距离诺夫哥罗德太远了，这些大公主要通过其任命的地方行政长官在诺夫哥罗德执行管理。因此大公对诺夫哥罗德事务的参与很少，诺夫哥罗德得以保持了事实上的独立性。不过，这加强了波雅尔的力量，使得诺夫哥罗德的政治制度在后期表现出越来越强的贵族寡头色彩。

诺夫哥罗德人像基辅罗斯时期一样，"按自己的意愿"生活和自我管理，但他们并不认为可以不要王公，依然把王公视作军事首领。但由于亚历山大·涅夫斯基大公要求诺夫哥罗德向蒙古统治者纳税，这激起了诺夫哥罗德人的愤怒。因此，1260年在和亚历山大的弟弟雅罗斯拉夫·雅罗斯拉维奇签订的协议中，诺夫哥罗德人重新确认了原先拥有的特权：王公没有权力在诺夫哥罗德的土地上征税；没有权力以私人财产的名义在诺夫哥罗德占有地产；在没有波雅尔首领的批准下无权宣布审判结果。另外，在协议中王公还同意废除原先由他哥哥批准的违反法律的条文。② 王公在司法领域的作用在诺夫哥罗德也受到更大限制。诺夫哥罗德人依然执着于限制王公的权力，不让王公及其亲兵队过于接近或深入诺夫哥罗德社会的内部生活而变成有影响力的社会力量。

---

① 〔美〕尼古拉·梁赞诺夫斯基、马克·斯坦伯格：《俄罗斯史》，杨烨等主译，第73页。
② *The Cambridge History of Russia*，Vol. I：*From Early Rus' to 1689*，p. 199.

由于王公在诺夫哥罗德的政治生活中受到很大限制，大主教就成了政治事务中的一个头面人物。大主教不仅是诺夫哥罗德教会的首脑，在政治和社会生活中也拥有巨大的威望。除了履行最高的神职功能外，他还主持贵族会议，为世俗当局提供咨询，调和对立的政治集团间的关系，有时还带领诺夫哥罗德的使团出使外国。[①] 诺夫哥罗德还设立了大修道院院长一职。大修道院院长在教会事务上听命于主教，但并不由主教任命，而是由维彻选举产生，参与选举的波雅尔有市政官和其他政府官员。其经济活动不用向主教解释，但必须得向当权的波雅尔做出说明。换句话说，波雅尔阶层控制着大修道院院长的全部世俗活动，并在大修道院院长难以驾驭和不称职时，波雅尔可以撤掉他的职务。[②]

13世纪70~90年代，诺夫哥罗德的政体发生了重大改变。由于维彻难以有效地管理日常事务，波雅尔会议在政治生活中的作用就越来越突出。这是诺夫哥罗德财富与力量的真实分配的反映。[③] 商人组织也有了自己特定的管理体系，并且由一个定期选出的千夫长来领导。1290年初，诺夫哥罗德对共和管理体系实行了一次非常重要的改革。该次改革的实质是对政府的市政官和商人、自由手工艺人的领导者（千夫长）以及黑衣教士首领（大修道院院长）每年进行一次改选。[④] 这一方法有效控制了政府的最高领导者。

14世纪是诺夫哥罗德历史的转折点。从14世纪中叶起，诺夫哥罗德的民主政治开始向贵族寡头政治演进，其社会内部的团结明显削弱。少数几个有权势的家族事实上控制着高级官职。比如，在14世纪的大部分时间里，所有的市政官仅来自两个家族。[⑤] 1354年，波雅尔政权机构再次进行了改革。之前的诺夫哥罗德有五个区段，各区段选出一位终身代表，每年再从这些代表中推选一位市政官。改革后，除了五个区段的代表都成了市政官外，另外再由维彻选举出一位首席市政官。[⑥] 这种新体系使波雅尔的力量得以联合。波雅尔开始作为一个整体为他们的政治措施承担共同责任。这在1410

---

① 〔美〕尼古拉·梁赞诺夫斯基、马克·斯坦伯格：《俄罗斯史》，杨烨等主译，第75页。

② *The Cambridge History of Russia*，Vol. I: *From Early Rus' to 1689*，p. 200.

③ 〔美〕尼古拉·梁赞诺夫斯基、马克·斯坦伯格：《俄罗斯史》，杨烨等主译，第75页。

④ Янин В. Л. Новгородские посадники М. 1962；转引自 *The Cambridge History of Russia*，Vol. I: *From Early Rus' to 1689*，p. 200。

⑤ 〔美〕尼古拉·梁赞诺夫斯基、马克·斯坦伯格：《俄罗斯史》，杨烨等主译，第76页。

⑥ Янин В. Л. Новгородские посадники М. 1962；转引自 *The Cambridge History of Russia*，Vol. I: *From Early Rus' to 1689*，p. 204。

年末进行的另一场改革中体现得尤为明显。波雅尔代表的额数增长了 3 倍，从这一时期开始，政府中同时存在 18 名代表，市政官的重选也从一年 1 次改为一年 2 次，即市政官的任期改为 6 个月。1418 年爆发的大规模反波雅尔起义，促使波雅尔阶层进一步联合，在政府中，市政官的波雅尔代表数增加到了 24 个；1436 年增加到 36 个（同时他们也开始选举 7 位千夫长）。这样一来，实际上诺夫哥罗德的每个波雅尔家族在政府中享有同等的权力。所有这些家族的代表都有机会被选为政府首脑或千夫长，实际上他们早晚会拥有这些权力。这种情形在编年史中有所记载，在描述 15 世纪 60~70 年代的事件时，编年史家经常把"帕萨德尼克"（即市政官的音译）这一词语与"波雅尔"弄混，经常将它们交换使用。波雅尔寡头政权机构的出现，从根本上改变了波雅尔阶层与其他阶层的关系。原先，波雅尔各集团之间为了争权夺利相互攻击；现在，波雅尔政权机构作为一个各集团联合起来的整体，与没有特权的诺夫哥罗德民众阶层形成对立。这种新的局势在编年史 15 世纪中期的条目中，被记载为"不公正的波雅尔"和"我们没有公平公正的司法程序"。[①] 这种对波雅尔阶层的态度，在后来产生了重大影响，当伊凡三世在诺夫哥罗德取消波雅尔阶层的权力时，城里的平民百姓没有一个是反抗的。

由于王公家族未能在诺夫哥罗德建立稳固的王朝体系，封邑制也就未能在这里发展，这在一定程度上使诺夫哥罗德保持了政治统一而未分裂为封邑公国。同时，诺夫哥罗德对整个罗斯经济发展有着重要的意义。诺夫哥罗德从很早时候起就与西欧联系紧密，12 世纪初这里已有西欧人的商站，12 世纪末这里出现了日耳曼人（德意志人）的商品市场，日耳曼人的商品市场在 13~15 世纪（随着汉萨同盟的形成和加强）很有影响，并在诺夫哥罗德的外贸进程中发挥主要作用。除了西欧人的商品市场外，在诺夫哥罗德还有罗斯商人的商品市场，这些罗斯商人来自普斯科夫、特维尔、斯摩棱斯克。诺夫哥罗德的商人承担了罗斯各地的商品交易。[②] 13 世纪，由于诺夫哥罗德免遭金帐汗国的军事践踏，又在西部边境击退了瑞典人和条顿骑士团的进攻，因此它是罗斯唯一可以用农业产品、捕猎产品、鱼产品和养蜂产品与西欧进行贸易，获得数量可观白银的地区。诺夫哥罗德为整个罗斯提供了所需之银，

① *The Cambridge History of Russia*, Vol. I: *From Early Rus' to 1689*, p. 204.

② Пушкарев С. Г. Обзор русской истории. М.：Наука，1991. с. 63.

包括自身所需之白银以及不断向金帐汗国交纳贡赋所需之白银。① 作为重要的财富来源地，诺夫哥罗德常常成为特维尔王公和莫斯科王公争夺的目标，而诺夫哥罗德人的立场则往往会影响他们争夺的结果。诺夫哥罗德和特维尔为此爆发了旷日持久的军事冲突，后来与莫斯科也产生了冲突。

诺夫哥罗德与莫斯科之间的关系变得越来越糟。在库利科沃战役之前，罗斯各公国为了获得"全罗斯大公"的称号相互展开了激烈的竞争，这种竞争在特维尔和莫斯科之间尤其剧烈。随着莫斯科公国的崛起，特别是 1380 年取得对金帐汗国的决定性胜利后，这一称号就牢牢掌握在了莫斯科大公德米特里·顿斯科伊手中。诺夫哥罗德和莫斯科的对立在此时期就更加尖锐起来。这一时期，诺夫哥罗德为了取得与"全罗斯大公"同等的地位，采用了一个骄傲的名称来称呼自己——大诺夫哥罗德。② 诺夫哥罗德与莫斯科公国之间的对抗形势，一年比一年紧张。在瓦西里二世当政时，诺夫哥罗德与莫斯科两次（1441 年和 1456 年）发生武装冲突，两次冲突均以签订和约而结束。按照和约，诺夫哥罗德以"诺夫哥罗德白银"给莫斯科大公支付大笔赔款，但莫斯科大公要继续"坚持诺夫哥罗德古风和守古习"的义务。③

但 15 世纪后半期，大诺夫哥罗德共和国明显趋于衰落，其政治制度表现为两种因素即波雅尔寡头政治和退化的维彻民主之间的不稳定的联合。莫斯科大公瓦西里二世命令诺夫哥罗德人不许向加利奇王公舍米亚卡的儿子伊凡及其盟友提供任何帮助。1463 年，诺夫哥罗德公然违反这一禁令，宣布与莫斯科彻底决裂。此时的诺夫哥罗德形成了一个政治派别，该派别决定向莫斯科大公的宿敌立陶宛大公（这时已兼波兰国王）请求帮助，以防止莫斯科公国的觊觎。1470 年，这一政治派别在诺夫哥罗德政府中占据了上风，并与波兰国王兼立陶宛大公卡什米尔缔结条约。按照这一条约，诺夫哥罗德邀请该国王的地方行政长官到自己这里执行管理，而该国王承担保卫诺夫哥罗德以防莫斯科入侵的义务。但是，合约草案中包含了一项特殊的前提条件：宗

---

① 14 世纪初，从西欧不断流入诺夫哥罗德的白银，还导致诺夫哥罗德采用了一种新的货币单位——卢布。卢布仍然是当今俄罗斯的货币名称。

② *The Cambridge History of Russia*, Vol. I: *From Early Rus' to 1689*, p. 203.

③ Пушкарев С. Г. Обзор русской истории. М.: Наука, 1991. c. 75.

教独立以及不得违反东正教尊崇的圣物。[①] 然而，1471 年伊凡三世却在保卫东正教的旗号下向诺夫哥罗德发动了战争。伊凡三世指责诺夫哥罗德人"脱离基督教而倒向天主教"，认为他们已不再是基督徒而变成异族人和东正教的叛教者。[②] 卡什米尔最终没有帮助诺夫哥罗德，他的地方行政长官在诺夫哥罗德短暂逗留后便离开了。诺夫哥罗德急忙集合一支 4 万人大军迎敌，但这支军队实际上只是被勉强武装起来的一群早已不习战事的城市居民，克柳切夫斯基称之为"乌合之众"。[③] 在舍隆河战役中，诺夫哥罗德遭到惨败，和立陶宛结盟的发起人被处死，100 多名主要密谋者被绞死，100 个知名家族被发配到莫斯科公国的诸城市。

至此，诺夫哥罗德的独立地位已接近尾声。1477 年，伊凡三世率大军进攻诺夫哥罗德，但具有讽刺意味的是，莫斯科大公并没有明确的意图要征服诺夫哥罗德。一份随行记载大公战争的文件被保留下来，该文件证明大公只是想占领北德维纳沿岸的土地，并把德维纳高地从诺夫哥罗德中分离出来。[④] 但是如上所说，波雅尔政权失去民心，并没有保卫者，"在与莫斯科的决定性斗争中，诺夫哥罗德的穷人似乎宁愿选择伊凡三世也不要他们自己的亲立陶宛的寡头政府"。[⑤] 1478 年，莫斯科大公完全控制了诺夫哥罗德。维彻会议被禁止，市政官制度作为自治的象征也被废除，维彻大钟被运往莫斯科。但是莫斯科大公宣誓他不会干涉诺夫哥罗德的土地所有权。然而十几年之后，这个誓言也被打破，成千上万的诺夫哥罗德土地所有者被迁居到莫斯科的土地上服役，而一些服役的莫斯科土地所有者则迁到诺夫哥罗德的土地上，代替了已迁到莫斯科的土地所有者。移民政策显然要比逮捕和屠杀更有效力。那些热爱自由的诺夫哥罗德市民由于丧失了故土根基，已经无力与伊凡三世对抗。[⑥] 在陌生的土地上，他们时刻处于莫斯科大公行政机构的密切监视之下，他们被相互隔离开来，逐渐消失和融入当地的社会生活中，从而

---

① 诺夫哥罗德与卡什米尔的条约文件中约定："尊敬的国王的地方行政长官在古城堡与我们的希腊正教信仰可以保持一定距离……而尊敬的国王，不能使我们失去自己的希腊正教信仰；尊敬的国王也不能在大诺夫哥罗德安置罗马教会。"参见 Пушкарев С. Г. Обзор русской истории. М. ：Наука，1991. с. 77.

② Пушкарев С. Г. Обзор русской истории. М. ：Наука，1991. с. 77-78.

③ 参见〔俄〕瓦·奥·克柳切夫斯基《俄国史教程》第二卷，贾宗谊等译，第 107 页。

④ *The Cambridge History of Russia*，Vol. I：*From Early Rus' to 1689*，pp. 205-206.

⑤ 〔美〕尼古拉·梁赞诺夫斯基、马克·斯坦伯格：《俄罗斯史》，杨烨等主译，第 77 页。

⑥ Истории России. В2т. Т. 1. С древнейших времен до конца XVIII в./Под ред. А. Н. Сахарова. М. ：АСТ：Астрель；Владимир：ВСТ，2009. с. 319.

使诺夫哥罗德有机地融入了莫斯科大公国之中。

四 莫斯科公国：君主政治的加强

蒙古入侵给了东北罗斯沉重一击。当时的弗拉基米尔王公即弗谢沃洛德三世之子尤里阵亡，罗斯军队被击溃，国土沦为废墟，国家更加四分五裂。然而，当金帐汗国在罗斯建立统治之后，东北罗斯诸公国的优势逐渐显露出来。相比南部大草原地区，他们处于蒙古人的直接占领范围之外；相对于承受着蒙古更大压力的旧基辅的南部地区乃至东南部的梁赞公国，他们与侵略者之间有一定距离。① 这样，东北罗斯大体上可以逐步重建和发展。

（一）东北罗斯的封邑公国

1240 年基辅被蒙古人完全摧毁后，东北罗斯的弗拉基米尔-苏兹达尔公国，逐渐成为整个罗斯的中心。当拔都从西征途中返回时，尤里的继任者、弗拉基米尔王公雅罗斯拉夫前往萨莱向其问候。蒙古统治的确立使弗拉基米尔王公实现了早就埋藏心中的一个梦想。拔都承认雅罗斯拉夫为罗斯最大的王公，即拔都汗实际上已承认了雅罗斯拉夫觊觎弗拉基米尔和基辅王位的合法性。② 但 1246 年雅罗斯拉夫死在了金帐汗国（传说是死于中毒）。之后先是他的兄弟斯维亚托斯拉夫，然后是他的两个儿子安德烈·雅罗斯拉维奇和亚历山大·雅罗斯拉维奇（涅夫斯基）依次占据弗拉基米尔大公之位。1252年，亚历山大·涅夫斯基取得金帐汗对他是"所有兄弟中最长者"的认可，任弗拉基米尔大公。

此后，大公之位一直保留在弗拉基米尔·莫诺马赫东北罗斯的子孙们手中。1263 年亚历山大·涅夫斯基去世后，大公之位接连传给他的两个兄弟特维尔的雅罗斯拉夫、科斯特罗马的瓦西里和他的两个儿子德米特里、安德烈。1304 年安德烈去世后，特维尔的米哈伊尔（雅罗斯拉夫之子）和莫斯科的达尼尔③之子尤里（亚历山大·涅夫斯基的孙子）围绕大公之位展开竞

---

① 〔美〕尼古拉·梁赞诺夫斯基、马克·斯坦伯格：《俄罗斯史》，杨烨等主译，第 83 页。

② Скрынников Р. Г. История российская. IX–XVII вв. СПбГУ. 2006. с. 156.

③ 达尼尔是亚历山大·涅夫斯基的幼子，也是第一位常驻莫斯科的王公，1283～1303 年在任，因此他成为莫斯科王公家族的鼻祖。不过他没能等到按顺序制度继任弗拉基米尔大公之位就去世了。

争，最终米哈伊尔继承大公之位。不过，据编年史家记载，鞑靼汗对莫斯科
王公尤里·达尼洛维奇厚颜无耻地说道："如果你缴纳的贡赋比特维尔王公
米哈伊尔多，我们就把大公位给你。"[①] 1319 年，米哈伊尔在金帐汗国的朝廷
中被蒙古人杀害。米哈伊尔的继任者正是其竞争对手尤里，这是第一位获得
大公之位的莫斯科王公。[②] 可见，东北罗斯基本上依然沿袭复杂的基辅王位
顺序制来传承弗拉基米尔大公之位。但与基辅罗斯时期不同的是，弗拉基米
尔大公的名号和地位处在蒙古政权的保护与干预之下。弗拉基米尔大公应当
取得金帐汗的批准或任命；汗则给欲谋求大公之位的人颁发"封诰"，有时
考虑候选人的长幼次序，有时却不顾及这些。比如，尤里的父亲达尼尔并未
做过大公，按基辅继承传统，尤里是无权继承大公位的。其大公的权力来源
于金帐汗的批准，而缺少家族长幼继承的合法性。

从 13 世纪开始，东北罗斯就出现了一种不同于基辅罗斯顺序制的新政
治现象——"封邑制"（удельный порядок）。长系的弗拉基米尔地区作为
弗谢沃洛德后裔的公共产业，按辈分顺序统治；此外苏兹达尔地区成立了几
个幼系的邑，由弗谢沃洛德的幼子们统治。这些幼邑不按顺序制，而是按父
子世代相传，这些地区成为某个王公的永久独立产业，即个人财产。克柳切
夫斯基认为，这种统治制改变了幼邑的法律性质，领地本身也出现了新的名
称。在旧基辅罗斯，交给王公们的部分罗斯国家一般称作"邑"（волость），
是临时性的领地；自 13 世纪起，在弗谢沃洛德家族中苏兹达尔地区分成的
这些幼邑叫作"世袭领地"（вотчина），后来叫作"封邑"（удел），是永久
的、世袭的独立领地。[③]

蒙古入侵后，东北罗斯王公将其封邑再分给儿子们，封邑公国的数量成
倍增长。按 V. A. 库奇金的说法，在 1238 年至 1300 年，在东北罗斯的领土
上出现了 8 个新的公国，这使公国总数达到了 14 个。[④] 1212 年，"大窝"弗
谢沃洛德去世时，长系的弗拉基米尔-苏兹达尔公国在弗谢沃洛德的儿子辈
分成了 5 份，到孙子辈就分成了 12 份。[⑤] 最终，一些王公只继承到很小的土
地，还有一些压根儿就分不到任何土地，不得不到自己家族中更幸运的成员

① 参见 Пушкарев С. Г. Обзор русской истории. М.：Наука. 1991. c. 91.
② 〔美〕尼古拉·梁赞诺夫斯基、马克·斯坦伯格：《俄罗斯史》，杨烨等主译，第 83 页。
③ Ключевский В. О. Русская история：Полный курс лекций. Т. 1. М. 2002. c. 326–327；译文参
见〔俄〕瓦·奥·克柳切夫斯基《俄国史教程》第一卷，张草纫等译，第 372~373 页。
④ *The Cambridge History of Russia*，Vol. I：*From Early Rus' to 1689*，p. 143.
⑤ 〔俄〕瓦·奥·克柳切夫斯基：《俄国史教程》第一卷，张草纫等译，第 389 页。

那里谋求差使。

14 世纪上半叶，在政治边界不断变动的过程中，4 个主要的公国在东北部崛起：弗拉基米尔、罗斯托夫、特维尔和莫斯科。[①] 其他公国则沦为它们争夺的对象。

（二）莫斯科公国的崛起

相比老城弗拉基米尔和罗斯托夫，作为新城的特维尔与莫斯科均远离中心城市，有稳步发展的良好地理条件。特维尔公国崛起稍早，在亚历山大·涅夫斯基去世后，特维尔王公雅罗斯拉夫于 1264 年继任大公，此时它就开始在东北罗斯政治生活方面发挥重大作用。到 13 世纪 90 年代，米哈伊尔任特维尔王公时，他不仅拒绝服从其叔叔——弗拉基米尔大公的意志，还挫败了立陶宛的进攻，并通过谈判成功阻止了金帐汗国进入特维尔公国。而此时的莫斯科[②]，实际上还只是特维尔公国的一个附庸。[③] 但莫斯科公国迅速崛起。

其一，莫斯科公国通过各种手段扩张自己的领地。14 世纪初，北部罗斯可以说没有一个封邑比莫斯科更小。达尼尔和儿子尤里获得了一些小公国后，使莫斯科的统治范围扩大了 3 倍，并控制了这些公国里具有战略意义和经济利益的财产。[④] 不过，即使在伊凡·卡利达成了大公时，莫斯科公国的地盘也是很小的，只由 5 个或 7 个设县的城市组成。[⑤] 但是他利用手中的资源四处收买土地，其后代也继续如此，并在每份遗诏中列举出以前遗诏中没有提到过的新收买来的乡村。到卡利达统治末期，其领土定位发生了重大变化，他把主要的精力集中到了东北罗斯、诺夫哥罗德和金帐汗国。他甚至逆历史潮流而动，把在 13 世纪占优势的弗拉基米尔公国和罗斯托夫公国分成了许多小公国，通过分裂公国使他昔日的对手日益削弱并臣服于自己，同时

---

① 〔美〕尼古拉·梁赞诺夫斯基、马克·斯坦伯格：《俄罗斯史》，杨烨等主译，第 84 页。

② 编年史第一次提到莫斯科是在 1147 年，它当时是苏兹达尔王公往返基辅南部的途中停歇驿站。1156 年，尤里·多尔戈鲁基在此建城。13 世纪的大部分时间里，并没有王公常驻莫斯科，直到 1263 年亚历山大·涅夫斯基死后，其小儿子达尼尔常驻于此，此后莫斯科才成为一个有常驻王公的独立公国的首城。参见〔俄〕瓦·奥·克柳切夫斯基《俄国史教程》第二卷，贾宗谊等译，第 2~4 页。

③ Истории России. В2т. Т. 1. С древнейших времен до конца ⅩⅧ в./Под ред. А. Н. Сахарова. М.：АСТ：Астрель；Владимир：ВСТ, 2009. с. 257.

④ *The Cambridge History of Russia*, Vol. Ⅰ；*From Early Rus' to 1689*, p. 144.

⑤ 〔俄〕瓦·奥·克柳切夫斯基：《俄国史教程》第二卷，贾宗谊等译，第 13 页。

他还获得了大量的经济利益和劳动力资源。① 除收买、武力侵占、在汗国帮助下用外交手腕攫取、同别的分封王公签订条约等手段外，莫斯科王公还将原有领地居民迁徙到伏尔加河彼岸。② 这样，莫斯科公国的领地不断扩大。

其二，积极争夺弗拉基米尔大公之位，这是作为幼系的莫斯科王公提升政治影响力的重要步骤。1304 年，尤里与自己的堂叔特维尔王公米哈伊尔争夺大公之位的初次尝试虽然失败，但莫斯科王公并未放弃此想法，而是更为积极地用金钱、礼物讨好金帐汗。为此莫斯科王公甚至不惜在汗的授权下讨伐特维尔公国内的反抗，将其“夷为平地”，因立此功，1328 年伊凡·卡利达终于获得大公之位，自此，莫斯科王公已完全控制弗拉基米尔大公之位并世袭为莫斯科大公。这一地位的确立，也使莫斯科避免遭到鞑靼人的袭扰，赢得了休养生息的机会。同时卡利达还受托从所有王公那里收集汗国贡赋并把贡赋交给汗国，这是一件非常有利可图的事。③ 到卡利达的孙子伊凡二世（1353~1359）时，他还获得了对北部罗斯所有王公的审判权：汗命令他们一切都要听从大公伊凡，并在他那里受审，如感到委屈可向汗提出申诉。④这种权力后来成为大公手中从政治上联合罗斯封邑公国的有力工具。

其三，都主教教坛移迁到莫斯科，莫斯科王公以赢得教会的支持而获取政治统治的合法性。由于金帐汗的支持，莫斯科王公家族打破了留里克王朝的顺序制继承传统，成为全罗斯的弗拉基米尔大公。但伊凡·卡利达统治时期，其地位迟迟得不到东北罗斯其他王公的认可，因此他有必要借助教会的精神力量获得他们的承认。蒙古入侵后，罗斯教会的第一批都主教是基里尔（1242~1280/1281）和马克西姆（1282/1283~1305）。尽管基辅曾经遭受过毁坏，但到 13 世纪末，这个城市一直是教会教坛的所在地。教会的活动关

---

① *The Cambridge History of Russia*，Vol. I：*From Early Rus' to 1689*，p. 147.

② 〔俄〕瓦·奥·克柳切夫斯基：《俄国史教程》第二卷，贾宗谊等译，第 17 页。

③ 莫斯科王公不仅可以借机将扣留的部分贡赋收入自己的囊中，而且还可能惩罚性地吞并一些地区。例如，在诺夫哥罗德和普斯科夫等城市－共和国，由当地行政长官负责征收贡赋，而依附性的公国，如梁赞和特维尔等，则由当地王公负责收取贡赋。所有这些贡赋最后均送到莫斯科大公的手中。当时，如果哪座城市或地区的统治者不能如期缴纳相应数目的贡赋，就可能丧失自己的独立性并接受莫斯科大公政府的统治。一些地区就是由于不能如期完成缴纳贡赋而落入莫斯科王公的手中。参见 Истории России. В2т. Т. 1. С древнейших времен до конца XVIII в. /Под ред. А. Н. Сахарова. М.：АСТ；Астрель；Владимир：ВСТ，2009. с. 305。

④ 〔俄〕瓦·奥·克柳切夫斯基：《俄国史教程》第二卷，贾宗谊等译，第 20~21 页。

注整个基辅罗斯，其活动范围也包括整个基辅罗斯。① 但随着居民的不断北迁，马克西姆都主教驻地也于1299年离开基辅来到弗拉基米尔。其继任者彼得（1308~1326）通常被认为是莫斯科大公的忠实支持者，他在巡游期间长期在莫斯科留驻，把都主教的非正式驻地迁移到了莫斯科。彼得与王公伊凡·卡利达结下了密切友谊，并与之一起在莫斯科为圣母升天教堂奠基；1326年，彼得死在这个城市并被埋葬在这里。之后，他就被追认为圣徒，而莫斯科成为膜拜他的中心。彼得的继任者费奥格诺斯特（1328~1353）也在莫斯科与特维尔的争斗中选择支持莫斯科，而阿列克谢（1354~1378）于1354年将莫斯科正式改为都主教的驻地，这个地区随即变成了东北罗斯的教会中心。教会的"这种赞许态度可能最有力地帮助了莫斯科王公加强他在东北罗斯的民族意义和精神意义"。②

其四，积攒实力，适时反击金帐汗国，赢得民族领袖的正义性称谓。14世纪中叶，金帐汗国陷入为期20年的政治动乱中。同时，它还受到黑死病瘟疫的侵袭③，维持蒙古帝国经济基础的商业网被破坏，④ 其经济也处于混乱之中。莫斯科王公们一方面紧紧抓住弗拉基米尔王位，仍然到内乱中的金帐汗国去向可汗交税和请求政治特权，但这种行为越来越少，越来越不情愿；⑤ 另一方面，当实际控制着金帐汗国的权臣马迈为获取更多贡赋，利用莫斯科王公德米特里与特维尔王公的斗争，将弗拉基米尔特权在他们之间频繁更换时，⑥ 莫斯科最终拒绝执行马迈的决定。莫斯科不仅与特维尔开战成功保住了自己的位置，而且不再向马迈交纳贡赋。当马迈最大的竞争者脱脱迷失控制萨莱后，1380年，濒临失败的马迈在立陶宛和梁赞公国的支持下对

① *The Cambridge History of Russia*, Vol. I: *From Early Rus' to 1689*, pp. 154, 148-149.

② 〔俄〕瓦·奥·克柳切夫斯基：《俄国史教程》第二卷，贾宗谊等译，第22~24页。

③ 1346~1347年，萨莱、阿斯特拉罕和黑海沿岸的港口城市，都发生了黑死病。1364年，萨莱又暴发了第二次黑死病瘟疫。10年后，黑死病又一次袭击了金帐汗国。参见 Gustave Alef, *The Origins of Muscovite Autocracy*: *The Age of Ivan III*, p. 40。

④ 奥斯曼土耳其的扩张，阻碍了金帐汗国进出黑海的海上交通。在东方，中国元朝的统治瓦解了（1368）。代替蒙古人的明朝统治者，不太喜欢沿着丝绸之路运输货物来促进欧亚大陆的贸易，也不把欧亚贸易作为整个帝国主要的商业基础。参见 *The Cambridge History of Russia*, Vol. I: *From Early Rus' to 1689*, p. 159。

⑤ Gustave Alef, *The Origins of Muscovite Autocracy*: *The Age of Ivan III*, p. 40.

⑥ 1362年，马迈把弗拉基米尔大公位给了莫斯科王公；1370年大公之位转移到特维尔手中；1371年他又将大公之位还给了莫斯科的德米特里；当德米特里在1373年以后停止向马迈进贡赋税时，马迈又一次把特权给了莫斯科的米哈伊尔（1375）。参见 *The Cambridge History of Russia*, Vol. I: *From Early Rus' to 1689*, p. 162。

德米特里发起进攻，德米特里（1359~1389）则联合了几乎整个北部罗斯王公在库利科沃原野成功抵抗了马迈的鞑靼军队。这一伟大胜利使德米特里得到了"顿斯科伊"（意即"顿河的"）的称号，这也宣告了"莫斯科王公在与外敌进行斗争中作为北部罗斯民族领袖的作用"①。

两年后，金帐汗国新汗脱脱迷失率军攻入罗斯，占领并破坏了莫斯科，德米特里被迫重新承认鞑靼政权对自己的统治。虽然莫斯科公国与金帐汗国的基本关系没有改变，仍然依靠可汗给予的特权维持着他们对弗拉基米尔大公王位控制权的合法性，仍向可汗交纳贡税，但从这时起罗斯掌握了历史的主动权：罗斯开始呈现进攻的态势，而金帐汗国则呈日益衰落之势，摆出了防御的架势。② 莫斯科公国已然崛起，并越来越走向独立。克柳切夫斯基形象地指出："莫斯科国家诞生于库利科沃原野，而不是伊凡·卡利达吝啬的大钱箱。"③

瓦西里一世（1389~1425）执政时期，与立陶宛人争夺罗斯西部土地的斗争持续进行，在此争斗中莫斯科公国兼并了不少地区。根据瓦西里二世（1425~1462）的遗诏计算，"莫斯科公国的面积至少有15000平方英里，其幅员超过了罗斯当时尚存的任何一个大公国"④。瓦西里二世是最后一位向蒙古可汗请求获得王位权力的莫斯科大公，也是第一位自主决定继承人的大公，他为莫斯科大公的继承问题提出了父死子继的垂直模式，并且在没有获得可汗同意的情况下把王位传给了继承人。同时，瓦西里二世在他新铸造的钱币上用"全罗斯君主"的名称来显示自己至高无上的君权。1447年末或1448年初，他任命儿子伊凡为共治者后，在货币上刻的文字也是"全罗斯君主"。⑤

不过，15世纪罗斯内部的政治结构仍呈现出一幅特别令人眼花缭乱的复杂画面。不仅有大诺夫哥罗德、普斯科夫和维亚特卡三个共和国，还有许多大公国和封邑公国并立。弗拉基米尔大公被认为是罗斯王公中的最长者。从卡利达时代起，弗拉基米尔大公的尊号就传给了莫斯科王公，但一些重要地区的高位王公同样也拥有"大公"的尊号，如特维尔大公、梁赞大公、罗斯

---

① 〔俄〕瓦·奥·克柳切夫斯基：《俄国史教程》第二卷，贾宗谊等译，第22页。

② Истории России. В2т. Т. 1. С древнейших времен до конца XVIII в./Под ред. А. Н. Сахарова. М.：АСТ：Астрель；Владимир：ВСТ, 2009. с. 277.

③ Пушкарев С. Г. Обзор русской истории. М.：Наука, 1991. с. 99.

④ 〔俄〕瓦·奥·克柳切夫斯基：《俄国史教程》第二卷，贾宗谊等译，第17页。

⑤ Gustave Alef, *The Origins of Muscovite Autocracy：The Age of Ivan III*, pp. 40, 42.

托夫大公、雅罗斯拉夫大公、苏兹达尔-下诺夫哥罗德大公等。特别是特维尔公国和梁赞公国，它们到 15 世纪末不仅在内部事务上，而且在对外关系上，都保留着自己充分的政治独立性。[①] 而罗斯的外部政治形势，用克柳切夫斯基的话说，就是被分成两部分：西南的一半地区处于波兰和立陶宛的联合统治之下；而东北的一半地区则向金帐汗国汗缴税纳贡。也就是说，15 世纪中叶，罗斯国家的形势可以归纳为："外部遭受政治奴役，内部陷于政治分裂。"[②] 彻底摆脱蒙古统治，走向独立和政治统一，是当时罗斯面临的历史使命。那么，谁能带领罗斯最终完成这一使命？

五　最后的博弈：莫斯科专制政治的胜利

实际上，14 世纪末出现的两个重要转折开始，就已注定莫斯科公国成为罗斯独立和统一历史使命的承载者：一方面，莫斯科转向与金帐汗国展开坚定的斗争，联合所有罗斯王公反对金帐汗国并取得重大胜利。另一方面，作为莫斯科竞争对手的立陶宛大公亚盖诺，对占其国家人口大多数的罗斯人实施迫害并在政治上转向波兰；而特维尔到立陶宛后，甚至向汗国寻求支援。这样，无论特维尔还是立陶宛，都失去了道德正义性，难以在罗斯反抗"蒙古桎梏"的斗争中担当领袖的角色，只有莫斯科是整个罗斯人的唯一选择。立陶宛日益演变为反罗斯势力的中心，从这一立场出发，立陶宛大公很自然倾向与金帐汗国联盟。而从属于立陶宛-罗斯国家的西部罗斯地区，从这时起也开始把莫斯科看作自己摆脱立陶宛的强力后援，以及抵制立陶宛-波兰联合之后来自波兰和天主教方面压力的唯一指望，这些地区居民正是乌克兰（小俄罗斯）、白俄罗斯民族的主体。波洛茨克、布良斯克、斯摩棱斯克和维捷布斯克等地区居民（包括平民和王公、波雅尔、东正教活动家们在内）都积极投向莫斯科的怀抱。这无疑是东欧世界一个巨大的历史性转折，并将对欧洲这一地区诸多国家的政治产生长期的决定性影响。[③] 到伊凡三世（1462~1505）执政时期，无论特维尔、立陶宛，还是金帐汗国，都无法再与莫斯科的力量相抗衡了。

---

① Пушкарев С. Г. Обзор русской истории. М.：Наука，1991. с. 102.

② 〔俄〕瓦·奥·克柳切夫斯基：《俄国史教程》第二卷，贾宗谊等译，第 114 页。

③ Истории России. В2т. Т. 1. С древнейших времен до конца XVⅢ в./Под ред. А. Н. Сахарова. М.：АСТ：Астрель；Владимир：ВСТ，2009. с. 270.

对外，莫斯科公国与衰弱的金帐汗国进行了决定性的最后一战。伊凡三世不再给鞑靼人交纳贡赋，并与金帐汗国的对手克里米亚汗国（1430 年从金帐汗国分离）结盟。1480 年，在伊凡三世公开宣布不再效忠金帐汗国后，金帐汗阿合马决定与波兰-立陶宛的卡西米尔结盟，企图竭力教训一下不听话的罗斯人，他率领大军准备侵入罗斯地区，但双方在边界乌格拉河两岸长期对峙，都下不了决心开战。莫斯科居民中的富人害怕罗斯军队失败后遭到鞑靼人的侵犯，便劝大公与汗讲和，但莫斯科的广大民众和教会都要求伊凡三世采取坚决行动对付几个世纪以来的压迫者，甚至高龄的罗斯托夫大主教瓦西里安也给大公寄去一封书信对他进行规劝，要求伊凡三世"不要把他（可汗）看作沙皇，而是把他看作强盗、窃贼和反抗上帝的人"，并认为罗斯国家的基督教沙皇不应该听命于金帐汗国可汗。① 两军对峙局势一直持续到秋天，严寒来临，期望中的波兰和立陶宛援军迟迟未来，阿合马于 11 月初急忙从边境撤退，第二年他便在金帐汗国的内讧中被杀。1502 年，克里米亚汗将衰弱的金帐汗国完全摧毁。② 蒙古人在罗斯延续了 200 多年的统治就这样终结。当然，在最后几十年间蒙古人对罗斯的统治也只是名义上的。正如梁赞诺夫斯基所说，与蒙古人入侵的灾难或史诗般的库利科沃战役相比，蒙古统治的终结显得有些"虎头蛇尾"。③

对内，莫斯科王公将昔日竞争敌手各个击破，逐步消除封邑。伊凡三世极力把大俄罗斯各地区都统一到自己的权力之下，为此他动员了很大的一支军事力量，但实际上并未经历血腥的战斗。"这种兼并活动不再是通过掠夺或订立协定的方式来进行，而成为一种民族的、宗教的运动。"④ 被统一到莫斯科大公政权之下的居民一点儿也没有为这种转变而惊慌失措，也没有给予激烈的反抗；波雅尔贵族乐意转为莫斯科服役，这些公国的王公则要么承认莫斯科大公的权力，转为服役王公的地位；要么投奔相邻的立陶宛。1463 年雅罗斯拉夫公国被吞并，其王公成为莫斯科的服役王公。1474 年，罗斯托夫王公把其公国剩下的一半也卖给了莫斯科，另一半早前已被瓦西里二世买下。1478 年，"大诺夫哥罗德"被征服，正如上文所提及的，诺夫哥罗德城市内部存在分歧与不睦，其大公在围困一段时间后便将全部的庞大领地并入

---

① Пушкарев С. Г. Обзор русской истории. М. : Наука，1991. c. 105.
② 取代金帐汗国的是几个鞑靼汗国：克里米亚汗国、喀山汗国、阿斯特拉罕汗国和诺盖汗国。
③ 〔美〕尼古拉·梁赞诺夫斯基、马克·斯坦伯格：《俄罗斯史》，杨烨等主译，第 96 页。
④ 〔俄〕瓦·奥·克柳切夫斯基：《俄国史教程》第二卷，贾宗谊等译，第 118 页。

莫斯科的政权之下。1485 年，莫斯科的老对手特维尔被征服，伊凡三世率领着大军逼近特维尔，但他并未来得及战斗，特维尔的波雅尔"谋反者"就叛变了自己的王公并转投到莫斯科大公一边。特维尔与莫斯科之间经历了两个世纪的斗争就这样在两天内没发一枪一弹地结束了。[①] 1489 年，维亚特卡地区也被征服。伊凡三世的儿子瓦西里三世（1505~1533）继承了他父亲的事业，1510 年他把普斯科夫并入莫斯科，1517 年吞并了梁赞公国。与立陶宛开战后，1514 年夺取了斯摩棱斯克。通过伊凡三世及其儿子瓦西里三世的扩张，莫斯科国家的领土在瓦西里二世的基础上至少增加了 4 万平方英里（附录地图 6）[②]。这样，整个大俄罗斯都被统一在莫斯科大公的政权之下，莫斯科将北部和东北部罗斯联合为一个统一国家。

作为莫斯科国家统一事业的"一个伟大但并未成功的竞争者"，立陶宛-罗斯有着特殊的意义。M. K. 柳巴夫斯基等学者对立陶宛-罗斯失败和莫斯科胜出的原因提出了很有意思的解释。他们认为，"一个主要的原因在于两个国家中央权威演化上的差别。在莫斯科发展起了君主专制，而立陶宛统治者的地位却越来越弱"；"由于受到力量强大的波雅尔和高度自治的城市利益的限制，立陶宛大公变成了通过选举产生、受宪法约束的君主……当莫斯科的独裁统治在伊凡雷帝时期达到前所未有的高度时，立陶宛大公的权威也降到了新低"。[③] 实质上，"立陶宛大公国按波兰模式变成了小贵族共和国"[④]，"在摊牌的时候，事实证明莫斯科的体制更强大"[⑤]。

而对于诺夫哥罗德民主政治的结局，历史学家指出了其衰败的一系列原因：其一是波雅尔上层和社会下层之间的敌视；其二是首城与广大领地以及属城和乡镇之间的对立，它们之间的离心力日益增强，都竭力摆脱中心城市的束缚[⑥]；其三是诺夫哥罗德对下游罗斯即中央大罗斯公国的经济依附；其

① Пушкарев С. Г. Обзор русской истории. М.：Наука，1991. с. 103-104.
② 〔俄〕瓦·奥·克柳切夫斯基：《俄国史教程》第二卷，贾宗谊等译，第 119 页。参见附录地图 6《1261—1533 年莫斯科公国的兴起》，转引自〔英〕马丁·吉尔伯特《俄国历史地图》，王玉菡译，第 25 页。
③ 〔美〕尼古拉·梁赞诺夫斯基、马克·斯坦伯格：《俄罗斯史》，杨烨等主译，第 126 页。
④ Пушкарев С. Г. Обзор русской истории. М.：Наука，1991. с. 123.
⑤ 〔美〕尼古拉·梁赞诺夫斯基、马克·斯坦伯格：《俄罗斯史》，杨烨等主译，第 126~127 页。
⑥ 14 世纪，普斯科夫就从诺夫哥罗德取得了完全的政治独立；维亚特卡从一开始就对诺夫哥罗德采取独立态度；德维纳邦也不止一次试图脱离诺夫哥罗德。参见〔俄〕瓦·奥·克柳切夫斯基《俄国史教程》第二卷，贾宗谊等译，第 104 页。

四是在缺乏常任王公及其亲兵队的条件下，诺夫哥罗德军事力量薄弱。[①] 但除了这些局部原因外，克柳切夫斯基认为，诺夫哥罗德的独立之所以失败还有一个总体的原因："到 15 世纪中叶，大俄罗斯民族已经最后形成，其缺少的只是政治上的统一。"[②] "消灭地方自治单位的独立性，而不问其政治形式如何，这是全罗斯的共同利益所要求做出的牺牲"，但诺夫哥罗德不了解罗斯的政治需要，"不与大俄罗斯同甘共苦"，而坚持按自己传统的生活方式单独生存于大俄罗斯之外。他不无遗憾地指出，"诺夫哥罗德如果有良好的政治结构，本来可以同莫斯科进行更顽强的斗争，但这场斗争的结局却不会改变：自由城市不可避免地会在莫斯科的打击下崩溃"。[③] Р. Г. 斯科雷尼科夫则从更宏观的历史角度认为，传统上把莫斯科兼并诺夫哥罗德视为消除分裂而必然的进步事件的看法，是不公正的。显然，历史编纂学所使用的"兼并"一词，并不能完整反映诺夫哥罗德悲剧的本质。事实上，"诺夫哥罗德共和国的维彻制度，具有非常牢固的内在稳固性，要摧毁这一制度，只有普遍迁移诺夫哥罗德境内的所有波雅尔和其他土地所有者，正如莫斯科大公所做的那样"。"自由的诺夫哥罗德的衰落，导致了罗斯维彻传统的崩溃和以土地私有制为基础的社会制度的垮台。极力扩展土地国有制致使莫斯科君主的专制意向有了客观的基础"。[④] 笔者以为，从俄罗斯历史发展的长时段来看，Р. Г. 斯科雷尼科夫的这一评价相当中肯，俄国政治制度中这种"土地国有制"的专制手段，正是其后历史发展的经济基础。

梁赞诺夫斯基认为，克柳切夫斯基和俄罗斯其他历史学家选择东北地区的发展作为罗斯历史发展的典型和基辅罗斯的真正延续，这有点夸大其词。"如果将诺夫哥罗德、西南地区和东北地区都视为基辅文化的延续，并将它们后来的独立发展看作基辅多元且复杂的社会与制度中的某些成分的进一步发展，这样可能会更好些。"这些成分包括"民主的维彻、贵族政治与专制的王公、城市与乡村、贸易与农业、与西方的接触或对亚洲的亲近。不在我们讨论之列的罗斯其他地区，如斯摩棱斯克、切尔尼戈夫和梁赞等，也不应

---

① Пушкарев С. Г. Обзор русской истории. М. : Наука，1991. с. 79.

② Ключевский В. О. Русская история：Полный курс лекций. Т. 1. М. 2002. с. 454；同时参见〔俄〕瓦·奥·克柳切夫斯基《俄国史教程》第二卷，贾宗谊等译，第 107~108 页；此处译文有改动，原译文有误。

③ 参见〔俄〕瓦·奥·克柳切夫斯基《俄国史教程》第二卷，贾宗谊等译，第 108 页。

④ Скрынников Р. Г. История российская. IX-XVII вв. СПбГУ. 2006. с. 199-200.

该被排除在基辅继承者之外"。① 笔者十分赞同梁氏看待历史的这种广阔视野和平等眼光,不以成败论英雄,也不认同俄国历史发展道路中的一元化和必然性,而是把历史看作多元因素博弈的结果,强调历史主体在特定时代和内外环境中的选择性,这样的理解应当更符合史实。但我们也不得不承认,在蒙古统治的大势下,罗斯原有的政治平衡被打破,东北地区的发展模式在与其他地区模式的竞争中获得了长足的发展,并占据了主导和优势地位,最终统一了整个罗斯。

从伊凡三世统治开始,一个强大的莫斯科国家已经脱颖而出,俄国历史进入莫斯科罗斯时期。莫斯科国家开始与其他欧洲国家如德意志帝国、威尼斯、丹麦、匈牙利以及土耳其等建立外交关系。索洛维约夫则说,西欧在同一时间发现了莫斯科国家〔"莫斯科维亚"(Московия)〕和美洲。西欧知道了立陶宛大公国和俄罗斯大公国的存在,即知道立陶宛大公治下的罗斯,以及再往东延伸着"一个幅员辽阔的鞑靼人地区"。② 马克思也生动地描述过西欧对莫斯科国家的最初认识:"惊惶的欧洲,当伊凡在位之初,几乎不知道夹在鞑靼人和立陶宛人之间还存在着一个莫斯科公国,这时看到一个庞大的帝国突然出现在它的东部边境而被弄得目瞪口呆。"③ 普什卡廖夫认为,是蒙古统治长期把东部罗斯与西欧隔开。在立陶宛大公国建立后,罗斯人民的东支在长达几个世纪的时间分离于其西支。东部罗斯与欧洲的地理和政治分离,在二者之间建起了相互疏远和不能理解之墙,这类似于后来东西方之间的"铁幕"。处于鞑靼政权统治之下的东部罗斯,在无知的欧洲人的意识中变成了"鞑靼国家"。④

在当时西欧的视角下,莫斯科国家作为一个被强大蒙古政权统治了长达两个多世纪而后在西欧以东崛起的国家,俨然是一个复制版本的"鞑靼国家"。16~18世纪西欧的旅行家、史学家、政治学家们,包括孟德斯鸠,大多将莫斯科罗斯的统治方式视作东方"专制主义"(即独裁君主制)的典型加以描述。显然,那时的西欧学者对蒙古入侵前的基辅罗斯的政治面貌知之甚少。今天来看,这一认识是否符合莫斯科国家的真实历史?莫斯科国家政治制度是否只是蒙古政权的简单"再版"?

---

① 〔美〕尼古拉·梁赞诺夫斯基、马克·斯坦伯格:《俄罗斯史》,杨烨等主译,第85页。
② Пушкарев С. Г. Обзор русской истории. М.: Наука, 1991. с. 105-106.
③ 马克思:《十八世纪外交史内幕》,人民出版社,1979,第70页。
④ Пушкарев С. Г. Обзор русской истории. М.: Наука, 1991. с. 94.

第二节　俄国专制君主制何以源起

任何一种政治制度都不可能无缘无故地产生，一个国家的政治制度也不可能毫无缘由地发生改变。正如新制度主义者所指出的，"没有一项制度是新创造的"，"任何新制度都应看作以往因素的残留物"①，但"历史的偶然性，会促使不同国家走上不同的制度发展轨道"②。在政治制度的生成过程中，"个体能动性在确定目标及实现手段上具有一定的能力，在一定程度上可以在实践中创造合意的制度"③；也就是说，既要强调制度起源时外围环境的约束性，也不能忽视个体选择的能动性。那么，15 世纪末莫斯科国家形成时，其政治制度都是在哪些"偶然的"和"残留的"历史因素中进行选择的？

一　金帐汗国的政治影响：中央集权化

可以说，蒙古入侵是 13～15 世纪俄国历史发展中最为重大的"偶然性"事件。正是金帐汗国的统治使俄国历史从基辅罗斯阶段过渡到了莫斯科罗斯阶段。要考察这种影响的力度，应按维尔纳茨基所说，"判断蒙古对俄国影响范围的一个简便方法，就是对比前后蒙古时期的罗斯国家与社会，特别是比较莫斯科罗斯与基辅罗斯时代的精神和体制"④。

（一）史学家论蒙古统治对罗斯的政治影响

罗斯编年史家对蒙古统治的影响一贯缄默。⑤ 在 14 世纪末到 15 世纪初

---

① Jack Knight and Itai Sened, eds., *Explaining Social Institutions*, Ann Arbor: The University of Michiagan Press, 1995, p. 121；转引自马雪松《政治世界的制度逻辑——新制度主义政治学理论研究》，第 132 页。

② 孙圣民：《制度和发展的政治经济学：制度变迁理论最新进展综述》，《中国制度经济学年会论文集》，山东大学经济研究学院，2006。

③ 马雪松：《政治世界的制度逻辑——新制度主义政治学理论研究》，第 131 页。

④ George Vernadsky, *The Mongols and Russia*, vol. 3: *A History of Russia*, p. 335.

⑤ 对编年史家为何缄默，国内学者有较为详细的阐释。参见黄秋迪《中世纪俄国知识分子眼中的"蒙古征服"》，《西伯利亚研究》2006 年第 6 期；崔健《金帐汗国的兴亡及其对俄国的影响》，第 55～58 页。

的文献中，编年史家谴责鞑靼人"阴谋占领罗斯"，在他们的书中似乎鞑靼统治并未成为事实。某种程度上，罗斯的中世纪学者在处理蒙古统治的理论问题时，大部分都会采用模棱两可的词语，并且从宗教角度出发，将蒙古入侵解释为上帝的旨意和罗斯人应接受的惩罚。他们将基督教宿命论、宗教观念和"世俗的"历史学分析融合在一起，并以宗教修辞学来解释罗斯的遭受异族入侵和其统治意识形态的减弱。① 俄国历史学家也很少关注蒙古人及其对俄罗斯的影响。一些学者只关注蒙古入侵与征服的破坏性和总体上的消极影响，而另一些学者则把这件事视为俄国历史发展中微乎其微的因素而全然置之不理。苏联历史学家习惯将这段历史称为"蒙古桎梏"，并着重强调罗斯的被动色彩。

20 世纪初流亡国外的俄罗斯知识分子开创了欧亚学派，强调俄国独特的"欧亚洲"（Евразия）地缘政治地位，并以此来看待俄罗斯在世界历史中的角色和作用。② 欧亚学派重视蒙古人对罗斯的政治作用。③ 中国学者近年来也集中关注了欧亚主义视角下蒙古统治对罗斯政治的影响。④ 比如，在萨维茨基等人看来，"蒙古人才是俄罗斯国家真正的先驱"⑤。他们认为，莫斯科公国的制度、法律规范以及心理状态都是成吉思汗的遗产。这种观点初看起来就像是 16~18 世纪欧洲旅行家们主观臆断的翻版。梁赞诺夫斯基认为，欧亚学派的观点是经不起推敲的：从莫斯科公国的主观意向上来讲，其"领导人将拜占庭作为自己的最高典范"，而强调蒙古人是上帝惩罚罗斯的"狠狠一鞭"；从外部环境来看，与蒙古人的国家相比，欧洲各国离罗斯更近。其他国家在这几个世纪中虽未与蒙古接触也发生了类似绝对君主制的变化，因

---

① Charles J. Halperin. Russia and the Golden Horde：the Mongol impact on medieval Russian history. London：I. B. Tauris & Co. Ltd.，1985，p.63.

② 欧亚学派的核心理论是"欧亚主义"（Евразиство），其代表人物有 H. C. 特鲁别茨科伊、П. Н. 萨维茨基、П. П. 苏甫钦斯基和 Г. В. 弗罗洛夫斯基等，后来史学家 П. М. 毕茨里、Г. 维尔纳茨基也加入欧亚主义者的行列。参见伍宇星《欧亚主义历史哲学研究》，学苑出版社，2011，第 1~46 页。

③ 如维尔纳茨基和萨维茨基就集中论述过蒙古对罗斯的影响。George Vernadsky, The Mongols and Russia, vol. 3：A History of Russia, New Haven, London：Yale University Press, 1953；Савицкий П. Н. Континент Евразия. М.：Аграф, 1997.

④ 孙嵩霞：《从民主成分衰落到专制制度形成：13—15 世纪蒙古对古罗斯政治发展的影响》，《山东大学学报》（哲学社会科学版）2016 年第 2 期；孙嵩霞：《蒙古统治俄罗斯历史新论》，《俄罗斯东欧中亚研究》2016 年第 3 期。

⑤ 粟瑞雪：《欧亚主义视野：萨维茨基论蒙古-鞑靼统治及其对俄罗斯历史的影响》，《俄罗斯中亚东欧研究》2010 年第 3 期。

此不能特别强调蒙古对罗斯的影响。① 笔者以为，梁氏的批驳并不合理，即使在莫斯科公国与西欧之间偶尔看到一些体制上的相似，但在这一时期我们根本没有证据可以证明任何一位莫斯科王公或者重要人物到过欧洲或者熟悉西方的政体。而根据编年史记载，我们却有直接的证据证明几乎所有的罗斯王公都去过萨莱，或作为臣属到过那里，这一事实可以解释为何他们可能模仿蒙古的政权来塑造自己的政体。只是，这种影响不可能使莫斯科国家像16~18世纪旅行家们说的那样完全是个"鞑靼国家"的再版，而是结合了其他各种因素加以改造的结果。

事实上，部分欧亚主义者和后来西方学者对这个问题的研究是严谨而细致的。其一，赞同蒙古对莫斯科公国有影响的学者们普遍认为，这种影响出现较晚。维尔纳茨基认为，"蒙古体制之于莫斯科公国的影响只有在（莫斯科公国）从蒙古统治之下独立时才极大地体现出来"，他称这种现象为"延迟的影响"，看到这种影响"在俄国独立后是加强了而不是减弱了"；并认为它正是"通过为莫斯科公国统治者服役的鞑靼人"来实现的。② 卡尔·魏特夫继承了16~18世纪旅行家的看法，认为莫斯科公国从蒙古那里获得了独裁君主制；他又接受了维尔纳茨基"延迟的影响"的观点，将其称为"体制上的定时炸弹"，并认为这种影响到16世纪才初露端倪。③ A. 亚诺夫则嘲笑他关于隐藏的"定时炸弹"的观点，认为"即使在最奇幻的小说里……这看起来也是不可靠的"④。其二，部分学者也强调蒙古对罗斯的政治影响并非决定性的和唯一的因素。C. J. 哈尔佩林认为，"蒙古因素并不能单独决定莫斯科的政治前途，蒙古人为莫斯科公国专制制度的出现创造了便利条件，而并非直接引起这一制度的出现"。他强调，在俄国统一或者莫斯科政体的独裁特点方面，鞑靼人贡献并不多。独裁主义是从莫斯科国家内部兴起的，是从拜占庭传来了这种理论和象征意义的体现而非来自萨莱的。⑤ 唐纳德·奥斯特洛夫斯基则更强调莫斯科王公在历史进程中的主动性选择，"莫斯科

---

① 〔美〕尼古拉·梁赞诺夫斯基、马克·斯坦伯格：《俄罗斯史》，杨烨等主译，第66~69页。

② George Vernadsky, *The Mongols and Russia*, vol. 3: *A History of Russia*, p. 335.

③ Karl A. Wittfogel, "Russia and the East: A Comparison and Contrast," *Slavic Review* 22 (December, 1963), pp. 635-636.

④ Alexander Yanov, *The Origins of Autocracy: Ivan the Terrible in Russian History*, Berkeley: University of California Press, 1981, p. 101.

⑤ Charles J. Halperin, *Russia and the Golden Horde: The Mongol Impact on Medieval Russian History*, London: I. B. Tauris & Co. Ltd., 1985, pp. 87-88.

诸王公在 14 世纪上半叶将蒙古的政治和军事制度广泛引入了莫斯科公国。之后所发生的政体的同化、重塑与选择并不是蒙古强加的，而是莫斯科王公们有意将可汗制度与军事制度作为自身军政制度的样板"。同时他也指出，"认为莫斯科公国吸收并从非莫斯科社会那里选择了政体以及政治实践，这种看法并没有贬低莫斯科或者它领袖的才干。相反的，这证明了这些根据自身需求来选择体制与实践的莫斯科公国领袖具有实用主义精神，并以此来战胜了东北罗斯的其他竞争者"[1]。

蒙古对罗斯南部草原地带的占领，在很大程度上切断了罗斯与西方的联系，加重了这一时期罗斯的相对孤立性。曾有人认为，"如果没有蒙古人的入侵，罗斯可能就会参与到文艺复兴及宗教改革等划时代的欧洲历史进程之中"。一些历史学家估计，"蒙古对罗斯的入侵与统治使这个国家的发展停滞了大约 150 年或 200 年"。[2] 这种落后使罗斯"被西欧国家远远地抛在后面，迫使此后的俄罗斯国家只能沿着'追赶发展'的道路前进。而沿着这条道路发展的社会，就只能是沙皇专制、农奴制强制的'动员型发展'社会"[3]。

（二）中央集权化：俄国专制主义兴起的制度因素

不得不承认，无论在政治、军事行政组织中，还是在社会、经济和文化生活中，蒙古人都在东北罗斯留下了重大印迹，深刻影响了此后莫斯科罗斯政治体制的道路选择。只是这种影响"是一个漫长的过程。当莫斯科公国面临与金帐汗国相似的问题时，他们就会向汗国借鉴，引入新制度，这时金帐汗国对于俄国政治的影响就会体现"[4]。只要这种需求出现时，影响就会随之时时体现，而不是单纯地集中在某一时间段内。

其一，对金帐汗国的依附，改变了王公政权来源的合法性基础。基辅罗斯时代，各城邦王公政权权力的合法性来源于城市维彻的"邀请"和留里克家族的长幼顺序继承制。而金帐汗国统治下的封邑公国，虽然一定程度上还保留着长幼顺序继承制，但王公政权能否成功保住，还在于是否得到金帐汗的认可和批准，特别是弗拉基米尔大公的名号和地位处在蒙古政权的保护和

---

[1] Donald Ostrowski, "The Mongol Origins of Muscovite Political Institutions," *Slavic Review*, Vol. 49, No. 4 (Winter, 1990), pp. 525, 542.

[2] 〔美〕尼古拉·梁赞诺夫斯基、马克·斯坦伯格：《俄罗斯史》，杨烨等主译，第 67 页。

[3] 曹维安：《俄国史新论——影响俄国历史发展的基本问题》，第 59 页。

[4] 崔健：《金帐汗国的兴亡及其对俄国的影响》，第 65 页。

干预之下时，这"意味着罗斯政治关系的转折：大公的权力是由汗赋予的"①。各王公为争夺大公之位，积极充当金帐汗国的代理人。到莫斯科王公完全把持大公之位时，这种合法性基础一方面限制了莫斯科王公的权力，莫斯科公国被认为是金帐汗的附庸，另一方面借助金帐汗的意志，莫斯科王公的地位高居其他所有罗斯公国之上。其结果就是，"罗斯大公是从金帐汗那里获得权力，根本不取决于罗斯民众的意愿"②。从某种程度上，莫斯科家族王公从幼系走向大公之位的合法性就来源于此。在莫斯科国家摆脱金帐汗国统治后，这种"金帐汗授"的政权合法性来源，更合理地演变为"君权神授"的思想；总之，政权的来源从此与民众的意愿无关。

其二，金帐汗的权威改变了罗斯王公内部的政治关系。金帐汗国的统治使弗拉基米尔大公的宝座成为买卖和交易的对象，可以花钱买到的汗国"封诰"，掩盖了各种各样无理现象。但受辱者并不像基辅罗斯时期那样，立即拿起武器寻求"神意裁决"，而是到可汗那里寻求保护和请求评判，这个办法经常奏效。只要汗大发雷霆，闹事者就不敢妄为。"汗不仅可以宣判罗斯王公死刑，而且还以最侮辱性的方式执行"③。"汗的恩惠，也就是说汗的专断不止一次地预防和阻止了内讧的惨祸"，"汗的权力就像一把鞑靼的快刀，能够像斩乱麻一样解决弗谢沃洛德三世的后代在这块土地上搞得乱七八糟的事务"。据统计，在1228～1462年的约234年中，北部罗斯发生了90次内讧。④ 这一频率远小于基辅罗斯时期。特别是在金帐汗国授意下，弗拉基米尔大公拥有了对不服从王公进行武力征服和司法审判的权力，这使莫斯科王公借机熟练了种种蛮横的中央集权手段，便于莫斯科在带领罗斯走向统一国家的过程中积极运用这些手段。

其三，"蒙古桎梏"一定程度上加强了王公对亲兵和居民的权力，并进一步削弱了东北罗斯的维彻或民主因素。虽然罗斯王公们承认自己是鞑靼"沙皇"的臣民，但也因为如此，在得到金帐汗对自己占有权的认可后，他们与治下的罗斯居民发生冲突时就能够依靠蒙古人的力量进行征服。一方

① Кобрин В. Б., Юрганов А. Л. Становление деспотического самодержавия в средневековой Руси (к постановке проблемы) // История СССР, 1991, № 4. с. 57.

② Истории России. В2т. Т. 1. С древнейших времен до конца XVIII в. / Под ред. А. Н. Сахарова. М. : АСТ: Астрель; Владимир: ВСТ, 2009. с. 305.

③ Насонов А. Н. Монголы и Русь. М. ; Л., 1940. с. 87.

④ 〔俄〕瓦·奥·克柳切夫斯基：《俄国史教程》第二卷，贾宗谊等译，第43、47页。

面，过去罗斯王公的依靠力量亲兵，在金帐汗国的入侵中大量死去。通过对比可知，"后来莫斯科波雅尔主要家族中，除了留里克家族、格季明诺维奇家族和诺夫哥罗德的迁居者外，没有任何一个姓氏的子孙是拔都入侵前知名的"①。另一方面，过去罗斯王公与亲兵的伙伴关系，在"汗国政权下未必可以自由发展，要知道王公自己都是蒙古汗的'服役人'。罗斯王公必须在新的条件下绝对服从汗的意志，不可能容忍以前亲兵的独立性，赋予他们过去的权利"②。如 В. И. 谢尔盖耶维奇所说，"鞑靼人的入侵使罗斯王公及其政权首次认识到了一种不容商量、无条件服从的权力。鞑靼汗们没有必要与人民商量，他们有足够的力量来命令他们。于是，罗斯维彻活动发展的土壤立刻遭到了毁灭"③。正是从蒙古统治时起，在基辅罗斯城市生活中发挥重要作用的维彻，从词义上开始有了"聚众造反"的含义。④ 摆脱蒙古统治后，莫斯科大公有了机会将这种"不受限制"的权力模式运用于统一国家的建设中。

其四，200 多年的蒙古统治使罗斯文化遭受重创，培植了罗斯国民的奴性心理。如果说在政治方面即中央集权国家的建立方面，罗斯尚与西欧国家（如英国、法国等也都是于 15 世纪末在跟现代边界相似的区域内建立了中央集权制国家）具有相似特点的话，那么在文化方面，罗斯就远远落后于这些先进的欧洲国家了。原因就在于，罗斯遭到了文明发展水平较低的民族的统治，从而孤立于其他文化中心。⑤ 接替罗斯时代的精英——战斗中死去的亲兵们是一些从非特权居民阶层上来的新人，他们"习惯于负罪感并准备成为王公的仆从，而非战斗伙伴"⑥；更为重要的是，蒙古统治促使罗斯在面对强权之时，其巴结、逢迎、奴颜婢膝等恶习得以发展和蔓延。这种恶劣品质尤

---

① Кобрин В. Б. Власть и собственность в средневековой России. М, 1985. с. 39-46.

② Кобрин В. Б., Юрганов А. Л. Становление деспотического самодержавия в средневековой Руси（к постановке проблемы）// История СССР, 1991, № 4. с. 57.

③ Сергеевич В. И. Древности русского права：в 3т. Т. 2. Вече и князь. Советники князя. М., 2007. с. 33-34.

④ Ключевский В. О. Терминология русской истории. /Сочинения：В9т. Т. VI. Специальные курсы. М.：Мысль. 1989. с. 144.；Пушкарев С. Г. Обзор русской истории. М.：Наука, 1991. с. 93.

⑤ Истории России. В2т. Т. 1. С древнейших времен до конца XVIII в. /Под ред. А. Н. Сахарова. М.：АСТ：Астрель；Владимир：ВСТ, 2009. с. 291.

⑥ Кобрин В. Б., Юрганов А. Л. Становление деспотического самодержавия в средневековой Руси（к постановке проблемы）// История СССР, 1991, № 4. с. 58.

其在罗斯社会上层、在王公内部表现得十分明显。他们认为，自己只要在可汗及其助手面前阿谀奉承、巴结、逢迎和低三下四便会有助于自己保留甚至扩大权力和收入，顺从才能使自己的利益最大化，反抗只会带来毁灭性的浩劫。而当这些人在鞑靼人面前受到了屈辱之后便又会想方设法来污辱自己的下属。在鞑靼人长期的桎梏下，这种恶劣品质在罗斯越来越多地表现出来，并日益融入整个社会生活之中，并与罗斯的民族性格相结合。① 这在一定程度上为莫斯科国家专制君主制的建立奠定了社会心理基础。

莫斯科公国正是巧借蒙古统治之机而崛起的，并顺应民族利益之需而统一的。可以说，莫斯科的中央集权体制正是"金帐汗国对罗斯长期实行野蛮统治的反作用"。莫斯科罗斯的王公们"在反抗金帐汗国统治的过程中接受了蒙古人在政治制度、军事行政组织、人民普遍纳税服役，尤其是关于王权无限的教海，从而拥有了建立中央集权国家的种种手段和武器"②。金帐汗国颁发罗斯大公"封诰"的制度和在整个罗斯区域内征税的活动，阻止了罗斯分离主义倾向，起到了不断地将罗斯所有土地凝聚在一起的作用。可汗的"封诰"使莫斯科王公拥有了干涉所有其他公国、城市内部事务和向其派遣自己的地方官的权力。金帐汗的人口统计调查也在以后被莫斯科大公用来为自己尽可能地征收更多的税款。这都为以莫斯科为中心的俄罗斯中央集权制国家的建立扫清了障碍。从这个角度看，"蒙古桎梏"对东北罗斯正在形成的俄罗斯人来说还是一种机遇，因为俄罗斯的统一并非建立在社会经济迅速发展和紧密联系的基础之上的，而是建立在金帐汗国的统治为俄罗斯造就了统一的大势的基础之上的。

15世纪末开始，俄罗斯开启了统一国家的建立过程，东北罗斯与西北罗斯（雅罗斯拉夫尔、罗斯托夫、诺夫哥罗德、特维尔、维亚特卡、普斯科夫和梁赞）逐渐得以统一，并于1480年彻底摆脱了金帐汗国的统治，莫斯科国家正式宣告政治上完全独立，之后斯摩棱斯克及其他一系列公国也并入了莫斯科国家。与此同时，大俄罗斯民族基本形成。伊凡三世和瓦西里三世遂成为莫斯科罗斯中央集权的统一国家的奠基人。

不过，无论怎样描绘蒙古统治对莫斯科国家政体的重大影响，相比东正教而言，它终究不是影响俄国历史发展的持久性和永久性因素。蒙古的影响

---

① История России. В2т. Т. 1. С древнейших времен до конца XVIII в. /Под ред. А. Н. Сахарова. М. ：АСТ；Астрель；Владимир：ВСТ, 2009. с. 233.

② 曹维安：《俄国史新论——影响俄国历史发展的基本问题》，第64页。

只是其中一个方面，很难同斯拉夫人的"启蒙者"——拜占庭相提并论。[①]
它更像是一种历史的"偶然性"事件，为俄国专制政体的发展造就了一种形势和一种选择。事实上，莫斯科罗斯中央集权的统一国家的诞生以及其政治制度的发展，正好处在"金帐汗国传统与拜占庭传统的交汇点上，是二者综合的结果。但对其中无论哪一种都不是照搬，而是对之进行了重要的修正"[②]。

二　拜占庭的宗教遗产：政权神圣化

对罗斯来说，15世纪发生了两个改变其命运的重大事件，即金帐汗国无可挽回的衰落和君士坦丁堡的陷落。俄国历史从此进入了不同于过去的新阶段。如果说，金帐汗国的衰落为俄罗斯中央集权国家的建立与君主权力的加强提供了机遇，那么，君士坦丁堡的陷落则为莫斯科罗斯政权提升威望和增强自信注入了精神活力。莫斯科君主权力的增强与这个新统一的国家政权的政治思想水平的提升是并行的。

（一）　民族独立之路上的罗斯东正教会

虽然蒙古统治下的罗斯相对封闭和孤立，但其东正教信仰并没有中断。对罗斯东正教而言，"蒙古桎梏"与其说是一种桎梏，不如说是一种打破基辅罗斯原有政治结构的力量，一种使教会在政治生活中得以彰显积极作用的契机。

众所周知，蒙古人对一切宗教采取信仰自由的态度。罗斯东正教会不仅没有遭受金帐汗的任何压制，而且都主教们还受到金帐汗的特别优待——"封诰"，罗斯的宗教界及教会人员都被免除"鞑靼贡赋"。如1270年，蒙哥-帖木儿汗在致罗斯都主教的信中写道："教会的各种不动产——土地、水域、庄园、作坊、避寒和避暑的圣地——一律不得侵占，教会免纳各种贡赋。"[③] 这些"封诰"保障了罗斯东正教的权利和特权以及教会财产的不受侵犯。在财产方面，罗斯教会自认为是独立的，俨然成为大土地所有者。其

---

① 陈志强：《盛世余辉：拜占庭文明探秘》，云南人民出版社，2001，第104页。
② Ахиезер А., Клямкин И., Яковенко И. История России: конец или новое начало? М.: Новое издательство, 2005. с. 199-200.
③ 参见乐峰《东政教史》，中国社会科学出版社，1999，第101页。

收入包括信徒的捐赠、因举办宗教仪式和审理宗教案件而获得到的收入、从教会和修道院所属土地上获得的收入。而王公及其家属的捐赠无疑也在教会收入中占了相当大比重。[①] 在蒙古人和罗斯王公的双重力量支持下，东正教会在金帐汗国时期获得极高的社会和经济地位。[②]

金帐汗对罗斯频繁的毁灭性劫掠，促使罗斯许多宗教思想家们思考一个问题：罗斯遭此浩劫的原因何在？最终在宗教界形成了一种"普遍罪孽说"——罗斯人有罪，而这种罪可以通过修道士个人的舍生取义行为来救赎。这就要求宗教人士在有生之年去那些偏远荒僻之地过隐居修行的生活，以便在寂静、平和的环境中虔诚地做上帝的奴仆，在繁重的劳动中获得自己生存所需要的一切。这是从拜占庭传至俄国的静修主义观念在新的历史形势下的思想发展。14~15世纪正是静修主义在俄国的繁荣时期。[③] 宗教人士中，谢尔盖·拉多涅日斯基是最虔诚地信奉这一观念的苦修者之一。后来，在其苦修之地修筑了著名的圣三一·谢尔盖耶夫修道院。14世纪60~70年代，他的很多弟子和追随者在离开他以后都在罗斯北部建立了自己的修道院，这些修道院成为静修主义实践的基地。事实上，在蒙古入侵之前，"基督教化的进程只是略微触及了俄罗斯民众的生活，而这些人几乎都是城市居民，仅占罗斯全体居民的0.5%。神甫和僧侣在13世纪之前主要或者仅仅服务于有权势的上层人士和城市居民"[④]。正是在蒙古统治时期，修道院开始从城市走向农村，从文明地区走向荒蛮之地（附录地图7）。[⑤] 东正教在罗斯地区得到广泛传播并成为罗斯人民的普遍信仰。[⑥] 最终，这些修道院成了所有罗斯人的宗教教导和辅导中心。罗斯僧侣们就像是"黑夜中的灯塔"，为迷茫的民众指明了方向。他们"为俄罗斯民族自觉意识的形成作出了巨大贡献，正是

① Истории России. В2т. Т. 1. С древнейших времен до конца XVIII в. /Под ред. А. Н. Сахарова. М. : АСТ: Астрель; Владимир: ВСТ, 2009. c. 312.

② 黄秋迪：《金帐汗国统治时期的罗斯东正教会》，《西伯利亚研究》2007年第1期。

③ 〔俄〕С. С. 霍鲁日：《拜占庭与俄国的静修主义》，张百春译，《世界哲学》2010年第2期，第90页。

④ 〔俄〕爱·萨·库尔平-古拜杜林：《俄国历史的东方节律》，贝文力译，《俄罗斯研究》2010年第4期。

⑤ 参见附录地图7《1200—1600年俄罗斯修道院的繁荣》，转引自〔英〕马丁·吉尔伯特《俄国历史地图》，王玉菡译，第16页。

⑥ 贾宝维、张龙海：《试论蒙古西征与罗斯国家的统一》，《内蒙古社会科学》（汉文版）2011年第6期。

他们推动了自库利科沃战役开始出现的罗斯爱国主义运动的高涨"。[①] 在与异教征服者和压迫者的对抗过程中，这种宗教和民族认同渐渐成为俄罗斯人民为摆脱"渎神的阿加尔人"（罗斯编年史家对阿拉伯游牧部族的称呼）统治而进行民族统一和民族政治解放斗争的强大工具。[②]

同时，都主教们保持东正教会统一的努力，在客观上有助于莫斯科王公攫取政治利益。从马克西姆 1299 年将都主教驻地从基辅迁出开始，罗斯东正教会就一直面临着西南罗斯分裂罗斯总主教区的威胁：先是建立加利西亚主教区的挑战，后是建立立陶宛主教区的挑战。历任都主教们如彼得、费奥格诺斯特、阿列克谢和基普里安都致力于维护罗斯教会的统一。1355 年，君士坦丁堡任命阿列克谢为全罗斯的都主教时，也为立陶宛任命了一个新主教罗曼。罗曼管辖的范围包含基辅，在他的教会范围内，以立陶宛为宗主国。阿列克谢采取了许多措施试图收回立陶宛的教会管辖区，如他积极到君士坦丁堡和基辅奔走呼吁，为此还在基辅被关押了两年。[③] 他们的措施对罗斯统一事业的最大贡献可能就在于"对王权内部的权力斗争的不断干涉，干涉的形式是建议、警告，有时甚至是开除教籍；这种干涉通常都对莫斯科有利"。[④] 不过，不宜过于强调这一时期教会与莫斯科公国的完全一致性主张和密切合作。实际上，莫斯科公国的政策与教会的政策也有着显著的不同。弗拉基米尔大公最初把注意力集中在罗斯北部范围内，疏远和敌视加入立陶宛政治阵营的西南罗斯；与此相反，都主教们仍然保持宽广的视野，他们仍认为自己对整个罗斯教会范围拥有管辖权。另外，与大公依靠蒙古大汗的支持和与萨莱保持密切的政治经济联系不同，都主教不但注意和萨莱的关系，而且向君士坦丁堡牧首寻求帮助和指导。可见，"都主教的最终目的不是维护弗拉基米尔，也不是维护莫斯科王公家族，而是维护自己教会的统一，阻止和世俗政权边界变化一样的教会分裂"。[⑤] 14～15 世纪，罗斯东正教会相对莫斯科国，仍保持着自己一定的独立性。这种独立性表现在三个方面：罗斯东正教会仍接受君士坦丁堡宗主教的控制；罗斯都主教所控制的区域比莫斯

① Истории России. В2т. Т. 1. С древнейших времен до конца XVIII в./Под ред. А. Н. Сахарова. М. : АСТ: Астрель; Владимир; ВСТ, 2009. с. 312-313.

② Пушкарев С. Г. Обзор русской истории. М. : Наука, 1991. с. 93.

③ *The Cambridge History of Russia*, Vol. I: *From Early Rus' to 1689*, p. 151.

④ 〔美〕尼古拉·梁赞诺夫斯基、马克·斯坦伯格：《俄罗斯史》，杨烨等主译，第 102 页。

⑤ *The Cambridge History of Russia*, Vol. I: *From Early Rus' to 1689*, pp. 153-154.

科大公所控制的区域要大得多，而都主教本人首先承认的是基辅政权，然后是弗拉基米尔政府，最后才是莫斯科政权；罗斯东正教会不认为莫斯科政府和弗拉基米尔政府具有神圣性，因为其权力都是从金帐汗国那里得到的。[①]

但无论主观目标是否相同，事实上罗斯大公和都主教都需要对方的帮助，特别是莫斯科公国崛起后，二者的共同利益越来越一致。莫斯科大公觊觎整个罗斯的土地，必须利用教会的权威来巩固自己的政权合法性地位和实现自己的意愿，因此极力使莫斯科在成为国家行政中心的同时还要成为宗教中心。而罗斯都主教也需要王公们来保护自己的财产和领地。例如，继基普里安之后成为罗斯都主教的福季发现，都主教辖区的所有财物，甚至连自己基本的生存手段，都被人劫走；只有在罗斯大公的干预下，这些被抢的东西才得以归还，都主教辖区才得以重新恢复。若没有罗斯大公的帮助，莫斯科都主教很难成功地对自己广阔辖区内的各主教实施有效的控制。15世纪中叶，诺夫哥罗德主教叶夫菲米对自己的从属地位不满，极力主张分离主义。在当时罗斯大公家族内讧频仍的情况下，他几乎成功地实现了脱离莫斯科都主教控制的企图。由于得到了莫斯科王公政权的帮助，莫斯科都主教最终还是使"迷途的羔羊们"返回了官方教会的轨道。[②]

西方罗马教会合并的威胁，最终使莫斯科大公与罗斯教会达成一致性目标。1431年都主教福季在莫斯科死后，人们希望梁赞主教约纳继任罗斯都主教，但1437年君士坦丁堡牧首任命伊西多尔为罗斯都主教，这是最后一个来自希腊的罗斯都主教。这一任命含有政治上的目的。14世纪，由于受奥斯曼土耳其的极大威胁，拜占庭皇帝和牧首向欧洲请求军事援助，但是他们认为，如果不解决东正教会与罗马教会的分歧，欧洲就不会派出军事援助。于是1439年召开了佛罗伦萨会议，在承认罗马教皇最高权力的前提下缔结了与罗马教会合并的协议，史称"佛罗伦萨合并"。伊西多尔参加会议并签署了合并文件。1441年当他以罗马红衣主教职务回到莫斯科后，莫斯科政府和宗教界坚决拒绝合并。莫斯科大公瓦西里二世把伊西多尔称为"拉丁邪教的诱惑者"，并认为他是"信仰的背叛者"而剥夺了其都主教之职。[③] 1448年，

---

① Истории России. В 2 т. Т. 1. С древнейших времен до конца XVⅢ в./Под ред. А. Н. Сахарова. М.：АСТ：Астрель；Владимир：ВСТ，2009. с. 311.

② Истории России. В 2 т. Т. 1. С древнейших времен до конца XVⅢ в./Под ред. А. Н. Сахарова. М.：АСТ：Астрель；Владимир：ВСТ，2009. с. 311-312.

③ Пушкарев С. Г. Обзор русской истории. М.：Наука，1991. с. 101.

约纳被罗斯宗教会议正式任命为都主教；对约纳的任命，罗斯教会根本不问君士坦丁堡牧首的意见。1459 年的宗教会议还将这一任命原则确定下来。从此，莫斯科的都主教便从莫斯科大公提出的人选中任命，而无须听命于拜占庭牧首；莫斯科教会成了自主教会。① 由于没有跟随牧首与罗马教廷联合，并且自主任命了罗斯的都主教，因此，瓦西里二世支持的主教们在罗斯宗教事务上享有自治权。

为巩固这一地位，都主教们创造了大量的神话与传说，并赋予莫斯科王公家族在罗斯王朝中的合法性和正统性地位。由于约纳的都主教职务是由主教们选出并由莫斯科大公任命的，没有得到牧首的授圣职礼，所以其宗教地位并不稳固。都主教及其支持者采取了许多措施来加固他在整个罗斯教会的领导地位，以证明这种选举具有合法性。他们把莫斯科大公尤其是瓦西里二世描绘成被上帝选出来的王公，且被授予和异教徒作战的能力以及统治与保卫莫斯科的权力，因为莫斯科是正统东正教信仰的堡垒。在编撰于 15 世纪中期的《德米特里·顿斯科伊传》中，德米特里大公的祖先不仅仅被追溯到伊凡·卡利达，而且还被追溯到了莫斯科王位的创立者达尼尔·亚历山德罗维奇，甚至追溯到基辅的圣弗拉基米尔。15 世纪 50 年代末 60 年代初，编年史的作者把德米特里的传记吸纳进了汇编中，关于佛罗伦萨会议的条目被列在了突出的位置，瓦西里二世也被列入编纂条目中，并与圣弗拉基米尔相提并论，说："圣弗拉基米尔把东正教引入了罗斯，而瓦西里二世则是东正教的捍卫者。"② 因此，瓦西里二世对任命都主教有精神上的权威，大公被赋予的使命既神圣又可靠。这既为脱离牧首控制的莫斯科都主教奠定了合法性，也为莫斯科大公们作为正统的罗斯继承人提供了思想基础。

1453 年，君士坦丁堡落入土耳其手中，这似乎是"神的惩罚，证明了罗斯教会主教们坚守信仰的神圣性，而君士坦丁堡与罗马教会的联合是异端行为"③。这使罗斯教会成了正统东正教信仰的唯一承载者。

(二) 政权神圣化：俄国专制君主制起源的意识形态基础

莫斯科国家面临的关键问题是如何继承和利用拜占庭的遗产。拜占庭帝

---

① 〔苏〕尼·米·尼科利斯基：《俄国教会史》，丁士超、苑一博、杜立克等译，商务印书馆，2000，第 122 页。

② *The Cambridge History of Russia*，Vol. I：*From Early Rus' to 1689*，p. 186.

③ Gustave Alef, *The Origins of Muscovite Autocracy：The Age of Ivan Ⅲ*，pp. 43–45.

国覆灭以后，除了莫斯科公国，没有留下任何一个独立的东正教国家（东正教王国塞尔维亚和保加利亚在拜占庭之前就灭亡了）。莫斯科国家政治上的独立是与其宗教上的自主化进程相辅相成的。

莫斯科大公伊凡三世在 1467 年丧偶，很快罗马教皇保罗二世提议拜占庭末代皇帝君士坦丁十一世的侄女卓娅（索菲娅）·巴列奥略嫁与伊凡三世，希望借助这桩婚姻把莫斯科公国统一到"佛罗伦萨合并"中去，将罗斯置于教皇控制之下，并建立反土耳其人的广泛战线。[①] 这一如意算盘完全落空，婚礼在 1472 年举行，虽没有使莫斯科公国走向与罗马的宗教统一，却大大提升了莫斯科君主政权的地位。作为最后一个拜占庭公主的丈夫，伊凡三世就好像是拜占庭皇帝的继承人，被尊为所有东方正教的首脑。先前拜占庭皇帝承担的保卫东正教信仰的任务现在自然要由莫斯科大公来继续完成。作为圣弗拉基米尔后裔的莫斯科大公，得到了神的庇佑并开始承担保卫东正教信仰的责任，获得了正统性和至上君权的基础。为与莫斯科国家的宗教地位相匹配，莫斯科公国的统治者以各种方式彰显君主的政治地位，致力于政权的神圣化。

第一，按照索菲娅的希望和建议，在莫斯科克里姆林宫的大公宫廷中开始按拜占庭宫廷的样式建立豪华、复杂和森严的仪式制度。政治思想和礼仪之间建立联系是从莫斯科公国的历史性脱胎换骨和披上神圣外衣开始的。他们显然知道在一种令人敬畏的环境中，森严的仪式可以提升统治者的威望，并确认他在社会政治中的最高地位。如"下跪""叩头"的觐见礼仪，把君主的地位提升到不可企及的高度。[②] 上至统治阶层的官员，下至奴隶，所有觐见者都要行礼。这使许多外国人，包括神圣罗马帝国的大使赫伯施坦在内，都深信莫斯科公国是专制独裁国家。赫伯施坦还详尽记述了外国使团进入莫斯科公国境内的外交礼仪，以及沙皇对宫廷陈设和等级的精心安排，目的是想让来使见识到莫斯科宫廷的权威和巨大的财富。所有的觐见者都要求重复统治者一连串冗长的头衔，遗漏了任何一个头衔都是不可容忍的。[③]

---

① 〔美〕尼古拉·梁赞诺夫斯基、马克·斯坦伯格：《俄罗斯史》，杨烨等主译，第 96 页。

② 曾作为神圣罗马帝国大使两度出使莫斯科的西吉蒙德·冯·赫伯施坦，在其《俄国纪事》中对 16 世纪早期莫斯科宫廷的觐见礼仪做了描述："无论何时何人要求觐见或酬谢时，都要鞠躬；如果他想用一种更特殊的方法，他会夸腰，下跪；但如果他要答谢大公的恩惠时，或有任何求助的话，他将叩头。"参见 *The Cambridge History of Russia*，Vol. I：*From Early Rus' to 1689*，p. 388。

③ 转引自 *The Cambridge History of Russia*，Vol. I：*From Early Rus' to 1689*，p. 388。

第二，改变莫斯科大公原有封号以示君主政治权力的扩大和神圣化。当鞑靼"沙皇"和拜占庭"沙皇"都覆灭后，伊凡三世开始自视为独立的君主，在与小邻国的关系上（如与立沃尼亚）开始使用全罗斯"沙皇"（Царь）的封号，这是拉丁语"恺撒"（цесарь，同 цезарь，另一种写法是 кесарь）的俄语缩写。Царь 意味着独立的不向任何人纳贡的、不依附于他人的君主。① 同时，国内官府文件也开始混同使用与之意义相似的另一个封号"专制君主"（самодержец），这是古希腊语拜占庭皇帝称号 αυιοΧραιωρ 的"不太令人满意的"斯拉夫语译名。② 除从君主的称号上继承拜占庭的遗产外，从 15 世纪末起，在莫斯科君主的印章上还出现了拜占庭的徽章——双头鹰，它与先前的莫斯科徽章——战无不胜者圣乔治的形象结合起来，以此表明自己作为拜占庭皇帝家族的继承者身份。莫斯科大公还发明了新的家族权力标志。瓦西里三世赐给未成年的伊凡一个王冠，象征着伊凡最终会成为一个强有力的君主，宣扬瓦西里三世的独裁权力和伊凡作为继承人的荣耀。从瓦西里三世之后，沙皇伊凡四世也按这一传统在 1557 年赐予他三岁的儿子伊凡·伊万诺维奇一顶王冠，以此强调家族权力的延续性。与此同时，王冠上的铭文中也出现了一个新的标志，它表示了沙皇及其子对上帝的虔诚、上帝对伊凡的眷顾，以及莫斯科作为帝都的荣耀。这个新标志与家族继承图案双头鹰一起刻在王冠上，这标志着王朝新的政治角色以及近似神权的地位。

第三，进一步强化莫斯科王公家族的系谱合法性。为确保莫斯科统治者在欧洲人中使用"沙皇"称号的合法性，16 世纪初的莫斯科政治家试图在血缘关系上与世界上最高权力象征的罗马攀亲。在《弗拉基米尔王公传说》中，作者清楚地描述了编造的谱系：普天下的统治者、罗马君主奥古斯都（Август），当他精力衰竭时，把自己的弟弟普鲁士（Прус）安置在维斯拉

---

① 在 11 世纪古罗斯时，Цесарь 就偶尔用来称呼罗斯王公，但只为表示特殊的尊敬，这一称号并非所有王公的官方封号。Царь 指的是比地方部落政权或部族君主更高的权力；Царь 或 Цесарь 本是指罗马皇帝。一直到 15 世纪中叶，罗斯一般把拜占庭皇帝和金帐汗国的汗以及一些比较著名的独立的统治者，称作沙皇。当汗国政权覆灭，而东罗马拜占庭帝国被土耳其灭亡时，全罗斯大公包括莫斯科君主都认为自己是旧罗马皇帝的继承人，官方采用了这一称号。参见 Ключевский В. О. Терминология русскойистории./Сочинения：В9т. Т. VI. Специальные курсы. М.：Мысль. 1989. с. 102–103。

② 〔俄〕瓦·奥·克柳切夫斯基：《俄国史教程》第二卷，贾宗谊等译，第 130 页。同时参见 Ключевский В. О. Терминология русской истории./Сочинения：В9т. Т. VI. Специальные курсы. М.：Мысль. 1989. с. 103。

河沿岸，"普鲁士以后的第十四支系就是留里克大君（*великий государь*）"。① 这样，莫斯科君主的权力不仅来源于对基辅的继承，还直接与罗马皇帝有了血缘关系。

"莫诺马赫王冠"则以实物证明了基辅与拜占庭之间的传承关系。这种明确的皇家权威象征是由拜占庭皇帝君士坦丁·莫诺马赫（1042~1055 年在位）传给弗拉基米尔·莫诺马赫（1113~1125 年在位）及之后的基辅大公的。② 显然，这是极其荒唐的，君士坦丁·莫诺马赫早在其孙子登基基辅的五十多年前就去世了。但伊凡四世时代编纂的莫斯科编年史依然传神地写道：弗拉基米尔·莫诺马赫在基辅获得大公位以后，派大将到君士坦丁堡作战。君士坦丁·莫诺马赫沙皇派遣希腊都主教前往基辅议和，请求基辅王公开恩，以便整个东正教在拜占庭和大罗斯伟大专制君主的共同统治下平安相处，于是"弗拉基米尔的所有王公都带上了沙皇的王冠"。③ 由此得出，莫斯科王公家族本来就是"天生的"君主。1498 年 2 月 4 日，伊凡三世在乌斯宾斯基教堂为自己的孙子德米特里·伊凡诺维奇大公举行盛大的加冕礼，给他戴上"莫诺马赫王冠"和王公披肩，加冕礼设计得如宗教仪式般庄严。这是关于加冕典礼的最早记录。加冕典礼，是赋予沙皇神圣光环中最重要的一项仪式，每位沙皇在位期间只有一次。这项仪式源于拜占庭共治皇帝的庆典仪式，它被伊凡三世用来宣布饱受争议的继承人——其孙子德米特里而不是次子瓦西里登上莫斯科王位。有意思的是，加冕仪式并没能保证德米特里继承大统，1502 年瓦西里重新赢得宠爱并取得大公头衔因而继承了他父亲的王位。可见加冕只是一种确认地位的政治手段，当瓦西里在 1502 年重新受宠并在 1505 年登上皇位就证明了这一点，因为这两次都没有举行加冕典礼。④

第四，创造了"上帝拣选罗斯民族"的理念和"莫斯科是第三罗马"的著名理论。当拜占庭所推算的凶年 7000 年（1492）即将来临之际，莫斯科城改头换面，以东正教会中的新耶路撒冷面貌出现，而莫斯科公国子民被视为上帝的选民，而他们的统治者是由上帝拣选出来领导解放事业的。⑤ "神

---

① 〔俄〕瓦·奥·克柳切夫斯基：《俄国史教程》第二卷，贾宗谊等译，第 131~132 页；同时参见 Ключевский В. О. Русская история：Полный курс лекций. Т. 1. М. 2002. с. 476；*The Cambridge History of Russia*，Vol. I：*From Early Rus' to 1689*, pp. 389-390。

② *The Cambridge History of Russia*，Vol. I：*From Early Rus' to 1689*, pp. 389-390.

③ 〔俄〕瓦·奥·克柳切夫斯基：《俄国史教程》第二卷，贾宗谊等译，第 132 页。

④ *The Cambridge History of Russia*，Vol. I：*From Early Rus' to 1689*, pp. 397-398.

⑤ *The Cambridge History of Russia*，Vol. I：*From Early Rus' to 1689*, p. 390.

圣罗斯"的概念将俄罗斯的民族特性、宗教认同融合在一起。15 世纪和 16 世纪之交，在诺夫哥罗德的圣徒根那季、沃罗茨克的圣约翰圈子里开始产生"上帝拣选罗斯"的理念。这一时期，由诺夫哥罗德出版的《论白色僧帽（指大主教——译者注）》一文指出，在腐朽的罗马和第二罗马——君士坦丁堡衰落之后，只有俄罗斯土地散发出圣灵恩赐的光辉。① 而后，此理念进一步发挥，形成了普斯科夫长老菲洛费的"莫斯科是第三罗马"理论。该理论指出，古老的基督教罗马因陷入大量罪恶中而灭亡，其继承者是东正教拜占庭（"第二罗马"）。1453 年拜占庭覆灭后，它的唯一继承者便是莫斯科罗斯（"第三罗马"）。1510 年前后，菲洛费在给大公瓦西里三世的信中写道："虔诚的沙皇注意这事吧！两个罗马衰亡了，第三个——莫斯科屹立着，可是不会有第四个罗马了。我们全体教会在你的强大王国中现在以笃信宗教而在普天之下闪耀着光芒，其光亮胜过太阳；所有东正教王国结集在你的独一无二的王国之中；在整个地球上，只有你是基督教沙皇。"② 自此，"东正教的"就是"俄国的"，这两个词具有了同一含义。这样，此一理论不仅把俄国教会而且把俄罗斯国家和俄罗斯民族都宗教化。俄国人开始感到自己是"最后的基督徒"，意识到自己的特殊弥赛亚使命，并将这一使命提升到民族-国家的高度。

如同拜占庭体制那样，沙皇实际上是神一样的宗教人物，在一些宗教仪式中扮演一个僧侣的角色。在各种教会活动和节日中举行的仪式，从不同方面体现了莫斯科统治者的神圣性。比如，五个特别盛大的节日如新年、末日审判节、炉火节、主显节和棕枝主日（复活节前的星期日）中，除炉火节外，每个节日都要求统治者到场。炉火节这个节日带有戏剧性的礼拜仪式，并且统治者在其中是反面的、旁观的角色。它也是唯一一个完全在圣母升天大教堂内举行，并暗指暴君与明君、贤臣与奸臣有所差别的节日。③ 沙皇的合法性就来自其所具有的僧侣性地位，同时也来自对东正教的继承，自从君士坦丁堡陷于土耳其帝国之后，沙皇是唯一独立的东正教国家君主。

总体上看，莫斯科大公与主教间的关系，正是直接继承拜占庭君主和主

---

① Истории России. В2т. Т. 1. С древнейших времен до конца XVIII в./Под ред. А. Н. Сахарова. М. : АСТ: Астрель; Владимир: ВСТ, 2009. c. 410–411.

② 〔俄〕瓦·奥·克柳切夫斯基：《俄国史教程》第三卷，左少兴等合译，商务印书馆，2013，第 324 页。

③ *The Cambridge History of Russia*，Vol. I: *From Early Rus' to 1689*，pp. 401–408.

教间的关系的，这种关系是王权与教权和谐相处的一种形式。在拜占庭的政治理念中，国家首脑与教会首脑是"同一政体的两只臂膀"。他们所管辖的范围既有不同，也有重合。皇权负责世俗管理和军队调动，教权则在这些领域提出建议。同样的，教权主管国内教会事宜，如教义和宗教礼仪，当然皇权也可对此提出建议。在相互交叉的领域，两种权力则共同管理。① 当然，如拜占庭一样，两种权力之间只是努力达到完全和谐共存，但现实中总有冲突。正是对拜占庭遗产的积极继承，莫斯科罗斯的政治体制看起来与拜占庭很相似。罗斯东正教会赋予了莫斯科国家的崛起和强大以合法性，并不断将其政权神圣化，为莫斯科国家专制政体创造了特殊的意识形态基础。许多俄国学者认为，从类型学上来讲，中世纪罗斯带有的独裁特点的专制君主制与拜占庭更相似。②

不过，论述相似性并不能展示莫斯科罗斯政治体制起源的全貌，莫斯科罗斯走上专制政体的道路也并不仅仅是外来影响的结果，它还是东北罗斯地缘政治的产物。

三　东北罗斯的自然地理环境：土地国有化

不可忽视的一个事实是，蒙古统治时期的封邑罗斯，与 9~13 世纪地处西南地区的第聂伯河沿岸的城市和商业的基辅罗斯（王公与当地维彻共同治理各城邦）是不同的。地处奥卡河、伏尔加河上游的东北罗斯是由王公单独治理各封邑公国的，所以克柳切夫斯基说，在 13~15 世纪中叶，这里是"伏尔加河上游的、王公封邑和自由耕作的罗斯"③。

（一）政治中心向东北罗斯转移

12 世纪中叶，虽然基辅依然作为罗斯的宗主城邦而存在，但信神的安德烈继任大公之位后却不前往基辅而是积极建设弗拉基米尔。自此开始，全罗斯政治中心已逐渐开始向东北罗斯转移，不过这种政治中心地位最初更多的只是名义上的。蒙古入侵则在很大程度上加剧了这一变化，使东北罗斯的政

---

① *The Cambridge History of Russia*, Vol. I: *From Early Rus' to 1689*, pp. 219-220.

② Кобрин В. Б., Юрганов А. Л. Становление деспотического самодержавия в средневековой Руси. // История СССР. 1991. №4. с. 61.

③ 〔俄〕瓦·奥·克柳切夫斯基：《俄国史教程》第一卷，张草纫等译，第 31 页。

治中心地位有了经济和文化上的支撑。

商业罗斯时代，基辅的衰微在相当程度上与欧洲和西亚主要商路的转移有密切关系。由于意大利城市的迅猛增加及其商人在南欧和地中海区域的积极活动，促使西欧和中欧、拜占庭和小亚细亚之间的联系愈加紧密，而这些联系所经过的商路均绕过了基辅。北欧贸易中心主要集中在诺夫哥罗德和罗斯西北部其他城市，从而导致了一度风光无限的途经基辅的"瓦希之路"逐渐变得萧条。① 如克柳切夫斯基所说，伴随基辅商业地位的衰落，"在下层阶级的法律与经济地位低下、王公内讧及波洛伏齐人的侵扰"下，基辅罗斯日渐显露败落的迹象。很早以来人口稠密的第聂伯河中游及其支流流域，从这时起"人烟稀少了，居民跑光了"。② 不过，整个俄国历史本身就是一部不断移民的历史。克柳切夫斯基只注意到了 12 世纪基辅衰落后的人口流动，未曾观察到蒙古入侵及之后的金帐汗国统治所造成的更大规模的人口迁移。③后者对居民生活的影响远比前者要大。蒙古入侵加剧了人口流动，造成了第聂伯河流域人口以更大规模迁移到西部和东北罗斯。

罗斯居民从基辅罗斯的第聂伯河中游向东北罗斯的伏尔加河上游的殖民活动，具有一系列民族、文化、经济、社会和政治上的后果。民族方面的后果是罗斯民族的分化。一方面，向西迁移居民进入立陶宛-罗斯，较早地摆脱蒙古统治获得政治独立，成为之后形成小俄罗斯民族的前提。另一方面，在东北罗斯，王公继位要得到鞑靼可汗的"封诰"，不过也正是得到金帐汗国政权的这种庇护，东北罗斯得以在远离金帐汗国中心的地域安定地发展，吸引各地居民纷至，在奥卡河、伏尔加河之间的罗斯移民和逐渐罗斯化的芬兰人的融合中形成了大俄罗斯民族。这两种情况形成了鲜明对比，最终造成了大小俄罗斯的民族分化。

文化上的后果是，罗斯教会中心转移到东北罗斯并逐步走向独立。由于基辅遭到蒙古的毁灭性洗劫，居民开始大规模向两个方向迁移，教会必然面临着将罗斯教会中心迁出基辅的问题。但往哪个方向迁？有学者认为，1299年"马克西姆把都主教驻地定居在弗拉基米尔是在逃出基辅的路上决定的，

---

① Истории России. В2т. Т. 1. С древнейших времен до конца XVIII в./Под ред. А. Н. Сахарова. М.：АСТ：Астрель；Владимир：ВСТ, 2009. с. 171–172.
② 〔俄〕瓦·奥·克柳切夫斯基：《俄国史教程》第一卷，张草纫等译，第 309 页。
③ 崔健：《金帐汗国的兴亡及其对俄国的影响》，第 23 页。

并不是要刻意提高东北罗斯任何特殊公国的声望"①。但客观地说，相比西面的立陶宛，从宗教信仰和文化传承的角度看，教会自然更愿意将都主教驻地迁往东北罗斯。这一行动无论主观意愿如何，从实际效果上说，都大大提高了东北罗斯的政治和文化地位。

经济和社会方面的后果是，"伏尔加河上游罗斯的社会比先前的第聂伯河罗斯社会贫穷"，且"主要凭借商业资本而活动的城市阶级也从北方社会力量的体系中退了出来"。② 具体表现是，伏尔加河上游新开发地区的农业居民，相比城市居民具有决定性的优势。东北罗斯的城市从没有起到基辅罗斯城市和诺夫哥罗德罗斯城市那样的经济作用，也没有它们的社会-政治影响，这里的部分城市居民与农业居民一样，从事农业和林副业。但相对安定的东北地区，对罗斯各地的人口产生了巨大吸引力，人口的到来促进了东北罗斯的经济开发。加利奇-沃伦公国、基辅和切尔尼戈夫等地的流民、农民、手工业者、商人、波雅尔及其亲兵纷纷涌入东北罗斯地区。普斯科夫和诺夫哥罗德地区也有大量人口迁入东北罗斯——这些人一直被罗斯与立陶宛、德意志和瑞典等之间的斗争所困扰，只想在东北罗斯得到稳定和安全生活环境。外来人口最集中的地区往往是东北罗斯那些离金帐汗国和罗斯西部边境较远的区域，而这些地区往往都是些规模不大的公国——特维尔、莫斯科、雅罗斯拉夫。另外，一些老区如弗拉基米尔、罗斯托夫和苏兹达尔等也是人们喜欢去的地方，因为它们比南部地区更安全。特别值得一提的是莫斯科优越的地理位置：它是一个便利的贸易枢纽。金帐汗国建立之后，巨大的亚欧贸易商路开始沿伏尔加河、奥卡河和莫斯科河，经水陆路抵达大诺夫哥罗德。莫斯科位于罗斯旧南方和新北方以及西北部和东南部的中间位置，从而发挥着贸易中介的作用。莫斯科公国东北部边境的开放是其不断强大的重要因素。莫斯科公国的东北边境并不是封闭的，来自金帐汗国统治地区的罗斯农民、手工业者、渔猎者以及僧侣都不断朝着这一方向迁移。正是上述原因，15 世纪，在罗斯北方的宗教殖民和农业殖民运动极其活跃。这些人口所开发出的新土地没有被金帐汗国登记，因而它们成为莫斯科王公额外收入的来源。③

政治上的后果则是出现了一种新的统治方式。伏尔加河上游的地理状况

---

① *The Cambridge History of Russia*，Vol. I：*From Early Rus' to 1689*，p. 152.

② 〔俄〕瓦·奥·克柳切夫斯基：《俄国史教程》第一卷，张草纫等译，第 402 页。

③ Истории России. В 2 т. Т. 1. С древнейших времен до конца XVIII в. / Под ред. А. Н. Сахарова. М.：АСТ：Астрель；Владимир：ВСТ，2009. с. 302.

不同于基辅罗斯，基辅罗斯所处的是以第聂伯河为大干道向东西两面伸展出无数支流的地理状况，而伏尔加河上游有由流向不同方向的大小河流构成的水密网。迁来的居民们在这些河网中四下分散而居，而这些河流地区相互之间又被难以通行的辽阔丛林所阻隔（附录地图8）。[①] 正是这样的地理条件一定程度上促成了新统治方式的形成，如克柳切夫斯基所说，一则伏尔加河上游的行政中心在莫斯科河上固定下来；二则莫斯科王公作为定居的世袭领地王公代替了南方的祖先——按顺序统治罗斯国家的宗室王公。[②] 这种新的统治方式，即"封邑制"（удельный порядок）。

（二）封邑制下东北罗斯的社会经济关系

封邑制是苏兹达尔公国往后全部历史现象发生、发展的基本出发点。封邑制带来的两个新变化，使封邑公国王公政权的性质以及社会政治关系都不同于基辅罗斯。

第一，"流动的"王公变成了"定居的"王公。王公们停止调动，成了坐镇一地的统治者。东北罗斯王公们占据广阔但几乎无人居住的地域，他们召唤移民定居到自己的公国，扩大自己的收入和社会-政治力量；王公在这里是主人，而居民则成了外来者。第二，王公将领地传给继承者的方式发生改变。13~14世纪的东北罗斯王公是领地的永久领主，可以自己决定把领地传给儿子、妻子或女儿，甚至给按辈分轮不到的远亲。"这是我的，因为是我开辟的，是我取得的"这种思想就成为把封邑看作统治者私人财产的观念基础。[③] 他们视自己为土地所有者，有权支配这些土地或在临死前对土地进行分配。

从这两个新变化上可以看出，封邑制下王公的个人私有观念加强了。封邑制使王公们彼此之间疏远起来，这使他们失去了结成和睦团结的政治联盟的机会。典型的表现就是，"12世纪时频繁的王公会议，在13世纪已是偶尔举行，到14世纪几乎就停止了"[④]。不仅如此，在13~15世纪，随着封邑制度的发展，东北罗斯的社会生活性质也逐渐发生改变，农村居民对城市居民

---

① 参见附录地图8《1460—1860年的莫斯科与俄罗斯欧洲部分的河流》，转引自〔英〕马丁·吉尔伯特《俄国历史地图》，王玉菡译，第27页。
② 〔俄〕瓦·奥·克柳切夫斯基：《俄国史教程》第一卷，张草纫等译，第349页。
③ 〔俄〕瓦·奥·克柳切夫斯基：《俄国史教程》第一卷，张草纫等译，第372~373、384页。
④ 〔俄〕瓦·奥·克柳切夫斯基：《俄国史教程》第一卷，张草纫等译，第394、390~391页。

越来越占据优势，居民总感觉自己在异乡，一切都来自王公主人，维彻会议也就逐渐消失了。正如克柳切夫斯基所说，在"这样顺从的社会土壤上可以任凭怎样进行政治上的横行霸道（политическое хозяйничанье）"①。总体上看，"封邑制是一个过渡性的政治形式，通过这个形式罗斯国土从民族的统一过渡到政治的统一。这个过渡的历史就是从众多的封邑公国统一为一个公国——莫斯科公国的历史"②。封邑制恰恰为罗斯的政治统一和专制萌芽准备了有利条件。

封邑制下产生的社会关系，很像是西欧的封建制度。14~15 世纪，罗斯公国的"服役人员"（служилые люди）中"波雅尔"（бояре）和"自由职役"（слуги вольные）居于社会上层。他们凭协议为王公个人服务。这些人在为王公服务期间，承认王公对他们的权力；但他们都可以脱离某个王公而为别人的王公服役，这并不算是"叛变"。③ 这说明这一时期罗斯波雅尔的权力依然很广泛，土地私有制——世袭领地依然是其基础。④ 这一点是封邑罗斯服役人员与后来莫斯科国家被奴役的服职人员的区别所在。但克柳切夫斯基认为，这并非与西欧相同的现象，而只是平行的现象。⑤ 在"波雅尔和自由职役"（вольные слуги）与王公的关系中，缺少封建制度的两个主要特点：一是服役关系与土地关系的合一；二是服役关系与土地关系的世袭。

其一，在罗斯的封邑中自由职役的土地关系和服役关系是严格分开的，这在 14 世纪的王公协议中有所体现。服役主要指的是军事服役。此外，在和平时期波雅尔也为王公进行民事服役，如担任宫廷和地方管理职务。波雅尔的军事服役是自由的，而民事服役则有一些例外；但民事服役并非土地所有者对王公的必需义务。王公之间的协议通常可以看到这样的条款："波雅尔和自由职役可以在我们之间自由服役。"⑥ 波雅尔和自由职役从王公那里取得"赏赐"文书，除杀人、抢劫和盗窃外，他们据此可以"管辖和审判"

① Ключевский В. О. Русская история: Полный курс лекций. Т. 1. М. 2002. с. 339；译文有改动。参见〔俄〕瓦·奥·克柳切夫斯基：《俄国史教程》第一卷，张草纫等译，第 385 页。

② 〔俄〕瓦·奥·克柳切夫斯基：《俄国史教程》第一卷，张草纫等译，第 404~405 页。

③ Ключевский В. О. Русская история: Полный курс лекций. Т. 1. М. 2002. с. 345.

④ Скрынников Р. Г. История российская. IX-XVⅡ вв. СПбГУ. 2006. с. 166.

⑤ 巴甫洛夫-西利万斯基驳斥了克柳切夫斯基的这一看法，他认为他虽然熟悉古罗斯史，但对西方的封建制只了解个大概。这两点不同是"臆想"出来的。参见〔俄〕Н. П. 巴甫洛夫-西利万斯基《俄国封建主义》，吕和声等译，第 44~45 页。

⑥ Пушкарев С. Г. Обзор русской истории. М.：Наука，1991. с. 108.

居住在其世袭领地上的居民。从封邑王公本身的法律地位来说，他们像领主一样，但他的大贵族和自由职役却根本不是附庸。①

其二，无论"食邑"（корм）还是贵族世袭领地，都不会变成二级封建领地。"蒙古桎梏"时期，世袭的封邑公国都处于汗的最高统治之下，14世纪时，他们已脱离当地的大公而独立。较大的封邑王公任用大贵族和自由职役来治理自己的封邑，而把有郊区的城市、农业区域、个别村庄以及有经营价值的项目分给这些人作为食邑，让他们为了其中的收益而暂时管理，并给予行政的全权，包括司法权和财政权，这种地方管理方式也称食邑制。②

低级服役人员与王公的关系则逐渐表现为臣属关系。14~15世纪，王公拥有庞大而复杂的宫廷经济。公国内凡是不属于波雅尔、自由职役或教会机构世袭领地的所有土地，都被认为是属于王公的。其中部分土地由米尔自由农民占据，他们要为使用这些土地给王公缴纳规定的费用。此外，还有一部分土地——所谓宫廷土地——其收入供应王公宫廷的直接需要，并由"宫廷"（двор）管理，后来则由"宫廷波雅尔"进行管理。宫廷庄园的居民由"宫廷仆从"（слуг дворные）、农民和无自由的"切良津"（奴仆，челядь）组成。一部分"宫廷仆从"还要为自己的王公服军役。"宫廷"（двор）一词逐渐分化出"宫廷仆从"和"王公仆从"（дворяне）。дворяне从13世纪初开始就在编年史中出现。③ 这部分人是王公私人的仆从，而非他的"朋友或同伴（亲兵）"。④ 与波雅尔不同，"宫廷仆从"已不能与王公拥有较为平等的地位；双方是主仆关系，已非伙伴关系。与附庸（封臣）不同，"臣仆处于直接地、无条件地依附于主人的状态，是主人的私有财产，虽然他可以担任高级职务并拥有大量的地产"⑤。如果王公和亲兵之间的关系可以用西欧分封制度中的关系来相类比的话，那么如今为王公服务的宫廷仆从与王公的关系便是类似于臣属关系。

① Ключевский В. О. Русская история：Полный курс лекций. Т. 1. М. 2002. с. 349. 译文参见〔俄〕瓦·奥·克柳切夫斯基《俄国史教程》第一卷，张草纫等译，第396~397页。

② Ключевский В. О. Русская история：Полный курс лекций. Т. 1. М. 2002. с. 350. 译文参见〔俄〕瓦·奥·克柳切夫斯基《俄国史教程》第一卷，张草纫等译，第397~398页。

③ Ключевский В. О. Терминология русской истории. /Сочинения：В9т. Т. VI. Специальные курсы. М. : Мысль. 1989，с. 112.

④ Кобрин В. Б.，Юрганов А. Л. Становление деспотического самодержавия в средневековой Руси（к постановке проблемы）// История СССР, 1991, № 4. с. 57.

⑤ Представительная власть в России：История и современость. /Под общ. Ред. Л. К. Слиски М. : 2004. с. 31.

（三）土地国有化：俄国专制君主制起源的经济基础

随着莫斯科统一国家的建立，王公仆从队伍不断扩大，逐渐形成一个军事服役阶层，即"服役贵族"（дворянство）。当莫斯科王公需要扩大自己服役人员的数量时，便开始分发有农民居住的土地，想取得这些土地的人，就要给王公服役，主要是服军役。不同于世袭领地，这些分发给服役人员的王公土地不属私有，封地是君主的，封地不能脱离服役，仅仅是服役条件下的占有，被称为"封地"［поместье，与"世袭领地"（вотчина）相对应，也可译为"服役领地"］。军事服役阶层地位不高，财富不多，故紧紧地依靠王权。随着服役人数的增多，"封地制"（Поместная система，也可称为"服役领地制"）逐渐发展起来。封地在 14 世纪已经出现，在伊凡·卡利达1323 年的遗嘱中可以看到："在罗斯托夫买下的博戈罗季村镇给了鲍里斯科·沃尔科夫；如果他有儿子服役，该村就给他；但如果他没有儿子给我的子弟服役，该村就收回。"这个鲍里斯科·沃尔科夫是我们所知道的第一个莫斯科（封）"地主"（помещик）。[①]

不同于土地私有的封邑制，封地制是以土地国有或土地王有为前提的。封地制迅猛发展期主要是 16 世纪，是伊凡三世和瓦西里三世通过吞并、没收巨大的诺夫哥罗德波雅尔世袭领地和教会领地的方式建立的。伊凡三世分两次把诺夫哥罗德的弗拉德卡 10 个乡和 6 个最富有的修道院的领地转到"莫斯科君主"的名下。几年之后他又将弗拉德卡的财物也运到了莫斯科。诺夫哥罗德的波雅尔贵族中一些重要人物也遭到了同样的剥夺。[②] 在消灭了诺夫哥罗德的大贵族后，伊凡三世把他们的世袭领地作为封地分配给自己的服役贵族。依据诺夫哥罗德的税册，到 16 世纪初，在一些地区（"五行政区"）其封地已占到了 70%。在一些合并到莫斯科的其他地区，也有相似的特点。例如，在 1510 年普斯科夫最终被合并后，有 300 名普斯科夫波雅尔贵族及其家庭被带往莫斯科，在他们原来居住的地方则临时安置了 1000 名莫斯科的"波雅尔子弟"和 500 名诺夫哥罗德的"波雅尔子弟"（服役贵

---

① Пушкарев С. Г. Обзор русской истории. М.：Наука，1991. с. 109.
② 参见〔苏〕尼·米·尼科利斯基《俄国教会史》，丁士超、苑一博、杜立克等译，第104 页。

族)。① 如斯科雷尼科夫所言，"自由诺夫哥罗德的衰落导致了罗斯维彻传统的崩溃以及封邑公国时期以土地私有制为基础的社会制度的垮台。极力扩展土地国有制为莫斯科君主的专制倾向提供了客观基础"。②

封地制度成为莫斯科大公和沙皇控制军事服役阶层的最重要手段。此后的俄罗斯，不断以战争为手段开疆拓土、吞并其他封邑公国，并不断侵蚀私有的世袭领地，将各种土地国有化后以封地的形式赏赐给为君主服役者。在成功吞并了一系列土地之后，伊凡三世自称为"专制君主"；他宣称"在自己的大公国范围内，自己是随心所欲的"，即想要什么，就有什么。他认为，任何新兼并的土地所有权都归自己所有；自己将根据服役人员的服役情况为其分配土地，这种土地的使用方式是一种新的临时性的土地使用方式，因为它是不能被继承的。在服役的人死后，其领地将由国家收回，被贬黜者的领地也将由国家没收。这样，伊凡三世便宣称"自己不仅是国家的最高统治者，而且还是国家范围内全部土地的所有者"③。封地制标志着俄罗斯土地国有制（或土地王有制）的建立，其意义重大。军事服役阶层与封地制是在罗斯各地经济上联系不大紧密的条件下建立统一的中央集权制国家和专制君主制的重要经济基础。

四 莫斯科王公家族的个性与选择：家国同构化

在封邑分裂的政治形势下，莫斯科公国能够崛起成为罗斯最强大的政治力量，建立起统一的莫斯科国家，并走向专制政治道路，与莫斯科王公家族的个性、手段及其政治观念也有很大关系。

（一）莫斯科王公的个性及手段：实用主义的生存哲学

学术界对于莫斯科公国王公家族在东北罗斯崛起并最终主导建立统一国家过程中的作用评价有不同观点。普拉托诺夫强调，莫斯科家族的统治才华在国家崛起中起到重要作用；而克柳切夫斯基则认为，莫斯科国家的崛起是

① История России с древнейших времен до конца XVIII в./Под ред. Б. Н. Флори. М. : Издательство Московского университета. 2010. с. 173-174.
② Скрынников Р. Г. История российская. IX-XVII вв. СПбГУ. 2006. с. 199-200.
③ Истории России. В2т. Т. 1. С древнейших времен до конца XVIII в./Подред. А. Н. Сахарова. М. : АСТ; Астрель; Владимир; ВСТ, 2009. с. 328-329.

历史环境使然，每位王公不过是家族中相同的复制品，在伊凡三世以前的所有莫斯科王公"就像两滴水一样地彼此相似"①；维尔纳茨基折中地认为，在莫斯科公国的扩张中王公的作用不可忽视，但"没有必要夸大这种作用"。

在东北罗斯各公国对弗拉基米尔大公之位的争夺中，最强有力的竞争对手是莫斯科与特维尔王公。莫斯科王公似乎比特维尔王公更熟悉如何运用手中的资源和优势，并且善于见机行事。克柳切夫斯基虽然强调莫斯科王公没什么独特的个性，但同时又认为他们具有"许多不算高贵的，然而比较随和的品质"。莫斯科王公能在竞争中最终取胜，其实原因很简单。特维尔王公在14世纪初依然认为有能力同鞑靼人斗争；而莫斯科王公根本没有考虑与鞑靼人作对，认为用讨好和金钱来对付汗国，比用武器对付要有利得多，他们殷勤侍奉汗，努力使汗成为实现自己意图的工具。②

其实，东北罗斯复杂的政治环境恰恰为莫斯科王公的个性展示和政治手段的运用提供了舞台。"蒙古桎梏"下，罗斯诸王公的野心都不得不在一个被统治民族的狭小格局内徘徊。他们首先考虑的是"如何实现自身利益的最大化"。在国内，有维彻、波雅尔和贵族们与其争权夺利；而在外部，他们既要承认鞑靼人的统治权威，还要想方设法得到蒙古人的"封诰"。在这样极端的政治环境中，他们要实现自身利益的扩大就必须比鞑靼人更善于使用计谋，更高效利用手中有限的资源来壮大自己。所以，当国内出现对自身权力的威胁时，王公们就会勾结鞑靼人镇压反对自己的势力；而当鞑靼人侵害王公和公国之时，他们要么选择逃跑，要么就联合国内力量来抵抗鞑靼人；在和其他公国发生战争之时，他们就会极力巴结、拉拢鞑靼人来反对自己的敌人。③

将这一切技艺演绎得最为成功的，正是莫斯科王公家族。不难发现，他们实用主义的生存哲学是世代相传的。当封邑公国都不考虑共同利益时，"主宰局势的通常是那些为了私利而采取比别人更为坚决行动的人，但这些人往往不是最有才干的人，而是受威胁最大、最害怕共同利益受损的人"。莫斯科大公们从谱系上看，是"最无权、地位最卑微的王公，而他们的经济状况使他们有充足的财富来为自己的私利而奋斗"④。因此，他们比别人更善

① 〔俄〕瓦·奥·克柳切夫斯基：《俄国史教程》第二卷，贾宗谊等译，第49页。
② 〔俄〕瓦·奥·克柳切夫斯基：《俄国史教程》第二卷，贾宗谊等译，第18页。
③ 崔健：《金帐汗国的兴亡及其对俄国的影响》，第66页。
④ 〔俄〕瓦·奥·克柳切夫斯基：《俄国史教程》第二卷，贾宗谊等译，第52~53页。

于适应当时的环境和条件，为私利而奋斗。越是自私自利的人，越会毫无顾忌地选择和运用专制手段，以集中力量办大事的动员型思维达成目标。在自身实力较弱时，莫斯科王公积极奉承、巴结强大的金帐汗国政权以寻求稳步发展的保护伞；实力增强时，莫斯科公国便带领其他罗斯公国取得对金帐汗国的历史性胜利，树立起民族独立的旗帜。可以说，莫斯科王公家族的个性最适应当时时代发展需要；也可以说，是时代造就了莫斯科王公家族的胜利。

（二）莫斯科王公家族的选择：权力集中型发展模式

莫斯科公国的统治方式为实现自身利益的最大化提供了基础。14~15世纪，莫斯科大公并不是莫斯科公国唯一的王公，而只是其中的长者。但随着莫斯科领地和对外作用的扩大，权力越来越集中于大公之手。

其一，遗嘱继承财产原则。莫斯科公国一般遵循两种继承原则：一种是按惯例（即基辅罗斯顺序制传统），另一种是按遗嘱。但从史实来看，很显然，莫斯科王公家族继位都是按遗嘱人的意志执行的。[①] 遗嘱继承显然强调的是王公个人意志的主导地位，相比基辅罗斯，这是王公权力增强的重大表现。

更为重要的是，遗嘱在领地分封方面使长子封邑逐渐占据绝对优势。在上述遗诏中，莫斯科王公有意把自己的世袭领地做不平均的分配，从德米特里·顿斯科伊的遗诏开始，长子通过老办法继承的超额部分越来越多。如德米特里立诏把他的领地分给5个儿子，但长子瓦西里封邑对应的贡赋占总额的1/3，而非1/5。到瓦西里二世时，他同样将领地分给5个儿子，长子拥有14个最好的城市，其他儿子则一共才有11个或12个城市。[②] 这种纯粹物质上、财产上的绝对优势，实际上为莫斯科大公之长子继位后能支配其他王公奠基了基础。

其二，直系长子继位制。莫斯科大公之位并不传给旁系，并逐步确立了直系长子继位制。莫斯科公国的权力不旁落，叔父们不再与长侄争位。这一现象逐渐成为莫斯科王公家族的惯例，以至于15世纪的主教们也已完全认同。

加利奇王公尤里及其儿子们曾试图改变这种做法，但最后以失败而告

---

① 从卡利达一直到伊凡三世，几乎每个莫斯科大公都留有一份遗诏，有的王公甚至留有两份或三份，这一时期保留下来的遗诏达16份之多，它们是丰富的一手史料。
② 〔俄〕瓦·奥·克柳切夫斯基：《俄国史教程》第二卷，贾宗谊等译，第39~40页。

终。当尤里的儿子舍米亚卡继续其父的事业，与瓦西里二世争夺大公位时，瓦西里二世向宗教法庭提出起诉，1447 年主教们向舍米亚卡发出一份措辞严厉的敕文："你的父亲花了很大气力，教会也被他弄得精疲力竭，但他仍然得不到大公的宝座，因为上帝不给他这个宝座，不认为这是世俗遗风。"可见，教会认为，"唯一正确的制度是大公的直系长子继承制，而不是排辈继承的顺序制，甚至不顾历史事实而认为直系长子继承制才是世俗遗风"。教会认可这一新制度，实际上"为建立'专制统治'（единовластие）铺平了道路，加强了莫斯科公国家族直系长子的地位，改变和削弱了旁系幼子的地位"①。1462 年，当伊凡三世登上他父亲的王位时，莫斯科王室中再也没有像尤里及其儿子那样对大公之位形成威胁的有竞争力的王公。鞑靼可汗在莫斯科王位继承问题上也失去了决定权。自此，父死子继的垂直继承模式最终稳固地代替了传统的"兄终弟及"的横向优先模式。

其三，臣服封邑王公。封邑罗斯时期，在每一个大的公国内都有一系列封邑公国。封邑王公与大公的关系取决于王公间的条约。但这些看似体现平等关系的盟约，实际使莫斯科大公的权力越来越得以提高。他们先是依靠鞑靼人的支持，后来是依靠自己不断增长的内部力量和声望，不仅使莫斯科领地疆域扩大，还使权力集中到大公手中，大公实际上使自己的兄弟王公都服从于自己的权力。

大公以各种形式使封邑王公中的弱者不同程度地臣服自己。如根据条约使分封王公为大公私人效劳，把分封王公收买过来，分封王公寻求安全和保护主动放弃领地。莫斯科公国中，后两种方式运用得比较成功，所以瓦西里二世在其统治晚年曾不无夸张地对诺夫哥罗德都主教说，他有权统治所有的罗斯王公。② 这些王公被称为家臣－王公，或"服役王公"（служебная князь），他们已经不再参与国家最高权力的争夺，只希望在大公的庇护下保障自己占有的世袭领地。③ 封邑王公和服役王公已逐渐丧失了自己的独立性，只有服从国君和为其服役的义务。15 世纪，有几位大公曾企图使封邑王公成为自己的臣仆，这正是"国家性质的权力集中的先声和手段"。④

---

① Ключевский В. О. Русская история：Полный курс лекций. Т. 1. М. 2002. с. 398. 译文参见〔俄〕瓦·奥·克柳切夫斯基《俄国史教程》第二卷，贾宗谊等译，第 45 页。

② 〔俄〕瓦·奥·克柳切夫斯基：《俄国史教程》第二卷，贾宗谊等译，第 40~42 页。

③ Пушкарев С. Г. Обзор русской истории. М.：Наука, 1991. с. 102-103.

④ Ключевский В. О. Русская история：Полный курс лекций. Т. 1. М. 2002. с. 350. 译文参见〔俄〕瓦·奥·克柳切夫斯基《俄国史教程》第一卷，张草纫等译，第 398 页。

其四，壮大莫斯科服役人员队伍。随着莫斯科的崛起，莫斯科大公的宫廷吸引了越来越多的波雅尔，因为向大公服役比为其他幼系王公服役更有利可图。许多立陶宛及西部罗斯的王公和波雅尔每当感到不满意时，就会投靠莫斯科。在奥尔格里德死后，特别是在亚盖诺试图强迫立陶宛并入波兰，并取消东正教在西部罗斯的权利时，越来越多的王公贵族投奔到莫斯科王公麾下，甚至连拜占庭皇族成员也出现在罗斯。就"贵族身份而言，他们要远远超过其他来自罗斯境外的那些人"。[1] 莫斯科波雅尔中还出现了一个特殊的群体——蒙古贵族。瓦西里开始用蒙古人为莫斯科服役，同时给蒙古人土地和食邑。1452 年前后，鞑靼王公卡西姆从瓦西里那里取得奥卡河下游的梅晓拉城地区作为领地。[2] 鞑靼王公为莫斯科大公效劳，实际上反映了残存的金帐汗国与崛起中的莫斯科公国真正实力对比的转变。[3]

15 世纪中叶，莫斯科波雅尔有 40 多家名门望族，其中最著名的有科什金家族、莫罗佐夫家族、布图林家族、切里亚德宁家族、维利亚明诺夫家族、沃隆佐夫家族、霍夫林家族、戈洛文家族、萨布罗夫家族等。[4] 莫斯科波雅尔由三类波雅尔组成：一是与王公关系密切的波雅尔，他们很早便开始为莫斯科王公服役，并在莫斯科郊区拥有自己的土地；二是迁居的波雅尔，他们从其他公国迁入莫斯科公国，以服役为代价得到所在城市的食邑，并以王公的名义负责当地的诉讼、征税和防御；三是管理大公财产收入的波雅尔，他们负责为自己和大公从贸易通道上征收税款。[5] 这样，一个特殊的莫斯科波雅尔阶层形成了，他们逐渐成为罗斯的政治精英，在莫斯科统一国家形成和今后的莫斯科国家政治生活中发挥重要作用。

其五，初步形成国家管理体系。莫斯科公国虽臣属于鞑靼"沙皇"，但其公国内部的最高政治权力归大公和波雅尔杜马。莫斯科大公和波雅尔杜马共同制定国家中最重要的法令，而这些法令只有在波雅尔同意之后方可颁布。德米特里·伊凡诺维奇大公时期，可谓"波雅尔阶层的黄金时代"。德米特里曾建议自己的儿子们与波雅尔共商治国大计："要爱护波雅尔，给予

---

① Скрынников Р. Г. История российская. IX-XVII вв. СПбГУ. 2006. с. 213-214.

② Пушкарев С. Г. Обзор русской истории. М. : Наука, 1991. с. 101.

③ *The Cambridge History of Russia*, Vol. I: *From Early Rus' to 1689*, p. 165.

④ 〔俄〕瓦·奥·克柳切夫斯基：《俄国史教程》第二卷，贾宗谊等译，第 148 页。

⑤ Истории России. В2т. Т. 1. С древнейших времен до конца XVIII в./Под ред. А. Н. Сахарова. М. : АСТ: Астрель; Владимир: ВСТ, 2009. с. 306.

其服务以应有的荣誉，在未与其协商情况下不要轻举妄动。"① 这些足以说明莫斯科公国时期波雅尔的政治地位。

莫斯科大公国初步形成了国家的地方管理体系。迁居波雅尔和管理大公收入的波雅尔作为莫斯科大公在各地的地方官，承担管理和征税职能。这两类波雅尔可看作未来俄罗斯国家管理者的雏形。"波雅尔子弟"（дети боярские）没有进入杜马，他们构成王公军队的核心力量——骑兵，其首领通常由老波雅尔担任。地方行政单位则由大公的官员们负责治理：如城市有地方行政长官，乡有乡长，镇有镇长，村有村长，这成为未来莫斯科国家管理的常规模式。这一时期根据金帐汗任命和颁发的"封诰"，莫斯科大公拥有向独立地区派遣自己地方官的权力。乡村管理则是以自治性的村社为单位。每一个乡建立自我管理的农民"米尔"（мир）：米尔大会选举村长或百人长及其搭档。乡农民米尔与缴纳王公赋税的连环保相连接。政府对每一个乡只确定应缴纳的总额，然后由乡选出的收税员或专门的税吏在乡的成员村社中摊派这些税款。② 可以说，村社构成了俄国专制君主制起源的重要社会基础。

总体看来，就中央与地方关系而言，如克柳切夫斯基所说，这一时期的管理机构既不是中央集权制，也不是地方自治制。③ 只有随着金帐汗国越来越衰弱，整个罗斯土地的管理和政府的统一归于莫斯科大公的领导之时，莫斯科国家才开始规范中央与地方的垂直权力体系。

（三）家国同构化：俄国专制君主制起源的历史基础

虽然两个世纪以来罗斯土地一直处于金帐汗国政权的控制之下，但其不断联合成民族国家的进程一直没有间断过。伊凡三世控制了罗斯广大的领土，15 世纪末，以莫斯科为首都的中央集权国家的国土面貌基本形成，莫斯科公国成了当时的大国。

莫斯科罗斯国家的形成过程，实际上是大公的"世袭领地"变成"国家"的过程。许多 19 世纪和 20 世纪初的研究者们（如克柳切夫斯基）均将当时正处于形成阶段的莫斯科国家看作一个"世袭领地国家"（Вотчиное

---

① Скрынников Р. Г. История российская. IX–XVII вв. СПбГУ. 2006. с. 167.

② Пушкарев С. Г. Обзор русской истории. М.：Наука, 1991. с. 110–111.

③ 〔俄〕瓦·奥·克柳切夫斯基：《俄国史教程》第二卷，贾宗谊等译，第 332 页。

государство），即使在现代国内外史学界，上述观点也不乏支持者。① 当代俄罗斯问题专家、美国著名评论家理查德·派普斯曾做过精彩的比较研究，"在欧洲各地，即使在专制主义政权下的国家里，一个不言而喻的事实是国王统而不占：这是从罗马哲学家塞尼克那里援引的原则，即'国王拥有万世之权，个人享有私有财产'。破坏这条规则被认为是专制的标志。但这个思想体系对于俄罗斯则是格格不入的。莫斯科大公的皇冠授权他视普天之下均为王土，普世臣民皆为王奴"。②

正是统一全部罗斯领土的一系列成功，使伊凡三世此前缓慢推进的专制倾向表现得越来越明显。③ 在这个过程中，伊凡三世第一个公开宣布整个罗斯国家都是他的世袭领地。他认为自己的领土不仅仅局限于东北罗斯，还包括处于立陶宛政权下的西南罗斯地区。1503 年，莫斯科大公同立陶宛大公缔结停战协定时，立陶宛大公申诉说莫斯科王公没有把从立陶宛夺取的土地归还给他；而伊凡则表示："难道我就舍得自己的世袭领地、立陶宛那边的俄罗斯土地——基辅、斯摩棱斯克等城市？"在和平谈判时，莫斯科大贵族还代表伊凡三世向波兰-立陶宛大使坚决宣称："现在不仅我们的世袭领地、城市和乡村属于我们，而且从我们祖辈那里继承下来的，自古以来的所有俄罗斯土地，都是我们的世袭领地。"与此同时，伊凡三世在克里米亚宣称："只要莫斯科王公没有收回自己的世袭领地——立陶宛那边的全部俄罗斯土地，那么莫斯科同立陶宛之间就无持续和平可言；暂时的休战只是为了喘息休整，以利再战。"④ 莫斯科政府要求重新统一东部罗斯和西部罗斯，提出的证据是莫斯科君主系圣弗拉基米尔的后代，从而认为这些地方都是自己的世袭领地。这导致后来俄罗斯与波兰-立陶宛国家为争夺西部罗斯地区进行了几个世纪的斗争。

这种自古以来的"世袭领地"观念，使俄国君主们自然地将"国家"当作自己扩大了的"世袭领地"，这与东方君主们"家天下"的思想观念如出一辙。正因如此，许多俄国学者认为，在莫斯科的专制君主制中可发现东

---

① 〔俄〕瓦·奥·克柳切夫斯基：《俄国史教程》第二卷，贾宗谊等译，第 135 页；Пайпс Р. Россия при старом режиме. М.：Независимая газета. 1993. с. 44–151.

② 转引自郭树永、郑桂芬《冷战后美国学界的俄罗斯"国家重塑"研究》，《东欧中亚研究》1999 年第 4 期。

③ Истории России. В 2 т. Т. 1. С древнейших времен до конца XVIII в. /Под ред. А. Н. Сахарова. М.：ACT：Астрель；Владимир：BCT，2009. с. 324.

④ 〔俄〕瓦·奥·克柳切夫斯基：《俄国史教程》第二卷，贾宗谊等译，第 124~125 页。

方独裁君主制的特点。[①] 拔都的入侵、罗斯土地的兼并和政治上的中央集权，均导致土地所有制体系的改造：在莫斯科公国范围内，大公事实上已成为土地的最高所有者，而他实际上也可支配土地，不顾及其他世袭领地主的继承权。[②] 斯科雷尼科夫虽然不赞同上述意见，但也指出，东方独裁君主制国家的显著特点在于，国家是全部土地的所有者。[③] 总之，"世袭领地"的观念使莫斯科大公们在国家统一过程中将家国同构化，这是俄国专制君主制起源遥远的历史基础。

本章小结

蒙古入侵和金帐汗国的统治，打破了基辅罗斯的多元政治平衡。虽然各公国或共和国都有对罗斯政治遗产的合法继承权，但在金帐汗的最高权力下，在罗斯政治力量角逐过程中，西南罗斯被纳入贵族政体的波兰-立陶宛大公国；北部地区的大诺夫哥罗德共和国波雅尔力量增强，转而变成贵族寡头统治并最终被莫斯科公国兼并；东北罗斯的莫斯科王公们在强大的君主政治下，使罗斯摆脱了蒙古统治。综观 13~15 世纪从封邑罗斯向莫斯科罗斯过渡的历史，罗斯在莫斯科旗帜下走向统一，形成中央集权化的莫斯科国家，这意味着"以大公的至高无上地位为特征的东北罗斯政治体制的胜利"。到大约伊凡三世时，他们已经开始了"沙皇专制的新纪元"。[④]

也就是说，俄国专制君主制的开端应在伊凡三世时期，其最初强调的是俄国君主权力的对外独立的自主性。当代俄罗斯学者 A. 阿希耶泽尔曾不无感叹地指出："伊凡雷帝通常被认为是俄国专制君主制的鼻祖，但这对其爷爷伊凡三世和其父亲瓦西里三世是很不公正的。因为正是在他们当政时期，莫斯科开始积累并近乎形成了这种政权与所有制的共生现象，这就预先并最

---

① Юрганов А. Л. Кобрин В. Б. Становление деспотического самодержавия в средневековой Руси（к постановке проблемы）// История СССР. 1991№ 4. с. 54–64.

② Панеях В. М. Панорама истории России XV–XVI веков А. А. Зимина: К выходу в свет книги " Витязь на распутье " // Отечественная история. 1992. №6.

③ Скрынников Р. Г. История российская. IX–XVⅡ вв. СПбГУ. 2006. с. 167.

④ 〔美〕尼古拉·梁赞诺夫斯基、马克·斯坦伯格：《俄罗斯史》，杨烨等主译，第 107~108 页。

终决定了原则上与欧洲不同的莫斯科罗斯的君主专制国家制度类型的建立。"①

　　总之，金帐汗国的政治熏陶、拜占庭的东正教遗产、政治经济中心的转移，以及莫斯科王公家族的个性与选择等，都成为大俄罗斯民族形成和莫斯科中央集权国家建立的基础。这些因素同时成为莫斯科罗斯政治体制选择的决定性因素，它们共同导致了俄国专制君主制的起源。中央集权化、政权神圣化、土地国有化、家国同构化既是俄国专制君主制起源的基础，也对俄国政治制度的演变和特点影响久远。

---

① Ахиезер А., Клямкин И., Яковенко И. История России: конец или новое начало? М.: Новое издательство. 2005. с. 136-137.

第三章　莫斯科罗斯：俄国专制君主制的雏形

　　法国思想家托克维尔认为，"每个民族都留有他们起源的痕迹。他们兴起时期所处的有助于他们发展的环境，影响着他们以后的一切"[①]；这一表述与诺斯的思想不谋而合。制度变迁理论认为，制度的初始选择非常重要，一旦人们选择了一种制度，该制度的发展就会产生自身运行的惯性。而制度运行时各种相关因素都可能向着有利于这种初始选择的方向发展，从而强化这种制度选择。[②] 前述可知，正是在各种历史因素的影响下莫斯科罗斯开启了其政治模式——伊凡三世在俄国开创了具有东方独裁色彩（结合拜占庭与蒙古因素）的"专制君主制"。这是俄罗斯政治道路的初始选择，这一选择注定要长期影响俄国历史的发展。

　　莫斯科罗斯在政治上开启了中央集权化过程，但发展过程中又先后出现了两个类似西欧的等级代表机构——波雅尔杜马和缙绅会议，这使学术界对这一时期政治制度的认识产生了分歧：究竟是等级代表君主制，还是专制君主制？而伊凡四世实施的残暴"特辖制"，究竟在俄国确立了君主权力不受限制的绝对君主制，还是毁灭了正在形成的专制君主制？解答这些问题，有助于我们揭示俄国专制君主制与东方独裁君主制和西方绝对君主制的不同。本章将从横向的中央政权机构和纵向的地方管理体系两个方面来分析、阐释莫斯科罗斯时期专制君主制的面貌及其特点。

---

① 〔法〕托克维尔：《论美国的民主》，董果良译，商务印书馆，1988，第30~31页。
② 马雪松：《政治世界的制度逻辑——新制度主义政治学理论研究》，第150页。

第一节　等级代表君主制还是
专制君主制

　　"等级代表君主制"的概念最早由苏联法学家 C. B. 尤什科夫提出。此概念的提出源自 20 世纪 40~50 年代一场关于封建主义分期的讨论。这场讨论中不同的两方意见反映在 C. B. 尤什科夫和 K. B. 巴基列维奇的观点中。C. B. 尤什科夫认为，俄国封建时期经历了三种国家形式的依次更替：早期封建君主制、等级代表君主制和绝对君主制。他指出，等级代表君主制时期（16~17 世纪），沙皇的权力受到波雅尔杜马和缙绅会议的限制。[①] 这种看法遭到 K. B. 巴基列维奇的反对，16~17 世纪俄国国家形式根本不符合"等级代表君主制"的定义。他认为，俄国存在的是"等级君主制"，这种君主制下的等级不仅不限制沙皇的权力，而且为沙皇权力的加强和国家的中央集权化提供有利机会。[②]

　　此前的历史学家认为，伊凡四世统治时期，俄国专制君主制表现为君主权力无限的体制。但苏联的大部分历史学家则更赞同尤什科夫的提法，一致认为 16 世纪中叶俄国形成的并非绝对君主制，而是等级代表君主制，在俄国这并不与沙皇无限权力体制相矛盾。这种看法在苏联时期得到广泛认同，在史学界占据了主导地位。事实上，整个苏联史学界中，只有 K. B. 巴基列维奇对 C. B. 尤什科夫的"等级代表君主制"概念进行了学术批判，提出用 H. Π. 巴甫洛夫-西利万斯基早已使用的"等级君主制"概念来替代。[③] 可以看出，在五种社会形态理论的指导下，为俄国历史上找出一个与西方一样的等级代表君主制历史阶段，有利于苏联学者用政治制度从等级代表君主制向绝对君主制的演化，来匹配俄国经济的从封建主义向资本主义过渡的历史发展规律。

---

① Юшков С. В. К вопросу о политических формах русского феодального государства до XIX в. // Вопросы истории. 1950. №1.

② Базилевич К. В., Богоявленский С. К., Чаев Н. С. Царская власть и Боярская дума. //Очерки истории СССР. Период феодализма. XVII в. М ., 1955；转引自 Зуляр. Ю. А. Генезис русского самодержавия и дискуссия о его особенностях：Учеб. Пособие. Электронный вариант. Иркутск：Иркутский университет, 2006. с. 42。

③ 〔俄〕H. Π. 巴甫洛夫-西利万斯基：《俄国封建主义》，吕和声等译，第 153 页；该译本将"等级君主制"翻译为"阶层君主国"。

即使如此，俄苏史学家关于俄国等级代表君主制存在的时间也存在很大的分歧。如巴甫洛夫-西利万斯基认为，莫斯科的等级君主制开始于 1566 年俄国第一次召开缙绅会议（一般认为是 1549 年）时，结束于彼得大帝的统治时。彼得堡罗斯时期至 19 世纪初的俄国依然是等级制国家，但是等级制基础上的专制独裁国家。[①] 而尤什科夫则认为，等级代表君主制从 1549 年第一次缙绅会议开始，到 1653 年缙绅会议不再被召集后而衰退。[②]

不过，在承认和使用"等级代表君主制"概念的前提下，部分史学家还是强调了俄国的特殊性。如 Л. В. 切列普宁和 А. А. 济明认为，缙绅会议不仅没有从实际上或法律上限制伊凡四世，而且还巩固了沙皇不受限制的权力体制，俄国的等级代表君主制难以与西欧的相提并论。其中，Л. В. 切列普宁还折中地提出，"特辖制"时期俄国同时存在两种国家体制形式：非直辖区的等级代表君主制和特辖区不受限制的权力体制。[③] 但这一观点没有得到其他苏联史家的支持。

苏联解体后，学者们对莫斯科罗斯政治制度的演化有了新的认识。В. М. 巴涅亚赫用十分怀疑的眼光看待"等级代表"的思想，认为这一时期在俄国占据一席之地的是"独裁类型的专制君主制"[④]。В. Б. 科布林和 А. Л. 尤尔加诺夫则认为，适用于伊凡雷帝时期的，是无条件胜利的"严酷的独裁专制"；伊凡四世时期，臣民的哲学原则是相信"奴仆对沙皇是有罪的"。[⑤] 这些学者认为，俄国专制君主制有其独裁特点。而按 Ю. А. 索罗金的看法，俄国历史上无限权力体制的确立比绝对君主制的确立要早。[⑥] Д. Н. 阿里施茨认为，等级代表君主制在俄国存在的时间很短暂，"从俄国第一位沙皇即位加冕礼就开始存在，终结于其特辖制改革"。[⑦] 相反，С. А. 基斯利

① 〔俄〕Н. П. 巴甫洛夫-西利万斯基：《俄国封建主义》，吕和声等译，第 181 页。

② Юшков С. В. К вопросу о сословно-представительной монархии в России //Советское государство и право. 1950. № 10.

③ Черепнин Л. В. К вопросу о складывании абсолютной монархии в России（XVⅡ － XVⅢ вв.）// Черепнин Л. В. Вопросы методологии исторического исследования. М., 1981. с. 182.

④ Панеях В. М. Панорама истории России XV–XVI веков А. А. Зимина：К выходу в свет книги "Витязь на распутье" // Отечественная история. 1992. №6.

⑤ Юрганов А. Л., Кобрин В. Б. Становление деспотического самодержавия в средневековой Руси（к постановке проблемы）// История СССР. 1991. № 4.

⑥ Сорокин Ю. А. О понятии 《абсолютизм》 //Исторический ежегодник. Омск. 1996. с. 6.

⑦ Альшиц Д. Н. Начало самодержавия в России: государство Ивана Грозного. Л., 1988. с. 234.

钦认为，只有在费奥多尔·伊万诺维奇死去和德米特里皇子被杀即留里克王朝中断后，才有了等级代表君主制的建立。① 学者们的意见虽难取得一致，但很显然较多学者在十分有限的意义上使用"等级代表君主制"。

实际上，虽然当前俄国大学历史教材和史学界依然使用"等级代表君主制"的概念，但并未对这一政治制度的本质、评价标准及动力机制得出一致看法。争论的关键在于，如何评判波雅尔杜马、缙绅会议等机构在国家政治生活中的地位和作用。此外，等级代表君主制的问题还牵涉到俄国"等级"的概念与各等级何时形成的问题。② 莫斯科罗斯时期是否存在等级？受德国史学和法律思想的影响，19世纪的俄国史学家特别注重等级的法律特征，强调法律明确规定的等级的各种权利与义务。克柳切夫斯基指出，"等级"（сословие）是国家法的一个术语。人们把按权利和义务划分的社会阶层称为等级。国家最高当局通过法律来表达自己的意志，向这些等级授予或为它们规定权利和义务。因此，等级划分完全是法律上的划分，它同根据经济条件、智力条件、道德条件乃至体力条件进行的其他社会划分不同，是经法律认可的。③ 在这一定义范畴下，С. М. 索罗维约夫、Н. П. 巴甫洛夫-西利万斯基认为，罗斯的等级制度形成进程在18世纪的100年间，因这一时期俄国社会等级的法律特征才充分显现出来。П. Н. 米留科夫、Н. М. 科尔古诺夫则认为，等级是由政府人为制造出来的，18世纪是俄国社会等级形成的起点。他们强调，俄国的等级并不是社会自然发展的结果，而是异己的、西欧的结构被嫁接到俄国土壤上的失败尝试。④ 照此看来，莫斯科罗斯时期并未形成西欧意义上的等级，其政治制度还能用西欧政治发展模式下的"等级代表君主制"来定义吗？可见，认清这一时期政治制度的本质，还需从莫斯科罗斯的政治权力机构和地方管理制度本身出发；只有如此，方能得出符合俄国历史发展实际的看法。

从伊凡三世统治到伊凡四世统治的历史进程，在本质上就是君主不断扩大

---

① Кислицин С. А. Политико- правовые системы и режимы в истории России // Российская историческая политология: Курс лекций. Ростов／нД: Феникс, 1998. с. 13-46.

② 曹维安、谢慧芳：《论俄国缙绅会议》，《世界历史》2010年第5期。

③ Ключевский В. О. История сословий в России. ／Ключевский В. О. Сочинения: В9т. Т. VI. Специальные курсы. М.：Мысль. 1989. с. 225；译文参见〔俄〕В. О. 克柳切夫斯基《俄国各阶层史》，徐昌翰译，商务印书馆，1990，第1页；该译著将"等级"译为"阶层"。

④ Представительная власть в России: История и современость.／Подобщ. Ред. Л. К. Слиски М. 2004. с. 41.

权力和不断中央集权的过程。专制君主制的核心就在于君主集大权于一身，且其专制君权"不受制约"，也即君主最大限度地集权和最大限度地独裁。君主的集权包括横向和纵向两个方面。从横向上来说，君权能够遍及全国，不允许在一个国家共同体内存在独立或半独立的王国；从纵向上来说，意味着可以把地方权力集中于中央，并最终集中于君主一人。从专制制度的原则和精神实质上说，君主可以对国家范围内的任何事务具有最终裁决权。[①] 一般而言，君主集权有两条途径：官僚制和中央集权制。艾森斯塔得在分析帝国的政治体系时指出，尽管官僚制和中央集权制并不必然导致专制制度，但反过来，君主专制制度却不能离开官僚制和中央集权制而独立存在，它们是君主专制得以实现的"特定组织方式和制度方式"。[②] 莫斯科罗斯的专制君主制也必然通过中央集权化和官僚化的途径，从横向和纵向两个方面来形成，只是这两条途径在具体的历史进程中，都打下了特有的俄国烙印。

第二节　莫斯科罗斯的中央政权机构

随着莫斯科统一国家的形成，其政治统治所需的相应政权机构便陆续建立起来。在国家权力结构中，横向结构是处于同一层次的各种政治权力之间形成的平行关系。不同的权力在同一层次权力主体之间进行划分、配置与制衡，从而形成了权力的横向结构体系。在莫斯科罗斯，为了维护专制君主至高无上的权力，在沙皇权力之下逐渐形成了以波雅尔杜马、缙绅会议和衙门体系等中央政权机构组成的横向权力架构。

一　从大公到沙皇

大公（沙皇）作为莫斯科罗斯国家最高统治者，拥有着至高无上的权力，其专制政治意识正是在国家统一的过程中逐渐形成，并通过一系列国家立法将其专制权力不断合法化的。

[①] 张星久：《中国君主专制政体的起始时间——兼论中国君主专制政体形成的社会条件》，《武汉大学学报》（人文社会科学版）2000 年第 1 期。

[②] 〔以〕艾森斯塔得：《帝国的政治体系》，阎步克译，贵州人民出版社，1992，第 23 页。

（一）君主专制政治思想体系的形成

俄国君主政权演变为专制君主制所形成的君主最高权力有三：不受外力干涉的世袭全权、按照遗嘱由直系亲属继位的继承权，以及王国权力和领土的不可分割性。[①] 君主的这种最高权力分别表现在对外和对内两个方面。

对外方面，通过君主封号和沙皇加冕仪式来彰显独立自主权。摆脱蒙古统治后，伊凡三世不断兼并其他封邑公国，使外部形势发生很大变化：莫斯科公国开始同波兰、立陶宛、瑞典、条顿骑士团和立沃尼亚骑士团，以及西欧国家如德意志等国保持着复杂的外交关系，因此，莫斯科君主的称号也发生了质的变化。拜占庭帝国灭亡后，伊凡三世开始自视为独立的君主。1489年他骄傲地拒绝了来自德意志皇帝的"国王"封号。[②] 伊凡三世第一次勇敢地对欧洲政界使用了"全罗斯的君主"的称号，并在1494年条约中得到立陶宛政府的正式承认。取代先前简单的"家族"式封号"伊凡·瓦西里耶维奇大公"，伊凡三世不仅使用教会行文的形式称自己为"神授的全罗斯的君主伊凡"，并在这一称号前加上一大串地名，以宣示自己的统治权。[③] 在与小邻国的关系上（如与立沃尼亚）开始使用全罗斯"沙皇"的封号，以示自己是独立的不向任何人纳贡的、不依附于他人的君主。同时，国内官府文件也开始混同使用与之意义相似的另一个封号"专制君主"。

到伊凡四世时，"沙皇"和"专制君主"这两个封号已广泛使用于官方文件中。以君士坦丁堡的总主教为首的希腊主教们，以宗教文件正式确认"沙皇"的称号，教会的经文把《旧约全书》中的君主描写成"沙皇"，而耶稣则是天堂的"沙皇"。在克里姆林宫通过的莫斯科文件即具有了整个宗教界文件的意义。[④] 1547年1月16日，大主教马卡里所主持的伊凡四世的加冕仪式，则赋予沙皇头衔以极强的宗教色彩。加冕仪式具有了相当多的拜占庭元素，但在拜占庭帝国，教会首脑要为有抱负的君主涂油，在涂油典礼之

---

① 〔俄〕瓦·奥·克柳切夫斯基：《俄国史教程》第二卷，贾宗谊等译，第135页。
② 这一插曲，克柳切夫斯基和普什卡廖夫都有过详细描述；参见〔俄〕瓦·奥·克柳切夫斯基《俄国史教程》第二卷，贾宗谊等译，第134页；Пушкарев С. Г. Обзор русской истории. М.：Наука，1991. с. 106。
③ 〔俄〕瓦·奥·克柳切夫斯基：《俄国史教程》第二卷，贾宗谊等译，第130~131页。
④ 〔俄〕瓦·奥·克柳切夫斯基：《俄国史教程》第二卷，贾宗谊等译，第133页。

后，皇帝就成为神圣的化身。而许多关于伊凡加冕仪式的准确描述中，并没有提到涂油仪式。① 不过，后来，伊凡四世的谋士们又为沙皇的继承人——伊凡·伊万诺维奇的加冕仪式制定了一系列的新制度，其中重要的一项就是增加了涂油礼，即将君主视作耶稣。大概正是基于这一点，伊凡四世后来才会实施"特辖制"，以"末日审判"之名对其臣民，包括对许多基督教的神职人员，施以前所未有的暴行。加冕典礼改变了王室家族的地位，也影响到莫斯科罗斯的对外关系。随着沙皇这个头衔的使用，伊凡四世获得了君权神授的地位，以及对其他王公和朝臣的绝对权威。

对内方面，扩大君主的全权并加强君主的独裁意志。伊凡三世通过遗嘱进一步强化了直系长子继承的优势，使莫斯科大公比所有分封兄弟加在一起还要富有和强大。除了加强了继位长子的物质优势外，在政治方面也赋予其更大的特权。此外，他还试图确定大公最高权力的构成：集中征税权、司法权、铸币权和领地继承权。如克柳切夫斯基所言，从这个意义上说，伊凡的遗嘱可以说是"俄国法权史上的第一个法令"②。因此，当伊凡三世的继承人瓦西里三世即位时，他比伊凡本人更像一个君主。自此，大公权力的性质已发生改变：莫斯科大公成了整个俄罗斯唯一的君主，其他王公都为他来服务，成为他的臣民。莫斯科国家开始了一种新的政治统治方式："政治隶属概念产生，人身隶属关系消失，'君主的臣仆'这一称谓具有了新的政治含义；由契约规定的各阶层义务向国家义务转化。"③

不仅如此，表达君主个人意志的遗嘱继承原则之上还增添了君主"肆意妄为"的独裁色彩。伊凡三世起初先封其孙子德米特里为继承人，后又改为其儿子瓦西里，在普斯科夫使臣们对其前后矛盾和突然改变提出质疑时，他却反问道："难道朕，我大公对自己的子孙和公国不能作主吗？朕想给谁，就把公国交给谁统治。"伊凡三世用此话让人们明白大公政权的性质发生了变化，这表明了在王位继承问题上大公有权独自决定的思想。④ 这种"肆意妄为"的行为，后来被彼得一世援引用来作证明其王位继承法正确合

① *The Cambridge History of Russia*，Vol. I：*From Early Rus' to 1689*，p. 246.

② 〔俄〕瓦·奥·克柳切夫斯基：《俄国史教程》第二卷，贾宗谊等译，第 138~140 页。

③ 〔俄〕B. O. 克柳切夫斯基：《俄国各阶层史》，徐昌翰译，第 81 页。

④ 〔苏〕B. B. 马夫罗金：《俄罗斯统一国家的形成》，余大钧译，商务印书馆，1994，第 295 页。

理的例证。① 伊凡四世发展了莫斯科君主的遗嘱继承方式。他在 1572 年的遗嘱中立长子伊凡为继承人，并把整个俄罗斯的疆域遗赠予他，同时也将部分封邑遗赠给次子费奥多尔。该遗嘱宣称："吾儿费奥多尔的封邑归他（长子伊凡沙皇）管辖，属于伟大的国家。"克柳切夫斯基认为，这在俄国法权史上第一次明确地提出了分封王公是君主臣仆的概念。② 也就是说封邑的统治者要在一切方面都听命于沙皇，其封邑受唯一君主的最高权力管辖，是俄罗斯这个唯一的不可分割的王国的组成部分。

伊凡四世在与库尔布斯基的著名通信中初步提出了他的专制政治思想。库尔布斯基在《莫斯科大公史》中提出了这样一种政治原则：君主不仅应当同出身高贵的正直的议员共商国是（波雅尔杜马），还应当让人民参与国家管理（缙绅会议）。而伊凡四世的回信却是："你谈的只是你所喜爱的一个思想：让奴隶撇开主人掌权。"由此可以看出，库尔布斯基谈到的是有卓识的议员，而在沙皇眼里，他们不过是为他服务的宫廷奴仆而已。沙皇的政治理念归根结底就是专制政权。专制政权的核心原则就是"贱民之生死悉操吾手"③。为此，他提出了著名的"专制制度古已有之"的看法，并以之证明其专制权力源于古罗斯的圣弗拉基米尔时代。不得不说，这些专制观念恰恰成为伊凡四世后来推行残酷的"特辖制"的思想基础。

君主权力扩大还体现在封地制的发展上。在莫斯科罗斯，官员的地产经常被"没收归君主所有"，许多的世袭领地被封地替代。官宦阶层对大公的依附性增强，过去的自由职役也逐渐转化为"臣属"或"奴隶"。伊凡三世时期的封地制就已成为"莫斯科政府执行其最重要国家职能——国家管理和国防的主要手段"④。伊凡四世继续发展了这种"把土地占有同强迫服役结合起来的"封地制。同样的，为保护自己的财产，教会也使"神权"不断依赖于政权。虽然在禁欲派和约瑟夫派的宗教斗争中，伊凡三世看似对寺院

---

① 彼得 1722 年 2 月 5 日关于皇位继承章程的表述如出一辙："朕制定此项章程，俾使当政君主可永远按其意愿将王位传予其愿传之人；倘若发现该人有不妥之处，可重新换人。"〔俄〕瓦·奥·克柳切夫斯基：《俄国史教程》第四卷，张咏白等译，商务印书馆，2013，第230 页。

② 〔俄〕瓦·奥·克柳切夫斯基：《俄国史教程》第二卷，贾宗谊等译，第 138、134 页。

③ 〔俄〕瓦·奥·克柳切夫斯基：《俄国史教程》第二卷，贾宗谊等译，第 176~179 页。

④ Платонов С. Ф. Очерки по истории смуты в Московском государстве XⅥ – XⅦ вв. Москва. Памятники исторической мысли. 1995. c. 118-121；同时参见〔俄〕戈·瓦·普列汉诺夫《俄国社会思想史》第一卷，孙静工译，商务印书馆，1996，第 82 页。

地产问题做出了一些让步，但这种让步不具有实质性意义。从诺夫哥罗德总主教基普里安的抱怨中可以看出教会与国家的关系："沙皇命令举行宗教会议，便举行会议；命令选举和委派谁为高级僧侣，人们就选举和委派谁；命令审判谁、议论谁，就审判谁、议论谁、开除谁。在教区里，总主教地产中的一切，都尽可能拿去用于沙皇陛下的花费。命令所到之处，予取予求。"[1]

总之，伊凡三世时代，更不用说在瓦西里时代了，最高权力是神圣不可冒犯的，莫斯科君主在其与臣民之间划了一道鸿沟。在瓦西里时代，任德皇大使的赫伯施坦对大公权力的漫无限制甚感惊异：瓦西里大公完成了他父亲所开创的事业，他对臣民的权力几乎超过了世上所有的君主。[2] 大公对僧俗权贵都有统治大权，而且任意自由处置所有人的生命和财产。他的顾问，无一人敢于在任何问题上违抗他或持不同意见。他们都公开承认，大公的意志就是上帝的意志，大公所作所为都合乎上帝的意志，相信他是上帝意志的执行者。赫伯施坦感叹道："不知道，是人民的如此粗野需要一个暴君，还有由于大公的暴虐把人民变得如此粗野和残酷？"[3] 到伊凡四世时代，莫斯科已经形成了专制统治的一整套政治理念，这些政治理念后来为莫斯科罗斯长期沿用。

（二） 莫斯科罗斯国家的立法活动

莫斯科罗斯国家的立法活动，实际上就是将君主专制政治理念合法化的过程。加强立法是一种政治制度和政治体制发展的重要因素。从莫斯科王公秉持独立自主方针开始，俄罗斯国家便不断地进行中央集权化，这首先表现在莫斯科君主权力的不断集中上。君主紧紧将立法权握在手中。立法在很大程度上反映了君主政权对国家管理经验的总结和对现状的认识。在俄国专制君主制起源和形成的过程中，立法体系中有三个重要的标志：《1497 年法典》、《1550 年法典》和《1649 年会议法典》。

其一，《1497 年法典》。《1497 年法典》也称为《伊凡三世法典》，是莫斯科中央集权国家颁布的第一部全国统一的法典，共 68 条，对国家的行政管理、社会关系、审判和诉讼等方面做出了规定。这是第一部针对全俄的法典，总结了许多传统法律法规，同时也反映了 14~15 世纪罗斯社会生活中的

---

① 〔俄〕戈·瓦·普列汉诺夫：《俄国社会思想史》第一卷，孙静工译，第 82、143、144 页。
② 〔俄〕瓦·奥·克柳切夫斯基：《俄国史教程》第二卷，贾宗谊等译，第 145 页。
③ 〔俄〕戈·瓦·普列汉诺夫：《俄国社会思想史》第一卷，孙静工译，第 80 页。

新现象。《1497 年法典》的主要问题是初步建立中央和地方的司法行政管理体系，有三种类型的法庭，即大公法庭（第 21 条）、地方行政长官法庭和乡法庭（第 20、37 条）。① 诉讼程序同时规定，很多情况下要有"友善的基督徒"（добрые христиане）——农民和市民代表的参与，几乎所有形式的司法活动都要遵循这样的遗风习俗。

《1497 年法典》规定了国家的行政管理制度，并对中央各衙门的工作和地方行政管理制定出了规则。为了限制食邑贵族的专横恣肆，《1497 年法典》确定了他们的权利和义务范围。《1497 年法典》保护波雅尔、封地主和僧侣的生命财产安全，扩大了惩处刑事犯罪的范围。中央集权国家的形成催生了"叛逆罪"、"渎职罪"和"侵犯司法权罪"等概念。对刑事犯罪的惩处更加严厉，《1497 年法典》以死刑、当众惩罚代替了以前的货币罚款。杀人、强盗、再次偷盗、叛逆罪、缠诉、纵火，都处以死刑。②

《1497 年法典》条文的另一个重要内容是社会关系领域的土地所有制和依附民问题。《1497 年法典》实际强调了作为国有土地的非世袭领地所有制（即"封地"），相比波雅尔和修道院世袭领地，其占据了优势地位。其中第 63 条规定，关于世袭领地（波雅尔和修道院领地）的民事诉讼可以在 3 年内提出，国有土地（封地和黑乡）也在 3 年内提出，大公的领地则在 6 年内提出。③ 允许土地诉讼和国有农依附非世袭领地主，这说明法律保护国有土地免遭私有地主吞并。

第 57 条"关于东正教例行的离去权"（О христианском отказе）实行了一个全国统一的时限，这一时限内，允许私有农民离开自己的主人。这一时限是 11 月 26 日尤里节前后一周，这与农业经济劳作结束有关。农民离去时要支付给主人"赎金"——农舍使用费。④ 学者们普遍将此《1497 年法

---

① Российское законодательство X – XX веков. В девяти томах. Т. 2. Законодательство периода образования иукрепления Русского централизованного государства. М. Юрид. лит. 1985. с. 56-59.

② 赵振英：《俄国政治制度史》，第 27 页。

③ Российское законодательство X – XX веков. В девяти томах. Т. 2. Законодательство периода образования иукрепления Русского централизованного государства. М. Юрид. лит. 1985. с. 62.

④ Российское законодательство X – XX веков. В девяти томах. Т. 2. Законодательство периода образования иукрепления Русского централизованного государства. М. Юрид. лит. 1985. с. 61.

典》视为"俄国农奴制度开始在全国范围内确立的标志"①。

由于国家统一和积极外交政策的需要，《1497 年法典》也提及补充军队和管理机构的问题。在商品-货币关系不发达、国家财政匮乏的条件下，国家对服役人员的需求促使了 15 世纪末封地制的产生和发展。封地制是通过将国家土地以服役为条件分配给服役人员而形成的。世袭领地主不同于封地主，他们可以将自己的土地进行售卖、赠予和继承。但封地实际上也在继承，而世袭领地则是有条件地世袭，因为世袭领地主必须服役。这一政策是典型的，可以说，它创造了一个依附于国家政权的土地所有者阶层（即后来的服役贵族阶层）。②

其二，《1550 年法典》。《1550 年法典》是在《1497 年法典》基础上扩充后形成的，比前者更加成体系，并由 1549 年全俄首次缙绅会议授命编纂，由 1551 年"百章会议"正式通过。《1550 年法典》共 100 条，其中大部分阐述的是管理和法庭问题。这部法典与《1497 年法典》的基本区别在于，它规定审判权和行政权更加集中于中央，突出了中央机关的作用。在诉讼程序方面增加了国家机关和政府官僚的作用，吸收一些富裕农民代表参加审判。③

《1550 年法典》经常提到国家和地方的管理体系，基本保存旧有的中央和地方管理机构并对其进行改造。最重要的改变就是，地方行政长官失去了对最高刑事案件终审法庭的掌控权力，这一权力移交中央。将地方管理交给固巴长老，要求他们的助手必须参与地方行政长官的法庭审判，对地方行政长官（食邑贵族）的活动进行监督。也就是说，地方权力转归服役贵族、商人、手工业者和国有农民选举的固巴长老，他们对中央政府负责。服役人群（后来的服役贵族）的意义得以提升，因为地方行政长官法庭的"非司法管辖范围"得以确立。④

《1550 年法典》在社会-经济领域的主要变化是，倾向于保护服役人

---

① 孙成木、刘祖熙、李建：《俄国通史简编》上册，人民出版社，1986，第 76 页。俄国学术界关于农奴制确立的时间实际上还有诸多争议，参见张广翔《俄国学者关于俄国农民农奴化史的争论》，《吉林大学社会科学学报》2014 年第 6 期。

② Зуляр. Ю. А. Генезис русского самодержавия и дискуссия о его особенностях: Учеб. Пособие. Электронныйвариант. Иркутск: Иркутский университет, 2006. с. 66.

③ 赵振英：《俄国政治制度史》，第 28 页。

④ Зуляр. Ю. А. Генезис русского самодержавия и дискуссия о его особенностях: Учеб. Пособие. Электронный вариант. Иркутск: Иркутский университет, 2006. с. 67-68.

群——服役贵族的土地。宫廷和军队的开支、管理机构的膨胀，都要求增加资金，征税制度因此也随之发生改变：1551 年"百章会议"上，伊凡四世提出有必要在土地所有者中重新分配土地。为进行土地调整，他提前做了全面的统计调查，编写了城市和农村土地所有清单。调查实施过程中，将过去"按户征收"的税制变成了"按土地征税"的税制。在主要的地域上实施新的统一税制"索哈"，其标准既取决于土地的质量，也取决于土地所有者的社会类别：国有农民的土地少，但税多；教会利益也受到挤压；封地主则表现出特权地位。[①]

其三，《1649 年会议法典》。在 1648 年莫斯科起义的背景下，1648 年 7 月缙绅会议决定制定新法典。新法典筹备工作由以波雅尔 Н. И. 奥多耶夫斯基为首的特殊委员会负责。1649 年 1 月 29 日，新法典经参加缙绅会议的大多数与会者签名后进行公布，故称《1649 年会议法典》。该法典在编纂过程中参考了过去的法典、法定衙门文书、首都和各省服役贵族及城镇居民的集体禀帖，以及立陶宛大公国和拜占庭的法律文献。《1649 年会议法典》分为25 章（共 967 条），深入研究了国家、行政管理、民法、刑法和诉讼程序规范的问题。其基本精神一直沿用到 19 世纪上半叶，如"直到 1830 年编纂法典时还把《1649 年会议法典》作为重要的依据"[②]。

暴动背景下产生的《1649 年会议法典》，首先特别重视维护沙皇、教会和国家权力的权威。第一章（1~9 条）关于渎神者和教会暴动者、第二章（共 22 条）关于君主的名誉及如何保护其身体健康的问题、第三章（共 9 条）关于确保君主宫廷安全，对各种宗教犯罪及伤害君主和宫廷安全的罪行做了详细的惩罚规定。[③] 该法典第一次分出了国事罪，即蓄意损害沙皇和沙皇家族成员的名誉和健康、叛国、"结伙和串通"反对现政权等均属犯国事罪，一律处死。[④]

《1649 年会议法典》所涉及的立法领域比以前的法典要广阔得多。《1649 年会议法典》巩固了中央和地方基本的管理体系，也更加严惩破坏法律的行为。该法典在很大程度上初步形成了世袭领地和封地所有制合一的趋

① Зуляр. Ю. А. Генезис русского самодержавия и дискуссия о его особенностях: Учеб. Пособие. Электронный вариант. Иркутск: Иркутский университет, 2006. с. 68.

② 孙成木、刘祖熙、李建：《俄国通史简编》上册，第 153 页。

③ Российское законодательство Х—ХХ веков. В девяти томах. Т. 3. Акты Земских соборов. М. Юрид. лит. 1985. с. 91.

④ 赵振英：《俄国政治制度史》，第 43 页。

势，也进一步限制教会土地。它规定：凡服役人员因年老、残疾不能继续服役时，封地应传给儿子、兄弟、侄子或孙子等接替他服役的人，准许把服役封地改为世袭领地。[①] 该法典还通过了工商区居民关于"取消白种人优惠村（белые слободы）隶属大封地主的特权"的提议，这样，这些"免贡赋"的优惠村无论其土地是买来的还是强占的，均收归国有，并无偿地列入纳税的工商区之中。[②]

该法典还以专章规定了关于农民问题（第11章"关于农民的诉讼"，共34条）。其中第1、2条规定，凡农民从宫廷领地、国有土地和私有土地上逃亡，可以无限期地追回；同时，还要追回其妻儿和财产。[③] 除第11章外，在该法典中还有16章或多或少地涉及农民问题，只有8章（第1、3、4、5、7、22、23、24章）与农民问题无关。[④] 可见，私有农民、宫廷农民和国有农民及其子孙后代都被彻底固定在土地上，俄国农奴制在法律上完全确立下来。

综上可以看出，莫斯科国家无论专制政治理念还是国家立法活动，都在逐步强化。但是要将这些政治理念和政策法规要付诸实践，光靠沙皇一人的力量是不足以完成的。因此依靠和掌控辅佐其统治的政治机构就显得尤为重要。正如普什卡廖夫所言："莫斯科君主的权力形式上是不受限制的，但在伊凡四世时也仅是在'特辖制'时期这一权力才变得野蛮和不受约束的专横。一般来说，莫斯科君主不是在形式上而是在道德上受限于旧的习惯和传统，特别是教会的传统。"[⑤] 政治观念旧传统的承载者之一"波雅尔杜马"（Боярская дума）就在莫斯科罗斯政治生活中发挥着重大作用。

二 波雅尔杜马

得益于19世纪史学家的探索，"波雅尔杜马"这一术语才在历史文献中

---

① 孙成木、刘祖熙、李建：《俄国通史简编》上册，第152页。

② 赵振英：《俄国政治制度史》，第43~44页；Зуляр. Ю. А. Генезис русского самодержавия и дискуссия о его особенностях: Учеб. Пособие. Электронный вариант. Иркутск: Иркутскийуни верситет, 2006. с. 68。

③ Российское законодательство X - XX веков. В девяти томах. Т. 3. Акты Земскихсоборов. М. Юрид. лит. 1985. с. 151-157.

④ 孙成木、刘祖熙、李建：《俄国通史简编》上册，第152页。

⑤ Пушкарев С. Г. Обзор русской истории. М. : Наука, 1991. с. 189.

最终得以确定下来。波雅尔杜马乃沙皇最亲近的顾问和助手圈子。当伊凡三世成为全罗斯君主时，多个世纪以来的传统波雅尔杜马制度在俄国才形成了固定的工作程序，波雅尔杜马作为国家常设机构被确立下来并在上层权力体系中发挥作用。

伊凡三世时期，波雅尔杜马制度发生了诸多变化，其中包括 боярин 这一术语的狭义理解的出现并被固定下来，它指世袭大贵族，是大公属下参议委员会的正式成员，拥有世袭的官爵和地位。[①] 16~17 世纪，波雅尔依然是最高级的头衔，君主往往将其赏赐给亲近的助手，一般王公家族的成员（通常是家族的长者）才被列入波雅尔阶层；"非显贵者"则从来不被赏赐为波雅尔；16~17 世纪，俄国存在数十家显贵大族。俄罗斯国家的诞生与波雅尔杜马的活动密不可分，杜马是议决问题的指挥所，并执行这些决议。但在15~17 世纪的历史中，波雅尔杜马并非一成不变的机构，其在上层权力体系中发挥的作用也不稳定，这使得史学界对波雅尔杜马的成员构成、职权范围、政治作用和性质至今仍存诸多争议。

（一）波雅尔杜马的成员构成

众所周知，波雅尔是古罗斯时代就已存在的古老社会阶层，是大土地所有者的代表。在古罗斯国家形成之初（7~11 世纪），只存在"军事-政治-行政管理精英"，而经济精英实际上是独立的。但此后随着国家的建立和发展，"军事-政治-行政管理精英"和经济精英纷纷转向为国服役，开启了他们整体向"统一的统治精英"演化的进程。这一进程在 15~16 世纪得以完成。"统一的统治精英"将政治、经济和军事资源集中到自己手中。[②] 伊凡三世和瓦西里三世时期，各地显贵涌入莫斯科服役进而形成的莫斯科波雅尔阶层，就是这种"统一的统治精英"的最重要部分，莫斯科政权随之"从单独的、个人的、地方性的政权变成了集体的、阶层的、全国性的政权"[③]。这些政治行为不仅表现为政治上的要求，还形成了一整套的供职制度，史称"门第制"（местничество）。门第关系十分复杂，一定程度上限制了国家选

---

① Представительная власть в России：История и современость./Под общ. Ред. Л. К. Слиски М. 2004. с. 36.

② Восканян С. С. Появление политической элиты в России. //Вопросы истории. 2013. №8. с. 111.

③ 〔俄〕瓦·奥·克柳切夫斯基：《俄国史教程》第二卷，贾宗谊等译，第153页。

才的能动性。这一原则与行政管理和国家发展相悖，必然需要政权当局对之做出调整。15～17世纪，波雅尔杜马成员的变化一定程度上反映了这种调整的趋势。

最初波雅尔杜马的成员不多，约20人。15世纪末，杜马由两级官员构成：10～12名波雅尔（封邑时期参加杜马的高级官吏和名门望族）和5～6名"侍臣"（окольничий，主要是昔日没有爵位的莫斯科波雅尔的后裔）。[①]波雅尔从古老的莫斯科波雅尔家族中选派代表。15世纪时，这些波雅尔就形成了森严的门第关系，确定门第关系的原则并非名门望族，而是先辈的服役。随着土地的兼并，波雅尔的构成中逐渐增加了先前独立公国的王公（княжата，有封地的王公后代），这意味着封邑王公社会地位降低。侍臣略低于波雅尔，但也属于大公身边最亲近的人。

从16世纪初开始，波雅尔杜马的成员逐步扩大，除最高杜马官员（波雅尔和侍臣）外，瓦西里三世时，还有"大的""秘书官"（дьяк）[后来他们被称为"杜马秘书官"（думные дьяки，也译"杜马主事"）]，以及莫斯科服役贵族的代表"杜马服役贵族"（думные дворяне）。杜马服役贵族，最初被称作"杜马里的波雅尔子弟"（дети боярских，что в думе живут），他们通常是商人，是从没落的波雅尔家族或不属于波雅尔阶层的宫廷人员中逐步升为杜马议员的。杜马秘书官常常是一些出身不好但有文化的官员，他们后来成了大公政权命令的真正执行者，通常领导着国家管理或宫廷管理的主要机关，逐渐对杜马的活动发挥着越来越重要的作用。伊凡四世统治时，杜马成员得到更新和补充，杜马成员增加到32人，其中18人就是在1547～1549年进入的。因为杜马的组成由沙皇决定，伊凡四世要求补充其志同道合者，因此几乎所有重臣拉达[②]成员都进入波雅尔杜马之中。

由此可以看出，该时期的杜马主要由两部分——波雅尔和官僚——组成。波雅尔和侍臣通常是名门望族的波雅尔家族的代表，他们根据任官等级和门第关系参加杜马；而杜马服役贵族和杜马秘书官则是根据自己的品德和

---

① Зуляр. Ю. А. Генезис русского самодержавия и дискуссия о его особенностях: Учеб. Пособие. Электронный вариант. Иркутск: Иркутский университет, 2006. с. 45.

② "重臣拉达"（Избранная рада），历史上也称"近臣杜马"（Ближняя дума），是伊凡四世1547年加冕为沙皇后设立的一个由他的一小批亲信参加的会议。重臣拉达由他的近臣阿达舍夫和宫廷教士西尔维斯特及他们的朋党组成，是实际上的政府，在政治、经济、司法、军事方面施行一系列改革，以加强中央集权。

对国家的贡献由君主任命的。① 不过，后者的比例最初不大，整个 16 世纪的杜马基本上是波雅尔居多。

杜马的成员构成在整个 17 世纪发生了急剧的变化。首先，从 17 世纪中叶开始，更多有才能并且有着良好社会关系的新贵的权力获得提升，得到了杜马头衔。其次，在 17 世纪 70 年代和 80 年代末期，为了获得政治支持，虚弱的政权史无前例地将杜马头衔授予了许多地位并不显赫，甚至是卑微的人。这种随意的奖赏使得这一群体规模急剧扩大，这导致杜马荣誉遭到败坏。1613 年，波雅尔杜马的成员有 40 人，到 1678 年增加到 97 人；其中波雅尔 42 人，侍臣 27 人，杜马服役贵族 19 人，杜马秘书官 9 人。② 此后，杜马头衔变得毫无意义，政府开始谋求用新的方式组织其内部的谘议集团，并用新的、更有价值的方式奖赏出色的服役者。最初的尝试没有成功；直到彼得一世时期，才在政府核心部门建立起了新的机构和形成新的阶层。③

对于 17 世纪下半叶的波雅尔杜马内部构成的变化，俄国学术界主要有两种传统的看法。第一种看法，强调杜马"民主化"进程，认为杜马服役贵族在贵族政治平衡中的作用增强。第二种看法，关注杜马中官僚因素的加强。但是杜马"民主化"的传统说法，在 20 世纪 80 年代的两篇学位论文中遭到批驳。O. E. 科舍廖娃虽然没有从整体上否定杜马中服役贵族代表数增长的事实，但她认为，代表数量的增长在这一机构中是所有官级代表都呈现的现象。服役贵族虽然增多了，但并未取代波雅尔。O. E. 科舍廖娃的观点得到 И. Ю. 艾拉别江的支持。他认为，1682~1713 年，三种最高杜马官级的补充来源主要是"御前侍膳"（стольники），但莫斯科服役贵族进入贵族政治最高阶层中的比重是不大的。杜马中杜马服役贵族数不超过总数的 30%，而波雅尔和侍臣数则占 70%~78%。И. Ю. 艾拉别江认为，在波雅尔杜马中发挥实际影响的，首先是两类最高官级，他们保持着决定性的影响力。④ 也就是说，不能过分强调波雅尔在杜马中的式微，实际上他们一直占据着最高的位置。

① 〔俄〕瓦·奥·克柳切夫斯基：《俄国史教程》第二卷，贾宗谊等译，第 362 页。

② 关于波雅尔杜马成员的具体数量，各学者研究均有差异；此处数据参见孙成木、刘祖熙、李建《俄国通史简编》上册，第 140 页。

③ Robert O. Crummey, *Aristocrats and Servitors: the Boyar Elite in Russia, 1613-1689*, Princeton University Press, 1983, p. 8.

④ Зуляр. Ю. А. Генезис русского самодержавия и дискуссия о его особенностях: Учеб. Пособие. Электронный вариант. Иркутск: Иркутский университет, 2006. с. 47.

波雅尔杜马官僚化的过程，是强化专制政权的必要途径之一。笔者以为，问题不在于波雅尔在杜马中的作用式微，而在于他们顺应时政需要的潮流变成了新的社会阶层。到彼得一世将波雅尔与服役贵族合二为一时，这两类贵族就都成了为专制政权服务的官僚。

（二）波雅尔杜马的职权范围

一般来说，波雅尔杜马是立法机关，但不具有脱离君主的独立立法权。通常，杜马会议召开时须有沙皇出席，在沙皇缺席时则按照其指示和授权进行。首先，议题的提出缺乏主动性。杜马的立法倡议通常不是来自下面就是来自上面，而不是来自议员自身。其次，问题的解决缺乏独立性。君主常常亲自主持杜马会议，"同波雅尔一起议事"；如果"没有君主的指示"，波雅尔就无法裁决，只能将所议之事报告给君主；波雅尔只有在君主赋予解决问题的权力时才无须将议决之事呈交君主批准。杜马每颁布一项新的法律，通常都会注明："根据君主的指示和波雅尔的决定。"这一表达杜马的立法作用的传统惯例，已由《1550 年法典》正式确定下来。① 不过，波雅尔杜马的一切立法权均以君主的批示或授权为前提。

波雅尔杜马也负责一系列司法和行政事务。杜马通常不仅讨论全国性的重要问题，也常被赋权处理土地赏赐和服役任命的事务，甚至处理一些很小的违法行为。为处理各种事务，杜马创建了委员会，其决议效力与杜马相同。杜马秘书官的主要作用就在于编制和审订波雅尔杜马的决议与沙皇的命令，组织杜马办公厅及其隶属的中央机构运转。波雅尔杜马偶尔会扩大规模，吸收一些非政府人士参加。由俄国教会首领、担任最高神职的主教组成政府的特别顾问委员会，负责处理宗教界的事务，被称为"高级神职人员会议"（освященный собор）。② 该会议只在处理一些与国家利益密切相关的教会问题时，才与杜马一起开会，或按杜马的指示开会。杜马成员与各等级秘书官一起，拥有审判门第争议的特权。杜马还批准关于门第制的决议，这是统治阶级上层确定服役关系的最重要方式。根据君主的命令和波雅尔的决议，杜马对城市波雅尔子弟的服役进行审核和赏赐，赐封土地。按照波雅尔决议，杜马用金钱进行赏赐，解决了关于增加波雅尔封地和薪俸的问题。因

---

① 〔俄〕瓦·奥·克柳切夫斯基：《俄国史教程》第二卷，贾宗谊等译，第 364、363 页。

② 〔俄〕瓦·奥·克柳切夫斯基：《俄国史教程》第二卷，贾宗谊等译，第 365 页。
Ключевский В. О. Русская история：Полный курс лекций. Т. 2. М. 2002. c. 115-116.

"所有波雅尔"达成了一致共识，杜马实行了驿站制度，并在"原始土地"上建立镇（哥萨克村镇）。此外，杜马还可以对"背叛国君者"进行审判，等等。①

波雅尔杜马作为全国最高的政府权力机构，还具有领导和控制衙门的基本功能。随着宫廷机关在国家管理中作用的衰退和全国衙门体系的发展，波雅尔杜马似乎变成了中央行政机构活动的组织中心。16 世纪末，波雅尔杜马毫无疑问地领导着整个全国衙门的工作。② 杜马中的波雅尔、侍臣和杜马服役贵族，通常被称为"杜马人员"（думные люди），他们并不仅限于"坐镇"杜马，还被任命为君主的驻外使节、首等衙门的首长（"法官"），或去一些大城市和主要城市就任部队长官、军政长官。他们不可能经常在莫斯科杜马开会，而实际参加杜马日常会议的大部分是莫斯科各个衙门的首长，他们由于职务关系定居在首都。由于重要的衙门负责人经常参加杜马会议，杜马就相当于部长会议。③

在外交方面，波雅尔杜马成员拥有与外国使节谈判的特权。因处理事务的需要，从一般杜马成员中分出了一些特别委员会——答复委员会（ответные комиссии，负责与外国使节商谈）、法令委员会（负责编纂新法令的草案）、司法委员会和执行委员会（расправная комиссия）④。В. И. 萨瓦发现，伊凡四世死后，在处理使节事务方面，波雅尔杜马的作用明显增强。如果说在伊凡雷帝统治末期（1572～1584），在谈判中发挥主要作用的是答复委员会中出身不好的被沙皇提拔起来的人——杜马服役贵族的话，那么在费奥多尔·伊万诺维奇和鲍里斯·戈杜诺夫统治时期，在谈判中发挥主要作用的就是答复委员会中的波雅尔和侍臣的代表。这种变化说明，波雅尔政治力量的重要性以及他们顺应时代所发生的变化。通常负责与外国使节谈判的，都是政府最信任的波雅尔和侍臣。但答复委员会成员对谈判结果应该向沙皇和全体波雅尔汇报。波雅尔领导和管理最多的且责任最重

---

① Зуляр. Ю. А. Генезис русского самодержавия и дискуссия о его особенностях: Учеб. Пособие. Электронный вариант. Иркутск: Иркутский университет, 2006. с. 44-45.

② Зуляр. Ю. А. Генезис русского самодержавия и дискуссия о его особенностях: Учеб. Пособие. Электронный вариант. Иркутск: Иркутский университет, 2006. с. 45.

③ 〔俄〕瓦·奥·克柳切夫斯基：《俄国史教程》第二卷，贾宗谊等译，第 363 页。

④ 17 世纪末，此委员会发展成"大理院"（Расправная палата），成为经常发挥作用的机关；参见 Пушкарев С. Г. Обзор русской истории. М.: Наука, 1991. с. 191。

的驻外使节。①

（三） 波雅尔杜马的性质和政治作用

通过对 15～17 世纪波雅尔杜马成员构成和职权范围的考察，我们可以发现，波雅尔杜马与沙皇政权具有特殊关系，因为杜马本身不是一个利益统一和一致的机构，杜马里有不同社会地位和服役地位的官员的代表。那么，究竟应当如何看待波雅尔杜马的性质和政治作用呢？

按 С. М. 卡什塔诺夫的看法，波雅尔杜马是国家最高立法机构和最高行政机构。它几乎每天召开有君主出席的最高会议，发源于古罗斯王公会议，类似于欧洲国家的元老院。И. Я. 弗洛亚诺夫认为，伊凡三世大公在所有国务活动方面，其意见都与波雅尔杜马的观点一致——他在任期间，杜马是常设的"会议（有讨论权而无决定权的）机构"（совещательный орган）。② 克柳切夫斯基则指出了杜马与沙皇政权协调一致的政治本质："波雅尔杜马不是政治斗争的场所"，在杜马里，波雅尔是"忠心耿耿、安分守己的议员"。③

16 世纪末至 17 世纪初，杜马和宫廷显贵们在国家管理中的作用不仅没有衰落，而且有所增强，其表现是波雅尔直接参与管理衙门的力度不断增强。显贵主导衙门的现象贯穿整个 17 世纪。这具有重要的政治意义，推动波雅尔的逐步"官僚化"。杜马逐渐从最初的世袭领地贵族的政治机构变成了服役贵族的政治机构，16 世纪末和 17 世纪初，是这一演变过程的重要阶段。

随着沙皇专制权力的巩固，波雅尔杜马逐渐失去了自身的意义。与此同时，"近臣杜马"（Ближняя дума）——沙皇的特殊代理人会议逐步承担了它的职能，这足以证明波雅尔贵族政治影响力的衰败。

最有争议的是关于 17 世纪下半叶波雅尔杜马的作用和性质的问题，当前俄国史学界形成了两种基本观点。第一种看法是，17 世纪下半叶波雅尔杜

---

① Савва В. И. Дьяки и подъячие Посольского приказа в XVI веке . М., 1983；转引自 Зуляр. Ю. А. Генезис русского самодержавия и дискуссия о его особенностях: Учеб. Пособие. Электронный вариант. Иркутск: Иркутский университет, 2006. с. 45。

② Зуляр. Ю. А. Генезис русского самодержавия и дискуссия о его особенностях: Учеб. Пособие. Электронный вариант. Иркутск: Иркутский университет, 2006. с. 44.

③ 〔俄〕瓦·奥·克柳切夫斯基：《俄国史教程》第二卷，贾宗谊等译，第 366 页。

马在没有沙皇的情况下无权出台具有法律效力的决议，即从 17 世纪下半叶开始，俄国出现了统治方式绝对化的倾向。沙皇政权越来越完全独立地处理国家问题，因此，波雅尔杜马从与沙皇共同执政的机构变成了管理和审判层面国家机关的最高衙门——官僚机构。另一种观点则认为，波雅尔杜马在 17世纪下半叶仍然是最重要的与沙皇分享最高政权的特权国家机构，沙皇与之商议最重要的问题。尽管在阿列克谢·米哈伊洛维奇和费奥多尔·阿列克谢耶维奇统治时期，沙皇签署的命令数大大超过与波雅尔商量的沙皇命令数，但沙皇主要的立法活动，无论如何都要经过波雅尔杜马进行。①

　　西方史学家就波雅尔杜马在 17 世纪不断变化的地位和意义得出了一些一般性的结论。他们认为，其一，杜马成员为沙皇服务，在沙皇的要求下，他们为之提供建议，就法律和行政事务做出决策；而且，杜马只是一个复杂机构网络中的一部分，杜马与沙皇之间只存在一种非正式的个人关系，沙皇就关乎国家事务的重大问题向他们请教，或者为自己与顾问已经做好的决策获得他们的暗中支持。例如，在 17 世纪，沙皇要会见东正教的领袖们、缙绅会议成员或国家各阶层代表，以及诸如商人等社会团体的代表。在许多时候，统治者完全依靠自己的权威发布法令。其二，杜马是"介于沙皇与不断发展的行政机构（衙门）之间"的一个主体。它行使着统治者的命令，衙门官员由于缺少适当的法律规定或先例，对许多事务不能做出决定，这些事务则由杜马成员议决；而且，杜马这个群体在俄国内外政策的决策进程中"可能不会起到带头作用"。17 世纪的资料很少为我们展示有关政治决策制定过程的信息。尽管如此，国家政策制定的主动性来自与沙皇最亲近的一小部分顾问，以及最杰出的衙门官员，这种程序似乎很合理。其三，杜马在莫斯科政府系统中的地位根本不稳定。从它特定的本质来看，在王位继承的过程中，它的重要性必然会发生某种程度的变化，因为它的意义取决于个人特点与政治模式，以及每位沙皇的需求。截止到 17 世纪 70 年代末期，会议作为一个机构已经失去了在政府系统中的核心地位。它在很大程度上只是一种仪式，这一点甚至比过去表现得更为明显。② 可见，西方学者是站在权力的主动性的角度来看波雅尔杜马的，得出的结论与俄国史学家的第一种观点较为相似。

---

① Зуляр. Ю. А. Генезис русского самодержавия и дискуссия о его особенностях: Учеб. Пособие. Электронный вариант. Иркутск: Иркутский университет, 2006. с. 48-49.

② Robert O. Crummey, *Aristocrats and Servitors: the Boyar Elite in Russia, 1613-1689*, pp. 3-4.

波雅尔杜马究竟是沙皇手中听话的工具，还是限制沙皇权力的独立机构？笔者以为，对此问题并不能一概而论，还应将其放入 17 世纪历史发展的大背景下来加以详细考察。

三　缙绅会议

20 世纪 80 年代，中国学者白玉曾撰文指出，缙绅会议应当翻译为俄国国会；他认为，不论从其代表的成分看，还是从其内外职能（对内镇压敌对阶级的反抗、制定国家大法、选举沙皇、征收捐税，对外决定战争与和平、决定领土的取舍）来看，它都的确是 16 世纪中叶到 17 世纪中叶的俄国国会。[①] 这种缙绅会议的“国会说”遭到其他学者的批驳。刘忠桂指出，缙绅会议“在形式上是软弱的，根本不是选举的代议机关”，它“由沙皇根据需要召开，不是常设机构，会议也不具有司法和行政权力”。[②] 朱剑利也指出，在俄国，人民代表制难以成长为西欧多元模式的“代议制”。[③] 曹维安先生和谢慧芳的论文也在一定程度上反对这种“国会说”。[④] 正如他们在文末提出的疑问：与西欧封建议会相比，俄国缙绅会议尽管与之有共同之处，但表现出更大、更多的区别。一方面，按西方政治制度的模式来认识俄国的缙绅会议总让人感觉不够贴切，只能说其像谁，而不能说其是谁；另一方面，俄国政治制度和政治文化更接近于东方，但东方的专制制度在确立之前似乎并没有出现过类似的等级代表制度。那么，究竟应当如何认识缙绅会议？笔者尝试将其纳入俄国专制君主制发展史中，从缙绅会议的成员构成、职能范围和政治作用三个方面进行简要解析。

最初的相关文献中并没有“缙绅会议”这一专门术语，只有一些相关的描述：当选者是为了“沙皇和全国事务”而来参加会议的，目的是“整饬国家事务”；这是一个涉及“全国机构”“各级官员”“地方管理和司法审判人员”等内容的会议。简言之，这是由沙皇召集的具有全国性质的会议，会

---

① 白玉：《16—17 世纪俄国“缙绅会议”国会说》，《宁波师院学报》（社会科学版）1987 年第 1 期，第 68~71 页。

② 刘忠桂：《封建俄国缙绅会议简析》，《东北亚论坛》2004 年第 3 期。

③ 朱剑利：《克柳切夫斯基论波雅尔杜马在国家政治体制发展中的历史地位》，《中国社会科学院世界历史研究所学术文集》（4），第 364 页。

④ 曹维安、谢慧芳：《论俄国缙绅会议》，《世界历史》2010 年第 5 期；谢慧芳：《俄国的缙绅会议》，硕士学位论文，陕西师范大学，2008。

议内容一般是解决国家重大事务。K. C. 阿克萨科夫 1850 年首次使用词组 земский собор 来指称此类会议，C. M. 索洛维约夫又将其运用于《自远古以来的俄国史》中，自此，这一词组就作为缙绅会议的专用称谓在学术著作中被确定下来，[①] 但在最初的史料中一般称作"全国会议"（Советы всея земли）。[②] 1471 年，伊凡三世在攻打诺夫哥罗德之前召集的会议可以被看作缙绅会议的前身。[③] 1549 年，伊凡四世为缓解国内各阶层严重对立的矛盾，以及为改革地方管理机构和地方法庭，召开了第一届缙绅会议。克柳切夫斯基认为，缙绅会议"是由于伊凡沙皇进行地方体制改革而产生的"。[④] 最后一次缙绅会议则在 1653 年召开，目的是解决合并乌克兰问题。也有一些学者将 1681~1682 年召开的由部分等级参加的协商会议看作缙绅会议，这些会议涉及门第制的废除和新沙皇的登基。据苏联学者 Л. В. 切列普宁的统计，从 16 世纪中叶到 17 世纪中叶，俄国一共召开了 57 届缙绅会议，其中 16 世纪有 11 届，17 世纪有 46 届。不过，他界定的部分缙绅会议还未得到史学界公认。[⑤] 总体看来，由于 16 世纪下半叶和 17 世纪上半叶两个阶段召开的缙绅会议的历史背景发生重大变化，因此 16 世纪的缙绅会议和 17 世纪的缙绅会议无论在成员构成、职权范围上还是政治作用上，都有很大的区别。

（一）缙绅会议成员构成

缙绅会议根据沙皇的意愿召集并由官方主持。沙皇希望通过缙绅会议与地方人士协商某些问题而取得他们的赞同，进而得到全国人民的支持。

一般认为，参加 16~17 世纪缙绅会议的成员有波雅尔杜马人员、主教公会成员（以都主教为首的最高宗教界代表）、服役人群（首先是服役贵族）的代表、城关区纳税居民（商人、手工业者）的代表，甚至还有国有农民的代表。服役人群尤其是服役贵族的代表，不但人数最多，而且所代表的地域最广。由于缙绅会议没有确定的职能，没有常设机构，也没有选举代表的规范和期限，所以每次会议参加者的人数及其构成都有不同。例如，1566 年，

---

① Соловьев С. М. История России с древнейших времен. Т. 5. М. 1961. с. 348；转引自曹维安、谢慧芳《论俄国缙绅会议》，《世界历史》2010 年第 5 期，第 24 页。

② Пушкарев С. Г. Обзор русской истории. М.：Наука，1991. с. 191.

③ 〔美〕尼古拉·梁赞诺夫斯基、马克·斯坦伯格：《俄罗斯史》，杨烨等主译，第 175 页。

④ 〔俄〕瓦·奥·克柳切夫斯基：《俄国史教程》第二卷，贾泽谊等译，第 408 页。

⑤ 转引自曹维安、谢慧芳《论俄国缙绅会议》，《世界历史》2010 年第 5 期，第 26 页。

缙绅会议共有代表 374 人；1598 年，有 456 人（克柳切夫斯基认为是 512 人[①]）；1642 年，有 192 人；1649 年，约 350 人。1613 年的会议是俄国缙绅会议历史上规模最大的一次会议，与会代表近 700 人，其中包括两个国有农民代表。[②]

为了准确评价缙绅会议在俄国政治生活中的作用，俄国史学家致力于细致研究每届缙绅会议成员的构成。但由于相关史料和记载有限，考证工作存在诸多困难，学者们对每次会议的代表身份几乎都存有诸多疑义。由于缙绅会议是"全国会议"，因此学者们重点关注其代表特别是来自地方的代表在多大程度上具有"代表性"。

举例来说，关于 1598 年缙绅会议，B. O. 克柳切夫斯基首次全面分析了会上所选举的鲍里斯·戈杜诺夫的证明文件、清单和签名，将其与 1566 年会议文书上的签名作对比。他率先指出，作为城市选举出的服役贵族，在证明文书上签字的人其实是国家宫廷中具有一定官级的代表者，"这些人都是当权人士，而不是地方社会的代表"[③]。专门研究 1598 年缙绅会议的学者 C. П. 莫尔多维娜，将证明文书与其同时代的相关史料——包括 1598 年/1599 年的在时间上接近莫斯科波雅尔开会的名单——进行了细致对比。利用这些史料，她十分准确地说明了文书中所列名的参会人员的构成；并指出，宫廷上层（杜马成员和首都服役贵族代表）是按照普遍动员的原则在证明文书上签字的。而在文书上签名的城市民选服役贵族，她认为，他们"并非真正意义上从地方服役贵族群体中选出来的代表，而是那时在首都当班服役的本级官员的代表"。最后，她得出总的结论是：1598 年会议实际缺乏选举的基本原则。[④]

当然，我们不能只在形式上对比文件。实际上，缙绅会议代表的性质不可能在整个 16 世纪保持不变。比如，在 1566 年会议文书上签字的服役贵族，代表了 42 个城市（即国家的主要区域），他们被视为所服役的城市的代表；而 16 世纪末在证明文书上的签字的莫斯科服役贵族，在签字者中占绝对多数，他们几乎完全与县级贵族团体无关，无论如何都不可能被认为是县

---

① 〔俄〕瓦·奥·克柳切夫斯基：《俄国史教程》第二卷，贾宗谊等译，第 395 页。
② 曹维安、谢慧芳：《论俄国缙绅会议》，《世界历史》2010 年第 5 期，第 27 页。
③ 〔俄〕瓦·奥·克柳切夫斯基：《俄国史教程》第二卷，贾宗谊等译，第 395 页。
④ 转引自 Зуляр. Ю. А. Генезис русского самодержавия и дискуссия о его особенностях: Учеб. Пособие. Электронный вариант. Иркутск: Иркутский университет, 2006. с. 52。

级贵族的代表。在证明文书上的签名中，城市民选出的服役贵族团体代表人数不多（45人），共代表21个城市，这21个城市中有一小部分存在选举机构。[①]这说明，缙绅会议代表只在很小范围内是按地域-选举原则产生的。另外，被沙皇和杜马定期召唤到莫斯科来的高级神职人员会议代表，是按照官级-职位级别赋予的资格，而非选举产生的。证明文书上出身市民的签字者只有享有特权的首都商会——客商、客商会和呢绒商会——的代表以及莫斯科工商区的代表。这样，根据证明文书资料，我们大致可以得出如下结论：很多时候，缙绅会议存在两种代表原则——官级-职位原则和地域-选举原则，而且往往缺乏来自地方选举的代表。

正是如此，在1598年会议上，在选举沙皇一事上起主要作用的，显然不是来自地方的代表，而是享有特权的社会上层——高级神职会议成员、宫廷上层人员和商人上层代表，他们构成了会议的核心集团（1613年会议也是一样）。他们的观点被认为是有意义的，因为正是此集团成员被赋予特权（按普遍动员原则）在1599年初的证明文书的最后版本清单上签字。一方面，正是这群享有特权同时又依赖于国家的等级上层（首先是服役等级上层——莫斯科服役贵族）人员，构成了这一时期专制君主的主要政治依靠力量；另一方面，缺乏稳固的县级服役贵族和市民联盟，地方自治形式没有获得充分的发展，等级不够稳固，这些因素使他们在本质上不可能从社会和缙绅会议方面限制专制君主的权力。因此，缙绅会议也很难被视为真正的等级代表机构。

实际上，缺乏选举原则，缺乏来自地方的代表，这些特点贯穿着16世纪缙绅会议的始终。克柳切夫斯基指出，16世纪缙绅会议的本质"不是人民代表机构，而是中央政府的扩大"。而只有经历了17世纪初国家危机和动荡后，缙绅会议才"具有真正的、而不是虚假的、有代表性的组成"。[②]

17世纪缙绅会议的社会成分的确有所扩大，对产生代表的选举原则的执行力度也有所增强，但参会成员仍同16世纪一样，由选举产生的和非选举产生的两个部分组成。总体来说，首都高级贵族和商人按级别产生代表，地方城市贵族按等级团体产生代表，首都服役军人按兵种产生代表，外省城市

---

① Зуляр. Ю. А. Генезис русского самодержавия и дискуссия о его особенностях: Учеб. Пособие. Электронный вариант. Иркутск: Иркутский университет, 2006. с. 52.

② 〔俄〕瓦·奥·克柳切夫斯基：《俄国史教程》第二卷，贾宗谊等译，第399~401页。

的军人以及首都的和外省城市的全体纳税人按米尔产生代表。[①] 外省贵族从所在城市的最高级别人员中选举出席缙绅会议者。选举过程须有选民签字的选举记录，即"签过字的代表名单"[②]。不过，每个选举等级的代表人数是变动的，这种变动也没有实质上的意义，而且没有一次会议上有来自所有官级和县份的代表，即来自所有选举等级的代表。如此看来，16世纪缙绅会议的参加者就如政府的可靠代理人，而17世纪的缙绅会议成员更像是选举产生的人民禀报人。

（二）缙绅会议的职能

最初，沙皇通过召集缙绅会议解决国内外重大问题。16世纪沙皇召集的几次缙绅会议所发挥的作用，往往是对所要解决的问题协商出一致意见并贯彻执行。1549年，伊凡四世召开的第一次缙绅会议就被称为"和解会议"。通观16世纪的历次缙绅会议，其目的不过是把高级政府及其下属机关的意见和行动统一起来。[③] 从会议残存的记录来看，会议成员实际上将自己视为沙皇的仆从而不是选民的代表，他们通过对沙皇政策表示支持来宣誓效忠，因此彼此之间的关系更贴近传统的君臣关系。[④]

随着沙皇的空位、王朝的中断，以及大动乱的爆发，缙绅会议不得不担负起立君（相当于颁布基本法）的职能：莫斯科不再有"自然形成的"沙皇，于是缙绅会议便被赋予选举新沙皇和创建新王朝的使命。1598年，在宗主教约夫的领导下，缙绅会议选举鲍里斯·戈杜诺夫为沙皇。1610年，在接受波兰王子弗拉季斯拉夫登上沙皇之位时，双方订立条约，该条约规定作为全国会议的缙绅会议，是正式有效的立法机构；当然这一条约并未执行。而1612年在波扎尔斯基王公领导第二支民军时期，缙绅会议甚至相当于临时政府。[⑤] 经过长时间的争论和分歧之后，最终在1613年缙绅会议选举米哈伊尔·罗曼诺夫作为沙皇。

新沙皇能坐上并保住皇位，有赖于缙绅会议的支持。17世纪上半叶，几

---

① 〔俄〕瓦·奥·克柳切夫斯基：《俄国史教程》第三卷，左少兴等合译，第212~214页。

② 〔俄〕瓦·奥·克柳切夫斯基：《俄国史教程》第三卷，左少兴等合译，第216页；同时参见 2. Ключевский В. О. Русская история: Полный курс лекций. Т. 2. М. 2002. с. 353。

③ 〔俄〕瓦·奥·克柳切夫斯基：《俄国史教程》第二卷，贾宗谊等译，第393、405页。

④ *The Cambridge History of Russia*, Vol. I: *From Early Rus' to 1689*, p. 259.

⑤ Пушкарев С. Г. Обзор русской истории. М.: Наука, 1991. с. 192.

乎每一个内外政策政府都需要得到缙绅会议的支持。米哈伊尔在其统治的 32 年里一共召开了近 10 次缙绅会议。这一时期，缙绅会议的权限进一步扩大，甚至审议从前只有波雅尔杜马才能审议的一些大事：审议并处理国家机构的日常事务，如税收问题。这意味着缙绅会议的职权渗入了波雅尔杜马的范围。[①]

综观整个 16~17 世纪缙绅会议的近百年的历史，它大致履行过以下几个方面的职能。

其一，推举或选举最高政权领导人。缙绅会议上与会者达成决议选举出新的沙皇，然后用有与会者签名的公文将新沙皇确立下来。如 1584 年缙绅会议在推举费奥多尔·伊万诺维奇为沙皇的过程中，国家推选法第一次取代了世袭君主的遗嘱意志；1598 年会议为把鲍里斯·戈杜诺夫送上皇位进行表决时，缙绅会议开始具有了立君的权力。17 世纪的几次缙绅会议，如 1606 年选举瓦西里·舒伊斯基王公为沙皇、1613 年选举新王朝的第一位沙皇米哈伊尔·费多罗维奇·罗曼诺夫、1645 年推选阿列克谢为沙皇、1682 年推选彼得为沙皇等，无一不是履行此项职能。

其二，讨论和协商国内重大问题。这类会议一般由沙皇召集，讨论和协商全国性的重大问题，与会者为沙皇、政府和"高级神职人员会议"提出建议。会议议题涉及的范围很广，概括起来主要有以下三类问题。

第一类是探讨法律的修订问题和决议所修订的法律。如 1549 年的缙绅会议通过了修订老法典的决议，修订后的法典即《1550 年法典》；1649 年会议通过了著名的《1649 年会议法典》，该法典一直沿用至 1832 年。

第二类是解决财政问题。大多数会议都属于这种类型，特别是在 17 世纪。在 17 世纪的 40 余次缙绅会议中，只有 4 次（1613 年、1618 年、1648 年和 1650 年的缙绅会议）与财政没有明显的关系。新王朝因战争危机和国库财政困境而频繁地召集缙绅会议，如 1616 年、1619 年、1621 年和 1628 年会议。在这些会议上，各阶层代表对新赋税、役务和特别征收款达成一致意见，有利于消除大动乱的不良后果，恢复国内秩序。

第三类是镇压起义问题。如 1648~1650 年的缙绅会议就与莫斯科和普斯科夫的暴动有关。

其三，研究和决定俄国的外交事务与战争。例如，1566 年、1580 年的

----

① 〔俄〕瓦·奥·克柳切夫斯基：《俄国史教程》第三卷，左少兴等合译，第 89 页。

缙绅会议就决定了立沃尼亚战争的是否继续问题；1632~1634 年的缙绅会议赞成最高政权收回斯摩棱斯克地区的意向，并提出结束与波兰争夺斯摩棱斯克的战争；1642 年缙绅会议表示停止顿河哥萨克对土耳其亚速堡的围攻，认为俄国没有与土耳其进行战争的实力；1653 年缙绅会议赞成乌克兰并入俄国并向波兰宣战；等等。① 其中也有一些例外情况，因外交问题往往与内政问题特别是财政问题交织在一起，因此虽然缙绅会议在既定议题下召开，却提出一些令召集者意想不到的问题。如在因立沃尼亚战争而召集的 1566 年缙绅会议上，与会代表就提出了撤销"特辖制"的建议；在 1642 年讨论亚速问题而召开的缙绅会议上，与会代表考察、分析了莫斯科和城市服役贵族的地位问题。

（三）缙绅会议的性质及历史作用

由于缙绅会议在其历史过程中并未形成一定的程序和规范，其成员构成不算稳定，每次履行的职能也各不相同，因此学术界对其性质和历史作用的认识自然就难以达成共识。如国家学派和斯拉夫派围绕缙绅会议在俄国历史上的作用问题产生了争论。

斯拉夫派以 K. C. 阿克萨科夫为代表，他认为：缙绅会议是特殊的独一无二的俄罗斯民族现象，是古罗斯维彻的继续；缙绅会议是人民表达意见的方式，它与沙皇政权是一种相互帮助与和谐的关系，也即缙绅会议具有人民性。② 正是这一特点将俄国等级代表机构与西欧类似的机构实质性地区分开来。

国家学派的历史学家 K. Д. 卡维林和 Б. Н. 齐切林反对上述看法。齐切林指出，缙绅会议在俄国历史上不是独立机构，它绝对忠诚和服从于沙皇政权。缙绅会议具有纯粹的谘议——有讨论权而无"决定权"（совещательный）——性质。齐切林认为，与西欧相比，俄国的"谘议会议"无论何时都不具有真正的权力，因而其消亡时就没有多少痛苦。阿列克谢·米哈伊洛维奇统治时期，缙绅会议已不能为政府提供任何帮助和建议，终因其"内部贫弱"而消

---

① 曹维安、谢慧芳：《论俄国缙绅会议》，《世界历史》2010 年第 5 期。
② Аксаков К. С. Полное собрание сочинение. Т. 1. М. 1861；转引自 Зимин А. А. Опричнина. М. 2001. с. 101。

失。① 这种"内部贫弱"，其实是指俄国各阶层缺乏组织性和生命力，即缙绅会议缺乏选举机制。

这两种看似对立的观点，其实都在强调缙绅会议与沙皇政权的协调一致性，并将此视为俄国缙绅会议与西欧等级代表机构的重大区别。革命前史学家的观点大多在这一范畴中发展。如以 B. O. 克柳切夫斯基为代表的贵族史学家认为，缙绅会议中来自各等级的代表，与其说是自己阶层或者行业的全权代表，不如说是政府所认可的来自这个行业的全权代表。16 世纪的缙绅会议，在起源上不同于西欧的代表会议，它不是"产生于政治斗争，而是产生于行政工作的需要"②。虽然 17 世纪的缙绅会议相对 16 世纪而言，开始具有了一定的选举原则和代表性，却没有政治裁决权，甚至没有工作规程——没有确定召集缙绅会议的日期，没有确定参加人员的人数和权限；也就是说，"有形式，但没有准则；委以全权，却没有权利和保证"。沙皇政权利用缙绅会议达到其目的，通过这一机构，沙皇得以知晓民意，了解在实施这种或那种新法规时人民潜在的意见等。缙绅会议支持和完善了沙皇的政策，而不是限制他的权力。限制皇权的问题从未在缙绅会议上提出过。③ 也就是说，缙绅会议一味满足政府的需求，成了政府手中的工具。C. Φ. 普拉托诺夫也认为，缙绅会议只在沙皇政权需要它时才登上舞台，它对国家管理并没有发挥特别的影响。④ A. E. 普列斯尼雅可夫也看到缙绅会议在其存在期间并不是沙皇政权的限制性因素，而是巩固沙皇政权的必要条件。⑤

总体来说，把缙绅会议看作服从沙皇政权并为其利益而召开的观点被传播得范围越来越广。后来的史学著作基本上未对这一观点提出质疑。与此相反，知名的权威学者如 K. B. 巴基列维奇、Л. B. 切列普宁和 A. A. 济明都明确地证明，缙绅会议不仅没有在实际上和法律上限制伊凡四世的权力，而且还将巩固沙皇无限权力作为自己的主要任务。

20 世纪马克思主义史学思想得以确立，它为研究缙绅会议提供了不同的方法。从马克思主义关于国家是实现统治阶级利益的统治人民的暴力工具的

---

① Зуляр. Ю. А. Генезис русского самодержавия и дискуссия о его особенностях: Учеб. Пособие. Электронный вариант. Иркутск: Иркутский университет, 2006. с. 56.

② 〔俄〕瓦·奥·克柳切夫斯基：《俄国史教程》第二卷，贾宗谊等译，第 407~408 页。

③ 〔俄〕瓦·奥·克柳切夫斯基：《俄国史教程》第三卷，左少兴等合译，第 224~226 页。

④ Платонов С. Ф. Очерки по истории Смуты в Московском государстве XVI－XVII вв . М., 1995；Платонов С . Ф. Лекции по русской истории. М., 1994.

⑤ Пресняков А. Е. Российские самодержцы. М . : Книга, 1990.

理论出发，苏联史学家与"资产阶级"历史学家的观点对立，认为缙绅会议不能被理想化地看作通过它能实现政权与人民意志相统一的机构。20世纪中叶，缙绅会议是关于封建主义分期的讨论课题之一。权威学者 C. B. 尤什科夫提出，俄国缙绅会议作为等级代表制形式，是中央集权封建国家早期阶段（16~17世纪）的标志，这一时期沙皇政权为贯彻内外政策而被迫寻求僧侣、波雅尔、服役贵族、市民代表的支持。他强调，等级代表君主制时代，沙皇的权力受到波雅尔杜马和缙绅会议的限制。① 但 K. B. 巴基列维奇反对这一看法，认为俄国存在的是等级不限制沙皇权力的等级君主制，而缙绅会议只在沙皇需要时召集，且并未进入国家结构体系。②

对缙绅会议研究的最重要的里程碑式著作是 Л. B. 切列普宁的《16~17世纪俄国缙绅会议》。切列普宁将缙绅会议的历史分为6个阶段，将最后一个阶段（从1653年到1683年/1684年）描述为缙绅会议的衰落时期。他由此确定了一个目前史学界基本认同的观点，即17世纪中叶，沙皇政府的谘议机构从协商的缙绅会议向等级的委员会会议演变。③

西方学者梁赞诺夫斯基则认为，"无论缙绅会议和它在西方国家的对应物是略微相似还是十分相似，在俄国的社会条件下，它的实际作用至多是抑制了历史的进程，延长了专制统治的寿命"④。

综上所述，只有苏联时期，认为缙绅会议限制沙皇权力的看法占据主导地位，革命前的史学家和部分苏联时期的学者均强调缙绅会议对沙皇政府的支持和协调作用。笔者以为，莫斯科国家16世纪加强专制政权的倾向与等级代表机构的建立是紧密相连的，无论在地方还是中央。这意味着，16世纪中叶前，莫斯科国家实现的中央集权化是不充分的，还不足以使俄国沙皇无须等级参与而自行其是地管理国家。俄国的所谓等级代表机构是不同于西欧国家的，缙绅会议虽然与英国国会（出现于1265年）或法国的三级会议（1302）有一定的相似之处，但它既缺乏民众选举性，也没有一定的代表程序。17世纪60~70年代，由于专制政权得到迅速加强，缙绅会议便不再是政权的常设机构，且与西方的等级代表机构相比很少发挥独立性的作用。俄

---

① Юшков С. В. К вопросу о политических формах русского феодального государства до XIX в. // Вопросы истории. 1950. № 1.

② Базилевич К. В. Опыт периодизации истории СССР феодального периода. // Вопросы истории, 1949, № 11.

③ Черепнин Л. В. Земские соборы Российского государства в XVI—XVII вв. М., 1978.

④ 〔美〕尼古拉·梁赞诺夫斯基、马克·斯坦伯格：《俄罗斯史》，杨烨等主译，第176页。

国缙绅会议引人注目的时段总共才有百年左右的时间（16 世纪中叶至 17 世纪中叶），且其间的君主专制权力强化趋向表现得越来越明显。总体来看，这种机构从某种程度上说只不过是扩大了沙皇政权的统治基础，具政治协商的性质，但很难说 16~17 世纪的俄国确立了真正的等级代表君主制。

四　衙门制度

20 世纪 80~90 年代，中国学者曾关注过俄国的衙门制度。李景云先生认为，衙门制度是俄国中央集权化过程中实行的重大措施，但它还不是完善的集权机构制度，其所体现的集权程度是不高的。它是一种独特的制度，既不同于中国的中央集权的机构制度，又不同于西欧国家的专制机构制度，而是更接近于拜占庭的专制政体制度。[①] 白玉先生则认为，衙门制度并非因袭拜占庭模式，而是继承了封邑罗斯时期管理方式的某些因子。[②] 赵振英先生也指出"衙门制度的发展加强了中央集权制"[③]。这些结论至今仍有借鉴意义。

随着莫斯科国家的统一，中央集权化要求无论中央还是地方，都得改变管理形式。而中央管理机构的改组就是从大公的宫廷机构变成衙门开始的。莫斯科罗斯的"衙门"（приказ，"命令、委托"之意，音译为"普利卡兹"）是 15 世纪末从大公委托某人办理的一些临时性事务发展起来的。从瓦西里三世起，莫斯科大公把这些事务常常交给自己的波雅尔和自由仆从办理，即"命令"他们管理宫廷经济或管理宫廷所管理的某个部门；逐渐的，这些人承担的委托事务变得复杂起来，波雅尔便召集自己的助手和秘书在某处共同处理，由此某种类似部门的机构就出现了，且这些机构还有了经常性的办公处所，从而它们也就获得"机关"（изба）或"衙门"的名称。《1497 年法典》明确表明了"首批衙门出现的时代，这个时期完成了从个人管理向机构管理的过渡"。这种变革主要是技术性的，确切地说是具有官僚主义的性质。[④] 这就是俄国政府机构官僚化的萌芽。当然，按 И. Я. 弗罗亚

---

① 李景云：《十六、十七世纪俄国的衙门制度》，《历史教学》1986 年第 8 期。

② 白玉：《莫斯科国家衙门制度起源考略》，《宁波师院学报》1990 年第 1 期。

③ 赵振英：《俄国政治制度史》，第 23 页。

④ 〔俄〕瓦·奥·克柳切夫斯基：《俄国史教程》第二卷，贾宗谊等译，第 357 页；同时参见 Ключевский В. О. Русская история：Полный курс лекций. Т. 2. М. 2002. с. 109-110。

诺夫的看法，我们不能过分夸大衙门制度萌芽的意义，因为"前官僚"人数总共才 50 人，即使在伊凡三世时，也不超过 200 人。[①]

克柳切夫斯基把 16 世纪形成的衙门，按来源分为三类：第一类是从封邑时期的宫廷机构的主管部门发展起来的，如"大宫廷衙门"（приказ Большого дворца）、"饲马衙门"（Конюшенный приказ）等；第二类是因国家生活的新需要、中央管理事务的复杂化而产生的，如"使节衙门"（Посольская изба，负责处理国家的对外事务）、"吏部衙门"（Разряд 或 Разрядный приказ，也译为"军务衙门"，负责管理军事事务和服役人员）、"服役领地衙门"（Поместный приказ，负责管理服役人员占有的土地、领地）等；第三类是中央集权化过程中从地方管理者手中收回重要权力后而产生的，如"刑部衙门"（Разбойный приказ，负责审理重大的刑事案件）、"奴仆衙门"（Холопий приказ，负责有关奴仆的一切事务）等。至 16 世纪末，莫斯科国家至少建立了 30 个衙门。[②]

由于衙门并不是按照某个总体计划产生的，而是随着行政任务的复杂化逐渐出现的，所以，16~17 世纪建立的这些管理机构，功能较为混乱、职责相互重叠，根本难以从司法、行政的角度来对其进行类别划分。这些衙门往往属于国家的、宫廷的、牧首的、部门的和地域的，其时限也有常设的和临时的。因此只能将之简单分为国家性衙门（如使节衙门、吏部衙门、刑部衙门、奴仆衙门、大国库衙门、大度支衙门等）、地区性衙门（诺夫哥罗德地方宫廷、特维尔地方宫廷、喀山衙门、西伯利亚衙门、小俄罗斯衙门等）、专门性衙门（制药衙门、印书衙门、驿务衙门，以及后来建立的为管理特殊部队而设立的射击军衙门、炮匠衙门、外国人衙门、雇佣骑兵衙门等），以及一些临时性衙门。通过这些衙门，可以窥见莫斯科罗斯政府的活动方向：它开始致力于建立管理部门，这些是为国家独揽大权而设立的部门。按克柳切夫斯基的统计，从总体上看，管理军务的衙门达到 15 个，管理国家经济的衙门不少于 10 个，处理宫廷事务的衙门有 13 个，而真正关注"国内公用事业和警务方面"的衙门只有 12 个。[③] 按 C. M. 卡什塔诺夫的计算，衙门的

---

① Зуляр. Ю. А. Генезис русского самодержавия и дискуссия о его особенностях: Учеб. Пособие. Электронный вариант. Иркутск: Иркутский университет, 2006. с. 64.

② 〔俄〕瓦·奥·克柳切夫斯基：《俄国史教程》第二卷，贾宗谊等译，第 358~359 页；同时参见 Ключевский В. О. Русская история：Полный курс лекций. Т. 2. М. 2002. с. 110~112。

③ 〔俄〕瓦·奥·克柳切夫斯基：《俄国史教程》第二卷，贾宗谊等译，第 360~361 页；同时参见 Пушкарев С. Г. Обзор русской истории. М.：Наука，1991. с. 195-196。

数量在 16 世纪末达 20 个；17 世纪中叶前，常设的和临时的衙门约有 60 个。①

领导首等衙门的首长称为"法官"（судья），同他们一起坐镇衙门的还有其助手"杜马秘书官"和"书吏"（подьячий，也译为"司书"）。② 他们由于职务关系往往定居在首都，且经常参加杜马日常会议。但杜马秘书官不只是杜马的秘书和报告人，他们每个人都领导着一些首等衙门，如使节衙门、吏部衙门、服役领地衙门等，杜马秘书官通常有 3~4 人。一些首等衙门的事务直接由杜马处理，而这些衙门就像杜马办事处的分支机构，所以领导它们的是杜马秘书官而非波雅尔或侍臣。③ 而管理二等衙门的是"服役贵族"（дворянство）和"秘书官"（дьяки），或者就直接是一些秘书官。А. П. 巴甫洛夫认为，衙门的核心人物，即在这些衙门机关中起关键作用的人物，就是秘书官。④

随着行政事务的复杂化，衙门数量不断增长，衙门的主要工作人员秘书官和书吏数量也不断增加，无论在首都还是各省，都通过地方秘书机关来管理，这些机关被称为"办公衙门"（съезжие избы）。根据波雅尔的活动抄本和其他史料，我们可以得出 16 世纪末至 17 世纪初秘书官的大致总数。1588 年/1589 年这一官级人数不少于 70 人；到 1604 年时，则超过 80 人（包括衙门的、城市的和一般的秘书官）。按照科托希欣的统计，莫斯科国家的秘书官"有 100 来人，书吏有 1000 多人"⑤。这样，16 世纪末至 17 世纪初，秘书官群体已基本形成，他们成了莫斯科国家衙门体系的核心。⑥

衙门里的工作人员通常出身并非显贵，但政治地位不低，发挥的作用不小。克柳切夫斯基认为，秘书官阶层主要来自"神职人员阶层或城市平民百姓中的读书人"⑦。但现今有学者们认为，秘书官也绝非特殊的出身不好的来自"社会各个阶层"的服役人群，他们绝大多数是出身服役贵族阶层的人。

① Зуляр. Ю. А. Генезис русского самодержавия и дискуссия о его особенностях: Учеб. Пособие. Электронный вариант. Иркутск: Иркутский университет, 2006. с. 38.

② Пушкарев С. Г. Обзор русской истории. М.: Наука, 1991. с. 195–196.

③ 〔俄〕瓦·奥·克柳切夫斯基：《俄国史教程》第二卷，贾宗谊等译，第 363 页。

④ Зуляр. Ю. А. Генезис русского самодержавия и дискуссия о его особенностях: Учеб. Пособие. Электронный вариант. Иркутск: Иркутский университет, 2006. с. 39.

⑤ Пушкарев С. Г. Обзор русской истории. М.: Наука, 1991. с. 196.

⑥ Демидова Н. Ф. Служилая бюрократия в России XVII в. и ее роль в формировании абсолютизма. М., 1987.

⑦ 〔俄〕瓦·奥·克柳切夫斯基：《俄国史教程》第二卷，贾宗谊等译，第 215 页。

到 18 世纪初前夕，服役贵族中有不少人正是秘书官出身。Н. Ф. 杰米多娃确切地证明，17 世纪所有衙门工作人员（包括书吏）是服役贵族的组成部分，他们身上体现了这一阶层所有的权利和特权；此外，她还发现，16 世纪末至 17 世纪初，秘书官中有不少人属于显要服役贵族家族，这些家族通常与沙皇宫廷关系密切。也就是说，16 世纪末至 17 世纪初，秘书官的社会地位与一些服役贵族阶层（他们的地位介于首都宫廷官员和城镇一般服役贵族之间）、"本地居民"（жильца）和"民选服役贵族"（выборные дворяне）紧密相关。但在政治关系上，他们是高于本地居民和民选服役贵族的。在官方的官级表上，秘书官位于莫斯科服役贵族之后，但总是在民选服役贵族之前。在宫廷系统内，他们的地位也介于二者之间。这样，秘书官群体也逐渐变成了享有特权的统治集团，他们手中掌握着国家行政管理的主要机构。波雅尔和服役贵族履行服役任务，遵守门第制提拔制度，从封地和世袭领地上征税，他们较多地依赖于熟谙日常公文处理的秘书官。因此，显贵的代表们常常谋求与秘书官的关系友好，而地位最显要的秘书官也积极与身份显赫的王公家族和波雅尔家族攀亲。[①]

衙门秘书官明显趋于专职化。这一群体在公务处理中影响力非常大，特别是在地方上，地方行政长官和军政长官的更换相对频繁，而秘书官却久居其位。不同于职务多类的杜马波雅尔，秘书官的主要事务就是处理衙门的工作。正如普什卡廖夫生动形容的："贵族派头的长官很难弄清楚那些繁文缛节，只有秘书官和书吏能在其中如鱼得水。"大的衙门里，秘书官通常久居该位，时间常常超过 10 年。随着衙门事务处理体系逐渐形成和规范，莫斯科国家行政事务的官僚化气息也日渐浓厚。《1497 年法典》、《1550 年法典》和《1649 年会议法典》，都专门规定了机关事务的编写和保存的方法。在 17 世纪莫斯科国家发展起来的这种中央官僚机构中，莫斯科各衙门常陷入没完没了的司法和行政事务，而这些事务中有许多是来自地方管理者——军政长官的报告和询问。地方管理者由于害怕偶然失误而引起君主的愤怒，往往一遇任何事都会向莫斯科方面询问："对此君主有何指示？"自然，君主与波雅尔杜马只会处理其中的最重要的事务，而其他那些寻常的事务，无论给军政长官的官方回文，还是对他们私人呈文的处理，都由秘书官来处理；秘书官

---

① Зуляр. Ю. А. Генезис русского самодержавия и дискуссия о его особенностях: Учеб. Пособие. Электронный вариант. Иркутск: Иркутский университет, 2006. с. 39-40.

是"解释法律、命令、条例和公文的行家里手"①。但有时，一件事情会在一个衙门长久搁置；有时，一份公文会做"长期旅行"，因为事情有不清楚之处或处理起来有难度，拿到公文的秘书官就很乐意把它打发到另一个衙门去，或者干脆"束之高阁"。

不过，虽然这些衙门功能有所重复，处理的事务也有交叉，且带有种种拖沓、推诿、贿赂等官僚风气，整顿如此庞大的衙门体系十分困难（其中的原因很多，比如，政府长期财政赤字、各阶层权利义务和管理范围不同、国家疆域迅速扩大等），但从整体上看，这一制度还是满足了16~17世纪莫斯科罗斯国家的行政管理需要。

五　军事组织

君主专制就是由君主最大限度地支配社会资源的一种政治形式，它必然以可供支配的自由流动的社会资源为前提。② 如艾森斯塔得所言，政权的统治者总是"力图为自己创造出能够支配全局的地位，以控制大部分可资利用的资源"③。莫斯科国家亦是如此，其专制政权建立过程中，不仅动用新的社会人群在衙门中负责行政管理，更重要的是，还动用新征服来的土地来供养越来越多的服役的军事人员，以满足战争需要。

16~17世纪的莫斯科罗斯国家，一直三面受敌，两线作战：西面的"斗争偶尔才有短期的停战；东南方的斗争在一个世纪中则连片刻的休战也没有"④。由此可知，莫斯科政府的主要任务和主要关注点就是加强国家的军事力量。如前所述，从15世纪中叶起，莫斯科国家逐渐确立起这样的制度：所有土地个人所有者都必须在君主的土地上服军役。后来，正是他们共同形成了俄罗斯社会的主导力量——服役贵族。军事服役人员的民族构成十分复

---

① Пушкарев С. Г. Обзор русской истории. М.：Наука，1991. с. 196.

② 张星久：《中国君主专制政体的起始时间——兼论中国君主专制政体形成的社会条件》，《武汉大学学报》（人文社会科学版）2000年第1期。

③ 〔以〕艾森斯塔得：《帝国的政治体系》，阎步克译，第121页。

④ 西面的欧洲战线上，同瑞典和立沃尼亚争夺波罗的海东海岸，同立陶宛和波兰争夺西罗斯。1492~1595年，同瑞典发生了3次战争，同立陶宛、波兰和立沃尼亚发生了7次战争。东南方则每年同克里米亚的鞑靼人、诺盖人和其他东方异族人斗争，西南罗斯时常遭受这些人突袭，诸多民众被俘虏后变成奴隶遭贩卖。参见〔俄〕瓦·奥·克柳切夫斯基《俄国史教程》第二卷，贾宗谊等译，第220页。

杂，据克柳切夫斯基的不充分统计，大俄罗斯族占33%，波兰-立陶宛家族（即西俄罗斯的家族）占24%，西欧如德意志的贵族占25%，鞑靼和东方家族占17%，另有1%身份不明。[1] 总体来说，这个群体的规模非常庞大且人数经常变动，很难确定。

对君主而言，重要的是如何满足日益增长的兵力的需求。封邑罗斯时期，王公宫廷军人不多，王公以薪俸、世袭领地、食邑这三种方式得以维持。随着国家的统一以及封地制的进一步发展，逐步建立了以服役贵族为主体的骑兵部队。莫斯科军队主要是由土地所有者（包括世袭领主和封地主）特别是封地主的民军组成的骑兵。由于需要军事力量而又没有财力和技术手段以建立正规军队，莫斯科政府把大量国有土地作为封地分配给服役人员，前提是他们要为国家服军役。这种军役对封地主来说几乎要服整整一生，即从15岁开始一直到老得不能动，除非有严重伤残。每个县服军役的土地所有者都登记在名册上，遵从政府的征召，编进政府任命的督军队伍，并在其指挥下行军打仗。不过，这一支莫斯科大军实质上是被武装起来的一般民众，他们没有受过正规的军事教育，出征返回后就四散离开，各回各家。[2]

16世纪时，莫斯科政府开始考虑军事组织的常备化和正规化问题。伊凡四世对军事进行改革，于1556年颁布了《兵役条例》，使服役封地主与波雅尔世袭领主在同一标准下服军役，即"按一百俄亩良田出有整副盔甲的一人一马，远征则出两匹马"[3]；也就是说，所有服役的土地所有者在参与出征军时应当自带"人、马和武器"。《兵役条例》对战马、武装人员和武器均做了规定。这样，加强了骑兵部队，扩大了军队的规模。此外，伊凡四世还将伊凡三世时的"火枪兵"部队改为射击军——它在一定程度上可算作俄国历史上第一支常备军。射击军的成员主要来自市民，他们穿统一制服，由国家发给薪饷。其任务主要是防守莫斯科及其他城市。[4] 这样的射击军约组建了20个军团，每个团约1000人；他们在莫斯科服役，并住在莫斯科郊区的射击军"免税优惠村"（слобода）。在比较重要的外省城市和边境城堡中也驻有射击军。[5] 在具有军事意义的城市，还设有炮兵队、哥萨克以及警卫和技

---

① 〔俄〕瓦·奥·克柳切夫斯基：《俄国史教程》第二卷，贾宗谊等译，第217~218页。

② Пушкарев С. Г. Обзор русской истории. М.：Наука，1991. с. 202.

③ 〔俄〕Н. П. 巴甫洛夫-西利万斯基：《俄国封建主义》，吕和声译，第133页。

④ 何华：《俄国募兵制研究》，硕士学位论文，陕西师范大学，2009，第9~10页。

⑤ 〔俄〕瓦·奥·克柳切夫斯基：《俄国史教程》第二卷，贾宗谊等译，第223~225页。

术性的服役人员。这些服役人员是从下层居民中招募或征集来为军队提供服务的，他们及其全家住在城郊免税优惠村（射击军优惠村、炮兵优惠村、哥萨克优惠村、驿站马车夫优惠村）并从政府那里取得一份土地。[①] 他们虽然可以从事商业和各种小手工业，但应该时刻准备着为君主服役。在战时，还从工商居民和农民中征集"差丁"作为军队的补充力量，即主要是作为辎重兵在军中提供各种辅助性服务。服从莫斯科政府统治的鞑靼人和一些其他东方民族，在战时为莫斯科政府提供特殊骑兵队，与莫斯科军队协同行动。

在与西方邻居发生冲突的过程中，莫斯科军队在军事制度和技术上的落后便暴露无遗。这使得莫斯科政府早在 16 世纪末就开始用西方的兵源和战斗技术，雇用外国队伍，从国外订购作战炮弹。从 17 世纪开始，莫斯科政府按外国规章组建和训练自己的军团，即所谓"按外国建制的军队"（полки иноземного строя，也译为"新制军团"）——步兵、雇佣兵（骑兵）和混合制的龙骑兵。这些军团的士兵是从俄罗斯"自愿从军的"自由人中招募的，并由雇用来的外国军官进行训练。[②] 新制军团由国家供给武器和给养，其成员无论贵族还是普通人，均一律要求终身服役。贵族终身服役早就存在，但"让普通人终身服役尚属首次。新制军团是一种常备军，它的建立标志着俄军向正规军迈进了一大步"[③]。不过，17 世纪时，这些军团还没有被编成常备的正规军，它们只是在战时才组建，并在战事结束后被遣散。只有为数不多的外国军官被留下来继续服务，领取莫斯科政府的薪饷。他们住在莫斯科附近的外国人优惠村；17 世纪末，彼得一世就是向他们学习军事技能的。

第三节　莫斯科罗斯的地方管理体系

从国家政治权力纵向配置来看，一个国家的中央政府与地方政府权力的划分及相互关系，是国家进行有效管理的重要方面。莫斯科中央集权的统一国家建立后，君主是国家的代表，掌握最高国家权力，对内拥有一切国家事务的决策权，对外独立行使国家主权。莫斯科罗斯国家在不断开疆拓土过程中，

---

① Пушкарев С. Г. Обзор русской истории. М.：Наука，1991. с. 202-203.

② 〔俄〕瓦·奥·克柳切夫斯基：《俄国史教程》第三卷，左少兴等合译，第 292～293 页。同时
参见 Пушкарев С. Г. Обзор русской истории. М.：Наука，1991. с. 203。

③ 何华：《俄国募兵制研究》，第 11 页。

逐步形成了一系列中央政权机构；与此同时，地方管理体系也随之发生变化。

一　地方行政长官制度和食邑制的衰落

莫斯科国家统一过程中，对地域事务的行政管理不断进行调整。随着分封王公变为服役王公，他们中的一部分人成了"地方行政长官"（наместник）① 和"军政长官"（воевод）。伊凡三世限制了分封王公的权力，瓦西里三世则削减了封邑的数量，到 1530 年代末，只剩下两个封邑。过去的独立公国逐渐被出现的"县"（уезд）所替代，县由地方行政长官管理。后来县开始分成"区"（стан，也可音译为"斯坦"）或"乡"（волость），由区长或乡长管理。这时的中央集权化国家的管理显然还不够完善，其中最明显表现就是地方行政长官和区长或乡长的薪俸仍按古老的食邑制分配。

地方行政长官和区长或乡长从莫斯科委派。地方行政长官总是被派往各县（通常是过去的公国或独立公国），但任期不长，负责征收税赋并审理违法案件。区长或乡长帮助他履行在地方上的职能。在地方行政长官和区长或乡长管辖之下的居民，必须向他们交付"食邑"（包括实物和货币税）和"关税"（пошлина，包括诉讼税费、海关税等）以维持管理者的生活。无论食邑贵族的指派，还是关税和税赋的数额，都没有严格的制度。食邑不是为了履行行政管理和司法义务，而是作为对过去军事服役的报酬。因此，地方行政长官和区长或乡长不会让自己受累于工作，而是将它们推给自己的奴仆——"执事"（тиун，也可音译为"季翁"）。② Л. В. 达尼洛娃认为，食邑制作为一种地方管理机制，是古罗斯"旧的巡行索贡制度的延续"③。

要加强国家的中央集权，就必须要求地方管理体系把"原先作为封邑时期供养服役人员的手段"的地方行政机构，改组成为"中央领导机构所辖的地方机关"④。于是莫斯科政府尝试对已有的地方行政长官制度和食邑制进行

---

① 由于 18~20 世纪俄国的地方最高长官也称为 наместник，国内常译为"总督"。莫斯科罗斯时期的 наместник 与古罗斯的 посадник 更为相似，为与后来的"总督"相区别，笔者以为宜译作"地方行政长官"。

② Зуляр. Ю. А. Генезис русского самодержавия и дискуссия о его особенностях: Учеб. Пособие. Электронный вариант. Иркутск: Иркутский университет, 2006. с. 58.

③ Данилова Л. В. Сельская община в средневековой Руси. М. 1994. с. 206.

④ 〔俄〕瓦·奥·克柳切夫斯基：《俄国史教程》第二卷，贾宗谊等译，第 369 页。

改造，直至最后取消。

其一，中央政府通过立法途径确定地方行政机构的权利和义务，调整食邑制度。为了防止食邑者的专横和滥用职权，中央政府规定了食邑制的定额标准，划定食邑贵族的权利界限以及他们对居民的责任。[①] 从 15 世纪起，食邑者不得自行收取食邑，食邑的分摊比例及收缴，都由百人长和地方长老按中央规定的额度执行。15 世纪末，食邑者的任期缩短为 2~3 年，后又减为 1~2 年。大部分土地纠纷案件转交中央处理。16 世纪前夕，中央又严格限定了食邑范围，教会机关、宫廷采邑和服役人员的领地不参与食邑供养。不过，从总体上看，大公权力虽然触及地方利益，但地方还未与大公中央形成典型的被领导与领导关系，因而食邑制下的地方实际上还未构成中央完全意义的下级。[②]

其二，对地方食邑贵族的行为建立双重监督机制，即自上而下 "报告"（доклад）机制和自下而上 "法庭陪审员"（судные мужи）机制。[③] 一方面，自上而下的监督反映在 "报告" 中，即食邑者判决的一些最重要的司法案件，其终审要提交给更高的中央机关如衙门或波雅尔杜马进行重审。另一方面，地方行政长官和区长或乡长的司法活动，也受到当地社会组织代表的监督，百人长和地方长老作为地方陪审员参与到地方行政长官和区长或乡长的司法工作中，他们是当地习惯法的行家和社会组织利益的捍卫者，应当 "坐在法庭中维护正义"，即监督司法程序的正确执行。

其三，把食邑贵族管理不善的事务，即维护社会治安的事务，交给地方村社独立地处理，开始用选举产生的地方政权取代食邑贵族。比如，伊凡四世统治时期，固巴改革便逐步建立起新的县级管理机构。

其四，对地方制度进行改革，试图完全取消食邑制，建立地方自治机构，用民选的社会政权（民选的长老、警长、受爱戴的人）取代地方行政长官和区长或乡长，不仅把刑事、警察事务交给地方村社，而且把当地的所有机构和民事法庭都交给地方村社。

食邑制不仅有碍保家卫国的服役工作，而且给地方的行政管理工作也造成极大的不便。用克柳切夫斯基的话说，"军人成了不合格的行政人员；而

---

① Пушкарев С. Г. Обзор русской истории. М.：Наука，1991. c. 197.

② 曹璐：《论革命前俄国地方管理体制》，硕士学位论文，吉林大学，2004，第 3~4 页。

③ 〔俄〕瓦·奥·克柳切夫斯基：《俄国史教程》第二卷，贾宗谊等译，第 370~372 页；同时参见 Ключевский В. О. Русская история：Полный курс лекций. Т. 2. М. 2002. c. 121。

成为行政人员以后，就不再是合格的军人了"[1]。最终，1552 年正式出台废除食邑制的决议。很快，中央所辖各县中最大的食邑被废除。不过，食邑贵族在这一过程中并未被亏待，地方向国库直接交纳固定的国家租赋——"包捐制"（откуп，也译为"包税制"）后，他们的收入直接由国库支付。当然，16 世纪的包税制的兴盛也与俄国对外贸易的发展有密切关系。[2] 这成为国家动员服役的新财源，服役人员从新的国家租赋中获得了公正的待遇，即按家庭出身和服务功勋获得固定的金钱薪俸。[3]

但是地方行政长官制度并未就此永久消失。在喀山战役取得绝对胜利、立沃尼亚战役取得初步胜利之后，禁不起新领地的诱惑，大片土地被一抢而光，食邑制又有所恢复。[4] 后"特辖制"时期，在地方管理上的典型特征就是地方行政长官制度以及食邑制的复苏，特别是在费奥多尔·伊万诺维奇统治初期，他还对上述两个制度有所加强。但到 1590 年代中期，政府不再向城市指派负责食邑的地方行政长官。文献中最后提到地方行政长官的时间是在 1593 年/1594 年，但早在 1580 年代末，食邑制实际上就真正衰落了。[5]

政府对地方行政长官制度和食邑制的限制、监督、改造直至取消的过程，其实也是固巴制度和地方自治制度逐渐兴起的过程，它们是地方自治发展过程的有机组成部分。可以说，正是食邑制的不合时宜催生了俄国的地方自治制度。食邑制的取消标志着"莫斯科沙皇将公社制度纳入国家地方管理体系的完成"[6]。

二 固巴管理和地方自治的兴起

由于食邑制下地方行政长官的收入包括诉讼税费，他们常常把抢劫、杀人、盗窃、纵火等恶性案件当作"最有利可图的司法项目"[7]，因此，很少

---

① 〔俄〕瓦·奥·克柳切夫斯基：《俄国史教程》第二卷，贾宗谊等译，第 380 页。

② 郭响宏：《俄国的包税制及其废除》，《世界历史》2010 年第 2 期。

③ 〔俄〕瓦·奥·克柳切夫斯基：《俄国史教程》第二卷，贾宗谊等译，第 383 页。

④ 曹璐：《论革命前俄国地方管理体制》，第 5~6 页。

⑤ Зуляр. Ю. А. Генезис русского самодержавия и дискуссия о его особенностях: Учеб. Пособие. Электронный вариант. Иркутск: Иркутский университет, 2006. с. 58.

⑥ 齐小燕：《19—20 世纪初俄国地方自治改革述评》，硕士学位论文，陕西师范大学，2005，第 7 页。

⑦ 因这些罪行而判刑的人必须"变卖"财产，即被没收全部财产，除只拿出一部分作为对原告的奖赏外，其余都交给食邑贵族。

或难以预防此类案件的发生。从 1530 年代末开始，一些刑事案件就开始交给当地来处理，即由从地方服役贵族中"选举出的人"来办理。对此类案件的处理有如下几种方式：一是向城乡发出"固巴文件"（губные грамоты），授权当地处理案件，缉捕和处决坏人；二是将案件的处理交给食邑贵族法庭的民选陪审员或百人长和长老；三是将案件的处理交给刑事警察区即"固巴"（губа，也可意译为"司法行政区""邑"）①。最初，固巴的划分同小的行政区划是一致的，但 1550 年代对地方进行改革以后，固巴逐渐变成了县级行政机构。

"固巴管理"（губное управление，即司法行政）成为全县的机关后，组成了一套复杂的、有领导和被领导的警察机构网。领导这些机构的是"固巴长老"（губная староста，也译为"司法行政长官""警长"）②。固巴长老由全县各界代表大会选出，但只能从服役人员中选举，每县 1~2 人。固巴长老同"固巴税收司法官"（губные целовальники，也译为"警官"）③ 一起处理事务。固巴管理后来逐步扩大，涉及越来越多的刑事事务。固巴机构的设立，限制和替代了食邑制：这种民选的自治机构承担起了财政-税收（地方的）和警察、司法（固巴的）职能。④

16 世纪中叶，公社的固巴管理得以广泛建立，这成为俄国地方管理史新时期——地方自治史的一个开端。从 1555 年起，固巴管理推行到所有的县域，并设立"固巴衙门"（губная изба）。到 16 世纪下半叶，国家将众多小的固巴合并，固巴长老就变成了县长。政府"已将固巴长老当作衙门中人看待，固巴长老直接服从于中央刑部衙门"。Б. Н. 齐切林认为，固巴长老制度是"衙门原则与地方自治原则的混合物，或更确切地说，这是地方自治权力

---

① 固巴是 16~17 世纪俄国行政区划单位。对固巴开始改革时，其大小与几个区和乡的行政区域相同；在 16 世纪中叶，固巴区域扩大，达到县的规模；到 17 世纪时，固巴能包括几个县。

② 笔者认为，由于其职责不仅限于警察职能，还包括税收、司法等方面工作，所以译为"警长"恐有不妥，故译为"固巴长老"。

③ 固巴税收司法官，是由市镇和乡村的纳税居民从以前的小固巴、镇、乡、区、村选出的。按照百人、五十人、十人和"警段"（полицейский участок）为单位选出百人长、五十人长和十人长，受固巴长老的领导。〔俄〕瓦·奥·克柳切夫斯基：《俄国史教程》第二卷，贾宗谊 等译，第 375 页；同时参见 Ключевский В. О. Русская история: Полный курс лекций. Т. 2. М. 2002. с. 127。

④ Зуляр. Ю. А. Генезис русского самодержавия и дискуссия о его особенностях: Учеб. Пособие. Электронный вариант. Иркутск: Иркутский университет, 2006. с. 60.

向衙门权力的过渡"①。这种推选固巴长老和固巴税收司法官的选举制度的建立，以及他们接手管理以前由中央委派地方行政长官所管辖的所有财政和司法事务的制度的建立，被称为"地方自治改革"（Земская реформа）。但地方自治改革只是在自由的国有农民居住的一部分中央地区及北方工商区和乡实行。在另一部分中央地区以及南方和西部地区却没有地方自治的有利土壤。②

随着时间的推移，这些民选机构的职能不断获得扩张和强化。到1675年，地方民选机构要负责以下事务：掌管乡社土地、登记赋税、分派和征收赋税、派发徭役、主持米尔选举、执行地方警察职能、维护国家治安等。由此可以看出，这些职能既有乡社内部的地方性的事务，也有国家赋予的义务——属于国家职能范畴。③ 为何把非地方性事务，如维护国家治安，交给地方的民选代表而不是中央政权机关来负责呢？固巴制度具有全民动员性质，中央政府很顺利也很自然地将地方对自治的权利需求变成了地方所需承担的不断扩展的国家义务。

必须指出，这一时期的地方自治并非地方社会独立性的表现，政府实行地方自治的性质，最明显地表现为伊凡四世迫使地方机构参与税赋的工作。一般来说，地方自治是与中央集权相对立的，但二者关系也可能十分密切。16世纪俄国就是这种中央集权与地方自治的结合。我们可以发现，取代地方行政长官和区长或乡长后，民选的固巴长老需要处理许多事情，如征收国家税捐、执行法院和警察的职能，这些都不仅是地方性的而是全国性的事务。如果选举产生的地方政权不是处理地方事务，而是根据中央政府的指示并在它的监督下处理全国性的事务，那就谈不上真正的地方自治。也就是说，16世纪的俄国的地方自治，本质上不是地方拥有处理当地事务的权利，而是完成国家的任务和履行从当地群众中选举"君主事务"的负责人的义务。这是"加给纳税居民的新的地方义务、一种特殊的对国家的服务"④。这种情况下，地方机关要对中央政府负责。

---

① Чичерин Б. Н. Областные учреждение России в XⅦ в. Москва. 1865. с. 451；转引自曹维安、师建军《俄国大改革前的地方自治传统》，《陕西师范大学学报》（哲学社会科学版）2010年第5期。

② Пушкарев С. Г. Обзор русской истории. М.：Наука，1991. с. 200.

③ 曹维安、师建军：《俄国大改革前的地方自治传统》，《陕西师范大学学报》（哲学社会科学版）2010年第5期。

④ 〔俄〕瓦·奥·克柳切夫斯基：《俄国史教程》第二卷，贾宗谊等译，第384~386页。

　　笔者以为，固巴管理和地方自治改革是中央集权化的重要步骤，它们在一定程度上强化了中央政权机构（如固巴衙门）的干涉作用。它们"并未使地方乡社成为自由的公社，而是最终将其变成了履行'国家义务'的行政纳税单位"①。但值得注意的是，地方政权是民选性质的，其随后发展出了地方自治。服役贵族、商人、富农得以有机会利用新的地方机构为自己的利益服务，巩固他们的等级特权。16世纪地方自治机构某种程度上可视为"古罗斯维彻民主传统在统一国家这一新的历史条件下的继续"②。这种传统在大动乱年代表现出了十分积极的作用。难怪有学者认为，从16世纪中叶到17世纪中叶的莫斯科国家，可以称为"专制-地方自治的"（самодержавно-земский）国家；从17世纪中期起，它转变为"专制-官僚的"（самодержавно-бюрократический）国家。③

　　尽管地方自治机构在16世纪的莫斯科国家获得了相当大的发展，并具有广泛的职能，但这些机构的界限不明确，地方自治机构没有严格的隶属关系，容易引起进款归属的纠纷，最终导致地方财政的混乱。而军政长官干涉公社内部事务间接地清理了这种混乱。④ 17世纪，俄国对其地方管理体系进行了改造：地方固巴长老服从于中央指派的军政长官，军政长官承担行政管理、警察和军事职能。

三　军政长官管理

　　从16世纪最后25年至17世纪初（1605），可以看作俄国"军政长官管理"（Воеводское управление）⑤ 体系形成的初级阶段。16世纪前半叶，俄国在各边境城市中设置了军政长官，他们掌握着所在地全县各项事务的大权，但教会事务管理权除外。这时的文件中已经记录了以"一年为期的"

---

①　齐小燕：《19—20世纪初俄国地方自治改革述评》，第7页。

②　Зуляр. Ю. А. Генезис русского самодержавия и дискуссия о его особенностях: Учеб. Пособие. Электронный вариант. Иркутск: Иркутский университет, 2006. с. 60.

③　М. М. Богословский. Земское самоуправление на русском Севере в ХⅦ в. 2 тома；转引自 Пушкарев С. Г. Обзор русской истории. М.：Наука，1991. с. 201。

④　鲁扬：《17世纪俄国的直接税制度》，第23页。

⑤　在俄国历史上，воевода这一职务在古罗斯时代就存在，那时常译为"督军"；到16～18世纪，这一职务主要强调军事职能与行政职能的合一，并在俄国各城市和地区都有设置，故译为"军政长官"。

（годовый，即留下来为城市服务的）军政长官与"军队的"（полковый）军政长官之间的区别。

1552 年征服喀山后，在喀山形成了统一的军政长官管理模式。征服喀山汗国对于俄国地方管理体系的改变意义非凡。"不同于以往被兼并的公国，喀山汗国的居民是操突厥语和芬兰－乌戈尔语系的异族，因为兼并该地区是俄罗斯多民族国家形成的重要开端。而此后俄国的开疆拓土总与兼并异族有关，那么喀山的地方管理模式就必将成为俄罗斯多民族国家地方管理体制的新趋势"，加之此地并无食邑制盛行，伊凡四世得以在此试行他在地方管理方面的创见——军政长官管理，并将之于全国范围内进行实践。大动乱时期的俄罗斯一直不断地与内外敌人进行斗争，这就要求国家在地方上拥有强有力的行政权力，这一需要加速了军政长官管理作为特殊类型的地方军事－行政管理的推广过程。[1]

1570 年代下半叶至 1580 年代初，军政长官管理在其他城市也初具雏形。1580 年代至 1590 年代，新并入的西伯利亚也建立了军政长官管理体系。数十个与德意志、克里木、立陶宛、乌克兰毗邻的小城市以及伏尔加河流域的边境城市，也都有军政长官。1613 年起，俄国在 33 个大城市都派驻了波雅尔军政长官，至 17 世纪上半叶，军政长官管理已遍及全国范围内所有的县。军政长官由吏部衙门委任，经沙皇和波雅尔杜马批准，任职年限一般为 1~3 年。他们掌握所在地的一切军政大权，按照莫斯科衙门的指示行事。

根据门第制传统，在较大的边境城市、地区和王国中心（如诺夫哥罗德、普斯科夫、斯摩棱斯克、喀山、阿斯特拉罕和托波尔斯克）指派的是头等王公和波雅尔家族的人，其中不少是杜马波雅尔。一般的边境城市的军政长官和以"一年为期的"军政长官，大部分是显贵（波雅尔、侍臣和莫斯科服役贵族）的代表。而 16 世纪末至 17 世纪初，对莫斯科近郊的内部城市和北方城市的军政长官、法官和衙门人员的任命，则没有按照等级原则进行安置，不具有门第制的意义，也不记录在职官录上，他们属于二等服役家族。[2] 也就是说，边境城市的军政长官继续优先从波雅尔上层增补，而指派到国家内部城市（除了大的中心外）的军政长官，则主要属于中层服役人员。当然，也有学者提出不同的看法，认为任命边境城市军政长官常常是为

---

① 曹璐：《论革命前俄国地方管理体制》，第 6~9 页。

② Зуляр. Ю. А. Генезис русского самодержавия и дискуссия о его особенностях：Учеб. Пособие. Электронный вариант. Иркутск：Иркутский университет，2006. с. 62~64.

了将波雅尔和"有封地公爵后代"从宫廷斗争和对莫斯科事务的参与中引开；到"边远城市"（喀山及边境城市）担任军政长官的波雅尔和侍臣，实际上是"有尊严的流放"。类似的实践早在"特辖制"年代就得到了推广。A. П. 巴甫洛夫认为，后"特辖制"时期（即 16 世纪最后 25 年），俄国地方管理的发展实质上进入了新阶段——衙门式的中央政权对地方的控制力度得到加强。这种加强，一方面表现在全国地域的衙门体系的发展上，另一方面表现在军政长官在地方管理中所发挥的作用上。①

军政长官的权力范围，在不同的城市和地区并不相同。军政长官在国家的边境城市具有大权，在中心县则只有小权。如诺夫哥罗德的军政长官集行政管理权与司法权于一身，甚至还继承了封邑罗斯时期的诺夫哥罗德地方行政长官与瑞典人直接交往的权力。这种情况下，地方行政长官和军政长官的权力时常集中在同一部分人手中，他们在史料中被称为"地方行政长官与军政长官"。但这未必是地方行政长官职能在新的军政长官管理体系下的有机发展。地方行政长官和军政长官制度尽管在外表上相似（他们都属于上层服役等级），但二者原则上是不同的。作为政府官员，军政长官的上级领导是中央行政管理机构（衙门），并依靠地方行政管理机构对县进行管理；军政长官的权力比地方行政长官的权力要大得多。与地方行政长官和地方自治机构管理相比，军政长官管理意味着在地方管理方面中央集权化程度更高；16世纪末至 17 世纪初，它已逐渐变成了省级行政管理的主要部分。②

军政长官与地方自治机构的关系也颇为微妙。军政长官的权力虽然远不及后来省级国家官员的权力，且不少军政长官与地方自治机构和其他地方权力机构分享权力，但类似的状况并不普遍。在较大的边境城市，军政长官是沙皇的全权代表，在地方居民和地方社会中的地位急剧提高。地方自治机关虽然被保留下来，但越来越失去自己的独立性，越来越变成隶属于军政长官的辅助机构和执行机关。③ 实行军政长官制后，地方自治机构承担了新的沉重义务——供养军政长官及其衙门的官吏、秘书官和书吏，这笔开支是所有

---

① Павлов А. П. Государев двор и политическая борьба при Борисе Годунове. СПб.：Наука，1992；转引自 Зуляр. Ю. А. Генезис русского самодержавия и дискуссия о его особенностях：Учеб. Пособие. Электронный вариант. Иркутск：Иркутский университет，2006. с. 62。

② Зуляр. Ю. А. Генезис русского самодержавия и дискуссия о его особенностях：Учеб. Пособие. Электронный вариант. Иркутск：Иркутский университет，2006. с. 63-64.

③ 曹维安、师建军：《俄国大改革前的地方自治传统》，《陕西师范大学学报》（哲学社会科学版）2010 年第 5 期。

费用中最大的一项。客观上来讲，它虽然不是恢复到旧有的地方行政长官制，但它成了比地方行政长官制"更坏的继续"的制度，它几乎耗尽了"地方自治机构的钱匣子"，常常导致地方米尔的破产。①

总体来说，军政长官制度是"食邑制之后第一个比较规范的地方管理体系，在国家政治发展中有重要意义。握有地方全权的军政长官直接服从中央，受中央委派，执行中央命令。衙门-军政长官制度的形成，意味着所有管理的中央集权化和旧宫廷-领地体制残余的消除。与食邑制之下的地方相比，此时的地方更易为中央所控制，地方正式成为中央权力序列上的一级"②。也正如克柳切夫斯基所评价的，军政长官制度是"从伊凡雷帝时期地方机构基础的地方自治原则向地方管理的官僚体制所作的一次决定性转变"③。

第四节　伊凡四世的"特辖制"

研究莫斯科罗斯的政治制度，不得不提及俄国历史上最富争议的沙皇伊凡四世（1533～1584年在位）。可以说，他的统治集合了俄国最具矛盾性的政治现象：既开创了具有民主趋向的政治机构缙绅会议和推行了地方自治改革，又完善了专制政治理念并实施了暴力、恐怖的"特辖制"。学者们往往在这些矛盾现象中有选择性地总结莫斯科罗斯政治制度，如强调缙绅会议历史作用的学者认为，正是他在位初期形成了等级代表君主制；强调"特辖制"历史作用的学者则认为，伊凡四世在俄国确立了绝对君主制。可见，如何评价伊凡四世的统治，特别是如何评价他的"特辖制"在俄国政治制度发展史中的地位，决定着我们对莫斯科罗斯政治制度本质的判断。

一　重臣拉达的改革：另一种发展的可能

伊凡三世和瓦西里三世通过一系列政策，逐渐将罗斯联合为一个统一的中央集权化国家。不过，他们虽然建立了相应的立法和管理机构，但依然带

---

① 〔俄〕瓦·奥·克柳切夫斯基：《俄国史教程》第三卷，左少兴等合译，第168～171页。
② 曹璐：《论革命前俄国地方管理体制》，第10页。
③ 〔俄〕瓦·奥·克柳切夫斯基：《俄国史教程》第三卷，左少兴等合译，第167页。

有诸多旧传统遗风，难以适应迅速扩大的国家疆域管理需求，这就使国家发展存在潜在危机。伊凡四世即位之初，俄国各种社会矛盾明显尖锐起来，群众的极大不满演变成一连串的人民起义，其中最大的是 1547 年春天的莫斯科起义。

面对严重危机，报喜节大教堂的神甫西尔维斯特、科斯特罗马波雅尔贵族子弟阿列克谢·阿达舍夫，以及立陶宛服役贵族伊凡·佩列斯韦托夫等人，努力说服沙皇进行改革。他们认为，为了巩固统一的莫斯科国家，必须以新的方法改变中央和地方的管理体系，沙皇应当依靠服役贵族以加强中央集权。①这些主张得到伊凡四世的支持。参与实施改革者，被称作"重臣拉达"（Избранная рада），他们推行的改革被称为 16 世纪"50 年代的改革"。

16 世纪"50 年代的改革"可分作 6 个方面：中央管理制度、地方管理制度、司法、军事、税制和教会改革，前文已部分涉及，在此从总体上做一概述。

（1）中央管理制度改革。中央管理制度改革是本次整个改革的中心，改革使中央政权发生了变化。第一，沙皇在国务活动中的独裁作用明显增强。第二，波雅尔杜马的地位和成分有了很大变化。在 1547~1549 年，杜马成员得到更新和补充，在杜马中服役贵族和杜马秘书官的成分增加。杜马的立法权，得到了《1550 年法典》的确认。第三，缙绅会议成为国家新的中央管理机构，具有谘议-立法性质。缙绅会议扩大了国家管理的社会基础，让服役贵族阶层和城市工商居民等社会阶层积极参与国家事务。第四，中央政权体系中的衙门制度最终在 16 世纪 50 年代中期形成。衙门体系逐渐完善，解决各种行政管理任务。首等衙门的长官是波雅尔贵族和杜马官员，服役贵族则管理二等衙门。总之，在 16 世纪中期，国家管理方式的集权化已有很大加强，其中首次出现了官僚阶层，服役贵族在决定国家事务中的作用得以提高。

（2）地方管理制度和司法改革。加强中央集权不能不对相应的地方管理制度进行改变。首先，不断改造食邑制和地方行政长官制度，一则削弱波雅尔贵族在地方上的作用，二则使县、区或乡直接服从于莫斯科中央政权的管理。其次，1555 年推行固巴改革，使固巴管理扩展到全国，并将处理刑事案

---

① 〔俄〕戈·瓦·普列汉诺夫：《俄国社会思想史》第一卷，孙静工译，第 150~167 页；同时参见〔俄〕瓦·奥·克柳切夫斯基《俄国史教程》第二卷，贾宗谊等译，第 193 页。

件的司法事务权从地方行政长官和区长或乡长手中转到了固巴长老手中，固巴长老直接服从于中央的刑部衙门。再次，1555～1556 年推行地方自治改革，最终取消了食邑制。地方行政长官和区长或乡长被民选的地方自治机关所取代。地方自治政权可以判决和执行非重大案件，并在本地范围内分摊和征集税捐。最后，在《1497 年法典》基础上，《1550 年法典》继续加强中央权力，通过固巴改革和地方自治改革，用较民主的地方自治取代过去的地方管理方式。

（3）军事改革。第一，限制军队中的门第制。1550 年开始实行《军事长官决议》，制定严格的"一长制"，引入职务服从制度，加强了部队纪律，提高部队战斗力。第二，规范门第记录，减少争议。1555 年编订《御颁贵族家谱》，其内容包括了最显贵的王公和波雅尔家族的起源及其在门第制中拥有的权利等。1556 年又出现了新的、范围更大的《御颁职官录》，包括从15 世纪 70 年代开始的王公、波雅尔和服役贵族的服役记录。这两个文诰是独创的、以备查询的，受沙皇和波雅尔杜马监督；如果必要，可以用来制止显贵们的争议。第三，改革国家的军队模式。1556 年出台《服役法令》，明确规定了所有土地占有者所服军役的标准。该法令要求无论世袭领主还是封地主，都应当服军役，并在必要时提供全副武装的骑兵。与此同时，国家还尝试建立常备军。① 第四，实行新的服役形式——招募，即以发给薪金方式专门招募人员服役。哥萨克、城市警卫队、炮手和射击军就以这种方式服役。射击军是常备军，不像服役贵族的民团，在军事行动之后不解散。不过，射击军还不是正规军，他们及其家人集中居住在特定的村镇，并且在不担任警戒任务的空闲时间可以从事手工业和商业活动。

（4）税制改革。税制改革与军事改革息息相关。其一，重新登记土地并制定全俄统一的土地征税单位大索哈；索哈的大小，取决于土地的质量和土地占有者的社会身份。其二，增加了新税火枪兵税和赎俘税；前者用于供给射击军，后者则用于赎回俘虏。

（5）教会改革。伊凡四世本设想取消教会-修道院土地占有制，把这些土地作为服役贵族的封地来进行分配。不过，1551 年以都主教马卡里为首的

---

① 1550 年，决定在莫斯科县安置服役人员中的"精选千人团"，并编制了一份"千人团名册"，名册中有 1078 人，但这一措施最后并未成功，因为要给这些服役贵族安置半径距莫斯科不超过 60～70 俄里的封地，而对于如此规模的空闲地，莫斯科附近则无法提供。

约瑟夫多数派，通过了折中性的《百章决议》（Стоглав）①，该决议规定：第一，教会对不动产的占有权不可动摇；第二，对修道院占有的土地进行缩减，即在瓦西里三世死后（1533 年后）所有王公、波雅尔给修道院的捐献均告无效；第三，没有征得沙皇同意，禁止修道院购买土地和从事实物或货币形式的高利贷活动，禁止封邑王公后裔以"悼念亡灵"的方式把土地转赠给修道院；第四，教会土地所有者以后不得在城市中建立新的优惠村镇，教会土地所有者也应当缴纳赎俘税。《百章决议》反映了教会与国家中央集权化相联系的一些变化。此外，教会还对宗教仪式进行了统一，并通过一系列措施来加强神甫们的道德意识；《圣经》也有了全俄统一的抄本。

重臣拉达推行的上述改革，实际上是妥协政策：在不褫夺波雅尔权利的前提下，将中央的控制范围扩展到服役贵族。改革在加强立法、会议协商等合法的形式下有步骤地实施，在承袭伊凡三世和瓦西里三世统治时期所形成的国家管理体系的既有传统和体制基础上进行改造。但对伊凡四世而言，这一系列改革却具有相当大的矛盾。改革一方面巩固了沙皇政权；另一方面也孕育了未来限制沙皇权力的可能性。这种改革下，"如果沿着扩大等级权利的道路发展，创建限制中央权力的全国性等级代表机构，俄罗斯就会走上与其西方邻国相似的发展道路；但也可能沿着进一步加强国家机器的道路前行，这样国家就会严密控制正在形成的各社会等级"。②

伊凡四世曾强烈质疑过重臣拉达的改革，他认为："照他们（阿达舍夫和西尔维斯特）想要的那样随心所欲地统治国家，便取消了我这个天然君主：名义上是君主，实际上没有任何实权。"③ 在同亲近的外国人谈话时，沙皇无意中透露了他打算改变整个治国制度，甚至消灭重臣的想法。④ 可见，重臣拉达推行的这些妥协政策，对国家发展而言，本身就创建了另一种发展的可能性，然而伊凡四世却急于维护自己的专制权力，他很快地就对这些当初他积极支持的改革人物翻脸，想要一蹴而就地改变国家制度。他于 1559

---

① Российское законодательство X–XX веков. В девяти томах. Т. 2. Законодательство периода образования и укрепления Русского централизованного государства. М. Юрид. лит. 1985. с. 242–498.

② 参见曹维安、张军凤《再论伊凡四世特辖制形成的原因与后果》，《苏州科技学院学报》（社会科学版）2016 年第 3 期。

③ Зуляр. Ю. А. Генезис русского самодержавия и дискуссия о его особенностях: Учеб. Пособие. Электронный вариант. Иркутск: Иркутский университет, 2006. с. 69.

④ 〔俄〕瓦·奥·克柳切夫斯基：《俄国史教程》第二卷，贾宗谊等译，第 193 页。

年秋季前终止了重臣拉达的改革活动。1560 年，改革最终以失败收场：西尔维斯特被流放到修道院，终身囚禁在索洛维茨；阿达舍夫被解除立沃尼亚总指挥职务，在调往尤里耶夫后不久病逝；[①] 重臣拉达的其他首脑陆续被迫害致死。随之而来的是一场沙皇自己主导的"改革"。

二 伊凡四世的"特辖制"：摧毁国家政权大厦

伊凡四世的"改革"是从他自导自演的一场弃权退位政变开始的。1564 年 12 月 3 日，伊凡四世宣称放弃自己的王位，携皇后及孩子（伊凡王子和费奥多尔王子）离开莫斯科，到亚历山大罗夫优惠村居住。1565 年 1 月初，他从这里发出两封信，分别致波雅尔杜马和市民，一则控诉波雅尔和衙门官吏的"背叛"，二则表示此举并不是对市民动怒。实际上，这是一种挟市民以令波雅尔的以退为进之举。波雅尔杜马最终妥协，向君主呈上自己虔诚的效忠书，恳请"君主按照圣意，想怎么治理国家，就怎么治理国家"。此外，他们还答应了沙皇的要求：叛国欺君者、不服从命令者，或贬官或处决，其财产没收充公，神职人员、波雅尔、文武官员都得服从君主，不得干扰君命。[②] 1565 年 2 月，沙皇重返首都。

"重新掌权治国"后，伊凡四世开始全面实施"特辖制"（опричнина）[③]。沙皇将自己的国家一分为二："特辖区"（опричнина，也称"直辖区"或"沙皇特辖区"）和"普通区"（земщина，也称"非直辖区"或"贵族管辖区"）。在特辖区，沙皇给自己设立一个特辖宫廷，由特殊的波雅尔、侍臣、秘书官、书吏、官员等组成一整套宫内班子，并在青壮年小服役贵族中挑选 1000 人组成"特辖军"（опричник，也称为 кромешник），日夜轮流守候，保护特辖宫廷的安全。为维持特辖宫廷的生活，沙皇从国家领土中划拨 20 个城市及县和一些乡（这些城市及县、乡主要位于莫斯科附近和南部富庶地区，以及沿海及沿河流域），将这些土地作为自己的食邑和赏赐给特辖军与特辖宫廷人员作为封地。普通区则是边远的以及贫瘠的地区，原先居住

---

① Скрыников Р. Г. Иван Грозный. М. 2001. с. 75.

② 〔俄〕瓦·奥·克柳切夫斯基：《俄国史教程》第二卷，贾宗谊等译，第 185~186 页。

③ опричнина 一词早在伊凡四世前一百年就开始使用了，源于 опричь，俄语中该词同义于 кроме（除……之外），原军官的战死或自然死亡后，大公从赏赐他的领地中划出不大的一部分来供养其遗孀和子女，这一区域被称为 опричнина，意指特辖区。本节论述特辖制，多参考自曹维安和张军凤提供的史料和论文，特此感谢。

在特辖区的贵族被迫迁往普通区，其原有世袭领地归王室管辖，其损失用边远地区作为补偿（附录地图9）。[①] 普通区的一切事宜如军队、法院和行政部门均交由波雅尔杜马治理，只有外交、军事和最重要的地方事务，他们才禀报沙皇。[②] 但实际上普通区的管理仍受沙皇伊凡的干涉，而且常常受特辖军的暗中监视，普通区的管理者稍不留神就会被以"奸细""叛徒"的罪名诬告到沙皇，其结果往往是被流放或遭残忍地处决。即使是特辖区的管理者，也免不了受到"沙皇的猜忌"，他们在"特辖军捏造的莫须有罪名"下遭受审讯而丧生。[③] 可以说，在这种国家管理下，人人自危。克柳切夫斯基称"特辖制"为"警察专政"。沙皇首先拿叛逃王公库尔布斯基的最积极支持者开刀，一天之内就将6个显要的波雅尔大贵族斩首，第7个则被处以刺刑；[④] 随后，以"喀山流放"和"诺夫哥罗德大洗劫"为典型手段，沙皇实施了极其残忍的恐怖活动。[⑤] 正是如此，学者们将伊凡四世称作"恐怖的伊凡"（Иван Грозный，也译为"伊凡雷帝"）。

可见，通过一场看似偶然的"退位"事件，沙皇利用人民的忠诚和善良得以顺利实施"特辖制"和恐怖统治，沙皇获得了不经波雅尔杜马而直接审判"背叛者"领主并没收其财产的权力，沉重打击了重臣拉达领导集团的势力，分割了原来波雅尔杜马的权力，并使国家管理中一些原来享有自治权力的地方也丧失了自治权。显然，沙皇的"改革"是一种急速的集权化措施。许多学者指出，伊凡四世疯狂地实施"特辖制"并非临时之举。Р. Г. 斯科雷尼科夫认为，"特辖制的实施是沙皇伊凡四世一种渐进的、有理性的行为，是他长期蓄谋已久的做法"。[⑥] И. И. 波洛辛也指出，"这是沙皇伊凡雷帝清醒冷静之下的做法，而不是一时的头脑发热"。[⑦]

---

① Аракчеев В. А. Опричнина и Земщина: к изучению административной практики в Русском государстве 1560-1580-х годов. //Российская история. 2010. № 1. с. 15；同时参见附录地图9《1565—1571年伊凡四世没收的土地》，转引自〔英〕马丁·吉尔伯特《俄国历史地图》，王玉菡译，第28页。

② 〔俄〕瓦·奥·克柳切夫斯基：《俄国史教程》第二卷，贾宗谊等译，第187页。

③ 张军凤：《论俄国伊凡四世的特辖制改革》，硕士学位论文，陕西师范大学，2013，第24~25页。

④ 〔俄〕瓦·奥·克柳切夫斯基：《俄国史教程》第二卷，贾宗谊等译，第187页。

⑤ 详见张军凤《论俄国伊凡四世的特辖制改革》，第27~32页。

⑥ Скрыников Р. Г. Царство террора. СПБ. 1992. с. 208.

⑦ Полосин И. И. Социально-политическая история России XVI-начала XVII. М. 2001. с. 150.

（一） 实施"特辖制"的原因

伊凡四世之所以实施残暴的"特辖制"，一方面与前述的重臣拉达推行的矛盾性改革有关，另一方面则与他多疑的性格、立沃尼亚战争的失利和"末日审判"的思想有关；后者占主导地位。

首先，童年的经历和所受教育，使伊凡四世形成了多疑的个性和独裁专制的观念。伊凡四世三岁丧父，七岁半丧母，其长大成人后曾多次悲伤地回忆起自己孤苦、恐怖和寂寞的幼年生活。这使他成年后习惯地认为身边的人都是奸诈小人，是自己的敌人。他时常提心吊胆，保持高度警惕，有一种强烈的自我保护的本能。1560 年，他最眷恋的皇后安娜斯塔西娅病故，他将此事怪罪于波雅尔贵族，这在很大程度上加重了他的多疑性。随后，他最敬重的都主教马卡里也逝世，正是马卡里使他加冕为俄国历史上第一位"君权神授"的真正沙皇。加冕后，伊凡四世"坚信自己是上帝派到大地上的统治者。……凡对上帝不忠之人，他都要代表上帝对这些'背叛者'进行严厉惩罚"[1]。这种虔诚的宗教信仰，在一定程度上为"特辖制"时期的恐怖行动奠定了思想基础。

其次，立沃尼亚战争的失利给了伊凡四世迁怒和惩罚波雅尔的直接口实。"特辖制"（1565～1572）是在立沃尼亚战争（1558～1583）期间开始实施的，与战争的失败关系密切。1558 年，伊凡四世放弃了对传统的敌人——克里木汗国及其背后的奥斯曼土耳其的攻击，发动立沃尼亚战争，使俄罗斯实际上成了反欧洲同盟的参加者。[2] 战争初期，俄军捷报频传，但很快立沃尼亚地区的日耳曼骑士团转投了波兰和立陶宛，这在很大程度上改变了战争局势。1564 年初，伊凡四世收到全军覆没、军事统帅失踪的消息，他怀疑波雅尔反对派将军事部署计划泄露给了立陶宛，于是下令立即处决与此战有关的波雅尔领主。1564 年秋，波兰国王率兵直逼俄罗斯西北边境的波洛茨克，而克里木汗国又趁机侵犯俄罗斯南部边境，俄军腹背受敌，与此同时，立沃尼亚前线总指挥库尔布斯基王公叛逃，所有这一切都激怒了伊凡四世。于是，沙皇决定在国内实施"特辖制"，以恐怖和暴力手段来消灭导致战争失利的"波雅尔叛徒"。实际上，伊凡四世发动立沃尼亚战争本身就是在对现

---

① Фроянов И. Я. Драма русской истории: на путях к опричнине. М. 2007. с. 219.

② Янов А. Россия: у истоков трагедии. 1462 - 1584. Заметки о природе и происхождении русскойгосударственности. М. : Прогресс-Традиция, 2001. с. 48-55.

实条件考虑不周全而只顾宗教情感（相比穆斯林来说，他更恨同教中的叛徒）的情况下采取的一项错误行动，为了挽救失利的战局，他转而采取"特辖制"来惩罚"叛徒"作为补救措施，这更是"错上加错"。①

最后，"末日审判"思想为伊凡四世顺利推行"特辖制"提供了合理说辞。伊凡四世统治时期的俄国，早已接过拜占庭的遗产，成为唯一的东正教王国。通过涂油加冕礼，沙皇被视为耶稣，通过"上帝拣选罗斯""莫斯科第三罗马理论"将沙皇政权神圣化。这些"君权神授"的观念在社会上影响深远，人们普遍形成这样一种认识：君主的权力等同于上帝的权力。伊凡雷帝认为自己是上帝意志的执行者，"主要职责就是在'末日审判'前最后的日子惩罚罪恶"②。"末日审判"思想的最直观体现就是建造特辖宫廷。特辖宫廷的布局与上帝之城颇为相似，只允许君主一人从东门进出，这是一种权威的象征，即东门只属于救世主。③ 在特辖宫廷的高层人员中，还形成了特别的"宗教性团体"，沙皇就像是这个团体的修道院长，以这种方式培养顺从他指示的新政治精英。由此，А. Л. 尤尔加诺夫认为，"特辖宫廷本身表现了伊凡雷帝及其时代的'末世论'（эсхатология）观念"，"特辖制的处决是'末日审判'前颇具特色的俄罗斯炼狱"。④ 这一认识成为近年来俄国学界对伊凡四世"特辖制"的最通行看法。⑤ 从宗教思想上看，我们倒是更容易理解当时人们缘何对伊凡四世"特辖制"的暴行保持容忍和"普遍沉默"。

总之，"特辖制"改革是伊凡四世在立沃尼亚战争失利的情况下，为维护个人独裁权力而将国家置于"紧急状态"下，对自己的臣民发起的一场"内部战争"。

---

① 曹维安、张军凤：《再论伊凡四世特辖制形成的原因与后果》，《苏州科技学院学报》（社会科学版）2016 年第 3 期。

② Юрганов А. Л. Опричнина и Страшный суд. // Отечественная история. 1997. № 3. с. 61.

③ 一些作品中描述的上帝之城也是正方形构造，仅有三个门组成，即北门、南门、东门，没有西门，且东门具有特别重要的作用，只有上帝从此门进出；参见 Языкова И. К. Богословие иконы. М. 1995. с. 34，36；转引自 Юрганов А. Л. Опричнина и Страшный суд. // Отечественная история. 1997. № 3. с. 61。

④ Юрганов А. Л. Опричнина и Страшный суд. // Отечественная история. 1997. № 3. с. 66，71.

⑤ Иванов А. А. Безопасность московского царства в правление Ивана Грозного. // Вопросыистории. 2009. № 9. с. 62.

（二）"特辖制"的政治后果

1572 年秋，伊凡四世下令撤销"特辖制"；但不久，翻版的"特辖制"继续推行。1574 年伊凡沙皇为鞑靼人卡西莫夫汗萨英-布拉特加冕，授其为"全罗斯大公君主"，而自己作为莫斯科王公向他鞠躬和叩禀。[1] 1575 年秋，国家重新被分成两部分，以"特别宫廷"名义存在的"特辖制"一直持续到 1584 年沙皇去世。

"特辖制"在存续的这 15 年间，对俄国经济、社会生活无疑产生了重要影响。在社会方面，动摇和损害了旧的生活方式，扩大了内部不和范围，助推了道德败坏，"形成了不尊重生命、荣誉和他人财产的可怕习气"[2]。在经济方面，使国家经济崩溃，土地荒芜，诺夫哥罗德、普斯科夫、拉多加的许多工商区的市民蒙受巨大损失，并致使诺夫哥罗德与西欧各国的贸易中断了许多年。从中央地区逃亡到国家边远地区的农民，丢下了在原居住地的住处，选择了自由的哥萨克生活。"特辖制"不仅破坏了中央地区农民经济的基础，还使他们在政治上依附于服役贵族。可以说，"俄国农民农奴化的直接起源是在伊凡四世在位的后半期，并且农奴制在 17 世纪中期的最终确立应该被看作是对这一系列事件的历史回答"。[3]

在此，要特别关注"特辖制"对俄国政治生活及此后的政治制度发展的影响，这也是史学家讨论最为激烈的方面。"特辖制"政策针对的主要对象是谁？这一问题长期成为争论的焦点。较为流行的说法是，从巩固统一国家的角度出发，认为"特辖制""摧毁了波雅尔势力，消灭了封建割据残余……沙皇的权力大大加强，中央集权得到巩固"。[4] 近年来，俄国学者更多地认为，实际上封邑王公、波雅尔、服役贵族甚至教会在"特辖制"中都受到不同程度的影响。首先，显贵阶层受到严重打击。到伊凡四世统治末期，大部分封邑公国消失，留在王公显贵手中的只是不大的分散于全国的部分家族领地，领地支配权也受到了限制，"世袭的显贵"逐渐变成了"服役的显贵"。其次，较为富裕的服役贵族阶层的势力同样也被削弱。"特辖制"把

---

① 〔俄〕瓦·奥·克柳切夫斯基：《俄国史教程》第二卷，贾宗谊等译，第 178 页。

② Пушкарев С. Г. Обзор русской истории. М.：Наука，1991. c. 152.

③ 曹维安、张军凤：《再论伊凡四世特辖制形成的原因与后果》，《苏州科技学院学报》（社会科学版）2016 年第 3 期。

④ 孙成木、刘祖熙、李建：《俄国通史简编》上册，第 225 页。

服役贵族等级分为两部分，经常迁移大部分波雅尔子弟并改变其领地和所有制关系，这极大地增强了服役贵族对国家政权的依附性。波雅尔子弟最终成为服军役者，他们对土地及其依附农民占有的前提是，必须完好履行自己对国家的军事与行政义务。再次，教会被迫服从沙皇意志。在"特辖制"年代，许多神职人员甚至大主教都遭到镇压。伊凡四世恢复出售"司法例外证书"（Несудимая грамота）①，这一证书使整个宗教界都服从于他的权力。沙皇还对教会财产下手，例如，1575 年圣三一修道院的许多珍贵圣器都被夺走。② 最后，城市居民上层的地位也发生变化。曾经被强制吸纳并参加国家财政服务工作的商人阶层和地方自治机构，其权利逐渐被沙皇指派的军政长官所取代。在军政长官的管理活动中，地方居民中的当选人不再参与任何拟议。

整体上看，在政治方面，伊凡四世统治的主要后果是，国家政权严密控制正在形成的社会各等级。В. Б. 科布林认为，"特辖制"是热衷权力的沙皇用极其恶劣的独裁手段对等级代表制发展趋势的一种反动。③ А. П. 巴甫洛夫也赞同此看法，并认为"特辖制"是通过实行"紧急状态"措施，把既有的社会制度置于国家政权的监督之下的一种独特尝试。④ 不过，伊凡四世想要臣民完全服从的做法并不成功。1584 年，在伊凡四世死后，很快就在莫斯科爆发了骚乱，社会骚乱一直伴随俄国进入大动乱年代。

这就引出了"特辖制"另一个令人不易察觉的潜在政治后果："特辖制"正是后来俄国历史上著名的大动乱的根源。引起大动乱的原因很多，其中最直接的原因就是王朝统治的中断。伊凡四世意外打死自己的继承人，在没有子嗣的次子死后，小王子德米特里也神秘地死亡，留里克王朝终结。此后，出现一个神秘人物⑤，他宣称自己是唯一合法的王位继承人小王子德米特里。大量民众汇集到他的阵营，将原来"特辖制"造成的那些潜藏的社会

---

① 一种对封建领地居民全部或部分停止施行地方司法审判权的证书。

② История России с древнейших времен до конца XVIII в./Под ред. Б. Н. Флори. М. : Издательство Московского университета. 2010. с. 222.

③ Кобрин В. Б. Власть и собственность в средневековой России (XV – XVI вв.). М. : Мысль. 1985. с. 160.

④ Павлов А. П. Эвалюция государства и общества в России во второй половине XVI в. (К вопросу ососолвно-представительной монархии) //Russische und Ukrainische vom. 16. - 18. Jahrhundert. Wiesbaden, 2001, p. 33.

⑤ 多数学者认为，这个人是被革职的修士格里戈里·奥特列皮耶夫，他成为大动乱年代的第一个僭位者。

不满点燃，并将火势引向政治生活的层面，自此俄国开始了广泛的人民运动，而这一运动的基础正是在伊凡四世实施"特辖制"统治时期奠定的。

（三）评价伊凡四世及其"特辖制"

历经时代沧桑，伊凡四世受到过最高的美化和吹捧，被视为"人民利益的代表"，也受到过最激烈的批判，被称为"暴君"和刽子手。伊凡四世究竟能否被看作一个超越了自己时代一百年的"悲剧式人物"？能否因为一百年后俄国最终走上了专制君主制的道路，就得出这样的结论："作为一项社会试验，'特辖制'从长远来看是成功的"①，客观上具有加强中央集权制国家的"进步作用"？

在伊凡四世自主统治的 25 年（1560～1584）里，实际上很难找到像"现代化战略"这种有意识的政治观念的痕迹。苏联时期的学者认为，沙皇与大贵族波雅尔的斗争，依靠的是正在兴起的服役贵族阶层。然而所谓的"斗争"，"实际上根本不是真正的斗争，因为我们看不到各个阶层对不受限制的暴君专制有任何反抗"②。苏联学者认为，"特辖制"加强了中央集权制。然而伊凡四世实际上借用古罗斯的"封邑"形式，把国家分为特辖区和普通区，维护个人专制，"特辖制依靠暴力，谋划一种过去任何一个莫斯科统治者都不曾拥有的权力"③。他不是反对某一社会阶层或某一社会集团，而是反对他周围的某些人或他认为的"潜在的"王位竞争者。显然，苏联时期学者们实际上打造了一个阶级斗争的神话："特辖制"的实施是依靠"进步的"服役贵族反对"反动的"波雅尔贵族的斗争。

如前所述，通常情况下，专制制度的建立有两个必备的要件：中央集权化和官僚化。也就是说，巩固俄罗斯中央集权制国家的正常措施，应当是在国内各社会阶层的支持下，逐步完善官僚制度与建立沙皇控制下的官僚队伍，而不是把权力集中到沙皇一人手中。"特辖制"借助特辖军在全国实行"紧急状态"措施，不仅不致力建设中央集权化所需要的稳定的官僚制度和官僚队伍，而且还打破国家原有的管理形式，有步骤地消灭与沙皇观念不同的国家骨干，间接搞垮了自伊凡三世建立起来的初具雏形的专制君主制大

① Макаренко В. П. Русская власть：теоретико-социологические проблемы. М. 1998. с. 193.
② Иловайский Д. И. Царская Русь. М. 2003. с. 276.
③ Альшиц Д. Н. Начало самодержавия в России：государство Ивана Грозного. Л., 1988. с. 231.

厦。伊凡四世就像"旧约中的瞎眼大力士：他为消灭敌人，把房顶上坐着敌人的大厦搞垮了，结果连自己也压在下面"。① 因此，伊凡四世及其"特辖制"可以被视作俄国专制君主制形成中的一次失败的自我强化改革，是想确立俄国沙皇专制权力的一次失败尝试。

伊凡四世的"特辖制"在多大程度上影响了俄国历史的进程？普列汉诺夫认为，伊凡雷帝的历史意义在于，凭借其特辖军完成了"莫斯科国家向东方式君主制度的转变"②。的确，伊凡四世"特辖制"的残暴手段与东方式暴君相比，可以说是有过之而无不及的，他为俄国专制君主制独裁增添了浓重一笔东方色彩。但是，从政治制度建设方面来说，伊凡四世的"特辖制"并未做出任何贡献。克柳切夫斯基的评价最为中肯："如果没有伊凡，莫斯科国家的生活也会像在他之前和在他以后那样发展；不过，没有他，事态的发展会比有他更容易些、更稳当些，当时一些极重要的问题的解决也许不致产生他所造成的那些震荡。"实际上，大贵族同莫斯科君主的政治矛盾，在16世纪是难以解决的（"让服役贵族取代波雅尔大贵族"的想法，实际上到17世纪末才以合法的"不那么遭人反对"的方式逐步完成）。本应暂时搁置这个问题，但沙皇想一举解决，这反而激化了矛盾。③ 可以说，"伊凡四世残暴的特辖制改革及其后果完全不能成为俄国历史发展所需要的前提，它毫无进步性可言，如果说其有作用，也只能是负面的"④。他的统治既未建立起真正意义的等级代表君主制，也并未将俄国引向绝对君主制。在经历了17世纪初大动乱后，俄国终究没有走向崩溃和灭亡，但这并不是伊凡四世的功劳。

本章小结

伊凡三世时代，俄国走上了具有东方独裁色彩的专制君主制之路。在中央集权制国家刚刚建立，国家疆域迅速扩大而经济和社会发展缓慢的情况

---

① 〔俄〕瓦·奥·克柳切夫斯基：《俄国史教程》第二卷，贾宗谊等译，第197、211页。
② 〔俄〕戈·瓦·普列汉诺夫：《俄国社会思想史》第一卷，孙静工译，第192页。
③ 〔俄〕瓦·奥·克柳切夫斯基：《俄国史教程》第二卷，贾宗谊等译，第210~211、194、209页。
④ 曹维安、张军凤：《再论伊凡四世特辖制形成的原因与后果》，《苏州科技学院学报》（社会科学版）2016年第3期。

下，沙皇的专制权力要化为一种现实的支配力量，需要通过各种不同的权力运行方式，尤其是在调用与配置专制社会的各种资源上。伊凡三世、瓦西里三世较好地运用这些社会资源和权力运行方式，初创专制君主制的中央政权机构，地方管理体系也显雏形；重臣拉达的改革在此基础上以妥协的方式稳步解决旧传统遗留的问题，潜在地使国家有了另一种等级代表君主制发展的可能性。但伊凡四世的"特辖制"急于维护个人专权，企图用暴力摧毁国家上层，将等级代表君主制的重要基础——地方自治扼杀于摇篮中，并最终使王朝覆灭，国家政权几近坍塌并陷入存亡危机和混乱之中。

本章从横向和纵向两个方面勾勒了莫斯科罗斯专制君主制的雏形。综上可以发现，莫斯科国家通过不断地中央集权化和官僚化过程，在横向权力分配上，初步形成了以沙皇权力为核心、以波雅尔杜马和缙绅会议为辅助、以军事组织作为保障的拥有较为完整衙门体系的一系列中央政权机构。相应的，在纵向的中央与地方关系上，基本建立县级地方自治体系，即地方管理从最初缺乏规则的食邑制过渡到比较有效的县级地方自治制，并最终发展为更加中央集权化的军政长官制。这样的国家管理模式虽然还存在诸多问题，但基本满足了16世纪国家发展的需要，也使俄国在下个世纪经受住了大动乱危机的考验。

16世纪的俄国，在中央集权化过程形成的制度雏形，是一种与西方和东方的专制制度都不完全一致的专制君主制。著名的匈牙利历史学家Д.斯瓦克的评价较为客观；他认为，16世纪俄国的专制君主制，在较大意义上是指建立在意识形态和法律上的不受限制的君主权力，而在实际层面上，君主的这种权力仍受波雅尔贵族在管理中所起作用的制约。它"既不同于西方的、在法律上受到限制的君主权力，也不同于东方的、没有贵族制约的独裁制度"[①]。具体来说，1550年代俄国的专制君主制更接近西方式的中央集权制，当时改革所进行的中央集权化尝试，通过妥协政策并不动摇各等级的社会地位，且在向绝对君主制的过渡中不用通过肉体上消灭贵族这一途径。而伊凡四世的"特辖制"，则尝试了另一种中央集权化方式，使俄国专制君主制迅速接近了东方的独裁君主制，用残暴手段几乎摧毁最初建立的国家制度。

本章重点分析了莫斯科罗斯时期最具争议的两个中央政权机构波雅尔杜

---

① Д. Свак. Русский самсон? К вопросу об оценке исторической роли Ивана Ⅳ. // Отечественная история. 1999. №5.

马和缙绅会议。从成员构成、职能和历史作用分析来看，波雅尔杜马是莫斯科罗斯常设的政治机构，具有参与立法、司法、外交以及领导衙门体系等各项职能，但整个 16 世纪，波雅尔从未提出过明确的政治要求，也并未尝试过限制沙皇权力，在与沙皇的权力博弈中从来就处于"防守"角色。① 即使大动乱中有过限制沙皇权力的尝试，但在 17 世纪中也未以法律的形式将大动乱时期的成果固化下来。另一个更具典型意义的所谓等级代表机构——缙绅会议，其本质不限制沙皇权力。用现代民主的眼光来看，它因自身缺乏现实而独立的选举程序和定期召集的议程而一直未能成长为真正的政治力量与国家机构。因此，将伊凡四世召集的第一次缙绅会议视为俄国等级代表君主制形成的标志，实际上"这个结论注重的是形式，而忽略了实质"。② 学者们对缙绅会议表现出极大的兴趣，其原因就在于它的发展历史更为全面地反映了等级代表制在莫斯科国家中"可能达到的极限"。学者们甚至认为，等级代表制度在社会和国家生活中的作用和意义的加强，使俄国有很大可能走上非农奴化和非专制化的发展道路，然而，实际情况是"这种二者择一的可能性最终并未真正实现"③，即等级代表制作为一种政治趋向，在俄国仅仅处于一种萌芽状态，且最终流产。将缙绅会议存续期间的政治制度称为西方意义上的"等级代表君主制"实在牵强，即使使用这一术语，也应该用专制的"等级代表君主制"或准"等级代表君主制"，其本质依然是伊凡三世开创的专制君主制。伊凡四世的"特辖制"也并未在俄国建立起绝对君主制，只不过是加重了俄国专制君主制的独裁色彩而已。

---

① 〔俄〕戈·瓦·普列汉诺夫：《俄国社会思想史》第一卷，孙静工译，第 180 页。

② 姚海：《俄罗斯文化》，第 61 页。

③ Представительная власть в России: История и современость./Под общ. Ред. Л. К. Слиски M. 2004. с. 47-49.

第四章　彼得堡罗斯：俄国专制
君主制的成型

  17世纪初大动乱年代的一系列事件，对俄国政治制度的发展产生了不可估量的影响。用克柳切夫斯基的话说，大动乱是两个相邻时期的过渡阶段，"与前一时期在其原因上有联系，而在其结果上又与后一时期相联系"①，即旧的留里克王朝中断，新的罗曼诺夫王朝开始。也正是如此，我们在描述莫斯科罗斯政治制度时，不得不以大动乱为界限分成两个阶段。上一章我们更多涉及的是16世纪俄国专制君主制的雏形，然而这一雏形某种程度上被伊凡四世的"特辖制"以暴力手段摧毁，使俄国国家制度陷入混乱。本章重点描述17世纪莫斯科罗斯国家如何走出混乱及大动乱后俄国的政治发展和制度选择，并将这段时间作为过渡阶段而放入彼得堡罗斯时期，从而强调俄国17世纪和18世纪的历史连续性。

  近年来，越来越多的俄国学者强调要加强对17世纪的研究。他们指出，在谈到17世纪和18世纪时，人们总是"赋予两个世纪不平等的历史意义，往往更重视18世纪"，但实际上"17世纪才是彼得进行改革的前提"，18世纪的很多历史进程都源于17世纪。②2013年恰逢俄国大动乱结束400周年，学者们也纷纷开始重新思考17世纪对于俄国历史发展的重大意义。③

---

① 〔俄〕瓦·奥·克柳切夫斯基：《俄国史教程》第三卷，左少兴等合译，第1页。

② Талина Г. В. Выбор пути：Русское самодержавие второй половины XVII—первой четверти XVIII века. Москва：Издадельство Русский мир. 2010. с. 5-6.

③ 如2012年10月24~26日在莫斯科召开了俄国与波兰国际学术会议"俄国大动乱与波兰-立陶宛王国大洪水：17世纪克服国家危机的经验"；Смута в России и Потоп в Речи Посполитой：опыт преодоления государственного кризиса в XVII столетии. Материалы Российско-польской научной конференции Москва，24-26 октября 2012 г./ Отв. ред. А. В. Юрасов，ред. А. В. Малов，пер. с пол. яз. А. Б. Плотников. М.：《Древлехранилище》，2016；其他与大动乱主题相关大会议还有"俄国动乱中的人民与政权"（2009）、"大动乱年代：后果与教训"（2010）、"17世纪初的大动乱年代与地方民军"（2011）、"俄国17世纪初和20世纪初的动乱年代：性质与教训"（2018）等。参见 Народ и власть （转下页注）

新制度主义的路径依赖理论，可以更好地"描绘特定的历史事件如何影响制度安排；已有的制度安排也并非处于均衡状态，而是受最初和随后发生的历史偶然事件的影响，朝着不同的方向和路径，持续变迁和演化"[①]。"路径依赖的自我强化方式维系的制度可能表现出效率低下的情况"，"那些持续存在的制度安排并不一定就是最优的制度安排"；[②] 也即，"路径依赖的存在，不等于说开头出现了错误，就会一直将死路走到底，其中也可能存在着进行调整的空间"[③]。不得不说，正是大动乱使莫斯科罗斯政治发展面临重新调整和选择的机遇：是稳固和发展大动乱变局下的等级代表君主制，还是重建和强化前朝的专制君主制？这一时期是俄国专制君主制成型的关键时期。

第一节　大动乱年代的变局：未完成的等级代表君主制

俄国 17 世纪初的一系列历史事件，对同时代人意味着"莫斯科国家的大崩溃"，从历史学家格里戈里·科托希欣开始，这段历史被称为"大动乱年代"（Смутное время），或简称"大动乱"（Смута）。[④] 学者们对大动乱

（接上页注③）в российской смуте: Сборник научных статей участников Международного круглого стола《Народ и власть в россий ской смуте》（Журнал《Власть》, Институт социологии РАН, Москва, 23 октября 2009 г.）/Под ред. П. П. Марченя, С. Ю. Разина. Москва. Изд. ВВА им. проф. Н. Е. Жуковского и Ю. А. Гагарина, 2010; Смутное время: итоги и уроки: сборник материалов Всероссийской научной конференци. Кохма, 23 – 24 апреля 2010 г. Иваново, 2011; Смутное время и земские ополчения в начале XVⅡ в. К 400-летию создания Первого ополчения под предводительством П. П. Ляпунова. Рязань, 2011; Смутное время в России: конфликт и диалог культур. Материалы научной конференции. Санкт-Петербург, 12 – 14 октября 2012 года. Труды Исторического факультета СПбГУ. Т. 10. СПб., 2012; Смутные времена в России начала XVⅡ и начала XX столетий: природа и уроки: материалы междунар. науч. конф., г. Волгоград, 12–13 окт. 2018 г. / отв. за вып.: А. Л. Клейтман, О. В. Рвачева, Н. В. Рыбалко. Волгоград: Изд-во Волгоградского института управления -филиала ФГБОУ ВО РАНХиГС, 2018.

① 孙圣民：《制度和发展的政治经济学：制度变迁理论最新进展综述》，《中国制度经济学年会论文集》，2006 年 6 月。
② 马雪松：《政治世界的制度逻辑——新制度主义政治学理论研究》，第 154 页。
③ 冯绍雷：《俄罗斯体制转型的路径依赖——从制度变迁与对外关系相关性视角的一项考察》，《俄罗斯研究》2010 年第 6 期。
④ История России с древнейших времен до конца XVⅢ в. /Под ред. Б. Н. Флори. М.: Издательство Московского университета. 2010. с. 233.

的结束时间认识基本一致，即 1613 年；这一年，缙绅会议选举米哈伊尔为新王朝的第一位沙皇。但对大动乱的起始时间看法不一，如普拉托诺夫从1584 年伊凡四世去世算起；[①] 其他更多学者如克柳切夫斯基、萨哈罗夫则认为，在无子的沙皇费奥多尔·伊凡诺维奇于 1598 年死后无继承人时，大动乱就显露出了征兆；[②] 西方学者梁赞诺夫斯基赞同 1598 年的观点；[③] 莫林·佩里则强调，大动乱是俄国的"内战"，并认为应当从 1603 年伪德米特里对莫斯科的鲍里斯·戈杜诺夫沙皇的正统地位发起挑战开始。[④] 笔者从政治制度的视角来考察大动乱，赞同以王朝中断为开端，即大动乱时间为 1598 年至 1613 年。

研究大动乱最著名的历史学家是 С. Ф. 普拉托诺夫，他细致梳理了大动乱年代的总进程，将其分为 3 个大的阶段，其中包括 8 个小的关键环节：争夺莫斯科王位（波雅尔内讧、动乱扩至军人群体）的"宫廷贵族动乱阶段"、破坏国家秩序（公开的社会斗争开始、国家被图希诺和莫斯科政权分裂、图希诺和莫斯科政府的垮台）的"社会动乱阶段"和尝试重建国家秩序（王权专政的建立及垮台、第一个缙绅政府的建立与解体、第二个缙绅政府的建立及其胜利）的"民族整合阶段"。[⑤] 克柳切夫斯基认为，引起动乱的原因绝非简单的王朝中断和僭位复辟，而是社会各阶层依次卷入了动乱中。[⑥] 也就是说，大动乱有其深刻的潜在原因。综合历史学家们的分析，大动乱主要有四个层次的原因。

第一个原因是社会各阶层不满情绪的蔓延。俄罗斯社会的所有阶层，尤其是土地占有者阶层有不满的理由。由于尤里节的废除和税赋的加重，16 世纪末农民的生存状况急剧恶化，相当部分的农民逃往国家的边区，企图藏匿于"荒野"，世袭领地和封地逐渐荒废，而在国家的南方聚集了大量不满的人。正如我们上一章所提到的，所有这些现象的根源都可以追溯至伊凡雷帝

---

① Платонов С. Ф. Очерки по истории смуты в Московском государстве XVI–XVII вв. Москва. Памятники исторической мысли. 1995. с. 125.

② 分别参见〔俄〕瓦·奥·克柳切夫斯基《俄国史教程》第三卷，左少兴等合译，第 15 页；Истории России. В2т. Т. 1. С древнейших времен до конца XVIII в./Под ред. А. Н. Сахарова. М.：АСТ：Астрель；Владимир：ВСТ，2009. с. 424。

③〔美〕尼古拉·梁赞诺夫斯基、马克·斯坦伯格：《俄罗斯史》，杨烨等主译，第 144 页。

④ *The Cambridge History of Russia*, Vol. I：*From Early Rus' to 1689*, p. 410.

⑤ Платонов С. Ф. Очерки по истории смуты в Московском государстве XVI–XVII вв. Москва. Памятники исторической мысли. 1995. с. 125–360.

⑥〔俄〕瓦·奥·克柳切夫斯基：《俄国史教程》第三卷，左少兴等合译，第 27~29 页。

时代。他"用自己的狂妄措施把国家搞得筋疲力尽，就像一个狂热的车夫在赶一匹筋疲力尽的马"①。其继任者不但没有找到方法以摆脱危机，而且使形势更为恶化，从而招致全面不满，加深了社会各阶层的不和。

第二个原因是留里克王朝中断。如果说社会各阶层的不满是"架起的火堆"的话，那么王朝危机就是"点燃火堆的火花"。无子的沙皇费奥多尔·伊凡诺维奇在 1598 年 1 月寿终正寝，成为骚乱的开端。这时既没有费奥多尔的在世兄弟（11 岁的王子德米特里早在 1591 年便意外死去，也可能是被害），也没有伊凡·卡利达旁系后裔的任何一支的代表，留里克王朝中断。此前，居民在很大程度上对自己的"天生的君主"是没有怨言而绝对服从的，但当王朝中断，国家处于"无主"状态的时候，全国上下就不知所措而动荡起来。在复杂的形势下，缙绅会议的选举就成为产生新君主的合法途径。在牧首约夫的主导下，鲍里斯·戈杜诺夫成为第一个"选出来的沙皇"（1598）。鲍里斯深知自己的地位不稳，所以谨慎行事。他寄希望于习惯的力量迟早会让人民和显贵把他及其后代视作"真正的沙皇"。

第三个原因随之立刻起了作用，那就是波雅尔贵族的混乱争权。"特辖制"使莫斯科最高阶层的波雅尔贵族在经济上遭削弱，道德上受侮辱，他们展开了混乱的夺权斗争，竭力把自己的傀儡推上王位。憎恨鲍里斯的波雅尔利用他缺乏沙皇族系出身的致命要害，支持与鲍里斯对抗的"僭位者"（самозванец）②。大胆的冒险家格里戈里·奥特列皮耶夫③，宣称自己是意外得救的、长期藏匿的伊凡雷帝的小儿子德米特里，1605 年他成功成为

① История России с древнейших времен до конца XVⅢ в. /Под ред. Б. Н. Флори. М. : Издательство Московского университета. 2010. с. 234.

② самозванец, 即"冒名顶替者、僭位称王者"。克柳切夫斯基认为，由于第一个伪德米特里在王朝危机中颇为顺利，因此"僭位现象"（самозванство）就成了国家的慢性病：从这时起，几乎一直延续到 18 世纪末，难见一个朝代没有僭位者。甚至在彼得时代，由于缺少这样一位僭位王，于是人民的传说中就把一位真正的沙皇变成了僭位者。参见〔俄〕瓦·奥·克柳切夫斯基《俄国史教程》第三卷，左少兴等合译，第 27~28 页。从社会文化心理角度对冒名者现象的剖析，可参见 Королев А. А. Самозванство в России в прошлом и настоящем: социокультурный и историко психологический аспекты. //Исторические записки, 2015. №4. с. 118—137.

③ 这个冒名者是谁，仍是一个未解之谜。莫斯科政府断言，他是加利奇一个波雅尔的儿子格里戈里·奥特列皮耶夫，莫斯科丘道夫修道院修士，但后来怀着"罪恶的想法"逃往立陶宛，所以此后被称作"免去教职的修士"。关于伪德米特里一世的传说与谣言，可参见 Антонов Д. И. Колдун на престоле: легенды и слухи о Лжедмитрии I как царе-самозванце. //Вестник РГГУ Серия《История. Филология. Культурология. Востоковедение》. 2017 (5): 31-46。

"合法的""天生的"沙皇，史称"伪德米特里一世"。但他很快被杀，其成
在波雅尔，败也在波雅尔。对僭位者策划阴谋的头目瓦西里·舒伊斯基曾公
然宣称：他之所以承认伪德米特里为沙皇，只是为了摆脱戈杜诺夫。①随后
他自己成功变成了"波雅尔沙皇"。不过，相比而言，"波雅尔沙皇"社会
各阶层眼中更加缺乏继位合法性，他的继位引起了更多阶层加入动乱。

　　第四个原因便是王位争夺引来的外国干涉。给予立陶宛的"德米特里王
子"提供军事、政治和财政援助的，正是波兰大地主和罗马天主教会。显
然，第三个和第四个原因是紧密相连的。用克柳切夫斯基的话来说，僭位者
"只是在波兰的炉子里烤熟，而发酵则是在莫斯科"②。随着时间的推进，这
种隐蔽的干涉在伪德米特里二世出现后，就变为了直接的干涉。直接干涉的
顶峰即波兰国王西吉蒙德三世违背让其儿子弗拉季斯拉夫改宗东正教并就任
莫斯科沙皇之约，打算自己占据莫斯科沙皇王位。自此，大动乱就变成了俄
罗斯人民的爱国主义解放运动。

　　总体上看，大动乱还有一个大前提，那就是俄罗斯的社会结构不稳定、
不成熟，国家集权化的过程还没有完成。俄罗斯在管理体系和社会经济发展
方面，各地区存在巨大的差别。客观地说，上述原因都不同程度地破坏了国
家与社会的和谐关系。过去，历史学家们要么强调外国干涉的作用，要么强
调社会矛盾的因素；在苏联时期，史学界基于阶级斗争理论形成了一种占统
治地位的观点，认为大动乱是一场浩大的"农民战争"，其顶峰就是伊凡·
波洛特尼科夫领导的"农民起义"；波克罗夫斯基甚至称之为"农民革
命"③。这样的观点显然过于片面，大动乱远比农民战争要复杂得多。与其说
它是一场"农民革命"，不如说是莫斯科国家的政治、社会和经济生活的全
面的严重动荡。首先，它的直接和最严重的后果是国家陷入可怕的破产和荒
芜潮。其次，在社会结构上，旧的世袭波雅尔贵族的力量和影响进一步被削
弱，他们要么在大动乱的风暴中破产或死亡，要么由于自己的阴谋、摇摆不
定以及与国家敌人结盟而使自己的道德地位下降，自毁声誉。最后，在政治
关系上，当聚集的国民力量恢复被毁坏的国家时，这表明莫斯科国家并不是
君主的"世袭领地"和创造物，而是"整个大罗斯王国所有城市和所有公

① 〔俄〕瓦·奥·克柳切夫斯基：《俄国史教程》第三卷，左少兴等合译，第36页。
② 〔俄〕瓦·奥·克柳切夫斯基：《俄国史教程》第三卷，左少兴等合译，第33页。
③ 〔苏〕波克罗夫斯基：《俄国历史概要》，贝璋衡等译，商务印书馆，1994，第68~90页。

职人员的共同事业与共同创造物"①。

大动乱像是一种钟摆式运动，开始"倾斜"时，其破坏性不可抑制地增强，国家的所有阶层一个接一个地加入大动乱之中；但是，当大动乱走过最低点后，就进入上升期，社会逐渐团结、混乱日渐平息，国家秩序逐步恢复。② 大动乱沉痛打击了统治阶层的财产关系和私有权，商人破产了，地主的农民跑散了。统治阶层的总体私利要求恢复国家经济和重建社会秩序。为了恢复社会秩序，社会开始成熟。第一支民军（1611）失败后，1612 年秋，第二支民军（1611~1612）成功地从外国人手中解放了莫斯科。1613 年 2 月，缙绅会议选举了 16 岁的米哈伊尔·罗曼诺夫为新沙皇。这一事件在某种程度上被视为大动乱的结束标志，虽然克服大动乱的严重后果还需耗费很多年，但它在社会政治关系上所引起的变化影响到俄罗斯往后的发展。

传统的教科书通常认为，17 世纪初，俄国在大动乱危机中面临的选择是：要么国家在外国军事干涉下失去主权而覆亡，要么重建原有的国家机制（几乎不受限制的君主制）并摆脱外国干涉。学术界对此的认识则大有不同，研究者们在大动乱中发现了社会发展的一些新机遇和可能性。的确如此，大动乱时期，俄国政治生活中出现了一些新的现象。

一 最高政权合法性来源的新变化：选举沙皇

如前所述，基辅罗斯最高政权的继承传统是，大公之位由家族中的长者继承，即"兄终弟及"的横向继承方式与"父死子继"的纵向继承方式相结合，且横向继承优先。到 14~15 世纪，莫斯科公国通过遗嘱方式强化了"父死子继"的继承传统。15 世纪末至 16 世纪，随着莫斯科中央集权的统一国家的建立，最高政权的传承方式基本延续"父死子继"的传统，但同时专制君主在王位继承问题上开始强调个人独裁的意志。伊凡四世反对波兰－立陶宛式的选举国王方式，强调沙皇是"按上帝的意旨"而非"按芸芸众生的愿望"登基的，因此他可以按自己的意志行事：可以拒绝王位（三次退位），也可以将它转交给他人（如 1574 年他将鞑靼人卡西莫夫汗萨英－布拉

---

① Пушкарев С. Г. Обзор русской истории. М. : Наука，1991. с. 165–166.

② История России с древнейших времен до конца XVIII в. /Под ред. Б. Н. Флори. М. : Издательство Московского университета. 2010. с. 236.

特加冕为"全罗斯大公君主"）。① 也就是说，最高政权权力的合法性来源于"上帝拣选"和"王位父子继承"的原则。

　　大动乱则开启了另一种产生最高政权即沙皇政权的方式——"选举"沙皇。1598 年 1 月，在无子的沙皇费奥多尔·伊凡诺维奇死去后，莫斯科宣誓效忠他的皇后伊琳娜，但伊琳娜拒绝登位并出家当了修女。莫斯科突然陷入没有沙皇的状况，大家把目光集中到了执政者鲍里斯·戈杜诺夫身上。牧首约夫②极力推荐并坚持让人们接受他为皇位候选人，但鲍里斯一直拒绝，并发誓他从没有登上俄国高高在上沙皇之位的想法。于是莫斯科国家召开由所有城市官员代表参加的缙绅会议，会议一致推选鲍里斯·戈杜诺夫为沙皇，宣称他是应"俄罗斯国家全国神圣的会议、波雅尔、虔信基督的军队和全体东正教会"的要求，并经选举而成为沙皇的。③ 从某种意义上说，这种选举更像是推选、拥立。

　　接着，舒伊斯基也以相似的方式登上了沙皇之位。当时的文告说，1606年在推翻伪德米特里一世后，宗教会议、波雅尔和所有人选出了"全莫斯科国家"的君主，选出了瓦西里·舒伊斯基为全罗斯的专制君主，但实际上并未进行所谓的选举。瓦西里害怕各城市、各省派来的候选人不支持他，于是他自作主张，不召开缙绅会议。他的所谓"选举"是这样进行的：有爵位的波雅尔集团中的少数拥护他的人，在小圈子内承认他为沙皇；然后一大群忠于他的莫斯科人被他发动起来反对僭位者和波兰人，并在红场上大肆吹捧他。④ 用索洛维约夫的话来说就是，他"不是选举出的，而是被喊成了沙皇"的；用同时代人的话来说就是，"那些不知羞耻的波雅尔官员自行其是地把他送上沙皇之位"⑤。

　　比较符合选举意义的一次是，1613 年选举米哈伊尔为沙皇。克柳切夫斯

①　Данилов А. Г. Новые явления в организация власти в России в период Смуты. //Вопросы истории. 2013. №11.

②　早在戈杜诺夫辅佐沙皇费奥多尔时，他就以其出色的外交才能使俄国人得到了君士坦丁堡牧首伊列米亚的允许，把俄罗斯教会的首领提高到牧首的地位。1589 年俄罗斯设立牧首，这是东正教世界的最高神职，而戈杜诺夫的朋友约夫总主教成为莫斯科的第一位牧首。到 16 世纪末戈杜诺夫主政时，俄罗斯的都主教区升格为牧首区，从此正式彻底地摆脱了君士坦丁堡牧首的控制。参见〔美〕尼古拉·梁赞诺夫斯基、马克·斯坦伯格《俄罗斯史》，杨烨等主译，第 142 页。

③　Пушкарев С. Г. Обзор русской истории. М. Наука. 1991. с. 152.

④　〔俄〕瓦·奥·克柳切夫斯基：《俄国史教程》第三卷，左少兴等合译，第 37~38 页。

⑤　Пушкарев С. Г. Обзор русской истории. М. Наука. 1991. с. 155.

基称这是"真正人民代表制的第一次实实在在的经验"①。第二支民军顺利解放莫斯科后，全国贵族民军和哥萨克民军首领波扎尔斯基和特鲁别茨科伊组成临时政府，号召在莫斯科召开由所有城市和所有公职人员代表参加的全国会议，并选举国君。1613 年 1 月至 2 月举行的缙绅会议，从代表组成来看，应该是莫斯科历届缙绅会议中最广泛的一次会议，会议代表了居民的所有阶层（除了奴隶和地主的依附农）。会议比较容易地达成了以下协议："不得选立陶宛、瑞典的国王与他们的子弟，以及其他任何异教的、非希腊教规的基督教信仰国家的人登上弗拉基米尔和莫斯科国家王位，也不得选玛琳娜和她的儿子（即伪德米特里二世的妻儿）登位。"会议决定在自己人中选一个，但立刻就有了分歧、争论、阴谋和混乱，因为在莫斯科大波雅尔家族中的人，先前不是与波兰人结盟，就是与图希诺贼结盟，都不是名副其实的受欢迎的候选人。经过长久的争论后，1613 年 2 月 7 日，选举人同意 16 岁的米哈伊尔·罗曼诺夫为候选人，他是受难的、被波兰俘虏的大主教菲拉列特的儿子。但他们不知道全国人民如何看待这位候选人，于是就决定安排一种类似的全民投票（民意测验）：会议秘密派出忠实和严守教规的人探访所有人关于国君选举的想法，看看在所有城市想要谁当莫斯科国家的沙皇。其结果是，所有城市和所有县的所有人都有这样的想法："莫斯科国家的君主就是米哈伊尔·费多罗维奇·罗曼诺夫，除了他……不愿要其他任何人登莫斯科国君大位。"② 这种秘密警察式的探访，很可能还带有宣传鼓动作用，这对会议来说，仿佛成了"一次投赞成票的全民表决"③。在派出的人返回后，缙绅会议在 1613 年 2 月 21 日一致选举并隆重宣布米哈伊尔为沙皇。他们在选举文告中一方面强调"全莫斯科国家的所有东正教徒"都希望他当沙皇，另一方面说明他与前朝沙皇的亲属关系——新沙皇是沙皇费奥多尔·伊凡诺维奇的侄子。④

17 世纪初的选举沙皇，具有特别的意义。它意味着，除了"上帝拣选"和"王位父子继承"外，俄国还出现了另一种产生沙皇政权的方式——"民选"（"由所有等级的人们选举"）。这种方式反映了 17 世纪人民与君主有着直接的关系。这种关系，已经不仅只有宗教性，而且还具有世俗性；这

①　〔俄〕瓦·奥·克柳切夫斯基：《俄国史教程》第三卷，左少兴等合译，第 96 页。

②　Пушкарев С. Г. Обзор русской истории. М. Наука. 1991. с. 162–163.

③　〔俄〕瓦·奥·克柳切夫斯基：《俄国史教程》第三卷，左少兴等合译，第 70 页。

④　Пушкарев С. Г. Обзор русской истории. М. Наука. 1991. с. 163.

意味着把对沙皇的效忠不仅看作基督徒的义务，而且还看作对沙皇本身甚至是对国家的义务。大动乱向人们演示了政权与人民之间关系的不可分割性：一方面，没有人民的支持，国家在任何时候都难以经受危机的考验；另一方面，人民同样也需要君主和国家的保护，对于人民来说，国家经人格化后就是君主。在所有的起义过程中，人民从来不反对沙皇：暴动是反对波雅尔、官员、地主，但不反对君主。僭位者这一现象本身就能证明，沙皇政权的权威不是降低，而是提高。在僭位者声称有权登上王位时，人民群众希望看到的是真正的"好"沙皇，是黎民百姓的保卫者。在危急的情势下，人民直接向沙皇提出请求。1605年，伪德米特里一世（1605～1606）就曾亲自接见禀呈者。沙皇与人民的"击掌"这一事实本身就表明，在人民意识中存在最高政权与人民之间具有不可分割的联系这一明确观念。① 科布林则赋予其更高层次的意义，他认为："选举君主，这是君主与臣民之间达成的协议，这意味着向法治国家迈进了一步。"②

选举沙皇也使全国会议（即缙绅会议）的职能达到顶峰。新沙皇必须在形式上或实际上获得全国人民的认可，这在此后的沙皇即位中成了例行的规则。"全国会议有权决定谁当或谁不当沙皇；没有全国代表的同意，沙皇不能决定任何问题"，这种新观念随着大动乱的推进进入了人们的意识中。③ 先前很少为人所知的用语，如"全国会议"（совет всея земли）、"全国缙绅会议"（общий земский совет）、"全民大会"（всенародное собрание）成了流行的表达社会意识的新概念。这些概念将选举君主的思想深深铭刻在社会意识中。④ 1609年，当造反的梁赞贵族松布洛夫要求波雅尔推翻瓦西里时，他被人们驳斥道："虽然沙皇不合你们的心意，但是没有波雅尔大贵族和全民会议的决定，就不能把他从王位上赶下来。"似乎，以波雅尔为首的"全民会议"被认为是唯一的解决此类重大问题的全权机构。这种观念不仅仅是民众的想法，而且沙皇瓦西里本人也如此认为："不论全国作出什么样的决定，我都

① Лисейцев Д. В., Рогожин Н. М. Россия после смуты—время выбора. // Отечественная история. 2008. № 5. с. 39-50.

② Кобрин В. Б. Смутное время — утраченные возможности. // История Отечества: люди, идеи, решения. Очерки истории России IX — начала XX вв. М. : Политиздат, 1991. с. 178.

③ Данилов А. Г. Новые явления в организация власти в России в период Смуты. // Вопросы истории. 2013. № 11. с. 81.

④ 〔俄〕瓦·奥·克柳切夫斯基：《俄国史教程》第三卷，左少兴等合译，第95页，同时参见 Ключевский В. О. Русская история；Полный курс лекций. Т. 2. М. 2002. с. 246。

准备按决定行事。"也就是说，缙绅会议"不仅有权选举沙皇，而且有时还有权审判沙皇"①。自此，缙绅会议获得了真正的最高权力。

二　限制沙皇专制权力的尝试

限制沙皇权力的新政治理念，正是产生于大动乱时期。由于王朝的中断，人们意识到，对于从本国人或外国人中选出的沙皇来说，国家不可能再是世袭领地了。经过伊凡雷帝和戈杜诺夫时期的政治刺激，此时的波雅尔参与国家管理的热情高涨起来，他们试图建立一种同沙皇签订书面条约以正式限制最高权力的国家制度。大动乱期间，这样的尝试一共进行了四次。

第一次尝试是在 1598 年选举沙皇戈杜诺夫时。在伊凡雷帝统治下，饱经忧患的波雅尔期待用一种正式文件来限制沙皇的权力，"让他按照规定的文告向全国吻十字架宣誓"。戈杜诺夫则以拒绝接受沙皇之位的迂回战术来逃避这种限制。最终，戈杜诺夫在无条件限制的情况下登上了王位。也就是说，第一次对沙皇权力限制的尝试在尚未出台时就流产了。鲍里斯上任后，他察觉到波雅尔的暗中不满，便组织了一个复杂的秘密警察监视网，随之而来的就是对波雅尔的罢官贬职、刑讯拷问、判处死刑、没收家产。这个由缙绅会议选出来的沙皇像伊凡四世一样喜欢专制独裁，"变成了一个心眼狭小的靠警察统治的懦夫"②。普拉托诺夫认为，这件事反映"聪明的鲍里斯比波雅尔更加深谋远虑"③。但克柳切夫斯基的看法与之不同，他认为鲍里斯是"聪明反被聪明误"④。这种情况下，波雅尔决定采取秘密行动来反对他；最后，他被波雅尔支持的僭位者所取代。

第二次尝试是在舒伊斯基登上王位时。1606 年 5 月，舒伊斯基凭借"宣誓文告"（Подкрестная запись）登上王位；根据所宣誓的文告，沙皇瓦西里要承担的全部责任仅在于，保证臣民的人身和财产的安全不受来自沙皇的肆虐破坏。这一文告更像是波雅尔与沙皇密谋的结果，波雅尔在确保消除沙皇的"专横暴虐"后，就确信今后国家的执政大权仍然会在自己手中。沙皇瓦西里放弃了沙皇权力中最突出的三大特权："无罪贬谪"权、没收未参与

---

① 〔俄〕瓦·奥·克柳切夫斯基：《俄国史教程》第三卷，左少兴等合译，第 78 页。
② 〔俄〕瓦·奥·克柳切夫斯基：《俄国史教程》第三卷，左少兴等合译，第 33 页。
③ Платонов С. Ф. Лекции по русской истории. Ч. 1. М. 1994. с. 258.
④ 〔俄〕瓦·奥·克柳切夫斯基：《俄国史教程》第三卷，左少兴等合译，第 31 页。

罪行的罪犯家属及其财产权（即放弃政治株连的旧制度）、警察特别侦讯审判权。这三大权力是君主肆意妄为、独裁专制的主要内容。沙皇信誓旦旦地放弃这些特权，使自己"从一个奴仆的君主变成了依法治理臣民的合法沙皇"。虽然这一文告不够完善，但克柳切夫斯基仍然给予它很高的评价："这是在正式限制最高权力基础上建立国家制度的最初尝试。"[1] 切列普宁也指出，舒伊斯基1606年的"宣誓文告"拒绝了伊凡四世在1564年"特辖制"之初享有的那些权力，从这里可以看出，最高政权与各等级关系有了一大进步，远离了雷帝专制统治的思想和实践。[2] 科布林则将这一文告视为"沙皇与其臣民的第一个协议；是向封建的法治国家迈出的微弱的迟疑不决的第一步"[3]。不过，史学家们对舒伊斯基的"宣誓文告"仍存有不同的看法：他究竟是限制自己的权力，还是如普拉托诺夫所说只是"庄重宣言"？他限制的只是司法权力，还是包括政治权力？笔者以为，这些争论的问题不在于舒伊斯基的目的，也不在于这一文告本身具体条款的限制范围大小，而在于这种变化在人们意识中产生的影响，它在某种程度上向人民宣传了沙皇权力受限的新思想。

　　第三次尝试是在与波兰国王西吉蒙德三世签订关于接受弗拉季斯拉夫登上莫斯科王位的两个条约（1610年2月4日条约和8月17日条约）时。1610年2月4日条约是萨尔蒂科夫代表团与波兰的西吉蒙德国王在斯摩棱斯克城签订的。1609年秋，伪德米特里二世放弃图希诺逃亡卢卡加；留在图希诺的波雅尔米·格·萨尔蒂科夫、几个京官贵族和6个莫斯科衙门秘书官组成代表团，准备接受弗拉季斯拉夫王子为沙皇。该条约阐明了图希诺全权代表承认弗拉季斯拉夫王子为莫斯科沙皇的条件：不仅保护莫斯科国家人民自古以来就有的权利和自由，而且增加他们不曾享受过的新权利和新自由。这是一个相当详尽的国家组织结构计划。第一，该条约表述了莫斯科全体人民和某些阶层的权利和特权。第二，该条约规定了最高管理制度，君主同两个机构——缙绅会议和波雅尔杜马一起分享自己的权力（2月4日条约中称之为"波雅尔和全国的杜马"）。该条约还首次区分了这两个机构的政治权

---

① 〔俄〕瓦·奥·克柳切夫斯基：《俄国史教程》第三卷，左少兴等合译，第38~39、41~42页。

② Черепнин Л. В. Земские соборы Русского государства в ⅩⅥ-ⅩⅦ вв. М. 1978. с. 156.

③ Кобрин В. Б. Смутное время — утраченные возможности. // История Отечества：люди，идеи，решения. Очерки истории России Ⅸ — начала ⅩⅩ вв. М. : Политиздат，1991. с. 177.

限。① 1610 年 8 月 17 日条约则是由"七领主政府"（семибоярщина）与波兰军队统帅若尔凯夫斯基签订的。当时沙皇瓦西里在被利亚普诺夫为首的服役贵族推翻后剃度为僧，波雅尔杜马则由"王公 Ф. И. 姆斯季斯拉夫斯基及其同伙"组成，他们执掌了"七领主政府"。② 但 8 月 17 日条约并非 2 月 4 日条约的翻版，而是做了有意义的增减。切列普宁认为，上述两个条约是"反爱国主义、反人民的"③。克柳切夫斯基则认为，2 月 4 日条约是"一个完整的立宪君主制的基本法律。它既规定最高当局的结构体制，又规定臣民的基本权利"④。齐切林在《人民代表制》（1899）中指出，2 月 4 日条约"包含了对沙皇权力的重要限制，如果它得以实施，那俄国将是另一种样子"⑤。科布林也表达了类似的看法。⑥ 笔者以为，在大动乱的情况下，俄国人决定邀请外国人当沙皇，是在确保俄国独立自主的前提下进行的，这并非向侵略者投降；也就是说，这一限制最高权力的条约在俄国政治史上有其特殊的意义。

第四次尝试是在 1613 年 2 月选举沙皇米哈伊尔·罗曼诺夫时。这次尝试是为沙皇制定了"限制文书"或"书面誓约"。米哈伊尔究竟有没有签署这样一个受限制的"书面誓约"？这一誓约虽然并未留下史料证据，但从同时代人的一些说法中仍能看出来这一誓约的存在。不过，这一誓约更像一场政治交易，其首要目的在于"保证波雅尔大贵族的人身安全，不受沙皇专横暴戾之害"。他们不便于在缙绅会议上公布这样一个"极端派别性的文件"，所以用秘密方式限制沙皇的权力，同时并不妨碍米哈伊尔保持专制君主的尊号。因此，新沙皇的权力具有两个平行的含义：从渊源上说，它既是继承的又是选举的；从结构上说，它既是有限制的又是专制的。⑦

如上所述，限制专制君主权力的思想，将部分权力转交给以缙绅会议和波雅尔杜马为代表的社会，这些都在大动乱的国家管理方案中有所体现。

---

① 〔俄〕瓦·奥·克柳切夫斯基：《俄国史教程》第三卷，左少兴等合译，第 44~46 页。

② Пушкарев С. Г. Обзор русской истории. М. Наука. 1991. с. 158.

③ Черепнин Л. В. Земские соборы Русского государства в ⅩⅥ—ⅩⅦ вв. М. 1978. с. 159.

④ 〔俄〕瓦·奥·克柳切夫斯基：《俄国史教程》第三卷，左少兴等合译，第 48 页。

⑤ 转引自 Янов А. Л. Россия：У источков трагедии. М. 2001. с. 29。

⑥ Кобрин В. Б. Смутное время — утраченные возможности. // История Отечества：люди, идеи, решения. Очерки истории России Ⅸ — начала ⅩⅩ вв. М. : Политиздат, 1991. с. 180-181.

⑦ 〔俄〕瓦·奥·克柳切夫斯基：《俄国史教程》第三卷，左少兴等合译，第 86~88、90 页。

三　地方权力中心的出现

16世纪、17世纪之交，俄国国家制度发展还出现了一个新的现象，那就是国家同时存在两三个政治权力中心。

众所周知，1565~1572年伊凡四世实施"特辖制"时，就曾将国家一分为二，分为特辖区和普通区。沙皇自己管理特辖区，普通区的管理则交由波雅尔杜马管理，甚至将鞑靼人加冕成沙皇，让其坐镇普通区。这使国家看似形成了两个权力中心，但如我们上一章所述，这种两个权力中心只是形式上的，因为普通区的管理并未脱离伊凡四世的控制。而17世纪初的情形则与之大为不同。

1606年瓦西里登上沙皇之位时，许多城市因反对他纷纷发动起义。起义者被沙皇军队打败后藏于图拉城。1608年夏，伪德米特里二世在波兰-立陶宛军队和哥萨克部队的支持下驻扎在莫斯科郊外的图希诺村，因此他后来被称为"图希诺贼"或"土皇帝"（царик），并在此建立"沙皇德米特里·伊万诺维奇"的官邸。在伪德米特里二世治下的图希诺，波雅尔杜马、皇帝宫廷、大宫廷、政府机关及其他机构应有尽有。此外，在罗斯还第一次存在两个牧首，1606~1611年在莫斯科任牧首的是格尔莫根，1608年秋在图希诺任牧首的是罗斯托夫的都主教菲拉列特（即后来新王朝第一位沙皇米哈伊尔的父亲）。同时，不少莫斯科的王公和波雅尔也投奔到图希诺的阵营，尽管他们知道，他们是在向一位公然的骗子和僭位者宣誓效忠和服务；他们在两个沙皇之间来回投奔并领取奖赏，有时反复数次，因此他们被称为"图希诺候鸟"。很快，随着沃洛格达向图希诺政权宣誓效忠，图希诺政权在这里集中了几乎整个北方的赋税以及经阿尔汉格尔斯克的沿海贸易商品和来自西伯利亚的莫斯科公产。[1] 如此对待图希诺政权的不是莫斯科社会的少部分人，而是大部分人。[2] 这意味着舒伊斯基政府面临财政上的破产；而且，真正承认莫斯科政权的只有中央的一些县、梁赞边区的部分大的要塞、诺夫哥罗德地区、斯摩棱斯克及其周围和北方部分地区。也就是说，从1608年秋开始，俄国实际上形成了"两个政权并存"的局面，这种两个政治中心对立的情形

---

[1]　Данилов А. Г. Новые явления в организация власти в России в период Смуты. //Вопросы истории. 2013. №11. с. 92.

[2]　Платонов С. Ф. Лекции по русской истории. Ч. 1. М. 1994. с. 295.

一直持续到 1610 年。

随着瑞典、波兰外来势力的介入，1609 年 9 月波兰国王西吉蒙德三世率大军包围斯摩棱斯克；1609 年秋，伪德米特里二世放弃图希诺并逃往卡卢加；再加上舒伊斯基政府所在的莫斯科，这样又形成了三个政治中心。到1610 年 7 月，舒伊斯基政府被推翻，1610 年 12 月伪德米特里二世被杀，[①]俄罗斯国家又陷入了"完全的无政府状态"[②]。不过，普什卡廖夫倒认为，这恰好是大动乱的转折点。因为在整个罗斯，除了"现在服役人员、全国上下各阶层人士以及那些还保有民族意识和宗教感情的哥萨克，就剩下一个敌人，这就是占据俄罗斯首都的外国军队，正是他们威胁着俄罗斯民族国家的安危和俄罗斯人的东正教信仰"[③]。

这样的情形下，已脱离君士坦丁堡牧首控制的俄罗斯东正教会挺身而出，牧首格尔莫根[④]在莫斯科宣布俄国人民不再效忠波兰王子弗拉季斯拉夫，并倡议各城市组织军队来解放首都。1611 年 3 月，第一支民军组成。这支莫斯科民军由两部分组成：第一部分是服役贵族和波雅尔子弟，以当时著名的梁赞统领 П. П. 利亚普诺夫为首；第二部分是哥萨克，为首的是先前图希诺阵营的波雅尔王公 Д. Т. 特鲁别茨科伊和哥萨克统领 И. М. 扎鲁茨基。他们虽意见分歧甚多，但经过争吵后于 1611 年 6 月 30 日通过了一个重要的法律文件——"全国协议"（Приговор всея земли）。该协议确定了国家制度和政治秩序，并规定了中央集权机关的结构，就像莫斯科政权过去那样，建立吏部衙门、服役领地衙门、刑部衙门及其他权力机构。[⑤] 切列普宁把 6 月 30日的这次"全国会议"（совет всея земли）也划为缙绅会议之列。[⑥] 需要特

① 伪德米特里二世与伪德米特里一世之妻玛琳娜·姆尼什克还生了一个儿子伊凡，后来被部分人拥立为伪德米特里三世，因此被称为"小贼"。

② Данилов А. Г. Новые явления в организация власти в России в период Смуты.//Вопросы истории. 2013. №11. с. 93.

③ Пушкарев С. Г. Обзор русской истории. М. Наука. 1991. с. 159.

④ 格尔莫根的呼吁带有强烈的宗教和民族色彩，他尤其担心波兰天主教势力侵入俄罗斯。因为 1596 年波兰政府在罗马教皇的支持下，在布列斯特召开宗教会议，实现了原波兰天主教会与波兰统治下的乌克兰东正教会的合并，史称"布列斯特合并"，其教会成为联合教会。这样，乌克兰教会服从罗马教皇，承认天主教的基本教义，但同时保留东正教的礼仪，因而得名为东仪天主教会。参见〔美〕尼古拉·梁赞诺夫斯基、马克·斯坦伯格《俄罗斯史》，杨烨等主译，第 155 页。

⑤ Данилов А. Г. Новые явления в организация власти в России в период Смуты.//Вопросы истории. 2013. №11. с. 93.

⑥ Черепнин Л. В. Земские соборы Русского государства в ⅩⅥ-ⅩⅦ вв. М. 1978. с. 173-179.

别指出的是，缙绅会议原则上是在沙皇的召集下召开的，而这一次会议召开时，俄国根本没有在位的沙皇。不过，该协议并未消除民军内部矛盾，7 月 П. П. 利亚普诺夫被杀，第一支民军宣告失败。

很快，在外省城市重新组织新的民军并向莫斯科开进。第二支民军的发起地和中心是下诺夫哥罗德，为首的是当地著名的地方长老 К. 米宁。由各阶层居民代表组成的城市会议领导了最初的行动——征集财产和召集军人。民军的指挥官请来了"御前侍膳和军政长官"Д. М. 波扎尔斯基王公，这是一位有能力的军事长官，同时也是一位有着极高声望的人。民军的经济和财政事务则由"选出的人"К. 米宁自己掌管。① 1612 年 3 月末，民军已到达雅罗斯拉夫尔，并在此组建了新的"全国会议"。按切列普宁的说法，从这时起，"全国会议"具有了全国最高政府机构的性质。因为雅罗斯拉夫尔"全国会议"参加者的身份，十分广泛：有御前侍膳和军政长官 Д. М. 波扎尔斯基，有"选出的人"地方长老 К. 米宁，有罗斯托夫都主教基里尔，另外还有一些杜马官员、御前侍膳、宫廷侍臣、莫斯科服役贵族、秘书官等。②

这样，第一支民军和第二支民军实际上成了独特的权力中心，可以说他们组建了当时俄国的"临时政府"和武装部队。民军内部还有一个由各地区代表组成的代表会议，它具有某种"流动的缙绅会议的性质"③。正是他们的活动，为莫斯科的解放和 1613 年缙绅会议的选举沙皇准备了条件。

可见，中央政权的羸弱激起了各个阶层和居民团体的积极行动。如 1604~1605 年伪德米特里一世的俄国人圈子、1608~1610 年图希诺阵营中的俄国人领导圈子、1610~1611 年以姆斯季斯拉夫为首的"七领主政府"、1611~1613 年第一支和第二支民军的领导层、1606~1607 年起义的波洛特尼科夫及其战友，以及大动乱中那些不承认中央政权的地区居民，都被迫每天要处理政治、经济、社会、司法、军事、日常生活等方面大大小小的问题。这种情况不同于过去和未来的任何时候，在客观上培养了成百上千的人，并使数十个地区表现出特有的首创精神；这一切在由外省承担起国家命运而组

---

① Пушкарев С. Г. Обзор русской истории. М. Наука. 1991. с. 162.
② Черепнин Л. В. Земские соборы Русского государства в ⅩⅥ-ⅩⅦвв. М. 1978. с. 179-186.
③ 〔美〕尼古拉·梁赞诺夫斯基、马克·斯坦伯格：《俄罗斯史》，杨烨等主译，第 156 页。

建的第二支民军身上表现得极其明显。[1]

总之，16世纪末至17世纪初，用选举产生最高政权的思想观念不仅在俄国上层而且在整个社会都得到了传播。这些思想在缙绅会议1598年推选戈杜诺夫、1613年选举米哈伊尔为沙皇，以及第一支民军和第二支民军组建"全国会议"中都得到践行。大动乱的这15年里，人们看到的最高政权不仅来源于首都，也来自外省。波雅尔和服役贵族通过限制沙皇权力以及广泛参加缙绅会议和波雅尔杜马的国家管理来避免君主的肆意妄为。这些思想在1606年舒伊斯基的"宣誓文告"和1610年2月4日和8月17日条约中，都得到最充分的展现。缙绅会议选举沙皇、波雅尔限制沙皇权力、地方民军组建临时政府，这些都表明，大动乱中的俄国有一种向真正的等级代表君主制发展的政治趋势。

四 社会政治意识的落后：等级代表君主制的流产

综观整个大动乱年代，我们可以从这些新出现的政治现象中发现，17世纪初的俄国，并不像教科书所说的那样面临着两种发展的抉择，而是三种发展的可能：一是国家覆灭，在外国入侵下失去主权；二是重建原有的几乎不受限制的君主制，并摆脱外国干涉；三是形成等级代表君主制：选举沙皇并用立法限制权力，显贵投身国家管理，并在实践中运用民主机构（缙绅会议、波雅尔杜马、地方自治），发挥社会的哪怕是部分的首创精神——这些都会促使国家生活中许多大问题得到解决，当然包括战胜入侵者。[2] 教科书往往从传统的观念出发认为只有前两种发展的可能。与其说16世纪俄国就建立了等级代表君主制，不如说大动乱为等级代表君主制作为一种政治选择创造了发展的机会。这第三种选择的存在充分说明了，1613年未在法律上巩固"限制沙皇权力和必须选举沙皇"这一原则的前提下就将米哈伊尔送上王位，这并非俄罗斯历史发展方案中最佳的一个。

然而，政治制度发展过程中总是在机遇与选择之间存在悖论。国家发展面临的新机遇能否被把握住，关键还在于政治精英和社会意识是否真正接受

---

[1] Данилов А. Г. Новые явления в организация власти в России в период Смуты. // Вопросыистории. 2013. №11. с. 94.

[2] Данилов А. Г. Новые явления в организация власти в России в период Смуты. //Вопросы истории. 2013. №11. с. 94.

这些新机遇。首先，政治精英在大动乱中对限制沙皇权力的观念并非坚决和义无反顾。克柳切夫斯基就指出，1613 年的缙绅会议上，在混乱和纷扰中一种旧的习以为常的关于"真命"沙皇的思想占了上风，会议出席人所代表的人民智慧不能应付新的局面，他们宁肯复古，回到从前那种"整个社会极端沉默"的状态——这是倒退的标志。① 事实上，限制沙皇权力的思想并没有引起同时代人包括波雅尔的欣喜。动乱时期《新编年史》的作者对舒伊斯基的宣誓明确表示厌恶："他（舒伊斯基）开始在教会会议上说，这事在莫斯科国家自古以来还没有：我向全国宣誓，没有会议的同意我不对任何人做任何恶事……波雅尔和所有的人则对他说，希望他不要宣誓，因为在莫斯科国家不兴这个。他到底还是谁的话也不听并对大家宣誓。"② 在大动乱时期，在中央政权极其羸弱的情况下，服役人员与城市精英也始终感觉自己是中央体系的一部分。外省地方长老 К. 米宁以及他的战友 Д. 波扎尔斯基，都是大动乱时期具有这种意识的出色代表，正是有这种意识，他们才能够在那个时代的事件中发挥决定性作用。③ 波雅尔限制沙皇权力的尝试往往不是公开行动，而是像政治阴谋。他们总是幻想"按惯例和习俗"与沙皇一道管理国家，不重视把这些权力落实到法律文本加以保护。他们经历过伊凡雷帝和戈杜诺夫的暴行后，更关心自己的人身和财产安全，而较少提出自己的政治主张。在他们心目中，"专制君主"与"暴君"是不一样的，他们对沙皇权力的限制更像是对善良的"专制君主"的期盼。然而正如普列汉诺夫所说，俄国政治精英在自我意识上甚至不同于西欧中王权意识最强的法国。参加缙绅会议的是莫斯科君主的"奴隶"，而在三级会议上发言的则是法国国王的"臣民"。④

从动乱时期的许多例证中也可以发现，选举沙皇这一标新立异的事件事实上并未真正地被民众所接受。对民众来说，一个"选出来的沙皇"就好比"选举一个父亲"一样荒谬。⑤ 人们并不认为缙绅会议选举沙皇是证明新的

---

① 〔俄〕瓦·奥·克柳切夫斯基：《俄国史教程》第三卷，左少兴等合译，第 77~78 页。

② Лисейцев Д. В., Рогожин Н. М. Россия после смуты—время выбора. //Отечественная история. 2008. №5. с. 41-42.

③ Зуляр. Ю. А. Генезис русского самодержавия и дискуссия о его особенностях: Учеб. Пособие. Электронный вариант. Иркутск: Иркутский университет, 2006. с. 85.

④ 〔俄〕戈·瓦·普列汉诺夫：《俄国社会思想史》第一卷，孙静工译，第 212 页。

⑤ История России с древнейших времен до конца ХⅧ в./Под ред. Б. Н. Флори. М.: Издательство Московского университета. 2010. с. 234-235.

国家政权合法性的充分证据。当缙绅会议推选鲍里斯·戈杜诺夫时就有人提出异议："让我们同这些选举沙皇的人分道扬镳吧，因为沙皇是他们自己给自己安排的。"[①] 可见，人们仍然认为，选出来的沙皇不是沙皇，只有出身卡利达家族的后裔，才是天生的、世袭的君主，才是真正合法的沙皇。于是大动乱中走马灯一样上位的沙皇，无论鲍里斯·戈杜诺夫、瓦西里·舒伊斯基，还是波兰王子弗拉季斯拉夫，都不能成为人们心目中"真正的"沙皇，与之相比，人们更愿意相信那些自称是奇迹复活的伊凡四世之子德米特里，这种思想使僭位者的阴谋一次又一次得逞。为什么大动乱的俄国反复出现"僭位王"这个现象？这是因为社会政治意识的"极端不发达"[②]。在动乱结束的最后时刻，米哈伊尔之所以能成功登上王位，究其原因，与其说他是全国民选的沙皇，不如说他是前朝最后一个沙皇的表侄。推举沙皇候选人的会议上，一位来自加利奇的贵族的书面建议左右了人们的意见："米哈伊尔·罗曼诺夫在亲属关系上同过去的沙皇最为接近，所以必须选他为沙皇。"[③] 人们对把选举作为最高权力充分合法性的来源这一行动充满怀疑，这种怀疑源于社会意识中根深蒂固的世袭继承制和君权神授观念。正是这种固化的社会意识，使大动乱中出现的新政治现象难以在后来的 17 世纪发展中制度化地继续存在。K. C. 阿克萨科夫极力以 17 世纪初的历史事件来阐释俄罗斯人民的"非国家性"：俄罗斯人民不愿意弄权，自愿把政权送交沙皇。斯拉夫派正是以此来证明"专制制度与俄罗斯人民、与俄罗斯人民的历史、与俄罗斯的现在和将来都密不可分，专制制度的统治形式是俄国固有的"。[④]

动乱时期，俄国社会意识中的"好沙皇"观念根深蒂固。波兰小贵族萨穆伊尔·马斯克维奇在自己关于俄国的札记（写于 1611 年）中生动地写道：波兰人劝俄国人争取自由时，俄国人却说，"你们珍重你们的自由，我们却珍重我们的不自由……我们这里就是最显要的大贵族也无权凌辱最低微的普通老百姓；沙皇只要接到控告，便立即组织法庭进行处理。如果国王的行为不公正，而他的权力却是像上帝那样秉公惩罚或宽恕。我们与其忍受自己同胞的凌辱，不如忍受沙皇的凌辱，因为他是全世界的统治者"。俄罗斯人确实相信，世界上没有一个国王能与他们的沙皇相提并论，人们到处称他们的

---

① 〔俄〕瓦·奥·克柳切夫斯基：《俄国史教程》第三卷，左少兴等合译，第 58 页。
② 〔俄〕戈·瓦·普列汉诺夫：《俄国社会思想史》第一卷，孙静工译，第 239 页。
③ 〔俄〕瓦·奥·克柳切夫斯基：《俄国史教程》第三卷，左少兴等合译，第 70 页。
④ 白晓红：《俄国斯拉夫派的政治思想》，《世界历史》2001 年第 5 期。

沙皇是："公正的太阳，照耀着俄国。"① 莫斯科人关于他们的不自由优于波兰-立陶宛的自由的看法，实际上反映了俄罗斯居民在对待最高政权的态度上仍然保持着伊凡雷帝时代的观点。"好沙皇"的观念使俄国民众即使在"暴君"的时代，也从来只反抗"沙皇的臣仆"而不反对沙皇，这充分说明了该时期社会思想的停滞。

普列汉诺夫指出，大动乱是一场悲剧。这悲剧在于人民囿于当时的条件，其不满虽然"极大地动摇了莫斯科的社会政治制度，却没有客观的可能用某种新的、对他们少些麻烦的制度来代替这一制度"。这种"客观的可能"在主观上表现为，参加骚动的人们没有提出任何新的社会政治要求。② 梁赞诺夫斯基也指出，"不管从 1598 年到 1613 年发生了什么，本质上说专制制度没有受到损害。事实上，当一切的一切结束之后，专制制度比历史上任何时候更显得是唯一合理的政府形式，也似乎是唯一能够确保和平和安全的制度"。③

可以说，政治精英的软弱和社会政治意识的滞后，正是俄国等级代表君主制流产的重要原因。对俄国历史上存在的等级代表君主制发展的可能，却最终并未走上等级代表君主制发展道路的这种吊诡，当代学者 A. Г. 丹尼洛夫不无感叹地指出，大动乱的极端条件下不允许新幼芽（在选举的原则上形成中央政权，以及限制沙皇的个人权力）在俄国土地上生根。这些原则没有得到立法的巩固，要在俄国社会大部分人中形成新的意识，15 年的时间是远远不够的。而后至今的 400 年里，俄罗斯人不止一次面临着这样的问题："俄罗斯人摆脱危机究竟应该用民主还是专制？"17 世纪初，俄国先辈们的选择不仅限制民主的萌芽，而且还不断强化了专制君主制。④

第二节　大动乱后的俄国：专制
君主制的重建与强化

西方学者莫林·佩里认为，大动乱年代最显著的后果之一就是专制君主制

---

① 〔俄〕戈·瓦·普列汉诺夫：《俄国社会思想史》第一卷，孙静工译，第 193～194 页。
② 〔俄〕戈·瓦·普列汉诺夫：《俄国社会思想史》第一卷，孙静工译，第 234～235 页。
③ 〔美〕尼古拉·梁赞诺夫斯基、马克·斯坦伯格：《俄罗斯史》，杨烨等主译，第 159 页。
④ Данилов А. Г. Новые явления в организация власти в России в период Смуты. //Вопросы истории. 2013. №11. с. 95.

保留了下来，至少和 16 世纪末相比，这一制度没有发生变化，对沙皇的权力也没有增加新的限制条件。这充分说明了 17 世纪初期的社会斗争，是在竞争王位的旗帜下进行的，而不是在改变君主制的方式下进行的。当然，不同的王位候选人具有不同的统治风格和政府组织形式，但是他们都把继承王位的基础建立在作为"真正"沙皇的合法性原则上，而不是建立在任何社会或政治改革的纲领上。合法性的依据各有不同（"世袭"或"民选"），但这并不影响君主实行独裁统治的本质。①

的确，大动乱后的莫斯科罗斯比以前更加落后于西方的国家。在这种严重落后的前提下，17 世纪的莫斯科罗斯还与邻国进行了长期的战争。如普列汉诺夫所言，"社会必然要按照动乱时代以前的方向发展"，大动乱迫使莫斯科人发挥首创精神，然而"这种被逼出来的首创精神"，却最明显地表现于恢复和巩固专制君主制，"这种君主制的最主要特点则是在 16 世纪下半叶就确定了的"。②

一 米哈伊尔的统治：国家政权的重建与新王朝的巩固

从执政初期开始，米哈伊尔·费多罗维奇（1613~1645）便面临着许多最重大的任务：必须加强摇摇欲坠的上层政权，重建国家管理机构——波雅尔杜马、衙门体系、为各城市任命新的军政长官，整顿财政系统和充实国库，征集军队和确保国家安全以防御众多外敌的入侵。他具体采取了如下措施。

首先，着手恢复和重建国家管理机构。其一，在组建新政府的过程中，沙皇按照原有官职保留了许多官员，如波雅尔杜马仍包括了"七领主政府"时期的 Ф.И. 姆斯季斯拉夫斯基、"解放者"特鲁别茨科伊和波扎尔斯基，以及已获得杜马贵族官阶的 K. 米宁等。波雅尔杜马是政府的一个谘议性机构，其成员并非都是波雅尔，还有御前侍臣、杜马服役贵族和秘书官。杜马借助临时性的波雅尔委员会仍执行着管理职能，具体包括举行外交谈判、解决地方纷争、审判地方司法案件、对一些特别重要部门的工作给予指导、在沙皇不在时负责管理国家。保密事务由近臣杜马负责，一般情况下它由 4 位波雅尔组成。在各政府衙门中，均保留原来的具有工作经验的秘书官。尽管其中许多人曾经为图

---

① *The Cambridge History of Russia*, Vol. I: *From Early Rus' to 1689*, p. 430.

② 〔俄〕戈·瓦·普列汉诺夫：《俄国社会思想史》第一卷，孙静工译，第 203~204 页。

希诺贼和西吉蒙德三世等服役过，但米哈伊尔几乎没有因"以前的背叛"而惩罚任何人，他认为在国家困难时期大家都需要精诚团结。

其二，频繁召开缙绅会议。米哈伊尔·费多罗维奇清醒地认识到，如果得不到各阶层民众的支持，自己将无法使废墟中的国家得以重建。因此，沙皇将全俄缙绅会议当成自己所领导政府的得力助手之一。自 1613 年至 1622 年，缙绅会议一直没有间断并成了政府的协商性执行机构。会议的代表们借助自己在各地方上的威望有力地促进了沙皇指令的切实执行。通过全俄缙绅会议，政府有效地解决了如下问题：征收"五一税"和"义捐"，派军征讨波兰人、瑞典人及"盗贼"哥萨克领袖 И. 扎鲁茨基，与邻国签署和约，对国家的诸方面进行改革，等等。①

其三，扩大衙门管理体系。即使在大动乱时期，衙门管理体系中的一些部门仍在继续运作，例如，外交、领地、职官和地方行政等衙门。米哈伊尔所要做的就是扩大这些机构并用一些新的秘书官和书吏来充实这些部门。不久，政府各衙门的总数便达到 40 个，不过并非所有部门都一直处于运行状态。1619年全俄缙绅会议之后，沙皇政府对衙门系统做了些许改革。其中 25 个衙门是常设机构，如外交衙门，负责国际关系；医务衙门，负责医疗问题——雇用医生、大夫和药剂师，种植药材，生产药剂，甚至派遣年轻人去国外学习医学等。另有几个衙门具有临时性质，主要负责处理迫切需要解决的实际问题。此外，"呈文衙门"（Челобитный приказ）得以重建，其职能不再是负责官员的自下而上的申诉，而是就改进国家管理向上级提出建议。上述这些衙门由具有波雅尔身份的秘书官或御前侍臣和杜马秘书官负责管理。各衙门办公人员的物质保障由该衙门所征集的赋税（诉讼费和文件编制过程中所涉及的地区）来维持。法官和杜马秘书官均拥有封地并可领取固定的薪水，普通秘书官和书吏则只可领取固定工资。②沙皇政府并没有对上述各衙门的职能做明确的区分，例如，吏部衙门、刑事衙门、射击军衙门和地方自治衙门等均拥有同样的行政、警察职能。当时国家的司法诉讼体系相当琐碎而混乱，虽然按规定最高法官为沙皇，最高审判机关为波雅尔杜马，但所有衙门均拥有审判权。

其次，全面恢复动乱中遭到破坏的社会经济，充实国库。根据克柳切夫斯

① Истории России. В2т. Т. 1. С древнейших времен до конца XVIII в./Под ред. А. Н. Сахарова. М. ：АСТ：Астрель；Владимир：ВСТ，2009. с. 468.

② Истории России. В2т. Т. 1. С древнейших времен до конца XVIII в./Под ред. А. Н. Сахарова. М. ：АСТ：Астрель；Владимир：ВСТ，2009. с. 476.

基的考察，动乱年代使大量农民抛弃了耕地，以致耕地面积减少、田地荒芜、赤贫农增加，国库也陷入枯竭。① 新王朝急需充实国库，但居民没有能力立刻偿付大混乱年代欠缴的赋税。面对如此境地，沙皇当局决定请富裕的工业家斯特罗加诺夫②给予帮助；同时，对居民的税收采取逐年递增的方式收缴。在米哈伊尔统治的第一年，只征收了居民往年所欠缴的税款，并请求富人们自愿进行数目不定的捐款。第二年，根据全俄缙绅会议的决议，开始征税非常税"五一税"。③ 在编制了新的税务册和巡视册之后，国家的税务征收也逐渐规范起来。④ 很快，沙皇的国库便变得充实起来，其收入不仅来自税收，而且还来自贸易赢利。根据沙皇的命令，只有宫廷有权买卖粮食、铜、鱼子、大黄（一种药材）等商品，且所有上述商品的贸易活动由商人公会具体负责运作。为沙皇服务，商人们也得到沙皇颁赐的特权证书，从而可以减免赋税和徭役。米哈伊尔在任期间，俄国还出现了首批工业企业。起初，这些企业都是官办性质的，如火炮局、武器局、金银器局、制币局、织造厂、丝绒制品厂等。随后，沙皇批准一些外国工业家到俄国来开办私有企业。⑤

　　沙皇政府对贸易极为重视，贸易税收是国库收入的主要来源。在与各国举行外交谈判中，贸易问题一直是谈判双方交涉的主要问题。17世纪20~30年代，欧洲普遍出现了粮食歉收情况，而购买俄国粮食成了许多其他欧洲国家的当务之急。而俄国外交家便利用这一机会为建立反波兰联盟作准备。规定：只有盟友国家才有权购买俄国粮食，如瑞典、丹麦、英国、荷兰和法国等。许多外国商人极力想打入俄国内部市场，但此举给俄国本土贸易带来伤害。米哈伊

---

① 〔俄〕瓦·奥·克柳切夫斯基：《俄国史教程》第三卷，左少兴等合译，第98~100页。

② 斯特罗加诺夫家族是16~20世纪俄国最大的商人和实业家家族，当年在大动乱的困难时期，瓦西里·舒伊斯基也曾请其帮助。米哈伊尔政府曾连续三次向他们借钱，贷款额分别是3000卢布、1.6万卢布和4万卢布。参见〔美〕尼古拉·梁赞诺夫斯基、马克·斯坦伯格《俄罗斯史》，杨烨等主译，第163页。

③ "五一税"，即五分之一税。但此举最初只针对商人，并不包括其他社会阶层。从第3年开始，所有工商业区居民均须交纳"五一税"。到了第4年，"五一税"成为了全国所有居民都要交纳的税务。不过，其税基究竟是指个人财产的五分之一，还是个人收入的五分之一，梁赞诺夫斯基认为目前还存有争议。萨哈罗夫倾向于是个人财产的五分之一。参见〔美〕尼古拉·梁赞诺夫斯基、马克·斯坦伯格《俄罗斯史》，杨烨等主译，第163页；Истории России. В2т. Т. 1. С древнейших времен до конца XVIII в./Под ред. А. Н. Сахарова. М.：АСТ：Астрель；Владимир：ВСТ, 2009. с.470.

④ 当时国家的固定税包括两大块：直接税（即耕种土地的赋税）、间接税或非直接税（即手续费、关税、印花税，以及罚金）。所有这些税务通常都是按城市统一征缴。

⑤ Истории России. В2т. Т. 1. С древнейших времен до конца XVIII в./Под ред. А. Н. Сахарова. М.：АСТ：Астрель；Владимир：ВСТ, 2009. с.470, 477, 479, 480.

尔应因商人们在缙绅会议提出的请求，在 1627 年颁布法令，严禁外国人在俄国中央地区的大城市从事零售贸易。为了方便俄国商人的贸易，沙皇政府专门开放了几个边境口岸：北边有阿尔汉格尔斯克、诺夫哥罗德和普斯科夫，南边有阿斯特拉罕、喀山和下诺夫哥罗德局部地区。[①] 到 40 年代末，所有在俄的外国人的贸易特权和优惠政策，被彻底取缔。[②]

最后，对内清除了"盗贼"哥萨克，结束大动乱年代遗留下来的对外战争。米哈伊尔当选沙皇时，俄国与波兰-立陶宛共和国、瑞典仍处于战争状态，而"盗贼"哥萨克的领袖 И. 扎鲁茨基等人，则在俄国南部继续内乱。"盗贼"哥萨克并未得到当地居民和顿河哥萨克的支持而以失败告终；其首领 И. 扎鲁茨基则被迫潜逃，但最终被抓获并在莫斯科被处死；与他一起被处死的还有"小贼"伪德米特里三世伊凡，其母亲玛琳娜也很快在监狱中去世。[③] 米哈伊尔更换了 120 座边境城市或城堡的军政长官，并向那里派遣了攻城部队和射击军军官，以结束从大动乱年代延续下来的两场对外战争。1617 年 2 月，俄国与瑞典缔结永久性的《斯托尔博沃和约》，瑞典向俄国返还大诺夫哥罗德及其属地，俄罗斯则向瑞典割让芬兰湾南岸和卡雷利阿城及其县域，俄国又一次丧失波罗的海出海口。1618 年底，俄国与波兰-立陶宛在杰乌利诺签订为期 14 年半的停战协定，按照这一协定，波兰-立陶宛国家占有了斯摩棱斯克和切尔尼戈夫-谢维尔斯克地区（附录地图 10）。[④] 1632 年，当西吉蒙德三世去世，波兰-立陶宛国王出现"空位"，莫斯科趁机开始与波兰作战。1634 年交战双方在波良诺夫卡河签订"永久停战和约"，按照此和约，波兰-立陶宛国家继续占有斯摩棱斯克和切尔尼戈夫-谢维尔斯克地区；波兰新选出的国王弗拉季斯拉夫则放弃对莫斯科王位的要求，并最终承认米哈伊尔·费多罗维奇为莫斯科沙皇。不久，俄国面临与土耳其和克里木鞑靼人发生大战的危险。1637 年顿河哥

---

① Истории России. В2т. Т. 1. С древнейших времен до конца XVIII в./Под ред. А. Н. Сахарова. М.：АСТ：Астрель；Владимир：ВСТ，2009. с. 481—482.

② 凯瑟琳在全面研究了 17 世纪俄国的对外贸易后指出，17 世纪的莫斯科经济严重依赖于对外贸易，这可能比俄罗斯历史上任何时期（基辅罗斯可能除外）都要严重，至少在相当长的时期内是如此。虽然我们无法准确估计，但即使按现代标准来衡量，莫斯科经济的开放程度也是相当高的，几乎可以肯定的是对外贸易在 GDP 中占五分之一左右。正是因此，她在著作的结论中将对外贸易称为俄罗斯"帝国的助产士"。参见 Jarmo Kotilaine, *Russia's Foreign Trade and Economic Expansion in the Seventeenth Century*；*Windows on the World*，Boston：Brill Leiden，2005。

③ Пушкарев С. Г. Обзор русской истории. М.：Наука，1991. с. 168.

④ 参见附录地图 10《1610—1618 年波兰和瑞典的入侵》，转引自〔英〕马丁·吉尔伯特《俄国历史地图》，王玉菡译，第 30 页。

萨克以大胆、突然袭击的方式占领了位于顿河河口土耳其鞑靼人强大的城堡亚速。

总体来看，罗曼诺夫新王朝第一位沙皇米哈伊尔把主要精力都用在恢复经济、重建国家、防止新的暴动和与外国作战上。从恢复国家秩序和巩固新王朝的角度来看，他无疑是成功的。他是在国家最困难的时刻登上王位的。大动乱后的俄国，似乎曾经拥有的力量和强大已经一去不复返，已沦为欧洲边缘的二流国家。然而正是在米哈伊尔执政期间，俄国从废墟中站立起来，并重新发展壮大。虽然国家的西部边境尚未恢复到原有状态，但东部边境得以不断扩展，且以较少的损失带来了暴利。到他统治末期，俄罗斯国家已不仅是个欧洲国家，而且还是一个亚洲国家。这极大地扩展了俄国与亚洲大陆，尤其是与波斯的贸易交往。[①] 而新沙皇能保住皇位、新王朝能得以巩固、国家能重新强大，都是因有缙绅会议的支持。缙绅会议在米哈伊尔在位的头十年不断召开。沙皇的父亲菲拉列特在 1619 年被波兰人释放回来后，成为莫斯科的牧首和他儿子的共同执政者，他同样也看到政府需要与国人合作。若没有缙绅会议，软弱的米哈伊尔在执政初年就难以征收新税，也就不能重建国家的军事力量和行政机构（如上一章我们所述 17 世纪的缙绅会议的议题大多与征税有关）。这些都表明，17 世纪前半期俄国的政治体制，在某种程度上具有"全民（自由民）政治协商"的性质。А. С. 阿希耶泽尔就认为，可以把大动乱后莫斯科国家的政治理念称作"和谐联合各种社会阶层进行全体协商的早期新理念"[②]。这也是当代俄罗斯著名学者米罗诺夫将 17 世纪的俄国专制君主制称为"人民君主制"的一个重要原因。[③] 可以说，正是缙绅会议为新王朝的建立赋予了合法性，而罗曼诺夫王朝的新沙皇利用这种"人民君主制"重建了国家政权。

然而，这种"全民政治协商"的理念延续时间很短暂，王朝巩固后，继位的第二任沙皇就开始了强化专制君主制。

---

① Истории России. В2т. Т. 1. С древнейших времен до конца XVIII в./Под ред. А. Н. Сахарова. М. : АСТ : Астрель ; Владимир : ВСТ, 2009. с. 489–490.

② Ахиезер А. С. Россия : критика исторического опыта. Том 1. Новосибирск : Сибирский хронограф, 1997. с. 131.

③ 〔俄〕Б. Н. 米罗诺夫：《俄国社会史》下卷，张广翔等译，山东大学出版社，2006，第112、121 页。

二 罗曼诺夫王朝继任者的统治：专制君主制的自我强化

通过国家政权的重建和新王朝的巩固，专制君主制得以恢复，从 17 世纪下半叶起，俄国专制君主制开始不断强化。这种自我强化过程，伴随着一系列政治现象。

其一，自阿列克谢·米哈伊洛维奇的统治（1645～1676）开始，"专制君主"这一对俄国政权统治者的官方称呼，得到恢复和巩固。尽管阿列克谢脾气暴烈且时常冲动，但他作为"安静的人"而闻名于当时。克柳切夫斯基将其称为"最仁慈的人、荣耀的俄罗斯灵魂"，并把他视为俄罗斯文化的典范和使俄国对西方再次产生兴趣的奠基者之一。① 事实上只能说，这位"专制君主"行事十分谨慎，恪守教规，淡化了东方式的独断专横色彩。米哈伊尔死后没有留下遗诏，阿列克谢是按"两种法律上的权利根据——没有遗诏的继承制和会议选举制——接受权力的"。大动乱以后，由会议选举取代遗诏的做法，已成了公认的先例。但与动乱时期不同的是，阿列克谢虽然在缙绅会议的推举下登上皇位，却"没有重新承担其父米哈伊尔所承担的那些义务"②。他认为："在我们祖先的时候，从来没有庄稼汉同大贵族、侍臣和军政长官一道参加审判事务的事情，往后也不许有。"普列汉诺夫对此感叹道：在 16 世纪为凶残的暴君（即伊凡四世）所允许的事情，在 17 世纪却连"最沉默的"统治者也不允许了！③ 于是，1674 年 9 月 1 日，阿列克谢向人民庄严宣告：长子费奥多尔·阿列克谢耶维奇为王位继承人。但是，1613 年缙绅会议的决定并没有把米哈伊尔的孙子费奥多尔列为继承人，这种宣告的移交方式具有默许的性质，所以并不牢靠。到 1682 年 4 月费奥多尔（1676～1682）死后，权力的移交方式以更加"歪曲"和"简化"的选举形式进行，各级官吏被召集起来后就决定选彼得为沙皇。很快，5 月 15 日索菲娅公主就发动射击军暴动，最后以"一出滑稽可笑的会议丑剧"收场，伊凡和彼得都被选举为沙皇，共同实行专制统治。④ 由此可以看出，动乱时期确立的庄严隆重的沙皇选举方式如今已变成草草行事，沙皇重新成了权力不受限制的专

① 〔美〕尼古拉·梁赞诺夫斯基、马克·斯坦伯格：《俄罗斯史》，杨烨等主译，第 164 页。
② 〔俄〕瓦·奥·克柳切夫斯基：《俄国史教程》第三卷，左少兴等合译，第 92 页。
③ 〔俄〕戈·瓦·普列汉诺夫：《俄国社会思想史》第一卷，孙静工译，第 240 页。
④ 〔俄〕瓦·奥·克柳切夫斯基：《俄国史教程》第三卷，左少兴等合译，第 93～94 页。

制君主。

其二，民选原则的缙绅会议停止召开。大动乱时期的缙绅会议刚刚具有了一定意义上的选举性质，并在 17 世纪前半期具有很高的政治权威，但这一状况延续时间并不长久。随着王朝的巩固，沙皇政府越来越不愿意召开缙绅会议，因为在会议上一些选出来的人有时批评沙皇政府的措施。1653 年为解决乌克兰的合并问题而召开的缙绅会议成了最后一届。此后，沙皇政府仅仅召开部分等级（服役人群、商人、客商等）的协商会议。不过由全国来核准选举的君主被认为是必需的，因此在 1682 年两次召集莫斯科官员开会，以代替缙绅会议：一次是选彼得登上皇位，另一次是选彼得和伊凡两个沙皇共同执政。17 世纪下半叶，专制政权拒绝与等级代表的协商，但在决定最重要的对内政策时遇到了许多困难。比如，阿列克谢政府决定引入盐税、追缴过去几年的欠税、缩减对服役人员的薪酬时，都没有进行全国协商，结果人民就以大规模的暴动来回应（如盐税暴动、粮食暴动、铜币暴动等）。这是居民的自然反应，因为此前居民习惯于君主考虑他们的意见。缙绅会议的停止召开，反映了君主专制权力的加强。17 世纪缙绅会议的历史意义不在于形成了真正的等级代表君主制，而在于为新王朝的诞生提供了政权合法性，为新王朝解决了难题，恢复和巩固了专制君主制。随着其历史使命的结束，缙绅会议很快就退出了历史舞台。

其三，波雅尔杜马成员逐渐官僚化，其地位和作用开始下降。最明显的变化表现在阿列克谢和费奥多尔统治时期。波雅尔杜马从 17 世纪下半叶起，从立法-谘议机构变成了沙皇之下单纯的谘议机构。沙皇经常出席波雅尔杜马的会议，主导会议，预先在纸片上写上需要与波雅尔协商的问题。在听取建议后，沙皇自行做出决定。波雅尔杜马成员数量有大幅增加。据季亚科诺夫的统计，阿列克谢统治时期，波雅尔杜马有 59 人；费奥多尔统治时期，则增加到 167 人，[①] 其中以服役贵族为主的官僚比例增大。在第二、三代罗曼诺夫统治者看来，波雅尔杜马不能限制君主的专制权力而应该逐渐变成与其共同执政的机构；波雅尔杜马是服从于君主的国家机关，其职能在于维护国家利益，而非表达它代表的各个阶层的利益。[②] 沙皇喜欢挑选那些聪明的、

---

① 对波雅尔杜马成员具体数量，各学者研究结果并不一致；此处数据参见〔美〕尼古拉·梁赞诺夫斯基、马克·斯坦伯格《俄罗斯史》，杨烨等主译，第 174 页。

② Талина Г. В. Выбор пути: Русское самодержавие второй половины ⅩⅦ - первой четверти ⅩⅧ века. М., 2010. с. 406.

有才干的人，按能力而不仅仅是按家族名望来提拔。例如，阿列克谢最喜欢的大臣、使节衙门长官 А. Г. 奥尔金-纳肖金，出身于普斯科夫一个贫寒的服役人员家庭。这样很容易产生一种观念：君主把高官显位赏赐给出身卑微的人，使他们具有名门贵族的身份。这种观念正是否定门第制的基础，是大动乱时期开始产生的新政治理念。它导致 1682 年废除门第制，后来也成了彼得大帝 1722 年颁布的《官秩表》的基础。① 波雅尔杜马逐渐被"枢密衙门"（приказ Тайный дел，也译"机要事务衙门"）所取代。

其四，衙门体系不断调整和完善，更加有利于中央集权。17 世纪，沙皇政府开始将职能分散的中央管理机关，以两种方式集中起来：一是几个业务相似或相近的衙门从属于一个秘书官；二是几个衙门合并为一个机关。通过把这些为数众多的小机关合并起来的办法建立几个大的主管部门，这些主管部门成为后来彼得改革所设立的院的前身。② 为了强化自己的权力，阿列克谢还组建了几个新衙门。其中，如"统计衙门"（Счетный приказ，也译"计算事务衙门"）负责监督政府机关的现金收入和支出；"记事衙门"（Записной приказ）负责编制关于罗曼诺夫王朝的亲族系谱与历史性著作。③ 如此，17 世纪下半叶衙门体系从改革路径上来说表现为如下形式：衙门是中央行政和司法机关，客观上暂不具备条件将自己的活动仅仅集中在一个指定的范畴内；衙门实行俄国传统的"一长制"原则，其优越性在后来从委员会向部的迅速演变中得到证明；衙门的主要不足在于其人员过于庞杂而功能重复，要克服这一点，按那个时代的观念必须通过将衙门联合成各领域的团体（军事、财政和其他），然后所有团体服从一个领导者；在主要衙门实际上集中由波雅尔杜马领导的情况下，波雅尔杜马大范围改革方案不具有现实性，这增强了衙门首脑直接听命于沙皇的必要性，为不断强化的专制君主制通过衙门体系掌握国家管理主动权提供了可能性。为使衙门体系能最佳运转，大多数衙门的实际存在的数量应该缩减。衙门需要具有很高的专业化水平的职员，其数量应根据国家需求而增长。④

其五，地方管理体系更加集中化。17 世纪下半叶，国家管理在地方上是

① 〔俄〕瓦·奥·克柳切夫斯基：《俄国史教程》第三卷，左少兴等合译，第 84 页。

② 〔俄〕瓦·奥·克柳切夫斯基：《俄国史教程》第三卷，左少兴等合译，第 172 页。

③ Истории России. В2т. Т. 1. С древнейших времен до конца XVIII в./Под ред. А. Н. Сахарова. М.: АСТ: Астрель; Владимир: ВСТ, 2009. с. 504.

④ Талина Г. В. Выбор пути: Русское самодержавие второй половины XVII – первой четверти XVIII века. М., 2010. с. 406-407.

由军政长官、固巴和地方自治机构负责的。但地方的民选固巴长老的作用越来越小，而由莫斯科任命的军政长官的作用则逐步加强了。如普什卡廖夫所言，尽管大动乱时期地方民军重建了国家，但总体上说，17世纪是一个不利于地方自治的时代。军政长官把所有的军事和行政权力都集中在自己手中。军政长官服从于莫斯科衙门并按其指令行事。固巴、工商区和乡的地方机构，在17世纪越来越失掉了其自治性，逐渐转为服从于军政长官命令的辅助和执行机构。民选农民机构的主要任务变成了及时追索赋税，而军政长官则主要关心的是处罚那些"由于疏忽和玩忽职守"而准许缺少和拖延缴纳税款的乡社负责人。总之，17世纪下半叶是地方自治制度衰落的时期，也是莫斯科国家中央和地方管理官僚化时期。[1] 这一时期，地方管理者以中央政权指派和地方选举两种方式产生。这两种产生方式，一方面，协调军政长官同中央的关系，并建立垂直管理体系；另一方面，允许保留传统的县级国家地域与行政划分，在吏部衙门的帮助下聚合其结构。地方自治建立在各阶层参与选举的基础上；甚至，按照传统，公务人员必须从严格限定的阶层代表中以选举方式产生。[2] 地方选举机构的存在与专制统治的加强并不相矛盾，且二者很方便地结合，因为选举和指派的地方机构的独立性，为中央政权对每一级机构的控制和他们之间的相互监督，创造了充分的有利条件。

其六，政权与社会的关系更加紧密；换句话说，国家对社会各阶层（教会、服役人员、农民）的控制更加严密。大动乱后，缙绅会议选举沙皇，参与国家管理，使沙皇与臣民之间的关系紧密起来。17世纪下半叶，最高政权与社会的关系建立在下列原则之上：国家中的每个人在身份、地位上除了依附于所属的阶层外，还依附于教会权力和世俗权力，莫斯科罗斯由此形成了在世俗事务上服从沙皇、在宗教事务上服从牧首的传统思想；而随后的尼康宗教改革（1653）、东正教的分裂、监督教会活动的修道院衙门的建立、教会本身完全对国家的依附以及教会参与对国家事务的决定权的取消等，这些都表明东正教会在国家政治中的地位下降。17世纪最后25年里，来自欧洲的"共同福利"思想在官方意识形态中逐渐发挥越来越大的作用，这种思想认为，"社会建设和公民福利是国家力量与荣誉的基础，每一个社会阶层都应当为社会和国家幸福而劳动，积极做贡献"；而且这种空洞的、抽象的思

---

[1]　Пушкарев С. Г. Обзор русской истории. М.：Наука，1991. с. 200-201.

[2]　Талина Г. В. Выбор пути：Русское самодержавие второй половины XVII - первой четверти XVIII века. М.，2010. с. 407-408.

想成为统领社会意识、调节社会关系的最重要的观念之一，即官级理念，它决定着包括君主在内的每个人的社会角色和地位；遵循官级被视作社会稳定发展的保障；整个莫斯科统治期间，构建社会与世俗政权关系的是沙皇，其职责就是将官级理念从抽象变成现实，每一个人的社会地位都与皇帝赏赐的官级相对应；个人品质（天才、能力和其他）是否具有现实意义，首先取决于国君的兴趣。当国家成为服役和服役关系的主要（后来变成唯一）调节者时，无论在世俗方面还是宗教方面，俄国自身发展常备军初期所特有的服役章程、服役义务的作用都逐步加大。[①]

具体说来，17世纪的军队组织、人员组成和职能原则发生了变化。军队的主要责任不仅是保卫领土，防止外敌侵犯，还要维护国内秩序和确保人民群众对沙皇的服从。尽管射击军的战斗力不强，但其人数在阿列克谢执政时期已达4万人。不过，这支军队已不是主要的武装力量。如前所述，17世纪，沙皇政府开始组建另一类型的军队。米哈伊尔统治时期，俄国就已建立了一支新式武装——新制军团，如步兵团、骑兵团、混编团。这些兵团配置波雅尔子弟（骑兵）和各类志愿人员（步兵和骑兵），由雇用的外国军官对这些新编部队进行训练。国库则确保这些团队的武器、装备的供应，并支付人员薪金。但在17世纪末时，步兵团士兵开始从"差丁"（даточные люди）即农民和工商居民中补充。如每100户征1名骑兵和1名步兵；或是按农户家庭成员征集，一家中有2~3个儿子或兄弟者，征1人当兵，有4个儿子或兄弟者，征2人当兵。这已是真正的新兵"征募制"（рекрутский набор），用以改进以前的"选募制"（прибор）。[②] 这一制度成为后来彼得一世兵役制的基础。军队在维护和加强俄国专制君主制上发挥越来越大的作用。

《1649年会议法典》在本质上确立了"一日为农奴，永世为农奴"的原则，俄国农奴制正式确立。相比西欧，俄国农奴制有很多与众不同的特点，其形成时间和结束时间都较晚。在俄国，"农奴制是和中央集权制而非任何形式的封建主义同时出现的"[③]。俄国农奴制发展由来已久。从基辅罗斯衰落

---

① Талина Г. В. Выбор пути: Русское самодержавие второй половины XVII – первой четверти XVIII века. М., 2010. с. 408-409.

② 〔俄〕瓦·奥·克柳切夫斯基：《俄国史教程》第三卷，左少兴等合译，第240页；同时参见 Ключевский В. О. Русская история: Полный курс лекций. Т. 2. М. 2002. с. 374。

③ 〔美〕尼古拉·梁赞诺夫斯基、马克·斯坦伯格：《俄罗斯史》，杨烨等主译，第172页。

到莫斯科公国崛起的历史中，由于地理环境、外敌入侵、内战、旱灾、传染病及其他灾难频发，使俄国农民对土地所有者的依赖和土地所有者对农民的束缚都在不断增强。从《1497年法典》规定农民只在尤里节前后才享有出走权，到大动乱期间政府不断延长对逃亡农奴的有效追捕期限（5年），再到《1649年会议法典》规定可以无限期追捕逃亡农奴，农奴最终处于国家和贵族的完全控制之下。

梁赞诺夫斯基指出，综述莫斯科国家政府与社会的关系时，必须再次强调中央集权的专制君主制的建立和维持所需要的社会巨大牺牲。事实上，革命前的俄国主流历史学家们极端强调国家因素，如专制统治、贵族服役、强加给其他阶层的义务和限制、农奴制，以及构成了莫斯科国家的其他重要特征的那些东西，所有这些因素构成了一幅"一个伟大民族动员其各种资源来保卫其生存和捍卫其独立的壮丽图景"[1]。

三　在传统与革新之间摇摆：17世纪的应对

许多学者都对17世纪俄罗斯历史做出过极具吸引力的判断，如我们熟知的克柳切夫斯基说，"17世纪是一个人民造反的时代"[2]。Д. В. 里谢伊采夫则认为，"17世纪对俄罗斯来说是作选择的一百年。社会动荡、战争以及立法活动的强化、宗教的探索、对外冲突的扩大、经济的高涨——这些还远不能充分反映这一时代的特点。重要的是，这是对未来发展道路进行新的、历史性选择的时代。正是这个时期决定了未来俄罗斯的走向问题"[3]。的确，尽管大动乱后俄国重建起了前朝的专制君主制，但新的时代变化、内外局势都使莫斯科国家在反思过去、总结痛苦教训的同时，把国家今后发展道路的问题提上了议事日程。这些问题就是：国家与人民的相互关系，沙皇政权的性质和特征，国家政权与东正教会的关系，以及既有传统与如何改革的问题。

17世纪的俄国，外部形势始终处于紧张状态。在米哈伊尔时期，同波兰进行了两次战争，同瑞典进行了一次战争，这三次都以失败而告终。阿列克谢统治时期，又同波兰进行了两次争夺小俄罗斯的战争，同瑞典进行了一次

---

① 〔美〕尼古拉·梁赞诺夫斯基、马克·斯坦伯格：《俄罗斯史》，杨烨等主译，第180页。

② 〔俄〕瓦·奥·克柳切夫斯基：《俄国史教程》第三卷，左少兴等合译，第101页。

③ Лисейцев Д. В., Рогожин Н. М. Россия после смуты—время выбора. // Отечественная история. 2008. № 5. с. 39.

战争，其中两次战争失败。费奥多尔时期，同土耳其进行了一场残酷的战争（1673~1681）。也就是说，在大约 70 年的时间里（1613~1682）就有 30 多年在打仗，而且有时是同时与几个国家开战。[①] 对外战争和对东方的扩张使俄国的疆域迅速扩大。16 世纪末期，俄罗斯的领土大约有 540 万平方公里，常住居民约 700 万人。大动乱年代，俄国的领土和人口急剧收缩了，因为西北部和西部的大部分地区落入瑞典和波兰人之手，而莫斯科对南方大部分地区的控制又受到叛乱的哥萨克军队和鞑靼人的挑战。但是，到 1678 年时，俄国的版图增至原来的 3 倍，人口也得以恢复并扩大到 1050 万人。[②]

与此同时，国内财政却是 17 世纪莫斯科国家的最薄弱环节。某种程度上可以说，地方自治的消失、缙绅会议的停止这两个根本性的变化，都是由于国家财政危机引起的。财政需求迫使政府把财政危机转嫁给社会公用事业，继而引发社会动荡。从新王朝起，经历了动乱年代风暴的人民变得更加容易激动，人民已"远不是从前那种政府手中百依百顺的驯服工具"[③]。整个 17 世纪，俄国都处于广泛的、大规模的社会运动的动荡之中。学者们对这些运动做了如下归纳：霍洛普运动——由于饥荒而于 1602~1603 年间爆发，И. 波洛特尼科夫运动——于 1632~1634 年斯摩棱斯克战争期间在战区附近诸县爆发，1648 年的"盐税风潮"，1662 年的"铜币暴动"，1667~1671 年的斯捷潘·拉辛起义。所有这些运动均与平民百姓的生活状况恶化密切相关，其中或是由于粮食歉收，或是由于统治阶层所推行的不明智政策，或是由于战争失利和久拖不决而加重民众的各种负担。[④]

在这种内外艰难的局面下，政府开始在既有传统和革新之间进行胆怯尝试。这种胆怯尝试是 17 世纪莫斯科国务活动家的特点：一方面，他们对父辈和祖辈传下来的秩序加以恢复、增加或修补；另一方面，又借助国外的力量来支持自己，思索是否偏离本国传统太远。《1649 年会议法典》的颁布，可以视作对既有传统的恢复和修补。但是在 1648 年起义背景下产生的这部内容十分庞杂的法典，仅用了一年半左右的时间就编纂完成。之后在其基础上有些许的补充和修订，如 1669 年关于盗窃、抢劫和凶杀案件的条款，

① 〔俄〕瓦·奥·克柳切夫斯基：《俄国史教程》第三卷，左少兴等合译，第 143 页。
② *The Cambridge History of Russia*, Vol. I: *From Early Rus' to 1689*, p. 486.
③ 〔俄〕瓦·奥·克柳切夫斯基：《俄国史教程》第三卷，左少兴等合译，第 238、101 页。
④ Истории России. В2т. Т. 1. С древнейших времен до конца ⅩⅧ в./Под ред. А. Н. Сахарова. М.：АСТ：Астрель；Владимир：ВСТ, 2009. с. 499.

1676~1677 年关于服役领地和世袭领地的条款，等等。这种对《1649 年会议法典》某些条款的局部修改，经常是细微的修改，却往往呈现出编纂者的摇摆不定，如时而废除《1649 年会议法典》汇编中的个别法令，时而又恢复它。这种修改非常有趣地反映出莫斯科国家生活的一种情况，即"国家领导人对法规和管理方法是否合适开始产生怀疑，他们曾相信这些东西是上品，而现在却腼腆地感到需要某种新的、非本土的'欧洲的'东西"。①

革新的需要首先来源于对外战争，与西方的军事冲突暴露了莫斯科国家整体的落后。早在米哈伊尔统治时，莫斯科政府就认定需要雇用外国军官训练俄国部队并学习外国的军事制度，如在战时组织新式步兵团、龙骑兵团和雇佣骑兵团。俄国沙皇对外国事物兴趣并不是始于彼得大帝，而是可追溯到米哈伊尔。米哈伊尔及儿子阿列克谢在位时，对外国人的娱乐活动、艺术、新科学和新技术发明都非常感兴趣，甚至在子女教育方面，他们也开始注重培养子女的外国尤其是西方素养。② 为了提升国家的技术水平，一些外国企业家被请来在图拉附近建造武器工厂，在瓦加河、科斯特罗马河与舍克斯纳河边建造铁厂。大量外国人来到莫斯科服役和经商，有军官、商人、技师、手艺人、医生、药剂师等。

当革新的需要与既有传统发生冲突时，17 世纪的沙皇们往往采取折中的态度。受到外来者所信仰的异教的冲击，神甫们担心居民受各种宗教诱惑，反对这些外国人在俄罗斯人中间建立居民点，但政府不能拒绝他们提供的服务，于是采取一些折中的措施。比如，《1649 年会议法典》第 19 章第 40 条规定："禁止俄罗斯人把在莫斯科、中国城、别雷和泽姆良城及城郊优惠村的院子卖给外国人（немец）③，也不能拿房子给他们做抵押，如有违反者，沙皇将会对他们进行严厉的惩罚"④。1652 年又颁布了一项让外国人"搬离城区"的决定：禁止来俄的外国人住在莫斯科，但为他们居住在莫斯科附近

---

① 〔俄〕瓦·奥·克柳切夫斯基：《俄国史教程》第三卷，左少兴等合译，第 145、164 页。

② 陈以奎：《17 世纪在俄国的外国人》，硕士学位论文，陕西师范大学，2012，第 30~31 页。

③ 17 世纪的大多数衙门公文，把服役的外国人统称作 немец，而不具体指出哪个国家的人。这个词在某种意义上成为所有来俄外国人的代名词。不过，据考察，当时在俄的外国人比较常见的有德意志人，也就是在德意志地区、教皇国和波罗的海沿岸出生的人以及英格兰人、苏格兰人、荷兰人、丹麦人、瑞典人等。参见陈以奎《17 世纪在俄国的外国人》，第 17~19 页。

④ Российское законодательство X－XX веков. В девяти томах. Т. 3. Акты Земских соборов. М. Юрид. лит. 1985. с. 384.

的亚乌扎河畔划出一块专门的建筑用地。于是 17 世纪中期出现了一个外国人优惠村镇，在"莫斯科人的心脏出现了西欧之角"①。外国人在这里生活，保留了他们的习惯、消遣方式，营造了他们的适意环境，同时也吸引了莫斯科人好奇的目光，从而引起他们对欧洲异国生活方式的模仿。

阿列克谢的助手们都表现出对西方的兴趣，并劝说沙皇靠近西方。曾在自己的家里受过教育的马特维耶夫（阿列克谢的第二任妻子娜塔莉亚·纳雷什金娜的波雅尔）就按照德意志方式建造了一栋房子，并用海外的新玩意和戏剧演出逗沙皇开心。这种德意志风气和生活方式对莫斯科人习俗的深入影响，使虔诚信仰东正教的莫斯科沙皇产生了担心，阿列克谢在去世前不久颁布了一道特别指令（1675 年 8 月），禁止穿裙子和梳外国发型，不可仿效德意志的和其他外国的风气。阿列克谢死后，费奥多尔登上王位，他的老师是西部罗斯神甫、学者和作家西梅翁·波洛茨基。在费奥多尔统治时，莫斯科深受波兰文化的影响，按同时代人的说法，甚至在沙皇的宫廷集会上，波兰语都"不受嫌弃"，沙皇"愉快地阅读波兰书籍和波兰历史"。这一时期还在莫斯科开办高级神学学校（斯拉夫-希腊-拉丁学院），更重要的是在 1682 年废除了历史久远的"渎神的、相互敌视的、破坏兄弟情义的门第制"②。

17 世纪中叶，俄国的教会分裂也是传统与革新冲突的结果。17 世纪对于莫斯科来说，是一个所有传统生活准则、所有传统制度和民族意识发生危机与动摇的时代。如果说 17 世纪初的大动乱曾严重动摇了这个国家的社会-政治制度的话，那么，17 世纪中叶出现的教会分裂则使教会和民族意识出现了重大危机。在书籍印刷术出现以前，教会的书籍靠人手誊抄，其中就不免出现错误和笔误；在教会仪式中同样也出现了一些对希腊仪式和经文引用的偏差。来到罗斯的希腊高级僧侣和修士向罗斯大主教指出了这些偏差，因此还在尼康之前（在菲拉列特和约瑟夫任牧首时期）教会就尝试修改书籍和仪式，但这些尝试都无果而终。③ 尼康以其特有的精力着手实行教会改革，但同时也有其特有的专横和偏执。沙皇阿列克谢出于合并乌克兰的现实政治需要，也对改革持坚定支持的态度。1654 年宗教会议赞成了希腊人和基辅人提出的修改意见，于是牧首要求绝对服从并尽快实行，同时对不听从者予以严厉的惩罚。1666~1667 年召开全俄罗斯宗教会议，宣布"只有改革了的礼拜

---

① Пушкарев С. Г. Обзор русской истории. М.：Наука, 1991. с. 186.

② Пушкарев С. Г. Обзор русской истории. М.：Наука, 1991. с. 187.

③ Пушкарев С. Г. Обзор русской истории. М.：Наука, 1991. с. 178–179.

仪式才是真正的东正教习俗，传统的俄罗斯习俗和《百章决议》是异教徒信仰"[1]。这大大加深了民族教会中反对派的怨恨，反对派为首的是维护"旧礼仪"的著名斗士、大司祭阿瓦库姆[2]。从此俄国教会分裂出"旧礼仪派"（官方称他们为"分裂派"），这对后世俄国历史与文化的发展产生了深远影响。[3]

　　整个 17 世纪的历史中，传统与革新两种趋向交替，甚至在 17 世纪下半叶还并行存在，到 17 世纪末时就发生了冲突，产生了一系列政治上和教会方面的动荡。到 18 世纪后，这些发展趋向就在彼得的改革中汇集到一起，因为这一改革采用强制手段把它们重新纳入一条轨道，让它们朝向同一个目标前进。[4] 可以说，正是 17 世纪的这些尝试，为彼得改革奠定了基础。

第三节　帝国模式下的专制君主制

　　1721 年，彼得一世正式接受了一个新的尊号"全俄罗斯皇帝"。[5] 从此，沙皇俄国正式称为俄罗斯帝国。帝国模式下的俄罗斯，也可称之为彼得堡罗斯，因为彼得一世在 18 世纪初下令修建了圣彼得堡并把首都从莫斯科迁往圣彼得堡。

　　许多学者认为，彼得一世的西化改革，使俄国政治制度跨入了与欧洲相似的一个新的发展阶段——绝对君主制时代。绝对君主制问题乃 20 世纪俄国史学界争论的主要问题之一。多数历史学家认为，专制君主制无论作为一种政治制度，还是作为一种文化现象，它在俄国历史上都存在了很长的时

---

①　*The Cambridge History of Russia*，Vol. I：*From Early Rus' to 1689*，pp. 635–636.

②　阿瓦库姆（1620~1682）与"反基督的先知"（阿瓦库姆在其作品中辱骂宗主教尼康之语）进行了无情的斗争。他被流放于西伯利亚 10 年，返回后又继续与"尼康分子"进行斗争。后来他被免去教职并被流放于普斯托泽尔斯克（在北极圈附近），在那里，他继续以自己的书信揭露"尼康的邪说"；1682 年他与几个志同道合者被判处火刑。克柳切夫斯基指出，"大司祭阿瓦库姆是一位早期的旧教徒，是分裂派的热情斗士，他最忠实地解释分裂运动的基本观点和动机"。参见 Пушкарев С. Г. Обзор русскойистории. М.：Наука，1991. с. 179；〔俄〕瓦·奥·克柳切夫斯基《俄国史教程》第三卷，左少兴等合译，第346 页。

③　关于俄国旧礼仪派的研究，可参见于芹芹《俄国旧礼仪派及其影响》，硕士学位论文，陕西师范大学，2011。

④　〔俄〕瓦·奥·克柳切夫斯基：《俄国史教程》第三卷，左少兴等合译，第 145 页。

⑤　全 称 为 Отец отечествия，император Всероссийский，Петр Великий。Российское законодательство X–XX веков. В девяти томах. Т. 4. Законодательство периода становления абсолютизма. М. Юрид. лит. 1985. с. 179。

期，而绝对君主制只是这个长时期之内的一个时代。① 尽管对"绝对君主制"的概念本身至今还存在诸多争议，但史学家们还是对其标志性特征基本达成了共识：把立法、行政和司法权力集中在可继承的君主手中；建立直接服从于君主的、标准划一的中央和地方权力体系；统一税收制度，对其的支配权属于君主；建立强大的官僚机构，其以君主的名义行使行政、财政、司法及其他职能；建立和发展正规军队和警察；制定所有类别的公职和等级地位的细则；建立专制主义的思想体系。在这些特征之外，还经常加上教会依附于国家的特征。② 诚然，上述特征可以作为研究绝对君主制的基础，但我们必须承认，结合各国发展实际，形成这些标志性特征时可能存在多种形式，而且每个国家有自己的方式。其中，民族特点发挥着重要的作用。与其说彼得一世改革在俄国确立了不同于西方的绝对君主制，不如说彼得一世在莫斯科罗斯时期的政治经验与西方政治理论结合的基础上进行的改革，使专制君主制在俄国定型。

一 彼得一世"正规化国家"的思想来源和背景

谈到俄国政治思想和政治制度受到西方影响时，我们常常提到的是叶卡特琳娜二世与法国启蒙思想家的密切交往对她推行"开明专制"的影响。谈到彼得一世的改革时，也往往重视他对军事的改革。实际上，西方哲学和政治思想早在彼得一世时代就在俄罗斯传播甚广，并对彼得一世的国家理念和改革产生了重要影响。

1697～1698 年亲历过西欧的彼得一世，归国后十分热衷于为国家方方面面设置章程，试图将国家一切生活规范化。他的改革是想要建成怎样的国家？实际上，他就是想通过对整个社会生活的规范化达到"共同幸福"（всеобщее благо）的目标，即建成"正规化国家"（регулярное государство）。③

"正规化国家"的概念体系是由普芬道夫（1632～1694）、莱布尼茨

---

① Сорокин Ю. А. О понятии 《абсолютизм》// Исторический ежегодник. - Омск: Омский государственный университет, 1996. с. 4-16.

② Талина Г. В. Выбор пути: Русское самодержавие второй половины X Ⅶ—первой четверти X Ⅷ века. Москва: Издадьство Русский мир 2010. с. 9.

③ Богословский М. М. Областная реформа Петра Великого. Провинция 1719 - 1729 гг. М. 1902. с. 18 - 19；转引自 Нефедов С. А. Происхождение 《регулярного государства》 Петра Великого. // Вопросы Истории. 2013. №12. с. 53。

（1646～1716）、沃尔夫（1679～1754）三位著名的哲学家提出的。彼得一世不止一次见过莱布尼茨，并与沃尔夫保持通信；彼得一世参与普芬道夫作品的翻译工作，他非常熟悉这些作品，以至于翻译这些作品的修士 Г. 布任斯基①称沙皇为"俄国的普芬道夫"②。苏联史学家 Б. И. 瑟罗米亚特尼科夫认为，彼得一世完全相信"正规化国家"是"制造人民幸福的机器"。③

1721 年沃尔夫在哈勒大学教授面前提出，中国早已支持了孔子经典作品提出的那种管理原则。这样的言论引起大学神学家的愤怒，腓特烈·威廉一世（1713～1740）站在他们的立场上将沃尔夫驱逐出普鲁士。彼得一世邀请被驱逐的沃尔夫担任即将成立的圣彼得堡科学院院长，但沃尔夫没有来到寒冷的俄国——尽管他非常尊敬彼得一世并称他为"君主-哲学家"④。沃尔夫的理论与儒家学说十分相近，但他的思想不可能被法国和普鲁士的官方所接受，因为他们的国家只有世袭贵族。但彼得一世支持他的这些思想，并在1722 年的《官秩表》（Табель о рангах）的第 8 条中规定：提升官级只根据功绩而与出身无关。《官秩表》将贵族与平民同等视之，这不仅对俄国而且对大部分欧洲国家来说都是空前的。《官秩表》中第 8 条不是唯一的"革命性"文本，如第 11 条赐予那些供职于最低官级、秘书官官级或准尉官级的平民以服役贵族身份，就和第 8 条一样，在其他国家的章程中也没有相似条例。此外，彼得的"主要"法律——《总章程》也没有先例。⑤ 在瑞典，这样的文件要在 50 年以后才出现。

但问题在于，彼得一世的改革是试图在"共同幸福"的空泛思想基础上来实施"正规化国家"这种抽象化的方案吗？或者沙皇视野中有欧洲榜样，他是从谁那里选取样板的？

学者们提出一种"军事革命"理论来阐释近代国家演进的合理性，认为军事技术的革命性变化是国家社会-政治演变的原因。以这个理论看这一时

---

① Г. 布任斯基（？～1731），俄国教会活动家、作家、翻译家。

② Нефедов С. А. Происхождение 《 регулярного государства 》 Петра Великого. // Вопросы Истории. 2013. № 12. с. 53.

③ Сыромятников Б. И. 《 Регулярное государство 》 Петра Великого и его идеология. М. 1943. с. 152；转引自 Нефедов С. А. Происхождение 《 регулярного государства 》 Петра Великого. // Вопросы Истории. 2013. № 12. с. 53。

④ Нефедов С. А. Происхождение 《 регулярного государства 》 Петра Великого. // Вопросы Истории. 2013. № 12. с. 54.

⑤ Нефедов С. А. Происхождение 《 регулярного государства 》 Петра Великого. // Вопросы Истории. 2013. № 12. с. 54.

期的东欧国家，在政治上走向绝对君主制都是"军事革命"的产物。彼得将俄国政治制度引向绝对君主制亦非偶然。M. 拉耶夫认为，普鲁士的财政"经济主义"（камерализм）对改革家彼得一世产生了很大的影响。他的改革章程"实际上不是别的，正是对早期德国行政管理原则的直接照搬和转移"①。但未必如此，腓特烈·威廉一世统治时期，普鲁士的财政"经济主义"还只是理论，并未在实际的国家管理中发挥很大的作用，那时普鲁士的官僚制远未形成。因此普鲁士的"军事君主制"（военная монархия）并非彼得一世"正规化国家"的样板。② 丹麦也曾颁布《官秩表》，这是欧洲第一个这类文本，它对彼得一世的《官秩表》产生了影响。但是，丹麦赐予贵族的对象是从第三级服役人员开始的，而彼得一世对此则完全修改了，俄国从最下级官职开始，所有供职的军官都可以赐为服役贵族，这是巨大的原则性的不同：在丹麦只有少校军官才能成为贵族，而在俄国则农民、准尉都可以。那么还得从其他欧洲国家寻找"正规化国家"的样板。"正规化国家"理论并非诞生于瑞典，而是普鲁士，但在彼得的俄国找到了最典型的反映。③实际上，荷兰政治思想影响了所有的波罗的海国家，这种影响是对彼得进行的"再教育"。瑞典国王和普鲁士国王也访问过荷兰，回去后试图效仿这个西方文明的中心进行国家管理：邀请荷兰的工匠，建立工场手工业和海军，派出海外考察团，等等。在哥本哈根（丹麦首都），荷兰的影响如此强大，以至于地方市民要求有与贵族平等的权利，并最终达成了愿望。而波罗的海国家却不同于丹麦，走向了另一种趋势——绝对君主制。④

　　这样，彼得的"正规化国家"的主要原则，就是晋升只看功绩而不看出身。这一原则是彼得所受的教育及其与荷兰木匠、德国军官友谊的结果；他巩固与"少年军团"军人兄弟友谊的传统，然后依据从荷兰得来的印象而强化。在莫斯科，也像在丹麦一样，相同的原则是来自荷兰的影响。⑤

---

① Нефедов С. А. Происхождение 《 регулярного государства 》 Петра Великого. //Вопросы Истории. 2013. № 12. с. 63—64.

② Нефедов С. А. Происхождение 《 регулярного государства 》 Петра Великого. //Вопросы Истории. 2013. № 12. с. 64.

③ Нефедов С. А. Происхождение 《 регулярного государства 》 Петра Великого. //Вопросы Истории. 2014. № 1. с. 35，39.

④ Нефедов С. А. Происхождение 《 регулярного государства 》 Петра Великого. //Вопросы Истории. 2014. № 2. с. 56.

⑤ Нефедов С. А. Происхождение 《 регулярного государства 》 Петра Великого. //Вопросы Истории. 2014. № 4. с. 49.

西方政治思想对彼得改革的影响也表现在当时俄国政治家、史学家的作品中。他们积极使俄国的政治术语与西方的接近，极力阐释彼得一世改革的合理性，并为之进行舆论造势。如何使俄国的"专制君主制"（самодержавие）与西方的"君主制"（монархия）概念对接，俄国君主制类型在西方政治家的政治制度分类中如何自我定位，这是一个重要的问题。

17 世纪"君主制"的术语首先使用于教会文本中，从彼得时代开始运用于世俗的官方文件、政论作品中。这一术语的使用不仅使俄国政治术语接近西方，而且有助于俄国政治精英与欧洲自视同一，这是俄国西方化的必要前提。17 世纪、18 世纪之交，俄国加大了对欧洲政治学著作的翻译。正是因这些译著中"君主制"被描述为一种统治形式，"君主"（монарх）与"沙皇"（царь）这才等同起来。[1] 18 世纪 20 年代，俄国就有了 J. 洛克[2]《政府论》（Правление гражданское）的俄文译本。 "君主制"与"民主制"（демократия）、"寡头制"（олигархия）作为三种统治方式被列出。其中，洛克又将"君主制"分为两种类型，即"世袭君主制"（наследственная）和"选举君主制"（избранная）。洛克认为，"独裁的君主制"（единовластная）不属于"国民"统治形式之列，因为它使社会回到"自然的"前国家状态，主宰社会的不是法律而是肆意妄为。[3] 除以上手抄译本外，18 世纪上半叶唯一一个被允许公开出版的政治作品译本是普芬道夫《论自然法与万民法》的俄文译本，此作品将"君主制"明确划分为"不受限制的"（совершенное或абсолютное）和"受限制的"（ограниченное）两种类型。[4]

显然，俄国读者十分熟悉君主统治的不同类型。彼得时代著名政论家

---

① Польской С. В. Между 《самодержавием》 и 《самовластием》: 《монаршическое правление》в русском политическом лексиконе XVIII в. / Документ. Архив. История. Современность: Сб. науч. тр. Вып. 11. Екатеринбург: Изд-во Уральского университета, 2010. с. 242.

② J. 洛克（1632~1704），英国唯物主义哲学家。

③ Польской С. В. Между 《самодержавием》 и 《самовластием》: 《монаршическое правление》в русском политическом лексиконе XVIII в. / Документ. Архив. История. Современность: Сб. науч. тр. Вып. 11. Екатеринбург: Изд-во Уральского университета, 2010. с. 243.

④ О должности человека и гражданина по закону естественному, книги две сочиненные Самуилом Пуфендорфом. Ныне же на российский с латинского переведены повелением··· государыни Екатерины Алексеевны. СПб., 1726. С. 436; 转引自 Польской С. В. Между 《самодержавием》 и 《самовластием》: 《монаршическое правление》в русском политическом лексиконе XVIII в./Документ. Архив. История. Современность: Сб. науч. тр. Вып. 11. Екатеринбург: Изд-во Уральского университета, 2010. с. 243.

Ф. 普罗科波维奇①的《君主意志的真理》（Правда воли монаршей，1722）就广泛使用"君主制"的术语，其合著者很可能是彼得大帝本人，他们使用"君主"的术语比"沙皇"或"皇帝"（император）还要频繁。② 然而正是这个普罗科波维奇，也曾写过《论沙皇的权力与光荣》来维护沙皇专制。在彼得死后，他还发表过这样的见解："俄国人民的本性就是如此，他们只能保持君主专制，如果接受其他任何统治制度，也完全不能维持完整和善良。"③ 他在安娜女皇统治时期庄严地写道："对俄罗斯国家的统治最有利的是专制君主制，希腊哲学家称之为君主制。"④ 可见，他将专制君主制与君主制同等对待，但很显然，此处他所表达的与《君主意志的真理》中的一样，指的是君主权力不受法律限制的制度。

综上观之，我们看到，18世纪前半期俄国政治精英不仅非常熟知"君主制"的术语，而且改写了这一概念，将其运用到自己的政论中和独特的政治作品中，包括 В. Н. 塔季谢夫⑤的政论作品。塔季谢夫认为，俄国的一切成就都应归功于"君主专制"。俄国地位的改善得益于"缔造了君主制度"的伊凡三世及其继任者的统治。在动乱年代，只因选出了大权独揽和世袭的君主，这才结束了混乱局势，恢复了"以前的适当秩序"⑥。很显然，塔季谢夫是热烈推崇君主权力不受限制的专制制度的。

总之，彼得一世不仅仅关注西欧国家的军事技术，也关注一系列政治理论，他改革的理论汲取自西欧的哲学、法学和国家学说。除了普鲁士思想家提出的"正规化国家"理论外，18世纪初广泛传播的还有"契约理论"。这一理论认为国家不是按上帝的原则而是人们协商一致的意见建立的，为了社会的和平与和谐，人民把权力转交给国家。这类国家起源学说为彼得一世看待国家本身开拓了广阔视野，同时唯理论思想使其改革始终以达到"共同幸

---

① Ф. 普罗科波维奇（1681~1736），俄国作家，国务和教会活动家。
② Польской С. В. Между《самодержавием》и《самовластием》：《монаршическое правление》в русском политическом лексиконе XVIII в. / Документ. Архив. История. Современность：Сб. науч. тр. Вып. 11. Екатеринбург：Изд-во Уральского университета, 2010. с. 244.
③〔俄〕戈·瓦·普列汉诺夫：《俄国社会思想史》第二卷，孙静工译，第49页。
④ Польской С. В. Между《самодержавием》и《самовластием》：《монаршическое правление》в русском политическом лексиконе XVIII в. / Документ. Архив. История. Современность：Сб. науч. тр. Вып. 11. Екатеринбург：Изд-во Уральского университета, 2010. с. 244.
⑤ В. Н. 塔季谢夫（1686~1750），俄国历史学家，国务活动家。
⑥〔俄〕戈·瓦·普列汉诺夫：《俄国社会思想史》第二卷，孙静工译，第64页。

福"和维护"国家利益"为目标。[①] 彼得一世了解许多西欧思想家关于国家组织的思想，并出版他们的译著，如普芬道夫的作品。翻译过程中，俄国政论家根据俄国实际情况进行术语的介绍和改写，积极使俄国的政治统治方式与西欧的看起来一致。瑞典的经验及其国家制度引起了彼得一世的特别注意，因此，瑞典在一定程度上被认为是彼得一世的国家样板，但实际上，这些影响都来自荷兰，虽然荷兰并未走上专制君主制或绝对君主制的道路。

二　彼得一世改革：中央集权化和官僚化的完成

彼得一世改革可分为三个阶段：1700~1707 年为积蓄力量阶段；1707~1714 年为俄国繁荣兴盛阶段；1714~1721 年为建立良好秩序阶段。[②] 在国家管理上，改革致力于将国家机构现代化（见附录"1724 年中央机关一览表"），试图通过更加有效的国家管理方式来改变俄国各方面的落后状况。

（一）最高国家机关改革：从波雅尔杜马到参政院

17 世纪末至 18 世纪初，波雅尔杜马的成员逐渐减少，其影响也日益减弱。1699 年，彼得一世建立了"近臣办公厅"（Ближняя канцелярия），作为波雅尔杜马的办事机构，负责监督财政和行政情况；这个机构掌握着实权，在莫斯科各衙门中占据首要地位。波雅尔杜马的大部分功能都归于近臣办公厅。1711 年 2 月 22 日，彼得正式签署诏令，建立"参政院"（Сенат，也译为"枢密院"）。[③] 3 月 2 日又发布诏令，明确规定参政院的职权：参政院受沙皇委托监督和管理国家的司法、财政、行政、贸易以及经济等各个部门。当沙皇离开京城时，参政院代表沙皇处理重大国家事务。参政院最初只是一个临时性机构，后来才成为直属沙皇的常设的最高国家机关。参政院由沙皇指定的 9 名参政员组成，他们都是支持彼得政见的亲信，但并非全出身于名门。为了监督法令的执行，彼得建立了监察厅，地方各省、市的监察官

① История России с древнейших времен до конца XVIII в./Под ред. Б. Н. Флори. М.：Издательство Московского университета. 2010. с. 398.

② 〔法〕亨利·特鲁瓦亚：《彼得大帝》，齐宗华、裴荣庆译，天津人民出版社，1983，第304 页。

③ Российское законодательство X - XX веков. В девяти томах. Т. 4. Законодательство периода становления абсолютизма. М. Юрид. лит. 1986. с. 171-173.

听命于参政院的大检察官。为了监督参政院的工作，彼得设立总监察官一职，作为"国君的眼睛和国家事务的司法稽查官"①。

对最高国家机关改革的最重要的成果是建立了参政院以取代波雅尔杜马，其结构经过很长时间的试验，直到彼得统治末期才最终确定。参政院在彼得的最后方案中执行了如下规定：（1）参政院是常设的有效的国家机关，领导着国家管理体系，相对所有其他的国家机构而言，以最高优先权在其活动中表达国家利益；（2）参政院不限制君主，完全从属于君主，参与讨论法律草案，对立法决议提出各种意见供君主参考，并为法律做诠释；（3）参政院在其活动中，秉持对俄国而言新的欧洲委员制原则（多数声音决定权），并引入了之前缺乏的详细记录的原则，即最高国家机关做出的每个决议都有详细的记录；（4）参政员由皇帝指定，单独对君主负责，参政员的职务可与其他功能性职务兼任（例如，最重要的委员会主席一职）。但最后一项规则的对象后来有所扩展，以至于所有国家管理机构都不排除参政员担任职务，从而从内部破坏了参政院对国家管理体系中其他机构的监督职能。在权力未分开和缺乏相互监督条件的情况下，告密就成了参政院在国家管理中的特殊的新方式，参政院本身受总监察官的监督，但参政员因内部斗争而相互告密，以至于损坏了总监察官的名声。②

（二）中央管理机构改革：从衙门到委员会

1718 年开始，用新的中央管理机构"委员会"（коллегия）代替了旧有的 50 多个衙门。1718~1721 年共建立了 11 个委员会，如陆军、海军、外交、度支、税务、矿务、工场手工业、商务、监察、世袭领地、司法等方面的委员会。各委员会按职能进行划分，相比以前的衙门，其职权界限更加明确，分工更为合理，大大提高了办事效率。1720 年颁布的《总章程》规定了委员会管理制度的总则、编制定额和公文处理办法。每一个委员会由 1 名主席、1 名副主席、4~5 名委员和 4 名助理委员组成。各委员会编制中，还包括数名秘书、1 名公证人、1 名翻译、1 名文牍、数名录事、数名记录员和

---

① 孙成木、刘祖熙、李建：《俄国通史简编》上册，第 222~223 页。
② Талина Г. В. Выбор пути：Русское самодержавие второй половины XVⅡ—первой четверти XVⅢ века. Москва：Издадельство Русский мир. 2010. с. 411.

数名办事员。各委员会也设 1 名监察官，从属于总监察官。[①] 各委员会应当每天开会研究和解决各类问题，各项决议采取投票方式决定，以多数票通过为原则。委员会上有参政院管辖，并向参政院汇报工作；下有地方机关（包括各省长）执行他们的决议。[②]

委员会体系取代衙门体系，在中央管理体系变革上具有很大的意义。委员会是中央行政机关，从传统的莫斯科衙门演变而来，摆脱管理体系中早期存在的司法功能；非司法管辖范围的委员会只有政治罪；建立司法委员会并没有像期望的那样将司法分离到特殊的独立的领域；委员会在形式上采取的是多数人决定的原则，这对俄国来说是新的，对彼得国家管理体系来说则是基础性的原则，但彼得指定最有影响力的显贵任各委员会主席，使它并未摆脱传统的"一长制"，那时立法的不断发展和完善，是防止参政院和委员会首脑滥用职权的唯一方法。设立委员会即对中央管理结构进行拆分，实现区域管理，避免中央机构彼此间的功能重复；但委员会并未完全遍及 18 世纪初国家管理的所有领域，委员会是与一系列继续存在的衙门组合在一起的。委员会虽不完善，但其功能、结构和人员编制越来越明确；每个委员会的活动都处于监察官的监督之下，监察官监视上述机构的工作、诉讼程序、任务执行情况；在各委员会里，发挥最重要作用的是其全体工作人员——委员会职员，其薪俸由国家依照他们的技术等级和官级进行规定和统一发放；职业官员是国家思想和国家利益的主要传达者和维护者。[③]

（三）地方行政机构改革：从县到省

地方行政机构是彼得最先着手改革的领域。1699 年，彼得下令在莫斯科成立"市政厅"（магистрат），在其他城市则建立地方自治署。市政厅和地方自治署是管理市民的机构，不从属于当地的军政长官，也不由中央衙门机构直接管辖。1708 年 12 月 8 日，彼得一世颁布建立省制的诏令，将全国划

---

① 〔苏〕Б. Б. 卡芬加乌兹、Н. И. 巴甫连科主编《彼得一世的改革》上册，郭奇格等译，商务印书馆，1997，第 345~355 页。

② 赵振英：《俄国政治制度史》，第 53 页。

③ Талина Г. В. Выбор пути：Русское самодержавие второй половины XVⅡ—первой четверти XVⅢ века. Москва：Издадельство Русский мир. 2010. с. 411–412.

分为 8 个省，① 1713～1714 年又增设 3 个省②，全国共计 11 个省（附录地图
11）。每省设总督 1 人，拥有行政和军事大权，由沙皇指派其亲信充任，直
接听命于中央。总督之下设有主管税收财政、司法监察等部门的高级官员。
1719 年，彼得对地方行政进行了第二次改革，将全国划为 50 个州。③ 省总
督的权力比以前缩小，除了原有的全省军事和司法事务外，其他权力只涉及
省城所在的州。各州州长除军事及司法事务方面服从所在省的总督领导外，
其他权力则不受省总督的约束。每个州有一套完整的行政官僚机构，设有税
务局、地方金库、林业管理局、兵役局、粮秣局、市政局、关税局等。个别
省份，其州下设区，各区由地方专员领导，他们负责按时向该区居民征收税
款。这两次改革，调查、研究和借鉴了西方一些国家的行政机构，尤其是
"省"这个词，它并非斯拉夫文而是拉丁文，显然是效仿西方的。④ 改革使
俄国建立了一套比较系统的地方行政体系，在偶有微调的基础上一直沿用到
叶卡特琳娜二世。

彼得一世对地方行政管理体系的改革力度较大，总体来说实行下列原
则。（1）地方管理逐渐摆脱了"一长制"和选举的传统，国家职员开始发
挥作用。（2）地方行政改革有利于建立垂直管理体系，但省管理优先，少量
省，根据情况按地域和人口建立"省—州—区（县）"管理模式，使得政
府将重点放在地区（县）上，将其作为中央政权的依靠力量；地方管理体系
的优秀因子是市政厅的成员，其上层是从商人中选出的，下层是从市镇市民
中选出的。彼得时代，市民不同于农民的是保留有参与管理体系的选举权；
18 世纪初俄国通过选举职位使国家变得井然有序，并完全巩固了 17 世纪的
定期更换原则；选举机构的功能直接取决于军政长官与市政厅成员的个人关
系，市政厅对军政长官的附属办事处和办事员的依赖关系加强，直至市政厅

① 即莫斯科省、英格尔曼拉德省（后来改为彼得堡省）、斯摩棱斯克省、基辅省、亚速夫省、
喀山省、阿尔汉格尔哥罗德省和西伯利亚省。
② 即里加省、尼日哥罗德省、阿斯特拉罕省。参见附录地图 11《1724 年俄国的省份和人口》，
转引自〔英〕马丁·吉尔伯特《俄国历史地图》，王玉菡译，第 38 页。
③ 即维堡、纳尔瓦、大卢基、诺夫哥罗德、普斯科夫、特维尔、雅罗斯拉夫尔、乌格里奇、
波舍霍恩斯克、别洛泽尔斯克、彼得堡、图拉、卡卢加、弗拉基米尔、苏兹达尔、科斯特
罗马、莫斯科、基辅、别尔戈罗德、塞夫斯克、奔萨、乌法、喀山、沃罗涅什、坦波夫、
莎茨克、阿尔扎马斯、下诺夫哥罗德、斯摩棱斯克、里加、托波尔斯克等。
④ 赵振英：《俄国政治制度史》，第 56 页。

变成其执行机构。[①]

（四）军事改革：从民军到正规军

众所周知，军事改革是彼得极为重视的部分。军事改革致力于从兵役制度、军事管理制度、编制和装备等方面使俄国军队正规化。

第一，正式确立募兵制，使俄国兵源有了保证并能得到不断补充，同时加强对军队干部的培养。1699 年颁布敕令，从"愿意当兵的人"和"有纳税义务的人"中征召新兵，即在一定数目的自由民中征召士兵。1705 年 2 月 20 日又颁布诏令，直接从一般农户和工商户中征兵，标准为每 20~30 户中抽丁 1 人。此次诏令首次使用了"募兵"（рекрутский набор）一词，并首次提出了"新兵"术语，史称"二月诏令"，由此募兵制正式确立。[②] 总的来说，从 1699 年至 1725 年，共征兵 53 次，共征得 284187 名新兵，[③] 其中 21 次是全国性的常规征兵，32 次是局部的补充性征兵。在兵源有了保障的同时加强对军队干部的培养。一方面，彼得政府聘请外国人在俄军中担任顾问，派遣俄国贵族青年到西班牙、意大利、法国、英国、荷兰等国学习军事；另一方面，在国内开办各种军事学校、技术学校和培训班。1689 年在亚速开办了海军学校；自 1701 年至 1712 年，在莫斯科开办了航海学校、炮兵学校、工程技术学校、医科学校；在彼得堡也建立了炮兵学校和海军学院（1715）。[④]

第二，建立统一的军事管理制度。彼得一世先后颁布了《军事条令》（1716）、《海军章程》（1720 和 1722）和《官秩表》（1722）。《军事条令》共分三册，第一册规定了军队的人员及其组织、体制、军队高级军官职责和野战勤务原则；第二册是有关军事纪律和军事刑法的法典，强调服军役是"保卫国家利益"；第三册是队列训练和战术训练的基本原理。《海军章程》

---

① Талина Г. В. Выбор пути: Русское самодержавие второй половины XVⅡ —первой четверти XVⅢ века. Москва: Издадельство Русский мир. 2010. с. 412–413.

② Российское законодательство X - XX веков. В девяти томах. Т. 4. Законодательство периода становления абсолютизма. М. Юрид. лит. 1986；同时参见何华《俄国募兵制研究》，第 15 页。

③ 西方学者认为，征募的新兵数超过 30 万人。John L. H., *Solders of the Tsar: Army and Society in Russia*, 1462-1874, Oxford University Press, 1985, p. 107；转引自何华《俄国募兵制研究》，第 16 页。

④ 孙成木、刘祖熙、李建：《俄国通史简编》上册，第 224 页。

是彼得参照英国、法国、丹麦、瑞典和荷兰 5 个海上强国的章程并经大量补充而制定的。第一部分规定了海军的编制、舰船等级、海军官兵之间的关系及他们的权利和义务。第二部分规定了舰船修造厂各级人员的职责和保养军舰的规则。《官秩表》是彼得一世改革的一个原则性、支撑性的文件。其中在武职方面规定了俄国军队实行的军衔制，陆军、海军军官分为 14 个等级，准尉或骑兵少尉为最低的第 14 等级，第 1 等级则是海军大将和陆军元帅。近卫军军衔比普通军军衔高一级。最重要的是，军官的晋升主要以战功、才能为考核依据，淡化门第的传统原则。在军事制度建设的同时，军队管理机关也进一步规范。撤销了外籍移民区衙门和雇佣骑兵衙门。1712 年在圣彼得堡设立海军特别办公厅；1715 年成立海军军需总监部；1718 年成立海军委员会，作为海军的最高管理机关，统一管理海军事务。[1]

第三，加强军队编制规范化建设。彼得一世时期，军是军队最高编制单位，下辖师或旅，每个师或旅辖 2~3 个团，每个团辖 2 个营，每个营辖 4 个连。按 1711 年确定的编制，在新编步兵部队中设 51 个团，其中包括 2 个近卫军团、5 个掷弹兵团、35 个步兵团，以及 9 个地方军团；骑兵部队设 33 个龙骑兵团，其中包括 3 个掷弹兵团、30 个火枪兵团，以及 4 个地方军团；警备部队共有 45 个步兵团、3 个独立营、4 个龙骑兵团和 1 个骑兵连。[2]

总之，经过彼得的大力改革，俄国成为欧洲的军事强国之一。到 1725 年，俄国拥有正规军 20 万人；此外，还有非正规部队（哥萨克、鞑靼人和巴什基尔人骑兵等）10 万人。除陆军外，彼得还组建了一支海军。到彼得执政末年，波罗的海舰队有 48 艘战列舰、787 艘大型单排桨战船和其他小船，水兵 2.8 万人。里海舰队拥有 100 艘小战艇。[3] 显然，这已是一支基本正规化的军队。

（五）社会改革：从平衡关系到无所不管

彼得一世改革对国家与社会各个方面的关系进行了调整，其措施是进一步强化了国家与服役人员、教会、农民之间的关系。

首先，服役人员的选拔、任用方面，将按门第的原则改为按个人功绩、

---

① 赵振英：《俄国政治制度史》，第 65~66 页。
② 〔苏〕Б.Б. 卡芬加乌兹、Н.И. 巴甫连科主编《彼得一世的改革》上册，郭奇格等译，第 415 页。
③ 赵振英：《俄国政治制度史》，第 63 页。

才干和能力原则，为普通贵族也为非贵族出身的人开辟了晋升途径。《官秩表》体现了彼得一世"量才施用""论功取士"的主张，并正式以法律的形式确定下来，第一次实现了将文职和武职区分开。文职如武职一样，也分为14个等级。文官有三类：前4等级为参政员、委员会主席和省长等高级行政职务；第5~8等级为委员会副主席、委员和助理委员、州长等中级行政职务；第9~14等级为秘书官、地方法院的法官、县警察局局长等下级行政职务。[①]《官秩表》使行政职务合理化，制定了新的官职划分标准，并在此基础上确定了任职功绩和年限的原则。《官秩表》在其附录中说明，不为君为国建功立勋，任何显贵均无官职；贵族自身无职务，就不是贵族。所有这些措施都意味着与以前的行政传统决裂。

其次，教会组织制度，从牧首制变为"主教公会制"[②]，完成教会国家化。1701年，彼得一世下令将部分教会财产收归国有，并主张由世俗官员来管理修道院领地。1721年，颁布了关于宗教事务管理条例，废除牧首制，按照世俗事务的委员会形式，建立了管理教会的宗教委员会，后改名为宗教事务管理总局，总局长一职从非宗教人士中挑选。于是沙皇成了东正教的"牧首"。"教会的使命仅限于在精神领域开展活动，绝不容许干预政治。俄国的主人只有一个，即沙皇，而教会也必须听命于他"。[③] 可见，主教公会，作为最高的教会组织机关，已完全成为国家机关的一部分。

最后，国家税制从户税制变为人头税制，进一步强化农奴制。17世纪实行的以户为纳税单位的办法，难以把所有居民全部包括进征税范围内。为此，彼得一世废除了户税制，改为按男丁征收的人头税制。1718年11月26日，彼得颁布了关于调查所有男性纳税居民总数的诏令，宫廷农民、国有农民、小地主、纳税的关厢农民、派往西伯利亚耕种的人等，都在被调查之列。1723年又规定家用农仆同农奴一样，也必须交纳人头税。1724年第一次人口调查基本结束，农村居民共计540万人。[④] 以人头税代替以前各种形式的直接税，加重了农民的纳税负担，增加了国库收入，也使国家经济的触角伸到了每一个成员。人头税加强了地主对农民的控制，使农民更加依赖于

---

① 〔苏〕Б.Б.卡芬加乌兹、Н.И.巴甫连科主编《彼得一世的改革》上册，郭奇格等译，第229~230页。

② "主教公会"（Синод），或称"正教院"，或称"正教事务衙门"。

③ 孙成木、刘祖熙、李建：《俄国通史简编》上册，第226页。

④ 赵振英：《俄国政治制度史》，第80页。

地主。显然，彼得改革是在加强农奴制的基础之上进行的。

总体来看，彼得改革时期，国家与社会的关系发生了如下变化：国家高于教会被置于首要地位，沙皇开始被阐释为一切宗教官员的法官和统治者，而宗教人员则被视为一种职业，就像军人或工匠一样；意识形态方面的"严守秩序社会""全体幸福""共同福利"的思想越来越深入社会；世俗和教会人士都应当为达到"共同福利"而努力；"正规的"法律规定臣民生活的各个方面，被视为社会合理制度的保障；作为社会中不同人群的社会作用和社会地位的"官级"的概念增添了新的内容，并"从上到下"发生了变化，君主本人是主要发起人，试图以个人榜样向臣民灌输新的理念，以符合他们在国家和社会生活中改变了的角色；构建社会-国家关系过程中的决定性因素是国家职役，职役取决于考核个人能力、性格、执行力的原则。① 如果说在前彼得时期，社会和国家之间的关系——虽然国家原则不断加强——仍然存在一定平衡关系的话，那么在 18 世纪初，这种平衡关系就被打破，国家对社会而言成了包罗一切和无所不管的最高权力机构。

三　专制君主制在俄国的确立和定型

彼得一世的改革是全方位的。上述改革反映，俄国专制君主制所需要的中央集权的垂直管理体系得以完全建立，无论武职还是文职，其国家官僚化进程都最终完成了。立法、行政和司法权力都集中于沙皇手中，建立起了直接服从于沙皇的、统一的中央和地方管理体系，实行了统一的人头税制度，建立了国家的正规军，确定所有类别的公职和等级地位，形成了专制政治的思想理论体系，成功地使教会依附于国家，这些都使俄国的政治制度看上去完全符合上文列出的西欧绝对君主制的特征。正因如此，许多历史学家认为，彼得一世的改革在俄国确立了绝对君主制。

但是，彼得一世在自己的改革活动中，在以外国模式为参照的同时，还极力使外国制度适合俄国的传统，对沙皇来说，这个传统就是在缺乏等级代表机构以及城市、农村缺乏发达自治的条件下，实现自己的最高权力不受限制的目标。比如，彼得一世在俄国条件下竭力复制瑞典的委员会制度，但在

---

① Талина Г. В. Выбор пути: Русское самодержавие второй половины XVⅡ—первой четверти XVⅢ века. Москва: Издадельство Русский мир. 2010. с. 414.

1718 年底参政院审查关于俄罗斯实施瑞典地方自治制度的决议时却认为，俄罗斯不能接受这样的制度。彼得的改革是在不断对外战争的军事需要背景下进行的。1721 年 9 月胜利结束北方战争并与瑞典签订《尼什塔德和约》后，首都彼得堡举行了盛大的庆祝会。10 月又举办典礼，彼得一世被冠以"大帝"、"祖国之父"和"全俄罗斯皇帝"的称号。"全俄罗斯皇帝"的称号宣告了俄国发生了重大变化，反映了它在欧洲国家体系中的新地位，俄罗斯进入欧洲强国之列。从这时起，外交方面具有了新的变化。派往英国、法国、荷兰、奥地利的定期大使取代了原有的常驻代表，同样这些国家派出了驻彼得堡沙皇宫廷的大使。彼得把自己称为"一世"，这在俄国历史上是新的、不同寻常的做法。要知道从前俄罗斯君主从不给自己编号，只认父辈给自己起的名。彼得把自己称作"一世"表明，他的改革具有全面性、彻底性。彼得一世接受"皇帝"称号不仅向外宣示，还在《军事条例》（Артикул воинский）第 20 条中确认了自己对内专制的权力："陛下是权力无限的君主（самовластный монарх），他的事业是上帝赋予的，对谁都不负责任，陛下有力量也有权处置自己的国家和土地，因为信仰基督的君主是按自己的意愿与善意治理国家的"。[①] 这些都充分说明，即使是彼得一世在全面欧化的背景下进行改革，他所确立的专制君主制与西方的绝对君主制也有极大的差别。

第一，最大的差别就在于产生的社会基础不同。众所周知，马克思对绝对君主制的出现最经典的阐释是，它是君主在贵族与资产阶级之间寻求政治平衡的产物。然而彼得时代的俄国，尽管与西方的"绝对君主"相比，君权之强大有过之而无不及，但这全然不是所谓资本主义萌芽、资产阶级逐渐强大后，君主在贵族与资产阶级之间寻求平衡的产物。究其原因，有如下两点。其一，在俄国服役贵族与资产阶级之间根本缺乏平衡状态，因为后者的力量十分微弱。沙皇往往只依靠服役贵族的力量，而服役贵族在中央集权化过程中不得不承认最高统治者沙皇的最高权威，因为归附沙皇是财富的唯一来源——赏赐土地和指派最高职位。无疑，与西欧最典型绝对君主制的法国之国王相比，俄国沙皇任何时候都不是最高等级的一部分，而是居于无与伦比的最高位。[②] 其二，俄国这一时期的经济基础全然不是资本主义的。将马

---

① Российское законодательство X–XX вв. : в 9 т. Т. 4. Законодательство периода становления абсолютизма. Отв. ред. А. Г. Маньков. М. , Юридическая литература，1986. с. 331–332.

② Мухин О. Н. Абсолютизм vs самодержавие： еще раз к дефиниции понятий. //Вестник ТГПУ. 2013. № 2.

克思主义教条化的苏联史学家，曲解和擅自阐发了列宁著作，把全俄统一市场的形成时间提前到 17 世纪，并将俄国统一市场的开端与资本主义的产生画上等号，即认为 17 世纪的俄国就产生了资本主义，从而论证俄国服役贵族与资产阶级之间有某种政治平衡关系。这一观点影响甚广，但受到部分苏联学者和后来学者的质疑与驳斥。他们认为，俄国全俄统一市场开始形成的时间应不早于 18 世纪末，经过持续一百年的缓慢发展，到 20 世纪初时，俄国统一的资本主义市场才接近形成。① 实际上，17 世纪的彼得时代，俄国社会基础从根本上说是以农奴制占主导的。彼得改革不仅不曾消灭俄国社会政治制度的特点，而且把这种特点发展到了极致。彼得虽然说"我们是全面的新人"，但在统治上则保留了许多旧事物，而且是最旧的事物！② 的确，农奴制就是最典型的最旧的旧事物。也就是说，俄国的绝对君主制是建立在农奴制而非资本主义基础之上的。梅杜舍夫斯基也强调了俄国的这种特殊性："绝对君主制形成于资本主义关系出现之前或产生时期。这导致了国家具有相对极强的独立性；与欧洲相比，国家在很大程度上成了俄国历史进程的主体"。③

第二，俄国专制君主制有一个重要特点，即大众意识中始终存在君权高度神圣的观念。人们认为，上帝赋予君主权力，在上帝面前有义务消除代表机构对国家的影响。从法国思想家波舒哀④的观点看来，君权神授也并不能使君主摆脱对法律的服从；而在俄国，君主本身就是法律的唯一来源。⑤ 彼得时代的理论家 И. Д. 波索什科夫⑥认为，在西欧，君主不像人民那样有权，"因此，他们的君主不能为所欲为，而他们的臣民，特别是商人则是为所欲为的"；俄国的情形与此不同，"拥有最完整权力的是君主而不是贵族，尤其不是民主派"。而俄国君主可以为所欲为，"正如上帝统治着整个世界，沙皇握有一切权力"⑦。这一特点使俄国的专制君主制看起来与东方的独裁君主制

---

① 张广翔：《全俄统一市场究竟形成于何时》，《世界历史》2001 年第 3 期。

② 〔俄〕戈·瓦·普列汉诺夫：《俄国社会思想史》第二卷，孙静工译，第 51 页。

③ Медушевский А. Н. Утверждение абсолютизма в России. Сравнительное историческое исследование. М. 1994. с. 24-25.

④ 波舒哀（1627~1704），法国主教，是路易十四统治期间最著名的思想家之一。

⑤ Мухин О. Н. Абсолютизм vs самодержавие: еще раз к дефиниции понятий. //Вестник ТГПУ. 2013. № 2.

⑥ И. Д. 波索什科夫（1652/1653~1726），彼得时代的理论家，著有《论贫富》。

⑦ 〔俄〕戈·瓦·普列汉诺夫：《俄国社会思想史》第二卷，孙静工译，第 105 页。

更加相似。正因如此，欧洲人常将彼得时代的沙皇政权与奥斯曼土耳其帝国的东方体制相提并论。比如，И. 科尔布（约 1670~1741，奥地利外交官）写道："君主对他们（俄国人——笔者注）的财产、人身和生命享有全权。而土耳其人则没有在其奥斯曼的权势面前因放低自我而表现出更令人厌恶的顺从。"[1] 显然，彼得时代的俄国，社会意识与之前的并没有很大的变化。1685 年至 1689 年生活在俄国的捷克耶稣会士 И. 达维德写道："……所有官员，高级的和低级的，及所有显贵对沙皇而言都是奴仆，即沙皇的奴隶，如果他们要在任何呈文中署名，那么就会将自己放在卑微的位置：'仆人某某某'。"И. 科尔布对此也说道："全体莫斯科人民只享有相对的自由，他们更支持奴役；所有莫斯科人，他们没有任何知识，没有对他们人身最起码的尊重，生活在最严酷的奴隶制压迫之下。他们中位居三等文官享有荣耀的人，有傲人的称号，但与其最显贵的地位相比，还有更耀眼的奴隶状态：他们戴着最沉重的金枷锁，被华丽遮蔽双眼；甚至这些奴隶的光辉本身就责成他们屈居下层的命运。如果谁在给沙皇的禀帖和信件中实事求是地签署自己的名字，那么他必定以有辱（沙皇）最高律法之罪而受到惩罚。他们必须签署自己的小名，例如，雅科夫应署为 Якуткой 而不是 Яковом，因为莫斯科人认为，递呈文的人若对被沙皇赐予荣誉的最高人物不敬，就不能体现出自己对沙皇的合乎礼节的恭敬，顺从地使用小名……应该自称奴仆，即大公最可鄙的奴隶，而且认为自己所有的财富，包括动产和不动产都不是自己的，都是沙皇的。沙皇是'莫斯科'这一概念卓越的表达者：任何法律都不能限制的专制君主制清楚表明，他是以这样的方式拥有自己的祖国和臣民的，例如，按其私人名义进行物资分配，好像整个自然界都只为其一人而创造。"[2]这些看法、见闻都直接影响着后世对这一时期俄国政治制度的评价。

　　第三，俄国专制君主制存在的时间比任何西欧国家的绝对君主制都长。虽然西方启蒙思想家也信仰开明的君主专制，或更准确地说是绝对君主制，但在西方这一观念存在的时间要短促得多。通常认为，英国从 1485 年都铎王朝起进入绝对君主制时期，至 1640 年资产阶级革命时宣告结束；法国则从 1589 年波旁王朝起进入绝对君主制时期，至 1789 年大革命时期为止。但

---

[1]　Мухин О. Н. Абсолютизм vs самодержавие: еще раз к дефиниции понятий. //Вестник ТГПУ. 2013. No. 2.

[2]　Мухин О. Н. Абсолютизм vs самодержавие: еще раз к дефиниции понятий. //Вестник ТГПУ. 2013. No. 2.

当代更多学者认为，英国根本不存在所谓绝对君主制时期，而即使在最典型的绝对君主制的法国，其君主权力也远非不受限制的。比如，1607 年 11 月 10 日，英国国王詹姆士一世企图亲自参与司法案件的审理，法官们以"案件应由法官审理，国王对法律并不精通"为理由进行集体抵制，法官柯克曾宣告："国王在万人之上，但是却在上帝和法律之下！"[1] 而在俄国，直到 19 世纪，即使在进步人士中仍长期存在这种信念，他们认为君主的权力理所当然不受限制。这是俄国社会思想发展的特点之一，其根源就在于俄国历史发展进程具有相对特点。[2] 按照普列汉诺夫的看法，这一相对特点就是他一再强调的俄国特殊的地理环境。

可见，君主权力不受限制具有绝对性。相比于西欧，俄国因其久远的专制传统而在新时代下确立了一种表面类似西欧却又不同于西欧的专制君主制。彼得一世确立的专制君主制，为俄国成为现代化国家奠定了基础，这是俄国对当时时代要求的回答。但改革本身存在尖锐的矛盾。其一，有限的西方化目标和普遍的东方化手段之间的矛盾；其二，表面生活的西方化与内部结构的东方化之间的矛盾；其三，上层的西方化与下层的东方化之间的矛盾。[3] 这些矛盾长久地影响着俄国社会与文化的发展。其结果是，国家虽然稳固了，行政命令也通行于社会生活的各个方面，但人民和政治上层则要付出受辱和失去自由的代价。

由此看来，俄国专制君主制融合了西欧绝对君主制与东方独裁君主制的特征。从表面看，俄国符合绝对君主制的特征，但实际本质属于独裁君主制类型；国家上层是绝对君主制的权力架构，社会下层却是独裁君主制的精神内涵。俄国专制君主制是在欧化时代背景下经彼得一世的强力改革而确立并定型的，也是俄国通过中央集权化和官僚化成功实现自我强化的产物。

本章小结

17 世纪是俄国历史上一个局势复杂、矛盾重重的世纪。在这个世纪内，俄国具有发展道路的选择机会。留里克王朝中断，"特辖制"时期孕育的社

---

[1] 参见〔英〕马丁·洛克林《公法与政治理论》，郑戈译，商务印书馆，2002，第 63~64 页。
[2] 〔俄〕戈·瓦·普列汉诺夫：《俄国社会思想史》第二卷，孙静工译，第 208 页。
[3] 姚海：《俄罗斯文化》，第 109 页。

会不满爆发，俄国陷入了持续 15 年的大动乱年代。大动乱的变局中，俄国历史舞台出现了一些新的政治现象：最高政权获得了选举沙皇的合法权，波雅尔就限制沙皇权力进行了 4 次尝试，全俄多个权力中心的角力，在云谲波诡的局势中地方民军力挽狂澜，等等。这些现象都预示着俄国政治制度有走向等级代表君主制的可能性。俄国专制君主制在历史际遇中出现调整的机会，然而社会政治意识的落后最终没有为波雅尔限制沙皇权力的尝试提供法律的保障，也使缙绅会议自觉地将权力交给新沙皇米哈伊尔。在专制制度强大的路径依赖下，俄国没有形成等级代表君主制，而是走上了专制君主制道路。在波雅尔杜马和缙绅会议的全力支持下，罗曼诺夫新王朝得以巩固，专制君主制得以恢复。然而随着沙皇权力的加强，缙绅会议逐渐退出历史舞台，波雅尔杜马也逐渐被官僚化。罗曼诺夫王朝的前几任沙皇们虽然统领着俄国在传统与革新之间摇摆不定地前行，但他们进一步加强国家的中央集权和官僚体系，使俄国专制君主制不断强化，为彼得一世的改革奠定基础。彼得以其坚毅的个性引导俄国走向全面欧化，主导了一场涉及最高国家机关、中央政府机构、地方管理体系、军事制度、社会关系等全方位的改革，将外国经验与俄国传统相结合，最终在俄国确立了具有其民族特点的专制君主制。

　　本章详尽考察了大动乱时期俄国新出现的政治现象，指出 17 世纪初的俄国并非面临二择其一的局面，而是存在国家覆亡、重建专制君主制和走向等级代表君主制三种可能性。这充分说明俄国政治制度并非沿着专制道路呈现直线式发展，而是存在其他选择的机会。不过，俄国最终还是选择了专制君主制，并在西方政治思想的影响下不断强化。俄国专制君主制的确立并不像西欧国家的绝对君主制那样是贵族与资产阶级政治平衡的产物，其存在的时间也比西欧国家的长得多，而且俄国社会意识依然保守君权神圣化的观念，沙皇凌驾于法律之上，成为法律的唯一来源。这些都使俄国专制君主制兼具了西欧绝对君主制和东方独裁君主制的特征，即既有西欧绝对君主制的表面形式，又有独裁君主制的内在本质。俄国专制君主制自 15 世纪至 18 世纪漫长发展后终于在俄国定型，这是专制传统在新的历史背景下自我强化的产物。

结　语

在当代俄国历史研究中，将俄罗斯命运放在广阔的历史背景下探究时，无一不触及俄国"专制君主制"的起源和形成。了解一个国家政权建立的机制，是理解该国家政治生活进程的关键所在。正因如此，俄国专制君主制的起源是俄国历史研究中最有争议的问题之一。从斯拉夫派与西方派论战开始，俄罗斯思想界从未停止对俄罗斯国家发展道路的思考：走西化之路，还是坚持俄罗斯文明自己选择的道路？俄罗斯政治文明的核心和特性是什么？从政治上层到普通民众，他们认同的国家发展核心理念是什么？在历史转折时期，俄罗斯人是怎样做出选择的？这些问题始终萦绕在俄罗斯人的心头。

一　政治文明视野下的俄国专制君主制现象

在文明史观的视野下，政治制度如人一样，经历其成长的童年、少年、青年和成年期。将俄国专制君主制放入 9～17 世纪这一长时段的俄国政治史中进行考察，可以更清晰地勾勒出俄国政治制度的成长与变迁，也得以窥见专制君主制如何内化为俄国政治文化传统和俄罗斯民族精神的核心。

基辅罗斯时期是俄罗斯政治文明的童年期。9～10 世纪罗斯国家初建，11～13 世纪形成许多以城市公社为核心的城邦。各城邦有不同的政治制度（西南罗斯的贵族制、西北罗斯的共和制、东北罗斯的君主制），民主与专制的因子都在其中成长和博弈。正如人的童年，基辅罗斯政治生活充满各种发展方式的可能性。这一时期因受拜占庭宗教的影响，基辅罗斯并未完全与西方对立，罗斯城市的发展和贸易始终与北欧、西欧、拜占庭帝国保持着联系。

但 13 世纪 30 年代，俄罗斯文明成长遭受到巨大挫折，在"蒙古桎梏"中度过了长达两个半世纪的政治文明的少年期，中断了与西方的联系，这一经历对其政治制度变迁影响深远。由于商路的转移、蒙古的入侵，西南罗斯的贵族制最终融入了西斯拉夫文化圈，被纳入波兰-立陶宛国家；罗斯的政治中心转移到东北，东北罗斯的莫斯科王公家族在原有的君主制基础上崛起，兼并了共和制的西北罗斯（诺夫哥罗德、普斯科夫），掐灭了自古罗斯留存下来的维彻民主因子，以莫斯科大公为首的政治精英在政治发展上按功利进行选择，在宗教发展上决意独行，最终于15世纪下半叶摆脱蒙古统治而形成以莫斯科为中心的中央集权制统一国家。

莫斯科国家获得了独立自主后，16～17世纪俄罗斯政治文明步入青年期。在拜占庭东正教遗产的孕育和蒙古政治文化的熏染下，莫斯科君主强调自己的独裁意志、加冕称沙皇、颁布律法、对外征战、开疆拓土、大力发展封地制、建立起一整套横向的中央政权机构和纵向的地方管理体系，具有东方独裁色彩的专制君主制在俄罗斯呈现雏形。这一雏形在经历了伊凡四世"特辖制"的破坏和大动乱的危机后，仍然得以恢复和强化，足见专制君主制已然成为俄罗斯政治文明的核心支柱。

彼得堡罗斯时期则是俄罗斯政治文明的成年期。从17世纪下半叶开始，经历了大动乱的俄国不断遭受西方政治文明的渲染，政治精英们在传统与革新之间徘徊和摇摆，彼得一世在18世纪初决然进行西化改革，即在专制传统的历史基础上借鉴西方政治理论进行全面革新，使专制君主制在俄国终得定型。

可见，俄国政治制度的变迁与西欧国家的君主制发展有不同的历程。俄国政治制度史经历了两个重要的转折时代：15世纪和17世纪。这两个时段均是充满危机同时又孕育机遇的时代。俄国政治精英在克服危机时做出的选择，决定了俄罗斯政治文明未来的发展道路。第一次选择了大一统，第二次选择了帝国模式，两次都是用专制的方式实现目的的，由此专制君主制开启并最终成型。而西欧国家的政治制度发展则是另一种模式。其君主权力一开始就受到限制，只有在民族国家的形成过程中，王权才逐渐强大，借机追求不受限制的绝对权力。而俄国在金帐汗国统治的压力和拜占庭帝国衰落的机遇中，于15世纪才开始走向统一，并建立起一整套君权神圣化的意识形态体系。在如此前提下形成的所谓等级代表君主制显然所具有的等级性不浓，也根本不具真正的选举意义，而后确立的所谓绝对君主制又有超乎西方的专制性，其原因就在于，俄国专制君主制从伊凡三世时代起，就已开始在国家社会生活中，形成一种从政治精英到下层民众广泛认可的稳定的政治文化传统。这使我们有必要抛弃西方等级代表君主制和绝对君主制的思维模式，重新认识俄国专制君主制的起源和形成过程。俄国历史发展初始期的政治制度选择，很大程度上决定了其后变迁的途径。无论东方的制度形式，还是西方的政治理念，俄国统治者从来都不是简单借用，而是根据俄国的现实需要，经社会文化改造后纳入自己的政治体系内，形成自己的特征，故而其政治制度常常看起来有与西方相似的形式以及与东方更接近的本质。

从专制君主制的起源与形成过程可以看出，俄国专制君主制具有强烈的路径依赖性。在俄国，"神圣罗斯"和"第三罗马"的官方意识形态一旦形成，"神授的"君权就不断强化（当然其中也有因沙皇个性、能力因素而君权偶受削弱的短暂时期），君主政权不断进行自上而下符合时代需求的改革，使专制制度不断适应新的历史环境，表现出强大的生命力。君主制自建立开始，就发展出了君主不受限制的权力（这时与东方的独裁专制君主制更相似），然后再根据君主的需要而产生出等级代表机构，使之成为君主的统治工具。因为那时君主虽有无限权力，但还无法自行其是地管理国家，需要扩大统治基础。到彼得一世时，在欧化的背景下，借用西方"正规化国家"的理念，君主的专制权力在实际政治生活中和在法律中都得以最终确立，这是俄国专制君主制在路径依赖中通过自上而下的改革所进行的一次成功变迁（这时看起来与西方的绝对君主制更相似）。

俄国专制君主制为何产生并得以保持强大的生命力？这主要在于俄国专制君主制有着独特的生成机制和生态环境，与西方绝对君主制和东方的独裁君主制的产生都有所不同。

其一，俄国具有特殊的自然地理条件，这种自然地理条件对俄国历史发展，特别是对俄国政治制度的变迁，产生了非常大的制约和影响。萨哈罗夫在《俄国通史》第二卷中这样写道："俄国历史的最主要特点就是，自然气候条件一个世纪一个世纪地为她的生存基础——农业的发展创造了极为不利的环境。……早在中世纪，历史的需要迫使俄国建立起了不同于西欧的特殊的不同寻常的，具有非常严厉的国家机制杠杆的国家类型，因为集权以及根据社会本身与统治阶级的利益来分配最少数量的剩余产品，是俄罗斯国家的主要职能。因此，在东欧形成能够延续许多世纪的中央集权的君主专制（就其实质来说是独裁政权）传统，绝不是偶然的。"[①] 正如诸多研究民主与专

---

① История России с начала X Ⅷ до конца X Ⅸ века./Под ред. А. Н. Сахарова., А. П. Новосецева, Л. В. Милова и др. М. 1996. с. 188-189；转引自刘祖熙《萨哈罗夫等新编〈俄国通史〉（前二卷）评述》，《历史研究》1998 年第 1 期。

制起源的学者所指出的，自然地理环境是政治制度生成的基础性因素。

其二，俄国专制君主制的起源是一系列历史因素合力的结果。金帐汗国对罗斯两个半世纪的政治统治，为俄国专制君主制的起源提供了中央集权化的制度教诲；拜占庭帝国灭亡后东正教遗产为之奠定了政权神圣化的意识形态基础；罗斯政治中心向东北罗斯转移以及封邑的消除，为之奠定了土地国有化的经济基础；而莫斯科王公家族实用主义的个性和旧有传统的世袭领地观念，为之提供了家国同构化的历史基础。这些因素共同导致了俄国专制君主制的产生，并长期影响和决定着它的演变路径及特点。

二 历史比较视野下的俄国专制君主制特点

俄罗斯处在东西方之间的特殊地理位置上，这使俄国专制君主制兼具了东方独裁君主制和西方绝对君主制的性质；同时，俄国专制君主制产生的特殊历史因素，又使其生成了许多不同于二者的特点。

与西方绝对君主制相比，俄国专制君主制具有较强的稳定性和长期性、政教合一性、国家与社会的协调一致性，以及缺乏法律的约束性。西方的绝对君主制是伴随着资本主义生产关系的发展和民族国家的形成而产生的，王权借助资产阶级的力量打败封建贵族，王权代表着统一，是推动资本主义发展的力量。而俄国专制君主制早在 15 世纪末国家摆脱蒙古统治走向统一时就已产生，并借着国家独立自主的正义性而获得了发展的合法性。从那时起，随着国家中央集权化、政权神圣化、土地国有化、家国同构化程度的加深，无论教会、波雅尔贵族还是农民，都逐渐依附于国家和君主。即使到 18 世纪彼得改革最终确立专制君主制时，其社会基础也完全不同于西欧；彼得依靠的全然不是资产阶级的力量，而是服役贵族的力量；因此，俄国专制君主制得以在原来的基础上进一步控制社会各个阶层为国服役。相比西欧君主，俄国沙皇的权力才堪称是"绝对的"和不受限制的。绝对君主制在西欧等国只有一两百年的历史，随后就被资产阶级革命所推翻。从一定意义上而言，西欧绝对君主制下的君主最高权力并不是"绝对的"，相对于俄国沙皇所拥有的权力，是非常有限的。可以说，"'绝对主义'这一术语是一个错误的命名。从不受约束的专制主义（即本书所译"独裁君主制"——笔者注）的意义上看，没有一个西方君主享有统治臣民的绝对权力。所有君权都是有限的，即使根据所谓'神授'或'自然'法则的混合信条使他们的特权达到顶点时，亦如是"①。安德森的这一看法极具代表性，但也有学者提出，在中国，"法律对王权也有一定约束力，只是不如西欧那样强烈而已"，"中国的君权还受到官僚制度的限制"。马克垚先生的看法更为中肯，他认为"不受限制的权力确实是不存在，任何权力都在不同程度上受到法律、制度、道德、文化等多方面的限制。重要的在于什么权力受到限制而什么权力不受限制，或君主最易加以破坏和最注意集中了哪些权力？与东方君主相比，西方的君主在以下两方面的权力受到限制：一是受到传统独立势力的限制。二是征税权受到限制。"② 正是在这一点上，俄国专制君主制本质上与东方的独裁君主制更为接近。"俄国农民的不自由生活同东方伟大专制国家农民的生活，有如两滴水一般相似"，而"农村的情况决定了贵族的政治情绪"，贵族成了"胆小或冷淡的政治家"。③ 俄国贵族从来没有成长为与君权抗衡的独立势力，贵族对于中央政权而言，本质上只是国家的特殊"胶水"，而不是离心倾向的代表者。④ 俄国虽有波雅尔杜马和缙绅会议，却并没有限制沙皇权力的政治意识和传统，也并未成长为以法律为权利基础的稳定政治机构，缙绅会议甚至还往往成为君主征收新税的有力工具。

与东方独裁君主制相比，俄国专制君主制也有其独特之处。第一，俄国专制君主制是在"蒙古桎梏"和拜占庭衰落的外部因素以及东北罗斯特殊的地缘政治内部因素下起源的，且经历了伊凡四世"特辖制"的破坏和大动乱后的恢复、强化才最终成型的。第二，虽然同样进行土地国有化，但俄国君主在土地国有化过程中遭遇的阻力更大，比如，波雅尔世袭领地和教会地产长期占有国家土地且比重很大。第三，专制统治的主线下，俄国还一直存在另一种相对民主的发展道路选择的可能性。古罗斯维彻、缙绅会议、城市公社、地方自治、大动乱中选举沙皇和限制沙皇权力的尝试，以及历史中选举传统——1864 年改革中的地方自治机构选举、1905 年革命后的国家杜马选举、苏维埃的选举经验等——都体现了俄国政治生活中存在不同于东方社会的一面。第四，相比东方国家，俄国专制君主制受到西方政治理论和文化观念的影响较早，统治者积极推行自上而下的西化改革，使"专制君主制"得以适应新的环境并在新时代取得合法性。

---

① 〔英〕佩里·安德森：《绝对主义国家的系谱》，刘北成、龚晓庄译，第 40 页。
② 马克垚主编《中西封建社会比较研究》，学林出版社，1997，第 336~337 页。
③ 〔俄〕戈·瓦·普列汉诺夫：《俄国社会思想史》第一卷，孙静工译，第 86 页。
④ Гольдфранк Д. Парадоксы Московии XVII века // Родина. 2006. No. 11.

不过，俄国专制君主制还具备一些既不同于东方独裁君主制，也不同于西方绝对君主制的特点。

其一，专制君主制具有人民性，即具有人民的国家意识以及根深蒂固的好沙皇观念。这是俄国君主主义者最为强调的特点之一。他们认为，俄国专制君主制的人民性首先表现在俄国农民不认为自己深受政治奴役。农夫抱怨地主，抱怨长官，抱怨一切服役贵族，甚至抱怨上帝，但从不抱怨沙皇。"沙皇被农民看成人间的上帝"，"农民起义反对贵族和反对个别官吏，从来没有反对过沙皇"。农民起义领袖往往打着"好沙皇"旗帜，以吸引群众。效忠沙皇是爱国主义的重要内容。当欧洲各国的农村公社在中世纪相继瓦解后，俄国的农村公社却表现出强大的生命力。俄国农民把公社看作"世界"，它培养了特殊的俄罗斯精神——集体主义和平均主义。① 这种被称作"俄国农夫的沙皇幻想"的社会心理一直保持到专制制度的覆灭。后来这一观点被И. Л. 索洛涅维奇加以发展，认为俄国专制君主制完全是一个独特的现象，一个特殊的类型，这是一种"有良心的专制"，即东正教的良心。② 这种人民性是俄国专制君主制长期存在的社会心理基础。

其二，专制君主制具有神圣性。专制君主制下，俄国东正教会与国家完全融合。东正教会自 15 世纪起就致力于君主政权的神圣化，为沙皇政权合法性提供意识形态基础。众所周知，在中世纪的西欧，常常能在国家政权与教会之间、宗教教条与世俗法律之间感受到紧张关系。与西欧不同，俄罗斯在这方面是完全和谐的：东正教会不仅奠定了俄国文化的基础，而且向人民灌输了民族自决、专制统治和沙皇登基涂油礼的神圣观念。在人民的意识里"专制君主制"不是法律术语，而是信仰领域的传教术语，这种意识给世俗君主以某种"道德支持"，赋予君主的专制权力以道德意义上的合理性和神圣意义上的不可侵犯性。

其三，专制君主制具有动员性。俄国虽与西欧在中央集权化君主制的形成时间相近，但不同的是其地域广袤并不断增长，政权组织也具多民族性。摆脱蒙古统治而形成俄罗斯统一国家，主要得益于外交因素而不是社会-经济发展中的新因素。俄国君主不同于西欧君主，他们利用的不是城市力量，也不是封建地主和第三等级之间的矛盾，而是军事-官僚机构，在一定程度

---

① 刘祖熙：《俄罗斯政治文化与波兰政治文化比较研究》，《史学集刊》2014 年第 1 期。

② Зуляр. Ю. А. Генезис русского самодержавия и дискуссия о его особенностях: Учеб. Пособие. Электронный вариант. Иркутск: Иркутский университет, 2006. с. 98-99.

上还依靠人民的爱国主义甚至宗教情感。这一切都在国家机器和整个社会中留下了巨大的痕迹。从统一国家建立开始，俄国就处在外交和内政的极端困顿状况中，且在受外敌长期包围的条件下和不断与内部因素做斗争的情况下形成了超级国家。解决劳动力和资源的缺乏往往是国家政策制定的主要出发点。在如此特殊的地缘条件下，俄罗斯国家不仅站稳了，而且其疆域还迅速而持续地扩大，势必需要不断地动员居民到人烟稀少的地方去垦殖，动员社会各阶层力量为对外扩张积累强大的资源。

其四，专制君主制具有奴役性。为解决外交与内政的难题，俄国君主只有一种资源可资利用，那就是自己的臣民。俄国与西方国家的区别就在于，"它不仅奴役了最低的农民阶级，而且奴役了最高的贵族阶层；在这方面它虽与东方专制国家相仿，却又有不同之处，（这就）在于它不得不对被奴役的居民进行更为沉重得多的压迫"。① 专制君主制下，社会所有成员都有"普遍的国家义务"，一部分人为国服役，另一部分人纳税。并且这种奴役不是从社会下层而是从社会上层开始的，即国家奴役贵族，贵族奴役农民。拥有无限权力的政权中心与无权而顺从的人民及社会阶层和谐并存。由于普遍的国家义务和社会奴役在社会意识与政治文化领域中产生了普遍一致性的认同，俄国社会形成了"沉默的大多数"的精神。正是这种特殊的社会各阶层一致认同的普遍奴役性，使国家在很大程度上成了俄国历史发展的主体。

当然，上述特点描述的是俄国专制君主制在具体历史环境中的相对特殊性，并非否定不同类型专制制度之间的本质共性。专制制度的本质核心在于最高政治权力的不受限制，从这个意义上讲，俄国专制君主制与东方独裁君主制和西方绝对君主制表达的政治观念是一致的。但是，历史学研究并不仅仅对专制制度做横向的剖析，还将其放入具体国家的政治发展史中加以纵向考察，这样才能发现本质上相同的政治观念为何在不同国家有着不同的发展路径和特点，以及产生不同的历史作用。

三　现代民主视野下的俄国专制君主制遗产

21 世纪的今天，"民主"早已成为国际政治生活的核心词语，而在民主革命浪潮下，专制制度被抛入历史垃圾堆。世界各国纷纷转向民主制。但第

---

① 〔俄〕戈·瓦·普列汉诺夫：《俄国社会思想史》第一卷，孙静工译，第89页。

三波民主化在 20 世纪 90 年代后达到顶峰，21 世纪第一个十年里出现了"民主衰退"。参与第三波民主化的国家中，约有五分之一不是回到威权主义，就是其民主制度遭受严重侵蚀。21 世纪第二个十年伊始，"民主世界出现若干形式的病状"①。

在这样的背景下，一些学者开始审慎而客观地对待专制制度的历史遗产。当代俄国学者梅杜舍夫斯基指出，"专制制度作为民族国家建立和发展的一种形式，是欧洲社会政治和文化遗产的重要组成部分"，"他们不仅促进了现代民族国家的形成，而且力图维持一定程度的社会和谐，同时也未关闭通向开明法律和政治之路"；他还认为，"与帝国灭亡带来的社会灾难和随之而来的革命运动对社会文明基础的破坏相比，专制帝国的积极意义显而易见"。② 这在某种程度上打破了"民主与专制"的简单二元对立，从民族国家形成的历史中去寻找和挖掘专制制度生成、存在的作用与价值。

这一看法对我们重新认识俄国专制君主制具有重要的启发作用。它告诉我们，专制君主制研究不在于证明"民主衰退"回到专制主义或威权主义的合理性，而在于认真思考具有深厚专制传统的国家在向现代民主转型过程中具有长期性和曲折性。

任何制度的生成都是具体国家的具体历史环境的产物。政治制度的不同正是源于社会基础的不同。在西欧社会，世俗的最高权力名义上掌握在君主手中，但君主在行使最高权力的过程中却受到贵族、教会、等级会议、城市以及法治传统等多方面因素的限制与影响。西方君主从来没有能够像东方君主那样，独揽一切大权和恣意妄为；国王、教会、贵族、自治城市等拥有的多元权力构成"均势"，"它是多样的、丰富和复杂的，它从未受一种排它性的原则所控制，而是多种多样的因素一直在相互影响、组合和斗争，经常不得不共处并存"③。而俄国社会，无论教会、波雅尔杜马、缙绅会议，还是地方自治，都未能成长和培育出真正限制沙皇权力的政治力量和政治传统。

单从波雅尔贵族阶层来说，俄国与西欧的贵族是不同历史传统的产物。在 15 世纪末至 16 世纪初，俄国的贵族已经在为莫斯科大公服役了；相比之

---

① 〔美〕弗朗西斯·福山：《政治秩序的起源：从前人类时代到法国大革命》，毛俊杰译，广西师范大学出版社，2012，第 3~4 页。

② 〔俄〕安·尼·梅杜舍夫斯基：《比较视角下的俄国专制制度》，张广翔译，《北方论丛》2009 年第 3 期。

③ 〔法〕基佐：《欧洲文明史》，程洪逵等译，商务印书馆，1998，第 217 页。

下，在英国和法国，贵族在独立的封地中享有广泛的财富和权力。在西方，"臣子的权力过于强大"，他们生活在封地的城堡里，有私人军队保护着他们的安全；而且当他们屈尊向君主服役时，大贵族对王室会议的席位、重要的军事职务以及各省的领导权，都享有真正的垄断地位。他们将君主看作众多平等主体中的首要一员，对于君主通过各种途径增长自身权力的企图，贵族会用各种可能的手段加以反对，包括叛乱。而在俄国，沙皇的宠信往往可以轻易让一个人变得富贵，而他们的厌恶也可以随时毁掉一个人。在这样的权力模式下，即使是波雅尔大贵族，其祖先和他在家族中的地位也难以使他永居高位，也无法确保他能够对抗灾难性的衰落。作为君主的服役人员，他们的权力和地位取决于沙皇及其顾问们的喜好，他们的头衔和职务依赖于沙皇的安排，而且还受到下层民众的威胁，他们只能满足君主的一切要求。法国或英国的贵族不一定非要服役；俄国贵族却别无选择。路易十四尽力让法国的大贵族来凡尔赛，尽管他做了努力，但只要法国贵族们不愿意，他们仍然可能待在家里，守着祖先的产业。出现这种状况的原因很明显。首先，即使王室的行政权得到了加强，英国和法国的大贵族在自己的家乡仍然有很大的权力。不管是不是宫廷侍臣，他们大多在各省中都有着数目可观的地产和住宅，他们可以在这里免受国王的彻查。他们在各省中的实力部门任职，这些人可能是省级议会上院中的副主管，也可能是英国民兵的指挥官，而且始终保有一批忠于自己的人。其次，由于长子继承制的传统，西欧的贵族希望将自己的财富完好无损地传给继承人。在俄国，习惯法强迫贵族要将自己的地产分割给所有的儿子，女儿也有所得。他的家族便逐渐走向贫困，除非他和他的后人能够找到一条再度补充财产的途径。通过向君主服役，获得王室馈赠的土地就成了摆脱困境的最佳方法。俄国贵族在其家乡所拥有的权力很小。在这方面，他们与英国、法国、普鲁士，特别是波兰贵族，形成了鲜明的对比。另外，俄国的高层贵族被约束在一个广泛服役的制度中，服役的对象是一个类似于奥斯曼帝国统治者那样的专制君主。土地的所有权、对家族团结兴旺的期待、对国家的服役义务、缺乏地方权力，以及与沙皇的共同利益，这些方方面面的精确结合，使得 17 世纪的莫斯科高层贵族具有独特性。① 总而言之，没有私有财产权作为最基础的保障，俄国最有希望成为限

---

① Robert O. Crummey, *Aristocrats and Servitors: the Boyar Elite in Russia, 1613 - 1689*, pp. 170 - 171.

制沙皇权力的社会阶层——波雅尔贵族，也就只能依附于皇权。这是俄国与西方社会的本质差别，也是俄国专制君主制的社会基础。

在民主革命浪潮中，许多国家效仿西方匆匆转向民主制度，却难以快速从根本上改变整个社会的基础，暴露出许多问题，呈现出民主制的"病状"，然后又从民主制度迅速转回到旧有的专制道路。实际上，我们应该看到，在俄国专制君主制起源和形成的长时段历史进程中，在强大的专制传统下，俄国也有过诸多次突破专制的政治尝试，并非没有走民主制之路的可能，如重臣拉达的改革所构建的一些民主制形式（固巴管理和地方自治、缙绅会议），以及大动乱危机下催生的新政治现象（选举沙皇、限制沙皇权力的尝试）等，但政治精英最终能否将国家和人民真正引向民主制，就在于重大历史选择时期他们能否成功破除专制制度的这种路径依赖性。而破除路径依赖性的根本，就在于改变原有的社会基础，逐步建立真正的民主制度的社会基础——市民社会。这种改变和建设都不可能一蹴而就，一有受挫就放弃民主制的尝试，或者寄希望于对专制遗产进行革命性的根除，都不符合政治文明良性发展的逻辑。我们必须认识到这种转型的长期性和曲折性，而如何在旧有的专制制度遗产基础上逐步培养现代民主制度所需的社会政治意识，是值得处于向民主制度转型期的现代国家进一步探索的课题。

总之，俄国专制君主制起源和形成的过程，并不是直线式的。在民主与专制的博弈过程中，专制君主制在雏形阶段是不稳定的，有衰落期（16世纪末）也有复兴期（17世纪下半叶），之后才是最终定型期（18世纪初）。俄国专制君主制的起源和雏形来源于东方，而其成型阶段则受西方的影响更大，这使得俄国的专制君主制兼具西方绝对君主制的形式和东方独裁君主制的性质，同时还具有不同于二者的独特性。这种独特性使俄国专制君主制随着历史的发展不仅成为俄国政治制度的核心，成为一种贯穿于俄国政治生活的历史现象，还内化为俄罗斯文明和俄罗斯民族的精神。这在某种程度上得以解释21世纪的今天，俄罗斯文明研究院为何将"专制君主制"作为俄罗斯文明意识形态的一部分，且陆续再版帝俄时代君主主义者的著作。这种俄国特色的专制意识形态传统，实际上成为俄罗斯走民主制之路时常常陷入困境的潜在原因。

参考文献

一 外文译著

《马克思恩格斯全集》第 46 卷，上册，人民出版社，1979。

《马克思恩格斯选集》第 2 卷，人民出版社，1995。

马克思：《十八世纪外交史内幕》，人民出版社，1979。

《往年纪事译注》，王钺译注，甘肃民族出版社，1994。

《罗斯法典译注》，王钺译注，兰州大学出版社，1987。

《古史纪年》，王松亭译，商务印书馆，2010。

〔德〕黑格尔：《历史哲学》，王造时译，商务印书馆，1963。

〔俄〕拉夫连季：《往年纪事》，朱寰等译，商务印书馆，2011。

〔俄〕瓦·奥·克柳切夫斯基：《俄国史教程》第 1~4 卷，张草纫、贾宗谊、左少兴、张咏白等译，商务印书馆，2013。

〔俄〕В. О. 克柳切夫斯基：《俄国各阶层史》，徐昌翰译，商务印书馆，1990。

〔俄〕戈·瓦·普列汉诺夫：《俄国社会思想史》第 1~2 卷，孙静工译，商务印书馆，1996。

〔俄〕Н. П. 巴甫洛夫－西利万斯基：《俄国封建主义》，吕和声等译，商务印书馆，1998。

〔俄〕Б. Н. 米罗诺夫：《俄国社会史》下卷，张广翔等译，山东大学出版社，2006。

〔法〕托克维尔：《论美国的民主》，董果良译，商务印书馆，1988。

〔法〕亨利·特鲁瓦亚：《彼得大帝》，齐宗华等译，天津人民出版社，1983。

〔法〕孟德斯鸠：《论法的精神》，张雁深译，商务印书馆，1987。

〔法〕基佐：《欧洲文明史》，程洪逵等译，商务印书馆，1998。

〔古希腊〕亚里士多德：《政治学》，吴寿彭译，商务印书馆，1981。

〔美〕尼古拉·梁赞诺夫斯基、马克·斯坦伯格：《俄罗斯史》，杨烨等译，上海人民出版社，2007。

〔美〕道格拉斯·诺思：《经济史中的结构与变迁》，陈郁、罗华平等译，上海三联书店、上海人民出版社，1994。

〔美〕道格拉斯·诺斯：《制度、制度变迁与经济绩效》，刘守英译，上海三联书店，1994。

〔美〕卡尔·A. 魏特夫：《东方专制主义——对于极权力量的比较研究》，徐式谷译，中国社会科学出版社，1989。

〔美〕巴林顿·摩尔：《民主和专制的社会起源》，拓夫等译，华夏出版社，1987。

〔美〕达龙·阿塞莫格鲁、罗宾逊：《政治发展的经济分析：专制和民主的经济起源》，马春文等译，上海财经大学出版社，2008。

〔美〕弗朗西斯·福山：《政治秩序的起源：从前人类时代到法国大革命》，毛俊杰译，广西师范大学出版社，2012。

〔美〕布莱恩·唐宁：《军事革命与政治变革：近代早期欧洲的民主与专制之起源》，赵信敏译，复旦大学出版社，2015。

〔苏〕尼·米·尼科利斯基：《俄国教会史》，丁士超等译，商务印书馆，2000。

〔苏〕B. B. 马夫罗金：《俄罗斯统一国家的形成》，余大钧译，商务印书馆，1994。

〔苏〕Б. Б. 卡芬加乌兹、Н. И. 巴甫连科：《彼得一世的改革》上册，郭奇格等译，商务印书馆，1997。

〔以〕艾森斯塔得：《帝国的政治体系》，阎步克译，贵州人民出版社，1992。

〔英〕杰弗里·帕克：《城邦——从古希腊到当代》，石衡潭译，山东画报出版社，2007。

〔英〕戴维·米勒、韦农·波格丹诺：《布莱克维尔政治学百科全书》，中国政法大学出版社，1992。

〔英〕马丁·吉尔伯特：《俄国历史地图》，王玉菡译，中国青年出版社，2009。

〔英〕马丁·洛克林：《公法与政治理论》，郑戈译，商务印书馆，2002。

〔英〕佩里·安德森：《绝对主义国家的系谱》，刘北成、龚晓庄等译，上海人民出版社，2001。

〔英〕霍布斯：《利维坦》，黎思复等译，商务印书馆，1985。

〔英〕洛克：《政府论（下篇）》，叶启芳等译，商务印书馆，1983。

二 中文专著

曹维安：《俄国史新论——影响俄国历史发展的基本问题》，中国社会科学出版社，2002。

陈志强：《盛世余辉——拜占庭文明探秘》，云南人民出版社，2001。

李祖德、陈启能主编《评魏特夫的〈东方专制主义〉》，中国社会科学出版社，1997。

马克垚主编《中西封建社会比较研究》，学林出版社，1997。

马克垚：《古代专制制度考察》，北京大学出版社，2017。

马雪松：《政治世界的制度逻辑——新制度主义政治学理论研究》，光明日报出版社，2013。

孙成木、刘祖熙、李建：《俄国通史简编》上册，人民出版社，1986。

伍宇星：《欧亚主义历史哲学研究》，学苑出版社，2011。

许金秋：《19世纪至20世纪初俄国政治现代化理论与进程研究》，社会科学文献出版社，2018。

姚海：《俄罗斯文化》，上海社会科学院出版社，2013。

乐峰：《东政教史》，中国社会科学出版社，1999。

张建华：《俄国现代化道路研究》，北京师范大学出版社，2002。

赵士国：《俄国政体与官制史》，湖南师范大学出版社，1998。

赵振英：《俄国政治制度史》，辽宁师范大学出版社，2000。

朱达秋：《俄罗斯文化论》，重庆出版社，2004。

三 中文论文

〔俄〕安·尼·梅杜舍夫斯基：《比较视角下的俄国专制制度》，张广翔译，《北方论丛》2009 年第 3 期。

〔俄〕C. C. 霍鲁日：《拜占庭与俄国的静修主义》，张百春译，《世界哲学》2010 年第 2 期。

〔俄〕爱·萨·库尔平-古拜杜林：《俄国历史的东方节律》，贝文力译，《俄罗斯研究》2010 年第 4 期。

〔苏〕Л. B. 切列普宁：《鞑靼-蒙古人在罗斯》（续），《蒙古学资料与情报》1991 年第 3 期。

白玉：《16—17 世纪俄国"缙绅会议"国会说》，《宁波师院学报》（社会科学版）1987 年第 1 期。

白玉：《莫斯科国家衙门制度起源考略》，《宁波师院学报》1990 年第 1 期。

白晓红：《俄国斯拉夫派的政治思想》，《世界历史》2001 年第 5 期。

北成：《关于"专制君主制"的译名》，《史学理论研究》1996 年第 2 期。

曹维安：《俄国史学界关于古罗斯国家起源问题的争论》，《世界历史》2008 年第 1 期。

曹维安、师建军：《俄国大改革前的地方自治传统》，《陕西师范大学学报》（哲学社会科学版）2010 年第 5 期。

曹维安、谢慧芳：《论俄国缙绅会议》，《世界历史》2010 年第 5 期。

曹维安、张军凤：《再论伊凡四世特辖制形成的原因与后果》，《苏州科技学院学报》（社会科学版）2016 年第 3 期。

曹璐：《论革命前俄国地方管理体制》，硕士学位论文，吉林大学，2004。

常保国：《西方文化语境中的专制主义、绝对主义与开明专制》，《政治学研究》2008 年第 3 期。

陈以奎：《17 世纪在俄国的外国人》，硕士学位论文，陕西师范大学，2012。

陈文新：《从"现代化"到"制度变迁"——当代西方政治发展理论的语境转换》，《云南行政学院学报》2005 年第 1 期。

陈利今：《叶卡特琳娜二世的开明专制异议》，《湖南师范大学社会科学学报》1992 年第 2 期。

崔健：《金帐汗国的兴亡及其对俄国的影响》，硕士学位论文，陕西师范大学，2011。

　　崔树菊：《论"开明专制"》，《天津师大学报》1986年第5期。

　　杜立克：《论俄皇彼得一世改革的"欧化"与"专制化"》，《内蒙古大学学报》（哲学社会科学版）2009年第4期。

　　冯绍雷：《俄罗斯体制转型的路径依赖——从制度变迁与对外关系相关性视角的一项考察》，《俄罗斯研究》2010年第6期。

　　高照明、王志林：《论18世纪的开明专制》，《河南大学学报》（社会科学版）1996年第5期。

　　高岱：《试论"开明专制"在俄国产生的历史背景及其影响》，《学术界》1991年第5期。

　　郭树永、郑桂芬：《冷战后美国学界的俄罗斯"国家重塑"研究》，《东欧中亚研究》1999年第4期。

　　郭响宏：《俄国的包税制及其废除》，《世界历史》2010年第2期。

　　官朴：《彼得一世的改革与俄国专制制度的建立》，《东北师大学报》（哲学社会科学版）1987年第2期。

　　官朴：《沙皇专制制度与国家杜马》，《东北师大学报》（哲学社会科学版）1992年第3期。

　　杭聪：《绝对主义或专制主义：试析俄国君主制的性质》，《太原城市职业技术学院学报》2004年第6期。

　　何华：《俄国募兵制研究》，硕士学位论文，陕西师范大学，2009。

　　侯旭东：《中国古代专制说的知识考古》，《近代史研究》2008年第4期。

　　胡玉娟：《专制并不必然与君主制有联系》，《博览群书》2012年第9期。

　　黄秋迪：《中世纪俄国知识分子眼中的"蒙古征服"》，《西伯利亚研究》2006年第6期。

　　黄秋迪：《金帐汗国统治时期的罗斯东正教会》，《西伯利亚研究》2007年第1期。

　　黄秋迪：《金帐汗国统治时期蒙古文化对俄罗斯文化影响之我见》，《西伯利亚研究》2006年第2期。

　　黄艳红：《绝对主义：一个历史概念的名与实》，《世界近现代史研究》第15辑，社会科学文献出版社，2018。

计秋枫:《"开明专制"辨析》,《世界历史》1999年第3期。

贾宝维、张龙海:《试论蒙古西征与罗斯国家的统一》,《内蒙古社会科学》(汉文版)2011年第6期。

李景云:《十六、十七世纪俄国的衙门制度》,《历史教学》1986年第8期。

李春隆、姜喆:《20世纪初俄国政治制度透析——根据六部制宪文件》,《东北亚论坛》2008年第6期。

李巧:《古代罗斯亲兵制度研究》,硕士学位论文,华中师范大学,2016。

刘祖熙:《试论俄罗斯文明》,《俄罗斯中亚东欧研究》2005年第4期。

刘祖熙:《萨哈罗夫等新编〈俄国通史〉(前二卷)评述》,《历史研究》1998年第1期。

刘祖熙:《俄罗斯政治文化与波兰政治文化比较研究》,《史学集刊》2014年第1期。

刘忠桂:《封建俄国缙绅会议简析》,《东北亚论坛》2004年第3期。

刘北成:《论近代欧洲绝对君主制》,《北京师范大学学报》(社会科学版)1997年第1期。

柳新元、杨蕾:《对"君主专制"概念源流之考察》,《理论月刊》2016年第3期。

陆连超:《西方没有专制体制——从绝对主义的中文误译问题谈起》,《贵州大学学报》(社会科学版)2011年第1期。

鲁扬:《17世纪俄国的直接税制度》,硕士学位论文,陕西师范大学,2014。

齐小燕:《19—20世纪初俄国地方自治改革述评》,硕士学位论文,陕西师范大学,2005。

齐嘉:《"罗斯"名称的起源与古罗斯国家的形成》,博士学位论文,陕西师范大学,2012。

齐哲:《浅析叶卡捷琳娜二世的"开明专制"》,《安徽文学》2012年第4期。

乔占元:《陀思妥耶夫斯基与他的"斯芬克斯之谜"》,《俄罗斯文艺》2004年第3期。

任剑涛:《时间轴线上的"东方专制主义"》,《中国文化》2018年第

2 期。

石凯、胡伟：《新制度主义"新"在哪里》，《教学与研究》2006 年第 5 期。

施治生、郭方《"东方专制主义"概念的历史考察》，《史学理论研究》1993 年第 3 期。

宋洪兵：《二十世纪中国学界对"专制"概念的理解与法家思想研究》，《清华大学学报》2009 年第 4 期。

粟瑞雪：《欧亚主义视野：萨维茨基论蒙古-鞑靼统治及其对俄罗斯历史的影响》，《俄罗斯中亚东欧研究》2010 年第 3 期。

孙嵩霞：《从民主成分衰落到专制制度形成：13-15 世纪蒙古对古罗斯政治发展的影响》，《山东大学学报》（哲学社会科学版）2016 年第 2 期。

孙嵩霞：《蒙古统治俄罗斯历史新论》，《俄罗斯东欧中亚研究》2016 年第 3 期。

孙圣民：《制度和发展的政治经济学：制度变迁理论最新进展综述》，《中国制度经济学年会论文集》，2006 年 6 月。

谭建华：《叶卡特琳娜二世的"开明专制"新论》，《浙江师大学报》（社会科学版）2000 年第 4 期。

田粉红：《俄国专制主义的文化认同与现实选择》，《西安文理学院学报》（社会科学版）2005 年第 1 期。

王松亭：《基辅罗斯政治制度考略》，《社会科学战线》1994 年第 3 期。

王清和《从无限专制制度到改行君主立宪——试析一九〇五年以后俄国政体的演变》，《世界历史》1986 年第 5 期。

王义保：《"专制主义"概念溯源》，《学术论坛》2008 年第 6 期。

王义保：《专制主义的政治学分析——以中国古代专制主义为例》，博士学位论文，吉林大学，2008。

王文涛：《"专制"不是表述中国古代"君主专制"的词语》，《史学月刊》2012 年第 8 期。

王云龙、陈昇：《西方学术界关于欧洲绝对主义研究述要》，《史学理论研究》2004 年第 2 期。

王云龙：《开明专制的文本解析——叶卡特琳娜二世〈指导书〉评述》，《史学集刊》2001 年第 4 期。

王海明：《论专制主义（上）——专制主义概念》，《吉首大学学报》

（社会科学版）2007年第1期。

王海明：《专制主义概念辨难》，《山东大学学报》（哲学社会科学版）2007年第2期。

肖步升：《关于叶卡特琳娜二世"开明专制"的几个问题》，《兰州大学学报》（社会科学版）1993年第1期。

谢慧芳：《俄国的缙绅会议》，硕士学位论文，陕西师范大学，2008。

许金秋：《亚历山大一世与改革：专制主义与立宪主义》，《边疆经济与文化》2008年第4期。

许苏民：《"专制"问题讨论中的一个理论误区——论如何看待西方学者的"东方专制主义"理论》，《天津社会科学》2010年第6期。

徐勇：《东方自由主义传统的发掘——兼评西方话语体系中的"东方专制主义"》，《史学月刊》2012年第4期。

阎步克：《政体类型学视角中的"中国专制主义"问题》，《北京大学学报》（哲学社会科学版）2012年第6期。

杨薇：《论叶卡特琳娜二世的开明专制》，硕士学位论文，吉林大学，2007。

易建平：《论古代民主与专制的定义问题》，《史学理论研究》2003年第2期。

于芹芹：《俄国旧礼仪派及其影响》，硕士学位论文，陕西师范大学，2011。

赵振英：《沙皇专制制度与一八六一年农民改革》，《辽宁师范大学学报》（社会科学版）1985年第4期。

赵士国、丁笃本：《开明专制论》，《史学月刊》1988年第1期。

赵克毅：《俄国封建君主制的演变》，《史学月刊》1986年第6期。

张弛：《法国绝对君主制研究路径及其转向》，《历史研究》2018年第4期。

张德敬：《论农奴制改革后俄国专制制度的演变》，《南昌大学学报》（人文社会科学版）第35卷第3期，2004。

张广翔：《全俄统一市场究竟形成于何时》，《世界历史》2001年第3期。

张广翔：《俄国学者关于俄国农民农奴化史的争论》，《吉林大学社会科学学报》2014年第6期。

张星久：《中国君主专制政体的起始时间——兼论中国君主专制政体形成的社会条件》，《武汉大学学报》（人文社会科学版）2000 年第 1 期。

张军凤：《论俄国伊凡四世的特辖制改革》，硕士学位论文，陕西师范大学，2013。

张雪：《诺夫哥罗德政治体制探究》，硕士学位论文，陕西师范大学，2012。

朱建刚：《"官方民族性"与 19 世纪初俄国民族主义的崛起——以谢尔盖·乌瓦罗夫为例》，《俄罗斯学刊》2017 年第 1 期。

朱剑利：《克柳切夫斯基论波雅尔杜马在国家政治体制发展中的历史地位》，《中国社会科学院世界历史研究所学术文集》（4），江西人民出版社，2006。

四　俄文专著

Абсолютизм в России（XVⅡ – XVⅢ вв.）: Сборник статей к семидесятилетию со дня рождения и сорокапятилетию научной и педагогической деятельности Б. Б. Кафенгауза. М.: Наука, 1964.

Агиштон М. Русский абсолютизм XVⅡ –первой половины XVⅢ вв. в советской исторической науке. Л., 1989.

Альшиц Д. Н. Начало самодержавия в России: государство Ивана Грозного. Л., 1988.

Аристотель. Политика/Аристотель. Сочинения: В 4 т. Т. 4. Перевод с древне-греч. С. Жебелева. М. Мысль, 1983.

Ахиезер А., Клямкин И., Яковенко И. История России: конец или новое начало? М. Новое издательство, 2005.

Ахиезер А. С. Россия: критика исторического опыта. Том 1. Новосибирск: Сибирский хронограф, 1997.

Герберштейн С. Записки о Московии. М., 1988.

Горский А. А. Древнерусская дружина. М., 1989.

Горский А. А. Русь: От славянского Расселения до Московского царства. М., 2004.

Греков Б. Д. Киевская Русь. М., 2004.

Давидович А. М. Самодержавие в эпоху империализма：（Классовая сущность и эволюция абсолютизма в России）. М., 1975.

Данилевский И. Н. Древняя Русь глазами современников и потомков （IX–XⅡ вв.）. М.：Аспект Пресс, 1998.

Данилова Л. В. Сельская община в средневекой Руси. М., 1994.

Демидова Н. Ф. Служилая бюрократия в России XVⅡ в. и ее роль в формировании абсолютизма. М., 1987.

Европейский выбор или снова 《 особый путь 》? / под общ. ред. И. М. Клямкина. М. Фонд 《Либеральная миссия》, 2010.

Ерошкин Н. П. Российское самодержавие：к 75 - летию Ист. - арх. ин - та. М., 2006.

Зимин А. А. Опричнина. М., 2001.

Зуляр. Ю. А. Генезис русского самодержавия и дискуссия о его особенностях：Учеб. Пособие. . Электронный вариант. Иркутск, 2006.

Иловайский Д. И. Царская Русь. М., 2003.

Казанский П. Е. Власть всероссийского императора. Одесса., 1913.

Карамзин Н. М. Записка о древней и новой России в ее политическом и гражданском отношениях. М., 1991.

Ключевский В. О. Русская история：Полный курс лекций. Т. 1. М., 2002.

Ключевский В. О. Русская история：Полный курс лекций. Т. 2. М., 2002.

Ключевский В. О. Боярская дума Древней Руси. М., 1902.

КлючевскийВ. О. Сочинения：В9т. Т. VI. Специальныекурсы. М., 1989.

Кобрин В. Б. Власть и собственность в средневековой России （XV–XVI вв.）. М., 1985.

Колобков В. А. Митрополит Филипп и становление московского самодержавия：Опричнина Ивана Грозного. СПБ.：Алетейя, 2004.

Костомаров Н. И. Начало единодержавия в Древней Руси. М., 2004.

Котляр Н. Ф. Древнерусская государственность. СПб., 1998.

Кошелев А. И. Самодержавие и Земская дума. М.：Институт русской цивилизации, 2011.

Кривошеев Ю. В. Русь и монголы: исследование по истории Северо-Восточной Руси XⅡ-XIV вв. СПб., 2015.

Любавский М. К. Лекции по древней русской истории до конца XVI века. СПБ.: Издательство Лань, 2002.

Макаренко В. П. Русская власть: теоретико-социологические проблемы. М., 1998.

Медушевский А. Н. Утверждение абсолютизма в России. Сравнительное историческое исследование. М., 1994.

Мощелков Е. Н. Политическая история России. Программа учебного курса для студентов отделения《Стратегическое управление и экономическая политика》. М., 2012.

Насонов А. Н. Монголы и Русь. М.; Л., 1940.

Платонов С. Ф. Лекции по русской истории. Ч. 1. М., 1994.

Платонов С. Ф. Очерки по истории смуты в Московском государстве XVI-XVⅡ вв. М., 1995.

Повесть временных лет. Пер. с древнерусского Д. С. Лихачева, О. В. Творогова. СПб.: Вита Нова, 2012.

Полное собрание русских летописей. Т. 1. Лаврентьевская летопись. Л., 1926-1928.

Полосин И. И. Социально-политическая история России XVI - начала XVⅡ в. М., 2001.

Поляков А. Н. Киевская Русь как цивилизация. Оренбург., 2010.

Представительная власть в России: История и современость. Под общ. Ред. Л. К. Слиски. М., 2004.

Пресняков А. Е. Российские самодержцы. М.: Книга, 1990.

Пресняков А. Е. Княжое правод в Древней Руси: Лекции по русской истории. Киевская Русь. М., 1993.

Пузанов В. В. Древнерусская государственность: генезис, этнокультурная среда, идеологические конструкты. Ижевск, 2007.

Пузанов В. В. Княжеское и государственное хозяйство на Руси X-XⅡ в. в отечественной историографии XⅢ-начала XX в. Ижевск, 1995.

Пушкарев С. Г. Обзор русской истории. М.: Наука, 1991.

Родионова И. В. Становление самодержавия. Правление Ивана IV Грозного. М., 2005.

Рожков Н. А. Происхождение самодержавия в России. М., 1906.

Российское законодательство X – XX веков. В девяти томах. Т. 2. Законодательство периода образования и укрепления Русского централизованного государства. М., 1985.

Российское законодательство X – XX веков. В девяти томах. Т. 3. Акты Земских соборов. М., 1985.

Российское законодательство X – XX веков. В девяти томах. Т. 4. Законодательство периода становления абсолютизма. М., 1986.

Савицкий П. Н. Континент Евразия. М. : Аграф, 1997.

Сахаров А. Н. (отв. ред.) Истории России. В2т. Т. 1. С древнейших времен до конца XVIII в. М. ; Владимир, 2009.

Свердлов М. Б. Генезис и структура феодального общества в Древней Руси. Л., 1983.

Свердлов М. Б. Домонгольская Русь: Князь и княжеская власть на РусиVI–первой трети XIII в. СПб., 2003.

Сергеевич В. И. Древности русского права: в 3т. Т. 2. Вече и князь. Советники князя. М., 2007.

Скрипкина. Е. В. Самодержавие и церковный раскол в России во второй половине XVII в. : царь Алексей Михайлович и протопоп Аввакум. М., 2009.

Скрынников Р. Г. История российская. IX–XVII вв. СПб., 2006.

Скрынников Р. Г. Царство террора. СПб., 1992.

Соловьев С. М. История России с древнейших времен. Т. 2. М., 2001.

Соловьев С. М. Об истории древней России. М. : Просвещение, 1992.

Солоневич И. Л. Народная монархия. М. : Институт русской цивилизации, 2010.

Талина Г. В. Выбор пути: Русское самодержавие второй половины XVII —первой четверти XVIII века. М. : Издадельство Русский мир, 2010.

Тихомиров М. Н. Древнерусские города. М., 1956.

Тихомиров Л. А. Монархическая государственность. СПБ., 1993.

Толочко А. П. Князь в Древней Руси: власть, собственность, идеология. Киев, 1992.

Толочко П. П. Древнерусский феодальный город. Киев, 1989.

Троицкий С. М. Русский абсолютизм и дворянство в XVIII в. Формирование бюрократии. М., 1974.

Флоря Б. Н. (отв. ред.) История России с древнейших времен до конца XVIII в. М., 2010.

Фроянов И. Я. Дворниченко А. Ю. Города-государства Древней Руси. Л., 1988.

Фроянов И. Я. . Киевская Русь. Очерки социально-политической истории. Л., 1980.

Фроянов И. Я. Драма русской истории: на путях к опричнине. М., 2007.

Фроянов И. Я. Киевская Русь. Очерки социально-экономической истории. Л., 1974.

Фроянов И. Я. Начала Русской истории. Избранное. М., 2001.

Харин Е. С. Политическая история России: Конспект лекций по курсу 《Политическая история России и зарубежных стран》 для студентов 1 курса (бакалавриат) направления 《Политология》, часть 1. Ижевск., 2011.

Хеншелл Н. Миф абсолютизма XVI–XVIII вв. СПб. : Алетейя, 2003.

Хомяков Д. А. Православие, самодержавие, народность. М. : Институт русской цивилизации, 2011.

Черепнин Л. В. Земские соборы Российского государства в XVI – XVII вв. М., 1978.

Черепнин Л. В. К вопросу о складывании абсолютной монархии в России (XVI–XVIII вв.). М., 1968.

Черняев Н. И. Русское самодержавие. М. : Институт русской цивилизации, 2011.

Шмидт С. О. Становление российского самодержавства: Исследование социально-политической истории времени Ивана Грозного. М., 1973.

Шмидт С. О. У истоков российского абсолютизма: Исследование социально-политической истории времени Ивана Грозного. М., 1996.

Щапов Я. Н. Очерки русской истории, источниковедения, археографии.

М., 2004.

Янин В. Л. Новгородская феодальная вотчина. М., 1981.

Янин В. Л. У истоков новгородской государственности. Новгород., 2001.

Янов А. Россия и Европа. В 3 книгах. Книга 1. Европейское столетие России. 1480—1560. М., 2008.

Янов А. Россия и Европа. В 3 книгах. Книга 2. Загадка николаевской России. 1825—1855. М., 2007.

Янов А. Россия и Европа. В 3 книгах. Книга 3. Драма патриотизма в России. 1855—1921. М., 2009.

Янов А. Россия: у истоков трагедии. 1462－1584. Заметки о природе и происхождении русской государственности. М.: Прогресс-Традиция, 2001.

五 俄文论文集

Народ и власть в российской смуте: Сборник научных статей участников Международного круглого стола《Народ и власть в российской смуте》(Журнал《Власть》, Институт социологии РАН, Москва, 23 октября 2009 г.) /Под ред. П. П. Марченя, С. Ю. Разина. Москва. Изд. ВВА им. проф. Н. Е. Жуковского и Ю. А. Гагарина, 2010.

Смутное время: итоги и уроки: сборник материалов Всероссийской научной конференци. Кохма, 23－24 апреля 2010 г. Иваново, 2011.

Смутное время и земские ополчения в начале XVⅡ в. К 400－летию создания Первого ополчения под предводительством П. П. Ляпунова. Рязань, 2011.

Смутное время в России: конфликт и диалог культур. Материалы научной конференции. Санкт-Петербург, 12－14 октября 2012 года. Труды Исторического факультета СПбГУ. Т. 10. СПб., 2012.

Смута в России и Потоп в Речи Посполитой: опыт преодоления государственного кризиса в XVⅡ столетии. Материалы Российско-польской научной конференции Москва, 24－26 октября 2012 г. / Отв. ред. А. В. Юрасов, ред. А. В. Малов, пер. с пол. яз. А. Б. Плотников. М.:

《Древлехранилище》, 2016.

Смутные времена в России начала XVⅡ и начала XX столетий: природа и уроки : материалы междунар. науч. конф. , г. Волгоград, 12－13 окт. 2018 г. / отв. за вып. : А. Л. Клейтман, О. В. Рвачева, Н. В. Рыбалко. Волгоград : Изд-во Волгоградского института управления -филиала ФГБОУ ВО РАНХиГС, 2018.

六　俄文论文

Аврех А. Я. К дискуссии об абсолютизме в России. История СССР. 1971. №3.

Аврех А. Я. Русский абсолютизм и его роль в утверждении капитализма в России. История СССР. 1968. №2.

Аврех А. Я. Утраченное равновесие. История СССР. 1971. №4.

Антонов Д. И. Колдун на престоле: легенды и слухи о Лжедмитрии Ⅰ как царе-самозванце. //Вестник РГГУ Серия 《 История. Филология. Культурология. Востоковедение》. 2017; (5): 31-46.

Аракчеев В. А. Опричнина и Земщина: к изучению административной практики в Русском государстве 1560－1580-х годов. Р оссийская история. 2010. №1.

Базилевич К. В. Опыт периодизации истории СССР феодального периода. Вопросы истории, 1949. № 11.

Волков М. Я. О становлении абсолютизма в России. История СССР. 1970. №1.

Восканян С. С. Появление политической элиты в России. Вопросы истории. 2013. №8.

Гольдфранк Д. Парадоксы Московии XVⅡ века. Родина. 2006. №11.

Давидович А. М. , Покровский С. А. О классовой сущности и этапах развития русского абсолютизма. История СССР. 1969. №1.

Данилов А. Г. Новые явления в организация власти в России в период Смуты. Вопросы истории. 2013. №11.

Даркевич В. П. Происхождение и развитие городов Древней Руси.

Вопросы истории. 1994. №10.

Иванов А. А. Безопасность московского царства в правление Ивана Грозного. Вопросы истории. 2009. №. 9.

Кислицин С. А. Политико-правовые системы и режимы в истории России. / Российская историческая политология: Курс лекций. Ростов/нД: Феникс, 1998.

Кобрин В. Б., Юрганов А. Л. Становление деспотического самодержавия в средневековой Руси (к постановке проблемы). История СССР, 1991, № 4.

Кобрин В. Б. Смутное время — утраченные возможности. История Отечества: люди, идеи, решения. Очерки истории России IX — начала XX вв. М.: Политиздат, 1991.

Королев А. А. Самозванство в России в прошлом и настоящем: социокультурный и историко психологический аспекты, Исторические записки, 2015. №4. с. 118–137.

Котышев Д. М. 《Се буди матерь градомъ русьскимъ》: проблема столичного статуса Киева середины XI–начала XII века. / Русские древности. Сборник научных трудов. К 75–летию профессора И. Я. Фроянова.. СПб. 2011.

Лисейцев Д. В., Рогожин Н. М. Россия после смуты—время выбора. Отечественная история. 2008. №5.

Мельникова Е. А. К типологии предгосударственных и раннегосударственных образований в северной и северо-восточной Европе (Постановка проблемы). Древнейшие государства Восточной Европы. Материалы и исследования. М. 1995.

Мухин О. Н. Абсолютизм vs самодержавие: еще раз к дефиниции понятий. Вестник ТГПУ. 2013. №. 2.

Нефедов С. А. Происхождение 《регулярного государства》 Петра Великого. Вопросы Истории. 2013. №12.; 2014. №1.; 2014. №2.; 2014. №4.

Павленко Н. И. К вопросу об особенностях абсолютизма в России. История СССР. 1970. №4.

Павлов А. П. Эвалюция государства и общества в России во второй половине XVI в. （ К вопросу о сословно-представительной монархии ）. Russische und Ukrainische vom. 16. –18. Jahrhundert. Wiesbaden, 2001.

Павлова-сильванская М. П. К вопросу об особенностях абсолютизма в России. История СССР. 1968. №4.

Панеях В. М. Панорама истории России XV –XVI веков А. А. Зимина: К выходу в свет книги " Витязь на распутье ". Отечественная история. 1992. №6.

Перхавко В. Б. Этнические, политические и конфессиональные особенности империи Рюриковичей. У источника: Сборник статей в честь Сергея Михайловича Каштанова. М., 2005.

Польской С. В. Между 《 самодержавием 》 и 《 самовластием 》: 《 монаршическое правление 》 в русском политическом лексиконе XVIII в. Документ. Архив. История. Современность: Сб. науч. тр. Вып. 11. Екатеринбург: Изд-во Уральского университета, 2010.

Поляков А. Н. Община как форма социальной организации. Вестник ОГУ. 2004. №6.

Поляков А. Н. Древнейшие русские города и начало цивилизации. Вестник ОГУ. 2007. №4.

Поляков А. Н. Древнерусская цивилизация: вехи развития. Вопросы истории. 2008. №9.

Поляков А. Н. Древнерусская цивилизация: вопросы социальной мобильности. Вопросы истории. 2009. №9.

Поляков А. Н. Древнерусская цивилизация: основы политического строя. Вопросы истории. 2007. №3.

Поляков А. Н. Образование древнерусской цивилизации. Вопросы истории. 2005. №3.

Пузанов В. В. Главные черты политического строя Киевской РусиX – XI вв.. Исследования по русской истории. Сборник статей к 65 – летию профессора И. Я. Фроянова. СПб. Ижевск. 2001.

Российско-польская научная конференция 《Смута в России и Потоп в Речи Посполитой: опыт преодоления государственного кризиса в XVII столетии》. Российская история. 2013. №5.

Сахаров А. Н. Исторические факторы образования русского абсолютизма. История СССР. 1971. №1.

Свак Д. Русский самсон? К вопросу об оценке исторической роли Ивана IV. Отечественная история. 1999. №5.

Сорокин Ю. А. О понятии 《 абсолютизм 》. Исторический ежегодник. Омск. 1996.

Троицкий С. М. О некоторых спорных вопросах истории абсолютизма в России. История СССР. 1969. №3.

Фроянов И. Я. Дворниченко А. Ю. Города-государства в Древней Руси. Становление и развитие раннеклассовых обществ: город и государство. Под ред. Г. Л. Курбатова и др. Л. 1986.

Фроянов И. Я. К истории зарождения русского государства. Из истории Византии и визатиноведения. Л., 1991.

Черепнин Л. В. К вопросу о складывании абсолютной монархии в России (XVII – XVIII вв.). Черепнин Л. В. Вопросы методологии исторического исследования. М., 1981.

Черепнин Л. В. Общественно-политические отношения Древней Руси и Русская Правда. Новосельцев А. П., Пашуто В. Т., Черепнин Л. В. Древнерусское государство и его международное значение. М. 1965.

Чернов К. С. Абсолютизм в России. Вопросы истории. 2014. №. 1.

Чистозвонов А. Н. Некоторые аспекты генезиса абсолютизма. История СССР. 1968. №3.

Шапиро А. Л. Об абсолютизме в России. История СССР. 1968. №5.

Юрганов А. Л. Опричнина и Страшный суд. Отечественная история. 1997. № 3.

Юшков С. В. К вопросу о политических формах русского феодального государства доXIX в. . Вопросы истории. 1950. №1.

Юшков С. В. К вопросу о сословно-представительной монархии в России. Советское государство и право. 1950. № 10.

Янин В. Л. Алешковский М. Х. Происхождение Новгорода (к постановке проблемы). История СССР. 1971. №2.

七　英文专著

AlexanderYanov, *The Origins of Autocracy*: *Ivan The Terrible In Russian History*, Berkeley: University of California Press, 1981.

Andrew M. Verner, *The Crisis of Russian Autocracy*: *Nicholas II and the* 1905 *Revolution*, Princeton, 1990.

Brenda Meehan-Waters, *Autocracy & Aristocracy*: *the Russian Service Elite of* 1730, New Brunswick, New Jersey, 1982.

Charles J. Halperin, *Russia and the Golden Horde*: *The Mongol Impact on Medieval Russian history*, London: I. B. Tauris & Co. Ltd., 1985.

GeorgeVernadsky, *The Mongols and Russia*, New Haven, London: Yale University Press, 1953.

GustaveAlef, *The Origins of Muscovite Autocracy*: *The Age of Ivan* Ⅲ, Harrassowitz, 1986.

Kotilaine, Jarmo, *Russia's Foreign Trade and Economic Expansion in the Seventeenth century*, Brill Leiden. Boston, 2005.

Le Donne, John P., *Absolutism and Ruling Class*: *The Formation of the Russian Political Order*, *1700–1825*, New York, 1991.

Miller, John (ed.), *Absolutism in Seventeenth-Century Europe*, New York: Palgrave Macmillan, 1990.

NicholasHenshall, *The Myth of Absolutism*: *Change and Continuity in Early Modern European Monarchy*, L. Routledge, 1992.

Paul Dukes, *The Making of Russian Absolutism*, *1613 – 1801*, Longman, 1986.

Robert O. Crummey, *Aristocrats and Servitors*: *the Boyar Elite in Russia*, *1613–1689*, Princeton University Press, 1983.

Subtelny Orest, *Domination of Eastern Europe*: *Native Nobilities and Foreign Absolutism*, *1500 – 1715*, Kingston and Montreal: McGill-Queen's University Press, 1986.

The Cambridge history of Russia, Vol. I: *From Early Rus' to 1689*, Cambridge University Press, 2006.

Thomas S. Pearson, *Russian Officialdom in Crisis: Autocracy and Local Self-Government, 1861-1900*, Cambridge, 1989.

Valerie A. Kivelson, *Autocracy in the Provinces: The Muscovite Gentry and Political Culture in the Seventeenth Century*, Stanford, Calif.: Stanford University Press, 1996.

Wilson, Peter H., *Absolutism in Central Europe*, New York: Routledge, 2000.

八 英文论文

DonaldOstrowski, "The Mongol Origins of Muscovite Political Institutions," *Slavic Review*, Vol. 49, No. 4 (Winter, 1990).

Joseph Bradley, "Societies, Civil Society, and Autocracy in Tsarist Russia," *The American Historical Review*, Vol. 107, No. 4 (October 2002).

Karl A. Wittfogel, "Russia and the East: A Comparison and Contrast," *Slavic Review* 22 (December 1963).

Perrie Maureen, "The Muscovite Monarchy in the Sixteenth Century: 'national', 'popular' or 'democratic'?" *Cahiers du monde russe*, 2005/1 Vol. 46.

Soldat Cornelia, "The Limits of Muscovite Autocracy: The Relations between the Grand Prince and theBoyars in the Light of Iosif Volotskii's Prosvetitel," *Cahiers du monde russe*, 2005/1. Vol. 46.

Valerie Kiveson, "Merciful Father, Impersonal State: Russisan Autocracy in Comparative Perspective." *Modern Asian Studies*31, 3 (1997).

九 网络资料

"Putin: The New Tsar. A new documentary worth watching." Moscow Times. 2018 - 03 - 15. https://www.themoscowtimes.com/2018/03/15/putin-the-new-tsar-a60822.

Большой энциклопедический словарь. https://474.slovaronline.com.

Великая самодержавная революция Ивана Ⅳ. 《Фрагмент книги

Александра Янова 《Россия иЕвропа. 1462－1921》. https：//www. ng. ru/ng_exlibris/2006－11－23/4_ivan4. html.

Владислав Сурков： Долгое государство Путина. Независимая газета. http：//www. ng. ru/ideas/2019－02－11/5_7503_surkov. html.

Иван Аксаков. Русское самодержавие － не немецкий абсолютизм и не азиатский деспотизм. Научно-популярная и образовательная литература. 1886. http：//dugward. ru/library/aksakovy/iaksakov _ russkoe _ samoderjavie. html.

Энциклопедический словарь Брокгауза и Ефрона. https：//rus－brokgauz－efron. slovaronline. com.

附　录

一　俄国君主世系表*

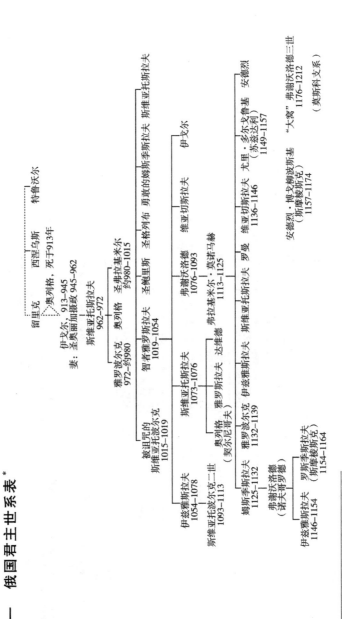

留里克　西涅乌斯
特鲁沃尔

伊戈尔，913—945
妻：圣奥丽加摄政 945—962

斯维亚托斯拉夫
962—972

雅罗波尔克　奥列格　圣弗拉基米尔
972—约980　约980—1015

被诅咒的　智者雅罗斯拉夫　圣鲍里斯　圣格列布　勇敢的姆斯季斯拉夫　斯季托斯拉夫
斯维亚托波尔克　1019—1054
1015—1019

伊兹雅斯拉夫　斯维亚托斯拉夫　弗谢沃洛德　伊戈尔　维亚切斯拉夫
1054—1078　1073—1076　1076—1093

斯维亚托波尔克二世　奥列格　雅罗斯拉夫　达维德　弗拉基米尔·莫诺马赫
1093—1113　（奥尔尼哥夫）　1113—1125

姆斯季斯拉夫　雅罗波尔克　伊兹雅斯拉夫　斯维亚托波尔克　罗曼　维亚切斯拉夫　尤里·多尔戈鲁基　安德烈
1125—1132　1132—1139　1136—1146　（苏兹达利）
1149—1157

弗谢沃洛德　罗斯季斯拉夫　安德烈·博戈柳斯基　"大窝" 弗谢沃洛德三世
（诺夫哥罗德）　（斯摩棱斯克）　（斯摩棱斯克）　1176—1212
1154—1164　1157—1174　（莫斯科支系）

伊兹雅斯拉夫
1146—1154

* 〔美〕尼古拉·梁赞诺夫斯基，马克·斯坦伯格：《俄罗斯史》，杨烨等主译，上海人民出版社，2007。

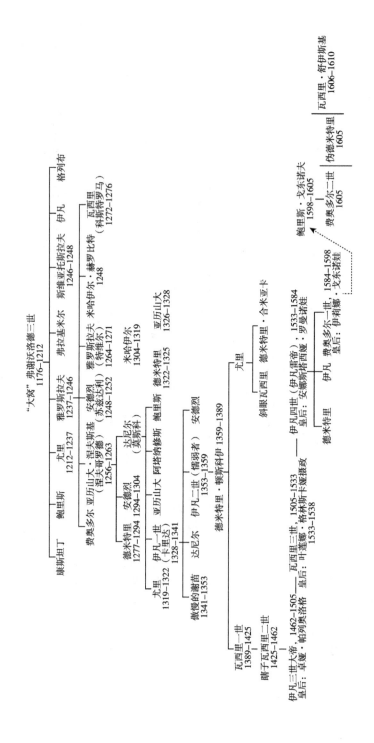

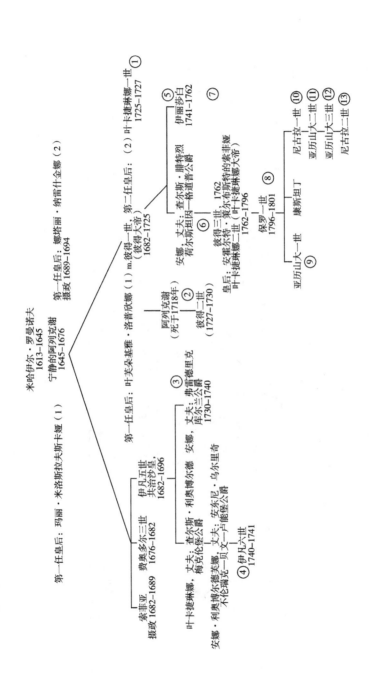

二 1724 年中央机关一览表*

* 〔苏〕Б. Б. 卡芬加乌兹、Н. И. 巴甫连科主编《彼得一世的改革》上册，鄂奇格等译，第 360 页。

三　俄国历史地图[*]

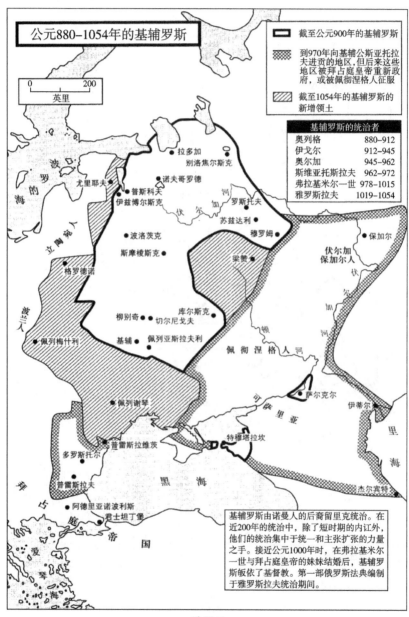

地图 1

* 〔英〕马丁·吉尔伯特《俄国历史地图》，王玉菡译，中国青年出版社，2009。

地图 2

注：与马丁·吉尔伯特不同的是，本书认为，11～13 世纪罗斯的分裂是因为诸多城邦（以城市力量为核心）的形成（有别于 14～15 世纪封邑罗斯时期以王公力量为政治核心的公国）。

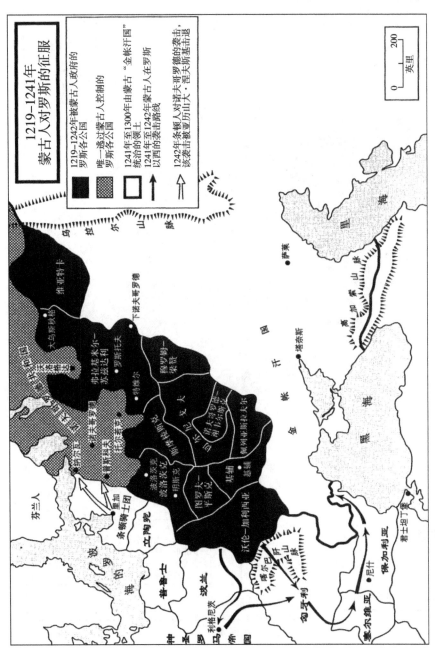

地图 3

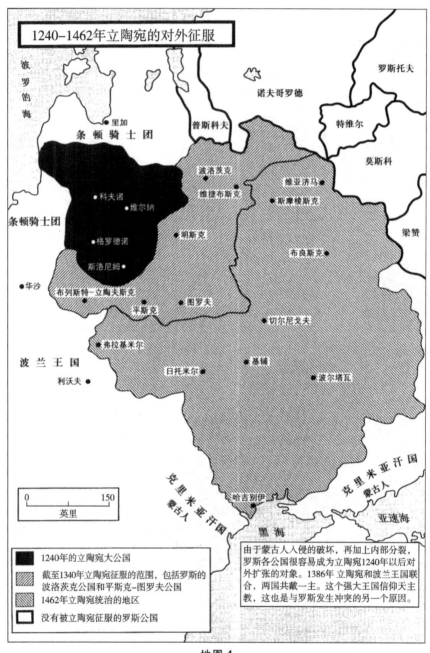

1240–1462年立陶宛的对外征服

波罗的海

条顿骑士团

里加

条顿骑士团

科夫诺
维尔纳
格罗德诺
斯洛尼姆

华沙

布列斯特—立陶夫斯克

平斯克

弗拉基米尔

波兰王国

利沃夫

日托米尔

普斯科夫

诺夫哥罗德

罗斯托夫

特维尔

莫斯科

梁赞

波洛茨克
维捷布斯克
明斯克

图罗夫

切尔尼戈夫

基辅

波尔塔瓦

维亚济马
斯摩棱斯克

布良斯克

哈吉别伊

克里米亚汗国蒙古人

黑海

克里米亚汗国蒙古人

亚速海

0	150

英里

■ 1240年的立陶宛大公国

▨ 截至1340年立陶宛征服的范围，包括罗斯的波洛茨克公国和平斯克—图罗夫大公国

▧ 1462年立陶宛统治的地区

□ 没有被立陶宛征服的罗斯公国

由于蒙古人入侵的破坏，再加上内部分裂，罗斯各公国很容易成为立陶宛1240年以后对外扩张的对象。1386年立陶宛和波兰王国联合，两国共戴一主。这个强大王国信仰天主教，这也是与罗斯发生冲突的另一个原因。

地图 4

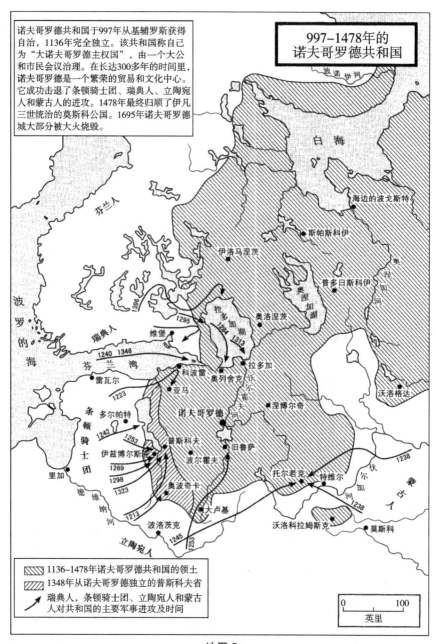

诺夫哥罗德共和国于997年从基辅罗斯获得自治，1136年完全独立。该共和国称自己为"大诺夫哥罗德主权国"，由一个大公和市民会议治理。在长达300多年的时间里，诺夫哥罗德是一个繁荣的贸易和文化中心。它成功击退了条顿骑士团、瑞典人、立陶宛人和蒙古人的进攻。1478年最终归顺了伊凡三世统治的莫斯科公国。1695年诺夫哥罗德城大部分被大火烧毁。

**997–1478年的
诺夫哥罗德共和国**

白海

波速伊河

海边的波戈斯特

斯帕斯科伊

芬兰人

伊洛马涅茨

奥涅加湖

普多日斯科伊

奥洛涅茨

奥涅加河

沃洛格达

波罗的海

瑞典人

1396

狍多加湖

1295

1284

1313

维堡

1240 1348

拉多加

芬兰湾

雷瓦尔

1223

科波雷

奥列舍克

亚马

沃尔霍夫河

涅博尔奇

条顿骑士团

多尔帕特

诺夫哥罗德

1242

1253

普斯科夫

旧鲁萨

伊兹博尔斯克

1269

波尔霍夫

里加

1298

1323

奥波奇卡

托尔若克

特维尔

1238

伏尔加河

蒙古人

德维纳河

1213

大卢基

1238

立陶宛人

波洛茨克

1245

1253

沃洛科拉姆斯克

莫斯科

1136–1478年诺夫哥罗德共和国的领土

1348年从诺夫哥罗德独立的普斯科夫省

瑞典人、条顿骑士团、立陶宛人和蒙古人对共和国的主要军事进攻及时间

0   100
英里

地图 5

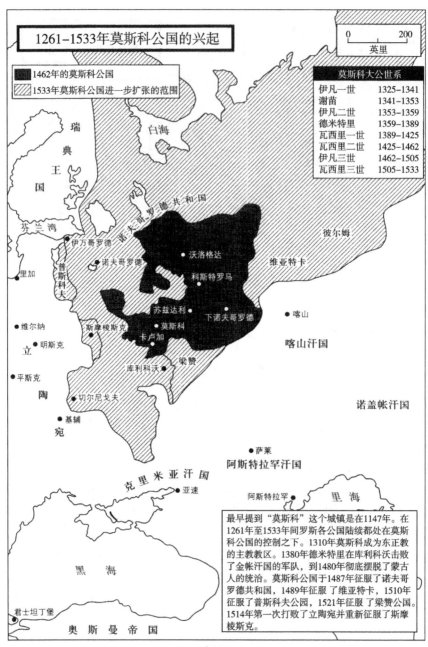

1261–1533年莫斯科公国的兴起

- ■ 1462年的莫斯科公国
- ▨ 1533年莫斯科公国进一步扩张的范围

莫斯科大公世系	
伊凡一世	1325–1341
谢苗	1341–1353
伊凡二世	1353–1359
德米特里	1359–1389
瓦西里一世	1389–1425
瓦西里二世	1425–1462
伊凡三世	1462–1505
瓦西里三世	1505–1533

0 200
英里

瑞典王国

白海

芬兰湾

诺夫哥罗德共和国

彼尔姆

伊万哥罗德

里加

普斯科夫

诺夫哥罗德

维亚特卡

沃洛格达

科斯特罗马

维尔纳

明斯克

斯摩棱斯克

苏兹达利

下诺夫哥罗德

喀山

立

陶

莫斯科

卡卢加

喀山汗国

平斯克

库利科沃

梁赞

切尔尼戈夫

宛

基辅

诺盖帐汗国

萨莱

阿斯特拉罕汗国

克里米亚汗国

亚速

阿斯特拉罕

里海

黑海

君士坦丁堡

奥斯曼帝国

最早提到"莫斯科"这个城镇是在1147年。在1261年至1533年间罗斯各公国陆续都处在莫斯科公国的控制之下。1310年莫斯科成为东正教的主教教区。1380年德米特里在库利科沃击败了金帐汗国的军队，到1480年彻底摆脱了蒙古人的统治。莫斯科公国于1487年征服了诺夫哥罗德共和国，1489年征服了维亚特卡，1510年征服了普斯科夫公国，1521年征服了梁赞公国。1514年第一次打败了立陶宛并重新征服了斯摩棱斯克。

地图 6

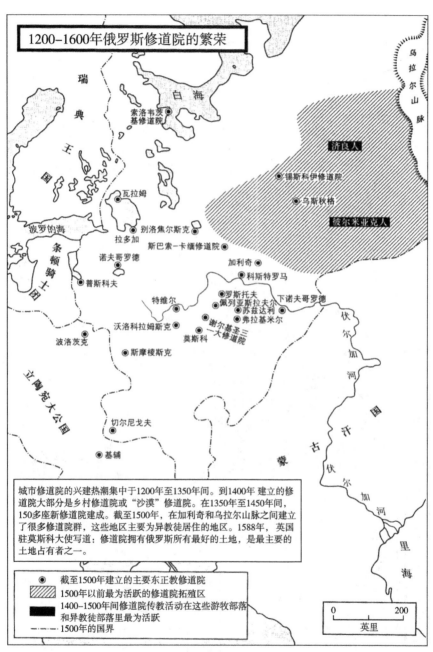

1200-1600年俄罗斯修道院的繁荣

乌拉尔山脉

瑞典王国

白海

索洛韦茨基修道院

济良人

锡斯科伊修道院

乌斯秋格

瓦拉姆

波罗的海

别洛焦尔斯克

彼尔米亚克人

拉多加

斯巴索-卡缅修道院

条顿骑士团

诺夫哥罗德

加利奇

科斯特罗马

普斯科夫

特维尔

罗斯托夫

下诺夫哥罗德

佩列亚斯拉夫尔

苏兹达利

沃洛科拉姆斯克

谢尔基圣三一大修道院

弗拉基米尔

波洛茨克

莫斯科

伏尔加河

斯摩棱斯克

立陶宛大公国

切尔尼戈夫

蒙古

基辅

伏尔加河

汗国

里海

城市修道院的兴建热潮集中于1200年至1350年间。到1400年建立的修
道院大部分是乡村修道院或"沙漠"修道院。在1350年至1450年间，
150多座新修道院建成。截至1500年，在加利奇和乌拉尔山脉之间建立
了很多修道院群，这些地区主要为异教徒居住的地区。1588年，英国
驻莫斯科大使写道：修道院拥有俄罗斯所有最好的土地，是最主要的
土地占有者之一。

- ◉ 截至1500年建立的主要东正教修道院
- ▨ 1500年以前最为活跃的修道院拓殖区
- ▮ 1400-1500年间修道院传教活动在这些游牧部落和异教徒部落里最为活跃
- —·— 1500年的国界

0   200

英里

地图 7

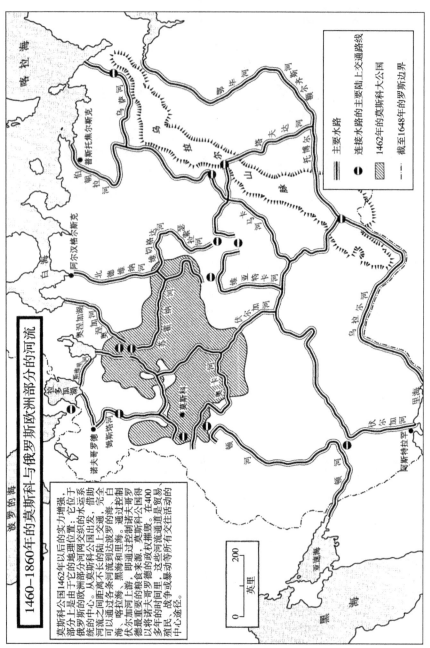

地图 8

1565—1571年伊凡四世没收的土地

图例：
- 1565年的罗斯的边界
- 1565年伊凡四世没收的土地
- 1566—1568年没收的土地
- 1569—1571年没收的土地
- 土地被剥夺者逃亡的主要路线

1565年伊凡四世（"雷帝"）建立了一个独立的沙皇领地，即沙皇特辖区。他以上地所有人身分统治该地。截至1572年，这个地区包括莫斯科和诺夫哥罗德的一些土地，也包括莫斯科以北十半以上的俄罗斯衙区和郊区。伊凡四世将6000多名特别挑选出的卫兵和文持者迁至该地。这些土地是他从其所有者手中没收而来的。在7年的时间里，他将12000多个土地所有者从他们的土地上赶走。这些被没收的土地成为伊凡四世个人财富的来源，并彻底摧毁了大领主贵族阶层。

地图 9

地图 10

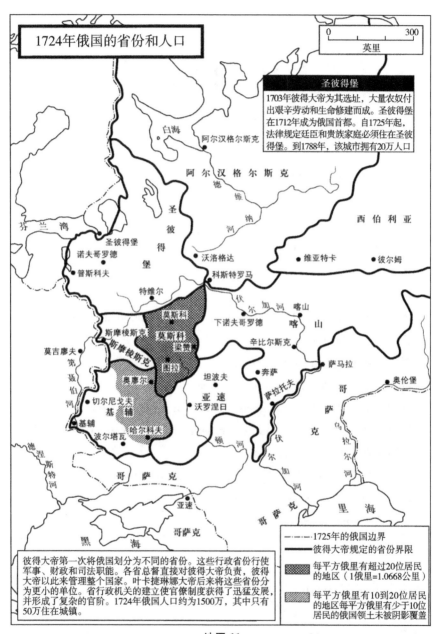

1724年俄国的省份和人口

0　　　　300
英里

圣彼得堡

1703年彼得大帝为其选址，大量农奴付出艰辛劳动和生命修建而成。圣彼得堡在1712年成为俄国首都。自1725年起，法律规定廷臣和贵族家庭必须住在圣彼得堡。到1788年，该城市拥有20万人口

----- 1725年的俄国边界
—— 彼得大帝规定的省份界限

▨ 每平方俄里有超过20位居民的地区（1俄里=1.0668公里）

▨ 每平方俄里有10到20位居民的地区每平方俄里有少于10位居民的俄国领土未被阴影覆盖

彼得大帝第一次将俄国划分为不同的省份。这些行政省份行使军事、财政和司法职能。各省总督直接对彼得大帝负责，彼得大帝以此来管理整个国家。叶卡捷琳娜大帝后来将这些省份分为更小的单位。省行政机关的建立使官僚制度获得了迅猛发展，并形成了复杂的官阶。1724年俄国人口约为1500万，其中只有50万住在城镇。

地图 11

译名对照表

一 专有词语对照表

《1497 年法典》Судебник 1497

《1550 年法典》Судебник 1550

《1649 年会议法典》Соборное уложение 1649

《百章决议》Стоглав

《弗拉基米尔王公传说》Сказание о князьях Владимирских

《官秩表》Табель о рангах

《军事条例》Артикул воинский

《君主意志的真理》Правда воли монаршей

《论沙皇的权力与光荣》Слово о власти и чести царской

《论自然法和万民法》Право естественное и право народов

《罗斯法典》Правда Русская

《斯托尔博沃和约》Столбовский мирный договор

《往年纪事》Повесть временных лет

《政府论》Правление гражданское

八思哈 Баскак

百人长 сотские

包捐，包税制 откуп

北方战争 Северная война

彼得堡罗斯 Петровская Русь

波兰-立陶宛王国 Речь Посполитая

波旁王朝 династия Бурбонов

波雅尔 бояре

波雅尔杜马 боярская дума

波雅尔子弟 боярские дети

参政院，枢密院 Сенат

差丁 даточные люди

呈文衙门 челобитный приказ

城邦（城市国家）Город-государство

城市公社 городская община

城市领区 городовая область

城市长官 градские старцы

鞑靼桎梏 татарское иго

大动乱 Смута

大动乱年代 Смутное время

大公 великая князь

大宫廷衙门 приказ Большого дворца

等级 сословие

等级代表君主制 сословно-представительная монархия

地方行政长官 наместник

地方自治改革 земская реформа

帝国 империя

都铎王朝 династия Тюдоров

独裁君主制 деспотизм

杜马服役贵族 думные дворяне

杜马秘书官 думные дьяки

法官 судья

藩臣 подручик

反诺曼说 антинорманская теория

封地 поместье

封地制，服役领地制 Поместная система

封地主 помещик

封邑 удел

封邑罗斯 удельная русь

封邑制 удельный порядок

佛罗伦萨合并 Флорентийская уния

服役贵族 дворянство

服役领地衙门 Поместный приказ

服役人员 служилые люди

服役王公 служебная князь

高级神职人员会议 освященный собор

哥萨克 казаки

宫廷 двор

固巴 губа

寡头制 олигархия

关税 пошлина

官方人民性理论 Теория официальной народности

国家封建主义 государственный феодализм

国家学派 Государственная школа

汉萨同盟 Ганзейский союз

户税 подворное обложение

皇帝 император

基辅罗斯 Киевская Русь

记事衙门 записной приказ

僭位者，冒名顶替者 самозванец

金帐汗国 Золотая Орда

近臣办公厅 Ближняя канцелярия

近臣杜马 Ближняя дума

缙绅会议 земский собор

静修主义 исихазм

旧礼仪派 старообрядчество

绝对君主制 абсолютизм

军政长官 воевод

君主 монарх

君主制 монархия

克里米亚汗国 Крымское ханство

库利科沃战役 Куликовская битва

立陶宛-罗斯 Литовская Русь

立沃尼亚战争 Ливонская война

吏部衙门 Разрядный приказ

联合审判法庭 сместный суд

卢布林合并 Люблинская уния

罗曼诺夫王朝 дом Романовых，династия Романовых

罗斯诸城之母 мать городов русских

门第制 местничество

米尔 мир

秘书官 дьяк

免税优惠村 слобода

民选服役贵族 выборные дворяне

民主制 демократия

末日审判 Страшный суд

末世论 эсхатология

莫诺马赫王冠 Корона Мономаха

莫斯科罗斯 Московская Русь

莫斯科是第三罗马 Москва—третий рим

莫斯科维亚 Московия

募兵制 рекрутский набор

内讧 усобицы

农奴制 крепостное право，крепостничество

奴仆衙门 Холопий приказ

诺曼说 норманская теория

欧亚洲 Евразия

欧亚主义 Евразиство

普通区 земщина

七领主政府 семибоярщина

切良津，奴仆 челядь

亲兵 дружина

酋邦 вождество

区 стан

全俄罗斯大帝 император Всероссийский

全国会议 Советы всея земли

全国缙绅会议 общий земский совет

全民大会 всенародное собрание

人民君主制 народная монархия

人头税 подушная подать

沙皇 Царь

少年卫队 отроки

舍隆河战役 Шелонская битва

绅士名流 лучшие мужи

神意裁决 суд божий

十人长 десятские

食邑 корм

食邑制，供养制 кормление

使节衙门 Посольская изба

世袭领地 отчина，вотчина

世袭领地国家 Вотчиное государство

市政官，帕萨德尼克 посадник

市政厅 магистрат

侍臣 окольничий

侍卫 гридь

枢密衙门 приказ Тайный дел

顺序制 очередной порядок

司法例外证书 несудимая грамота

斯拉夫派 Славянофильство

饲马衙门 Конюшенный приказ

索哈 coxa

特辖军 опричник，кромешник

特辖制 опричнина

条顿骑士团 Тевтонский орден

统计衙门 счетный приказ

图希诺贼 Тушинский вор

瓦良格人 варяг

瓦希商路 торговый путь из варяг в греки

外国人 немец

王公 князь

王公勇士 княжи муж

维彻 вече

维彻国家 вечевое государство

委员会 коллегия

西方派 Западничество

乡 волость

小罗斯 малая русь

协议 ряд

新制度主义 neo-institutionalism，new institutionalism

新制军团 полки иноземного строя

刑部衙门 Разбойный приказ

宣誓文告 подкрестная запись

巡行索贡 полюдье

衙门 приказ

邑 волость

尤里节 Юрьев день

游民 изгой

御前侍膳 стольники

正规化国家 регулярное государство

执事，季翁 тиун

直接税 прямой налог

重臣拉达 Избранная рада

主教公会，正教院 Синод

专制君主 самодержец

专制君主制 самодержавие

子弟卫队 детские

自由职役 слуги вольные

二 人名对照表

阿克萨科夫 Иван Аксаков（1823~1886）

阿克萨科夫 К. С. Аксаков（1817~1860）

阿里施茨 Д. Н. Альшиц（1919~2012）

阿列克谢 Алексий（1354~1378 年在任基辅大主教）

阿列克谢·阿达舍夫 Алексей Адашев（1510~1561）

阿列克谢·米哈伊洛维奇 Алексей Михайлович（1645~1676 年在位）

阿瓦库姆 Аввакум Петров（1620~1682）

阿维尔赫 А. Я. Аврех（1915~1988）

阿希耶泽尔 А. Ахиезер（1929~2007）

艾拉别江 И. Ю. Айрапетян

艾森斯塔得 S. N. Eisenstadt（1923~2010）

爱尔维修 Claude Adrien Helvetius（1715~1771）

安娜斯塔西娅 Анастасия Романовна（1530/1532~1560）

奥里格尔德 Ольгерд（1345~1377 年为立陶宛大公）

奥莉加 Ольга（945~969 年在位）

奥列格 Олег（879~912 年在位）

奥列格 Олег（977 年去世）

巴甫洛夫 А. П. Павлов（1952 年生）

巴甫洛夫-西利万斯基 Н. П. Павлов-Сильванский

巴基列维奇 К. В. Базилевич（1892~1950）

巴林顿·摩尔 Barrington Moore（1913~2005）

巴涅亚赫 В. М. Панеях（1930~2017）

鲍里斯·戈杜诺夫 Борис Годунов（1587~1598 年在位）

彼得 Петр（1308~1326 年在任基辅大主教）

彼得一世 Пётр I（1682~1725 年在位）

波克罗夫斯基 М. Н. Покровский（1868~1932）

波利亚科夫 А. Н. Поляков（1965~）

波洛辛 И. И. Полосин（1891~1956）

波舒哀 Jacques-Bénigne Bossuet（1627~1704）

波索什科夫 Иван Тихонович Посошков（1652/1653～1726）

波扎尔斯基 Д. М. Пожарский（1578～1642）

博丹 Jean Bodin（1530～1596）

布莱恩·唐宁 Brian M. Downing

布任斯基 Гавриил Бужинский（? ～1731）

达龙·阿塞莫格鲁 Daron acemoglu（1967～）

达尼尔 Даннил Московский（1276～1303 年在位）

达尼列夫斯基 И. Н. Данилевский（1953 年生）

达尼洛娃 Л. В. Данилова（1923～2012）

达维德 Давид

丹尼洛夫 А. Г. Данилов

道格拉斯·诺斯 Douglass C. North（1920～2015）

德米特里·顿斯科伊 Дмитрий Донской（1363～1389 年在位）

德米特里王子 Дмитрий Углицкий（царевич）

菲拉列特 Филарет（1619 年 6 月 24 日至 1633 年 10 月 1 日在任大牧首）

腓特烈·威廉一世，腓特烈一世 Friedrich Wilhelm I（1713～1740 年在位普鲁士国王）

费奥格诺斯特 Феогност（1328～1353 年在任基辅大主教）

费多尔 Федор Иванович（1584～1598 年在位）

费多尔·阿列克谢耶维奇 Федор Алексеевич（1676～1682 年在位）

弗拉基米尔·莫诺马赫 Владимир Мономах

弗拉基米尔斯基-布达诺夫 М. Ф. Владимирский-Буданов（1838～1916）

弗拉季斯拉夫王子 Владислав IV（1632～1648 年为波兰-立陶宛国王）

弗朗西斯·福山 Francis Fukuyama（1952 年生）

弗罗亚诺夫 И. Я. Фроянов

弗谢沃洛德 Всеволод Ⅲ Большое Гнездо（1176～1212 年在位）

福季 Фотий（1408～1431 年在位基辅大主教）

戈尔斯基 А. А. Горский（1959 年生）

格尔莫根 Гермоген（1606 年 6 月 3 日至 1612 年 2 月 17 日在任大牧首）

格里戈里·奥特列皮耶夫 Григорий Отрепьев

格列科夫 Б. Д. Греков（1882～1953）

古斯塔夫·阿勒夫 Gustave Alef（1922～1996）

哈尔佩林 Charles J. Halperin（1946 年生）

黑格尔 Georg Wilhelm Friedrich Hegel（1770~1831）

霍布斯 Thomas Hobbes（1588~1679）

霍米亚科夫 А. С. Хомяков（1804~1860）

霍米亚科夫 Д. А. Хомяков（1841~1919）

基里尔 Кирилл Ⅱ（1242~1280/1281 年在任基辅大主教）

基列耶夫斯基 И. В. Киреевский（1806~1856）

基普里安 Киприан（1381~1383；1390~1406 年在任基辅大主教）

基斯利钦 С. А. Кислицин（1953 年生）

季霍米罗夫 Л. А. Тихомиров（1852~1923）

济明 А. А. Зимин（1920~1980）

卡尔·А. 魏特夫 Karl August Wittfogel（1896~1988）

卡拉姆津 Н. М. Карамзин（1766~1826）

卡什塔诺夫 С. М. Каштанов（1932 年生）

卡维林 К. Д. Кавелин（1818~1885）

卡西米尔 Казимир（1440~1492 年为立陶宛大公）

卡西莫夫汗萨英-布拉特 Касимовский хан Саин-Булат（？~1616）

卡赞斯基 П. Е. Казанский（1866~1947）

科布林 В. Б. Кобрин（1930~1990）

科尔布 Иоганн Георг Корб（约 1670~1741 年，奥地利外交官）

科舍廖娃 О. Е. Кошелева

科斯托马罗夫 Н. И. Костомаров（1817~1885）

科特利亚尔 Н. Ф. Котляр（1932 年生）

科瓦列夫斯基 М. М. Ковалевский（1851~1916）

克柳切夫斯基 В. О. Ключевский（1841~1911）

库尔布斯基 Андрей Михайлович Курбский（1528~1583）

莱布尼茨 Gottfried Wilhelm Leibniz（1646~1716）

雷奇卡 В. М. Рычка（1955 年生）

里谢伊采夫 Д. В. Лисейцев（1975 年生）

理查德·派普斯 Richard Edgar Pipes（1923~2018）

理查德·琼斯 Richard Jones（1790~1855）

利哈乔夫 Дмитрий Сергеевич Лихачёв（1906~1999）

利亚普诺夫 Прокопий Петрович Ляпунов（？～1611）

梁赞诺夫斯基 Nicholas Valentine Riasanovsky（1923～2011）

列奥托维奇 Ф. И. Леонтович（1833～1910）

留里克 Рюрик（862～879 年在位）

柳巴夫斯基 М. К. Любавский（1860～1936）

罗蒙诺索夫 М. В. Ломоносов（1711～1765）

罗日科夫 Н. А. Рожков（1868～1927）

罗斯季斯拉夫 Ростислав

洛克 John Locke（1632～1704）

马夫罗金 В. В. Мавродин（1908～1987）

马卡里 Митрополит Макарий（1542～1563 年在任莫斯科大主教）

马克西姆 Максим（1282/1283～1305 年在任基辅大主教）

马迈 Мамай（1335？～1380）

玛琳娜 Марина Юрьевна Мнишек（1588～1614）

梅杜舍夫斯基 А. Н. Медушевский（1960 年生）

梅利尼科娃 Е. А. Мельникова（1941 年生）

孟德斯鸠 Baron de Montesquieu（1689～1755）

米哈伊尔·费多罗维奇 Михаил Федорович（1613～1645 年在位）

米留科夫 П. Н. Милюков（1859～1943）

米宁 Кузьма Минин（1570～1616）

莫茨亚 А. П. Моця（1950 年生）

莫尔多维娜 С. П. Мордовина

莫林·佩里 Maureen Perrie（1946 年生）

姆斯季斯拉夫斯基 Ф. И. Мстиславский（约 1550～1622）

尼康 Никон（1652 年 7 月 25 日至 1666 年 12 月 12 日在任大牧首）

帕舒托 Владимир Терентьевич Пашуто（1918～1983）

佩里·安德森 Perry Anderson（1938 年生）

皮埃尔·培尔 Pierre Bayle（1646～1706）

普芬道夫 Pufendorf, Samuel, Baron von（1632～1694）

普拉托诺夫 С. Ф. Платонов（1860～1933）

普列汉诺夫 Г. В. Плеханов（1856～1918）

普列斯尼雅可夫 А. Е. Пресняков（1870～1929）

普列斯尼亚科夫 А. Е. Пресняков（1870~1929）

普罗科波维奇 Феофан Прокопович（1681~1736）

普斯卡廖夫 С. Г. Пушкарёв（1888~1984）

普扎诺夫 В. В. Пузанов（1960 年生）

齐切林 Б. Н. Чиченин（1828~1904）

奇斯塔兹瓦诺夫 А. Н. Чистозвонов（1914~1998）

切尔尼亚耶夫 Н. И. Черняев（1853~1910）

切列普宁 Л. В. Черепнин（1905~1977）

若尔凯夫斯基 Станислав Жолкевский（1547~1620）

萨尔蒂科夫 Михаил Глебович Салтыков（？ ~1621）

萨哈罗夫 А. Н. Сахаров（1930~2019）

萨维茨基 П. Н. Савицкий（1895~1968）

瑟罗米亚特尼科夫 Б. И. Сыромятников（1874~1947）

舍米亚卡 Дмитрий Шемяка（1446~1447 年在位）

圣弗拉基米尔 Владимир Святой（980~1015 年在位）

施密特 С. О. Шмидт（1922~2013）

斯捷潘·拉辛 Степан Разин（1630~1671）

斯科雷尼科夫 Р. Г. Скрынников（1931~2009）

斯维尔德洛夫 М. Б. Свердлов（1939 年生）

斯维亚托波尔克 Святополк Окаянный（1015~1019 年在位）

斯维亚托斯拉夫 Святослав（964~972 年在位）

索菲娅·阿列克谢耶夫娜 Софья Алексеевна（1682~1689 年摄政）

索菲娅·巴列奥略 София Палеолог（1455~1503）

索罗金 Ю. А. Сорокин（1936~2009）

索洛涅维奇 И. Л. Солоневич（1891~1953）

索洛维约夫 С. М. Соловьёв（1820~1879）

塔季谢夫 В. Н. Татищев（1686~1750）

塔琳娜 Г. В. Талина（1970 年生）

唐纳德·奥斯特洛夫斯基 Donald Ostrowski

特鲁别茨科伊 Д. Т. Трубецкой（？ ~1625）

特鲁沃 Трувор

托克维尔 Alexis de Tocqueville（1805~1859）

托洛奇科 П. П. Толочко（1938 年生）

脱脱迷失 Тохтамыш（1380~1395 年在位金帐汗）

瓦西里·舒伊斯基 Василий Шуйский（1606~1610 年在位）

瓦西里三世 Василий Ⅲ（1505~1533 年在位）

瓦西里一世 Василий Ⅰ（1389~1425 年在位）

维尔纳茨基 George Vernadsky（1887~1973）

维托夫特 Витовт（1392~1430 年为立陶宛大公）

伪德米特里二世 Лжедмитрий Ⅱ（1606~1610 年在位）

伪德米特里三世 Лжедмитрий Ⅲ（1611~1612 年在位）

伪德米特里一世 Лжедмитрий Ⅰ（1605~1606 年在位）

沃尔夫 Wolff Christian（1679~1754）

西尔维斯特 Сильвестр（священник）（？~1566）

西吉蒙德·冯·赫伯施坦（Сигизмунд фон Герберштейн）

西吉蒙德三世 Сигизмунд Ⅲ（1587~1632 年为波兰-立陶宛国王）

西涅乌斯 Синеус

瞎眼的瓦西里 Василий Ⅱ Темный（1425~1462 年在位）

夏波夫 Я. Н. Щапов（1928~2011）

谢尔盖耶维奇 В. И. Сергеевич（1832~1910）

信神的安德烈 Андрей Боголюбский（1157~1174 年在位）

雅德维佳 Ядвига（1373~1399）

雅罗波尔克 Ярополк（972~980 年在位）

亚当·斯密 Adam Smith（1723~1790）

亚盖洛 Ягайло Ольгердович（1377~1381 年为立陶宛大公）

亚里士多德 Аристотель（公元前 384 年至公元前 322 年）

亚历山大·涅夫斯基 Александр Невский（1252~1263 年在位）

亚历山大·亚诺夫 Alexander Yanov（1930 年生）

亚宁 В. Л. Янин（1929~2020）

伊凡·波洛特尼科夫 Иван Болотников（？~1608）

伊凡·佩列斯韦托夫 Иван Семёнович Пересветов（生卒年不详）

伊凡雷帝 Иван Ⅳ Грозный（1533~1584 年在位）

伊凡三世 Иван Ⅲ（1462~1505 年在位）

伊凡五世 Иван Ⅴ（1682~1696 年在位）

伊戈尔 Игорь （912~945 年在位）

伊琳娜 Ирина Фёдоровна Годунова （1557~1603）

伊西多尔 Исидор （1437~1458 年在任基辅大主教）

伊兹雅斯拉夫 Изяслав

勇敢的姆斯季斯拉夫 Мустислав

尤尔加诺夫 А. Л. Юрганов （1959 年生）

尤什科夫 С. В. Юшков （1888~1952）

约夫 Иов （1589 年 1 月 23 日至 1605 年 6 月在任大牧首）

约翰·密尔（穆勒）John Stuart Mill （1806~1873）

约纳 Иона （1448~1461 年在任基辅大主教）

扎鲁茨基 Иван Мартынович Заруцкий （？~1614）

詹姆士·罗宾逊 James A. Robinson （1960 年生）

詹姆斯·密尔 James mill （1773~1836）

长臂尤里 Юрий Долгорукий （1149~1150；1155~1157 年在位）

智者雅罗斯拉夫 Ярослав Мудрый （1019~1054 年在位）

三 地名对照表

阿尔汉格尔斯克 Архангельск

阿斯特拉罕 Астрахань

波洛茨克 Полоцк

布良斯克 Брянск

弗拉基米尔 Владимир

基辅 Киев

加利奇 Галич

喀山 Казань

卡卢加 Калуга

拉多加 Ладога

利沃夫 Львов

梁赞 Рязань

罗斯托夫 Ростов

莫斯科 Москва

穆罗姆 Муром

诺夫哥罗德 Новгород

佩列亚斯拉夫利 Переяславль

普斯科夫 Псков

切尔尼戈夫 Чернигов

萨莱 Сарай-Бату

圣彼得堡 Санкт-Петербург

斯摩棱斯克 Смоленск

苏兹达尔 Суздаль

特维尔 Тверь

图拉 Тула

图希诺 Тушино

托波尔斯克 Тобольск

托尔若克 Торжок

维捷布斯克 Витебск

维亚特卡 Вятка

沃伦 Волынь

雅罗斯拉夫尔 Ярославль

后 记

又是一年盛夏，西安多雨，削弱了本该有的炎热。我趁暑假扎进"朝八晚十"的图书馆人堆里，既为书稿无暇尽善而羞愧，也为自己能静心享受图书馆生活而窃喜。

从博士论文写作到本书出版，俄罗斯总统已从他的第三任期到第四任期。无论历史还是现实，俄罗斯政治生活都为世界提供了许多精彩纷呈的看点。俄罗斯政治家的生成，有其独特的历史文化根基和社会思想源头。或许正是追根溯源的好奇心驱使，我的硕士学位论文研究俄国恐怖主义的源头涅恰耶夫现象，博士学位论文研究俄国专制政治的起源。实际上，对很多现实问题的理解，都需要深入历史去寻找智慧。俄罗斯当代著名的文化大师德·谢·利哈乔夫（1906~1999）特别强调"俄罗斯思想"，认为它是俄罗斯民族文化记忆的表达和集体的无意识，这种记忆犹如俄罗斯的文化基因。他认为："记忆是任何一种存在（物质存在、精神存在、人的存在……）的十分重要的属性之一。借助记忆，过去可以融入现在，而通过现在联系过去，仿佛也可以预测未来。"[1] 每一个民族和国家都有自己特殊的历史记忆，因而演绎出不同的发展道路，甚至在同样的时代，做出不同的现实选择。本书权且看作一种对"俄罗斯思想"中的专制政治意识和专制君主制历史道路的理解与阐释。

五年前怀着惜别的心情在博士学位论文后记中写下"一个阶段，一场告别，却断不了结下的深情厚谊"，而今却有幸"三进"陕西师范大学。想起多年前何大草老师以"告别"为题的小说写作选修课作业，当初以为告别难再重逢，如今方知人生处处是告别，告别即有缘再见。

这场再见，造就了本书的出版。首先要感谢陕西师范大学历史文化学院领导和老师们的长期关心与帮助。特别是，我的硕士生和博士生导师曹维安教授荣休后，一直鼓励我在生活和工作之余做一些自己感兴趣的研究，且不时分享

---

[1] 〔俄〕德·谢·利哈乔夫：《俄罗斯思考》下卷，杨晖等译，军事谊出版社，2002。

他的读书偶得，正是这份牵挂促使我不曾懈怠，一路前行。博士后合作导师胡舶教授在承担繁重的国家重大项目研究的同时，时常关心和指点我的课题研究，提醒我著作出版时需要注意的事宜。也承蒙学院各位老师如白建才、王成军、何志龙、马瑞映、韩中义、李化成、李秉忠等教授们对我关怀照顾有加，曾在论文写作中给予悉心指导，又在课题申报时提出修改建议。

本书的出版还要向学界前辈们致敬和致谢。苏州科技大学姚海教授、吉林大学张广翔教授、西北大学黄民兴教授、华中师范大学罗爱林教授和邢来顺教授都曾对我的博士学位论文给了诸多鼓励和改进意见，这些宝贵的意见为我完善本书指引了方向。书中还引用了国内许多俄国史研究同人的科研成果，有些老师曾有幸相遇致谢，有些尚未有机会谋面，恕难一一列出，在此一并表示感谢。

近年来在"一带一路"的时代召唤下，学俄语的人似有所增长，但做俄国史研究的人依然越来越少，做俄国中世纪史研究的更是寥寥无几。印象深刻的是，2018年11月，有幸参加《历史研究》编辑部与云南大学举办的第十二届历史学前沿论坛，同曹维安先生携文《斯拉夫人的族源及早期历史》与会交流。会上，北京师范大学张建华教授慨叹斯拉夫人族源研究之艰难，中国人民大学徐晓旭教授则不吝分享他的希腊人族源研究之心得，相比之下，大家深感国内俄国史研究的广度和深度都有很大的拓展空间。所幸，在陕西师范大学既有杨存堂教授、曹维安教授和王国杰教授等苏联史、俄国史老前辈的指点，也有胡舶教授、宋永成教授以及郭响宏和赵旭黎副教授等中青年学者的帮携与同行，因此，我不禁油然而生一种单纯的使命感。

这种单纯的使命感，要特别感谢家人的成全，他们永远是我的坚强后盾：爱人毅然支持我重返西安的决定；父母不顾两地奔波的辛苦，为我提供无私帮助；儿子卡卡的欢笑雀跃，总是能疏解我因无法更多陪伴他的歉疚和遗憾心结。

最后，还要感谢编辑吴超先生，在青岛中俄关系史会上的相识，注定了本书与社会科学文献出版社的缘分。衷心感谢他为本书出版所做的诸多努力。

书中不足和错讹之处，敬请读者批评指正。

谨以此为后记，亦为新旅程的动力。

周厚琴

2019年8月于陕西师范大学长安校区图书馆

图书在版编目（CIP）数据

从城邦到帝国：俄国专制君主制探源／周厚琴著
. -- 北京：社会科学文献出版社，2020.9（2023.2 重印）
ISBN 978-7-5201-7439-8

Ⅰ.①从… Ⅱ.①周… Ⅲ.①君主制-研究-俄国
Ⅳ.①D751.221

中国版本图书馆 CIP 数据核字（2020）第 198374 号

从城邦到帝国：俄国专制君主制探源

著　　者／周厚琴

出 版 人／王利民
责任编辑／吴　超
责任印制／王京美

出　　版／社会科学文献出版社·人文分社（010）59367215
　　　　　　地址：北京市北三环中路甲 29 号院华龙大厦　邮编：100029
　　　　　　网址：www.ssap.com.cn
发　　行／社会科学文献出版社（010）59367028
印　　装／北京虎彩文化传播有限公司

规　　格／开　本：787mm×1092mm　1/16
　　　　　　印　张：20.25　字　数：353 千字
版　　次／2020 年 9 月第 1 版　2023 年 2 月第 2 次印刷
书　　号／ISBN 978-7-5201-7439-8
定　　价／129.00 元

读者服务电话：4008918866